19세기 서구인들이 인식한

한국의 시와 노래

글쓴이

김승우(金承宇, Kim, Seung-u) _ 1978년 서울 출생. 고려대학교 국어국문학과를 졸업한 후, 동 대학원에서 고전문학 전공으로 석사, 박사학위를 받았다. 2007년부터 2013년까지 고려대학교 민족문화연구원에서 연구원, 선임연구원, HK연구교수로 근무하였고, 고려대와 한림대 국어국문학과에서도 2011년부터 2013년까지 강의했다. 한국 고전시가의 제 현상, 19세기 서구인들의 한국문학 인식, 정전(正典) 형성 문제 등에 특히 관심을 가지고 있다. 주요 논저로 『용비어천가의 성립과 수용』(2013년 문화체육관광부 우수학술도서), 「고전시가 속 '漁夫' 모티프의 수용사적 고찰」, 「김태준의 시가사 인식과 고려가사」, 「세종대의 경기체가 시형에 대한 연구」 등이 있다. 2011년에 제20회 나손학술상(羅孫學術賞)을 수상하였으며, 현재 전주대학교 국어교육과 조교수로 재직 중이다.

19세기 서구인들이 인식한 한국의 시와 노래

초판발행 2014년 6월 10일 **초판2쇄발행** 2015년 8월 30일
글쓴이 김승우 **펴낸이** 박성모 **펴낸곳** 소명출판 **출판등록** 제13-522호
주소 서울시 서초구 서초중앙로6길 15
전화 02-585-7840 **팩스** 02-585-7848 **전자우편** somyong@korea.com **홈페이지** www.somyong.co.kr

값 38,000원

ISBN 978-89-5626-998-6 93810

19세기 서구인들이 인식한

한국의 시와 노래

Westerners' Perceptions of Korean Poetry and Songs in the Nineteenth Century

김승우 지음

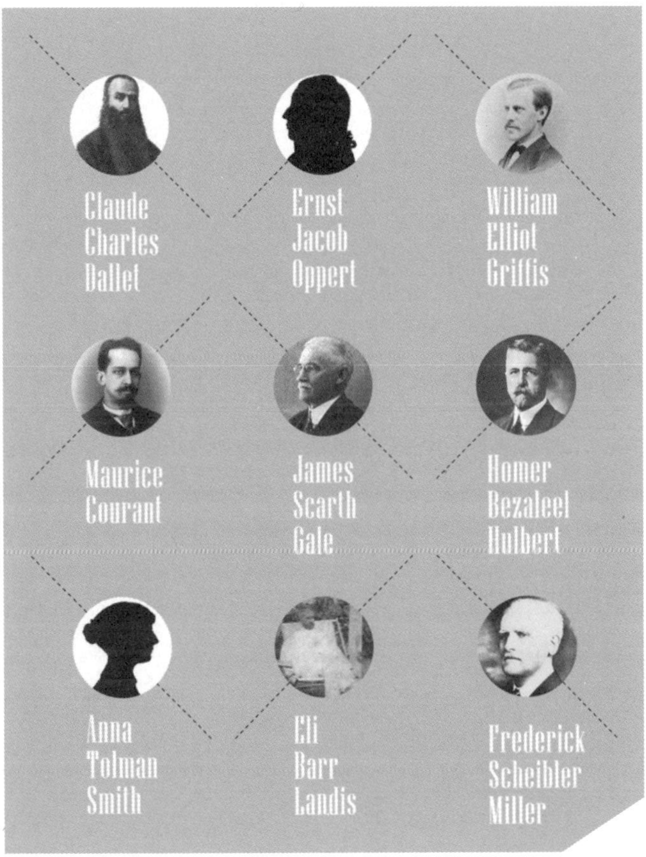

소명출판

책머리에

이 책은 19세기 말 국내외에서 활동했던 서구인들의 한국문학 관련 저작, 특히 시가(詩歌) 관련 저작들을 검토하고 그 연구사적 의의를 밝히기 위해 기획된 것이다.

박사학위논문을 제출하기까지 조선 초기 자료를 주로 다루어 왔던 저자가 19세기의 기록에, 그것도 서구인들이 남긴 저작에 관심을 갖게 된 시기는 벌써 4년여 전인 2010년 1월로 거슬러 올라간다. 2006년 초부터 저자는 고려대 민족문화연구원에서 연구보조원과 연구원으로 근무하였고, 2008년 9월부터는 같은 연구원의 인문한국(HK) 사업단에 소속되어 박사학위논문을 작성하였다.

당시 연구원장 겸 HK사업단장은 지도교수이신 김흥규(金興圭) 선생님이셨는데, 2009년 말에 막바지 논문 지도를 받기 위해 원장실로 찾아뵈었을 때 선생님은 뜻밖의 말씀을 하셨다. 학위논문을 제출한 직후 10개월가량 영미권 대학에 체류하면서 학술적인 영어도 익히고 해외 학계의 풍토가 어떤지도 직접 살피고 오라시는 것이었다. 그리고는 캘리포니아 주립대학 리버사이드교(University of California, Riverside, UCR)를 추천해 주셨다. UCR 인종학과(Dept. of Ethnic Studies)에는 십수 년 전부터 연구원과 교류를 해 오셨던 에드워드 T. 장(Edward Taehan Chang, 장태한(張泰翰)) 교수님이 재직하고 계셔서 이런저런 편의를 보아 주실 수 있었기 때문이다.

논문이 인쇄되자마자 학위수여식에 참석할 겨를도 없이 짐을 챙겨

2010년 1월 말일에 미국행 비행기에 올랐다. UCR에는 캘리포니아 주립대학(UC)의 학부 또는 대학원으로 진학하려는 외국인 학생들을 위한 예비 과정이 운영되고 있어서 그 프로그램에 등록하여 수업을 들었다. 수업은 월요일부터 금요일까지 보통 아침 아홉 시에 시작하여 오후 두세 시면 마쳤기 때문에 과제물을 작성하고 나서도 남는 시간이 꽤 많았다. 이렇게 남는 시간에는 주로 도서관에 들러 책을 훑어보았는데, UCR의 리베라(Livera) 도서관이 다른 UC 도서관들에 비해 특별히 많은 장서를 갖추고 있었던 것은 아니지만, 새로운 분야에 대한 호기심을 불러일으키기에는 전혀 부족함이 없었다.

특히 도서관 3층에는 동아시아 문학 관련 저작들이 중국, 한국, 일본, 베트남 등 국가별로 가지런히 정리되어 있고, 2층에는 온갖 종류의 정기간행물이 실물 또는 마이크로필름의 형태로 비치되어 있으며, 1층 참고도서실에는 각종 사서류가 서가 가득히 쌓여 있어서 책을 보고 자료를 찾기가 무척 편리했다.

비교문학·외국어학과(Dept. of Comparative Literature & Foreign Languages)에서 불문학과 중문학을 전공하던 스티븐 보먼(Steven Bowman)이라는 학부 4학년생을 그곳에서 우연히 만나 사귀게 된 것 역시 저자에게는 큰 행운이었다. 중문학을 공부하는 동안 한국문학에도 관심을 가지게 되었다는 스티븐은 리베라 도서관에 소장된 한국 관련 자료들을 친절히 소개해 주는가 하면, 미국과 캐나다에서 2000년대 중반부터 활발히 진행되고 있던 고서 아카이브(archive) 프로젝트에 대해서도 정보를 주었다.

리버사이드에 도착하여 두세 달 동안 도서관을 오가며 두서없이 장서를 읽는 동안 관심은 여러 갈래로 나뉘었지만, 그 가운데에서도 한국을 비롯한 동아시아 문학이 19세기의 영미권에서 어떠한 방식으로 논의되고 소개되었는지 비교해 가며 살펴보는 데 취미를 붙이게 되었고, 나중에는 호머 B. 헐버트(Homer Bezaleel Hulbert, 흘법(訖法), 할보(轄甫))의 저작을 집중적으로 찾아 읽기에 이르렀다.

한국문학에 관해 100여 년 전 그가 서술해 놓은 내용은 무척이나 놀라웠다. 거개가 서구적인 용어와 문체로 기록되어 있어서 이해하기가 녹록지 않았으나, 사전과 편람을 뒤져 가며 그러한 어려움을 하나씩 해결해 나가는 재미와 성취감 역시 적지 않았다. 얼마 지나지 않아 헐버트의 생애와 학적 편력에 대해 클래런스 N. 윔즈(Clarence Norwood Weems, 위임세(魏任世))가 쓴 글을 찾아 읽고서, 헐버트의 단편 에세이들이 후일 『대한제국멸망사(*The Passing of Korea*)』(1906)로 정리된 경위를 알게 되었고, 한국의 문화와 역사를 바라보는 올바른 관점이 무엇인지를 두고서 제임스 S. 게일(James Scarth Gale, 기일(奇一))과 헐버트 사이에 타협하기 어려운 입장 차가 존재했다는 사실도 깨우칠 수 있었다.

실제로 헐버트는 당시 한국에 들어와 함께 활동하고 있던 제임스 게일, 조지 H. 존스(George Heber Jones, 조원시(趙元時)), 엘리 B. 랜디스(Eli Barr Landis, 남득시(南得時)) 등 다른 서구 논자들의 견해를 충분히 고려하면서 에세이를 작성해 나갔다는 점이 여러 부면에서 드러나 보이기 시작하였다. 이때부터 관심은 다시 둘로 나뉘어, 한편으로는 헐버트의 저작을 폭넓게 검토하고 정확히 이해하기 위해 노력하면서도, 또 다른 편에서는 헐버트를 위시한 19세기 재한 서구인들 사이의 관계와 교류 및 의견 대립을 당대적 맥락 속에서 진단해 보는 방향으로도 시야를 확장하게 되었다. 과히 길지 않은 체류 기간을 마치고 11월 초 연구원 HK사업단으로 복귀할 때까지 이러한 관심을 유지하면서 장차 논의에 소용될 만한 자료들을 경중에 관계없이 보이는 대로 모두 스캔하여 돌아왔다.

이듬해 2월 HK사업단에서 정례발표를 할 때 그간의 모색을 논문으로 작성하여 선보였다. 골자는 역시 헐버트의 한국문학 관련 에세이를 살피는 데 두었고, 특히 저자가 좀 더 요령 있게 다룰 수 있는 시가 관련 글을 분석하는 데 집중하였다. 헐버트를 논의하려다 보니 그와 대척적 입장을 보이고는 하였던 제임스 게일에 대해서도 언급하지 않을 수 없었던지라 결국 첫 발표문은 헐버트와 게일의 한국문학관 내지 한국시가관을 대비하는 방식으로 구성하게 되었다. 이 발표문을 수정하여 다음 달 한국시가학회(韓國詩歌學會) 정례학술모임에서 한 차례 더 발표를 한 후, 그해 가을 게일과 헐버트로 나누어 각각 한 편씩의 논문을 게재하였다. 이어서 2012년 봄에는 헐버트가 남긴 〈아리랑(A-ra-rŭng)〉 관련 기록에 대해 발표할 기회를 얻어 또 한 편의 논문을 작성하였다.

이로써 헐버트의 한국문학 관련 저작, 특히 시가 관련 저작을 조명해 보고자 했던 당초의 계획은 어느 정도 달성된 셈이었으므로, 재작년부터는 다시금 고전시가 분야의 전통적 연구 주제로 완연히 회귀하였다. 더구나 박사학위논문을 제출한 지 얼마 지나지 않았던 당시로서는 학위논문의 주제를 심화·발전시키고 그 성과를 단행본으로 엮어 내는 데 역량을 모아야 할 처지였기 때문에 이 분야의 문제에 관해 당장 더 이상의 논의를 진행하기가 어려운 상황이기도 했다. 여건이 허락되는 선에서 프레더릭 S. 밀러(Frederick Scheibler Miller, 민로아(閔老雅))의 한국시가 양식론에 대해 추가로 검토를 해 본 것 이외에는 한동안 19세기 서구인들의 글을 다루지 못했던 이유도 여기에 있다.

불행인지 다행인지 작년 8월 말을 끝으로 지난 7년 반 동안 몸담아 왔던 민족문화연구원을 떠나게 되면서 다시 이 문제에 천착할 수 있는 계기가 마련되었다. 이해 가을 학기에는 마침 강의도 맡지 못했던 터라 의도치 않게 갑자기 시간적 여유가 많아졌기 때문이다. 경위야 어찌되었든 기왕 주어진 시간을 최대한 활용하여 그간 미루어 두었던 연구 주제를 어느 정도라도 마무리 지어야 하겠다는 생각이 떠올랐다. 이에 갈무리만 해 놓고서 집중적으로 분석해 볼 겨를이 없었던 애나 T. 스미스(Anna Tolman Smith), 엘리 랜디스의 글을 찬찬히 읽어 가며 논문을 구상하였고, 쉽사리 접근해 볼 엄두를 내지 못했던 클로드 샤를 달레(Claude Charles Dallet)와 모리스 쿠랑(Maurice Courant)의 한국시가 관련 서술도 검토함으로써 영미권 인사들의 논의와 견주어 보았다.

19세기 서구 논자들의 한국시가관을 한 권의 책으로 묶어 정리하기로 마음을 굳힌 것 또한 지난 학기 무렵이다. 본래는 박사학위논문 이후에 쓴 소논문들을 근간 단행본으로 엮어 낼 때 하나의 장을 따로 두어 이들 글을 모으려 하였으나, 같은 책에 편재하기에는 논문들의 성격이 상호 확연히 다른 데다, 논문의 수로도 하나의 장에 넣기에는 이미 버거운 지경이 되었기에 아예 별도의 책을 내기로 결정하였다. 19세기 주요 서구 논자들의 한국시가 관련 논의를 한데 모아 조망함으로써 초기 연구 자료의 중요성을 환기하는 한편, 서구인들의 한국시가관, 한국문학관, 한국문화관, 한국관을 점층적으로 도출해 내는 데에도 일조할 수 있으리라는 기대 역시 출간을 결심하기까지의 도정에서 중요한 동인으로 작용하였다.

물론, 처음부터 단행본을 염두에 두고서 작성한 논문들이 아닌지라 이것저것 손도 보고 논문 앞에 별도로 '개관'까지 넣어 전체적인 흐름을 드러내려 노력은 하였지만, 태생의 흔적을 말끔히 지우기에는 아무래도 역부족이었다. 또한 '19세기 서구인들이 인식한 한국의 시와 노래'라고 제목을 달기는 하였으나, 이 책에서 다룬 논자들이 한국시가를 논의한 19세기 서구 인사들의 전부라고 말할 수도 없다. 논저의 존재조차 미처 확인하지 못한 사례들도 충분히 더 있으리라 생각한다. 그러한 차원에서 이 책은 지난 기간의 연구를 한차례 정리한다는 의미와 더불어, 차후 보다 진전된 연구를 이끌어 내기 위한 예비 단계로서의 의미도 동시에 지닌다고 하겠다.

책이 나오기까지 여러 분들의 도움을 받았다. 김흥규 선생님은 부족하기만 한 제자에게 매번 장기적인 안목으로 시의적절한 가르침을 베풀어 주셨다. 이 분야의 연구를 진행하게 된 직접적인 계기가 선생님의 배려로 마련되었다는 점에서 더욱 그러하다. 연구원 부원장님으로 계셨던 조성택(趙性澤) 선생님, 수년을 함께했던 HK사업단의 여러 선배·동료 선생님들께도 신세를 많이 졌으나, 이제껏 보답하지 못하였다.

자식에게만큼은 공부를 많이 시키고 싶어 하셨던 아버지는 평생 고된 일만 하시다가 작년 4월 유언도 없이 병석에서 돌아가시고 말았다. 끝내 버젓한 모습을 보여 드리지 못해 한스러운 마음뿐이다. 아들을 믿고 지지해 주시는 어머니, 소소한 것 하나까지 곁에서 챙겨 주시는 형님, 따뜻한 격려로 사위를 다독여 주시는 장인·장모님께도 늘 갚기 어려운 빚을 지고 있다.

같은 분야를 공부하는 아내 김옥천(金玉天) 씨는 나의 가장 든든한 동반자이다. 아무리 난삽한 착상일지라도 관심 있게 들으며 의견을 이야기해 주고는 하는 아내는 논문을 작성하고 이번 책을 내는 데에도 어김

없이 큰 힘이 되었다. 특히 방대한 분량의 부록 원문 입력 자료는 아내가 원저를 되짚어 가며 몇 주에 걸쳐 교정을 해 준 것이다. 미국에 체류하는 동안 떨어져 지내야 했던 데다 박사학위를 받은 이후에도 남편이 안정적인 자리를 잡지 못해 생활마저 불안했지만, 조바심 내지 않고 여러 난관을 현명하게 극복해 가는 모습을 보고 있노라면 고맙고도 미안한 마음이 항상 교차한다. 재작년 봄에 첫 번째 책을 낼 때에는 노상 누워서 방긋방긋 웃기만 할 뿐이었던 우리 딸 해율이는 이제 말하는 재미에 빠져서 엄마 아빠의 말 한 마디도 놓치지 않고 대꾸를 해 주는 수다쟁이 아이가 되었다. 큰 탈 없이 건강하게 자라 주어 고마울 따름이다.

성근 계획만 보시고도 선뜻 출판을 허락해 주신 소명출판 박성모 대표님과 공홍 편집부장님, 복잡한 원고를 이처럼 깔끔하게 편집해 주신 한사랑 선생님께도 깊이 감사드린다. 본래 올해 초에 출판하기로 계획을 짰으나, 그 사이에 원고가 한두 편 추가되었고, 지난 겨울에는 전주대학교 국어교육과에 새로 터전을 잡는 일로 갑작스레 분주해진 탓에 서너 달 출판이 지연되고 말았다. 일방적인 일정 변경에도 사정을 너그러이 이해해 주신 출판사 측에 재삼 감사의 뜻을 전한다.

공교롭게도 이 책이 나오는 시점에 때마침 새로운 곳에서 새로운 생활을 시작하게 되었다. 부디 가족과 선생님, 선배・동학들, 학교와 학과 교수님들, 그리고 우리 학생들에게 두루 상서로운 일만 가득하기를 염원한다.

완산의 전주대 교정에서

2014년 5월 김승우

목차

부록 / 원문 입력 자료 309

일러두기

1. 본서에서는 특별히 조선왕조를 가리켜야 할 경우가 아니라면 대한제국 이전 시기도 '한국'으로 통일하여 지칭한다.

2. 외국인명 또는 지명 표기는 외래어 표기법과 국립국어원 홈페이지에서 제공하는 '외래어 표기 용례'에 준하여 적는다. 국립국어원, "어문 규정 – 외래어 표기법", 국립국어원(http://korean.go.kr/09_new/dic/rule/rule_foreign.jsp, 최종검색일 : 2014.1.13).

예) 프랑스 인명 Hippolyte Frandin → 이뽀리트 프랑뎅(×) / 이폴리트 프랑댕(○)
독일 지명 Leipzig → 라이프찌히(×) / 라이프치히(○)
미국 인명 Anna Smith → 안나 스미스(×) / 애나 스미스(○)
일본 인명 小倉進平 → 오쿠라 심페이(×) / 오구라 신페이(○)

3. 서양인명의 경우 해당 인명이 각 장의 본문에 처음 나올 때에만 중간이름까지 모두 밝혀 적고, 이후에는 중간이름을 생략하거나 이니셜만 적는다.

4. 서양 잡지나 논저를 다룰 때 번역서 내지 일반화된 번역명이 있는 경우에는 이를 차용하여 제목으로 적고, 번역서나 번역명이 없는 경우에는 본래 어의에 의거하여 제목을 새로 번역해 적는다. 다만, '코리아 리뷰'와 같이 번역이 과히 필요하지 않은 제목인 경우에는 본래 서명을 그대로 한글로 표기한다.

예) *Histoire de l'église de Corée* → 한국천주교회사(일반화된 번역서명)
The Journal of American Folklore → 미국민속학보(어의에 의거하여 번역)
The Korea Mission Field → 코리아 미션 필드(원서명을 한글로 음사)

5. 서구 논자들의 저작을 인용할 때에는 번역문만을 제시하고, 인용문 말미에 각주를 달아 원문의 출처를 밝힌다(단행본 내의 편명이나 논문명이 거듭 언급될 경우에는 '저자, "편명", 인용면수'로만 각주에 표기하고 단행본 전체의 서지는 생략한다). 단, 기존에 나와 있는 번역서를 활용할 때에는 각주에 번역문과 원문의 출처를 잇달아 적

는다. 원문은 본서의 부록에 한데 모아 실으며, 원문을 싣는 방식에 대해서는 부록에 따로 '일러두기'를 달아 설명한다.

6. 원문의 번역은 직역을 원칙으로 하되, 원문의 의미를 해치지 않는 범위에서 국문 문장에 가깝게 의역한다. 번역만으로 의미가 충분히 전달되지 않는 부분에는 '[ ]' 속에 보충 어구를 삽입하여 이해를 돕는다. 그래도 의미가 뚜렷해지지 않으면 인용문 안에 주석을 달아 설명한다.

7. 약물은 다음의 기준에 따라 통일하여 사용한다.

[ ] : 원문에는 없는 내용을 저자가 보충하여 번역할 때, 한글 표기와 한자 표기의 음가(音價)가 다를 때

예) [당시] 찬송가 제작자들 가운데 몇몇은 [찬송가를 짓는 데] 도움을 얻기 위해 한국시가를 연구하기 시작하였다, 만요슈[萬葉集], 모노가타리[物語]

【 】: 원저자가 본문에 부기한 주석

예) 英國人神學博士奇一【게일】進獻『韓英辭典』一部

『 』: 단행본, 잡지, 신문의 제목을 표기할 때

예) 『조선구전민요집(朝鮮口傳民謠集)』, 『한국휘보(*The Korean Repository*)』, 『워싱턴 포스트(*The Washington Post*)』

「 」: 논문이나 에세이의 제목, 단행본에 수록된 편명을 표기할 때

예) 「조선 후기 예술의 환경과 소통 구조」, 「몇 편의 한국 자장가(Some Nursery Rhymes of Korea)」, 『대한제국멸망사』 제24장 「음악과 시(Music and Poetry)」

〈 〉: 그림, 노래, 영화 등 작품의 제목을 표기할 때

예) 〈수계도권(修禊圖卷)〉, 〈아리랑〉, 〈타라라 붐디아이(Ta-ra-ra boom-di-ay)〉

: 가집(歌集)에 수록된 시조 작품의 순번을 표기할 때

예) 『남훈태평가』 #49, 『협률대성』 #188

1장

클로드 샤를 달레

19세기 한국의 가창 문화를 증언하다

클로드 샤를 달레(Claude Charles Dallet)
생몰연대 : 1829~1878
출생지 : 프랑스 샹파뉴아르덴주 랑그르(Langres)
주요 직책 : 파리외방전교회 소속 신부
한국 체류 기간 : 없음
한국 관련 주요 저술 : 『한국천주교회사(*Histoire de l'église de Corée*)』(1874)

개관

중국이나 일본이 비교적 이른 시기부터 서구와 접촉하면서 일부나마 서구인들의 역내 체류를 허용하였던 데 비해, 한국은 서구 문물의 유입을 금압하는 입장에 서 있었던 탓에 한국에 대한 서구인들의 관찰 역시 제한적·간접적인 수준을 넘어서기 어려웠다.

1836년 이래 파리외방전교회 소속 프랑스 신부들이 국내에 들어와 활동을 전개함으로써 한국의 여러 부면이 비로소 서구인들 사이에서 진지하게 논의되기 시작한다. 수차의 박해를 겪는 동안 상당량의 기록이 일실되기는 하였으나, 저간의 온축된 연구 성과들은 부분적으로나마 이어져 1870, 80년대에 몇몇 중요한 저작들로 귀결된다.

그 가운데 한국시가와 관련된 기록으로서 클로드 샤를 달레의 『한국천주교회사』는 특히 주목된다. 이 책의 「서설」 속에 19세기 중후반 한국의 가창 문화를 다룬 대목이 포함되어 있기 때문이다. 해당 부분을 통해 당시 한국시가의 존재 양상을 가늠해 볼 수 있다.

클로드 샤를 달레의 한국 가창 문화 고찰

1. 한국에 대한 초기 서구인들의 시선

이 글은 19세기 프랑스 신부(神父) 클로드 샤를 달레(Claude Charles Dallet, 1829~1878)가 한국의 가창 문화(歌唱文化)에 대해 기술한 내용들을 검토하고 그 자료적 가치를 밝히는 데 목적을 둔다.

서구인들이 남긴 19세기 중엽까지의 한국 관련 기록은 중국이나 일본에 비할 때 우선 그 분량이 매우 적을 뿐만 아니라, 내용 역시도 단편적이거나 부정확한 경우가 대부분이다. 마르코 폴로(Marco Polo, 1254~1324)의 『동방견문록(*The Travels of Marco Polo*)』에서 발견되는 고려(高麗, Cauli, Cauly, Carli, Kauli, Kaoli)에 대한 간략한 언급이나 일본에 체류했던 16세기 예수회(Societas Jesu) 신부들이 본국으로 적어 보낸 한국 관련 기록들, 헨드릭 하멜(Hendrik Hamel, 1630~1692)이 제주도로 표착해 들어와 한국에서 14년간 겪은 일들을 보고서 형식으로 술회해 놓은 『하멜표류기(*Relation du Naufrage d'un Vaisseau Hollandois*)』, 영국 해군 장교 배질 홀(Basil Hall, 1788~1844)이 서해안을 탐사한 후 그 경험을 바탕으로 출간한 『조선 서해와 유구(琉球) 탐사기(*Account of a Voyage of Discovery to the West Cost of Corea and the Great Loo-Choo Island*)』(1818) 등은 한국의 존재와 사정을 유럽에 알린 초기 자료에 해당하지만, 이들 가운데 어느 것으로부터도 한국에 대한 정리된 견해나 뚜렷한 분석을 추출해 내기는 어려운 것이 사실이다.[1]

한층 의미 있는 기록이 작성되기 시작하는 것은 19세기 중엽에 이르러서이다. 대략 이 무렵부터 한국의 역사와 문화를 독립적으로 다루려는 시도가 전개되는 한편, 관찰과 서술의 밀도도 보다 강화되는 변화가 나타나는데, 그러한 기조를 선도했던 파리외방전교회(Missions étrangères de Paris) 소속 프랑스 신부들의 역할은 특히 중요하게 거론될 만하다. 이미 1836년부터 국내에 잠입하여 선교 활동을 펼쳤던 프랑스 신부들은 한국의 언어, 관습, 사상에 이르기까지 초기 한국학 연구 분야에서 다대한 역할을 수행하였기 때문에, 한국시가 관련 자료들을 살피는 데 있어서도 이들의 저술을 그 첫 번째 탐색 대상으로 삼을 수 있다.

2. 『한국천주교회사』에 기록된 한국의 가창 문화

프랑스 신부들은 영미나 독일 등 여타 서구 지역의 인사들보다 수십

1 이들 초기 기록의 서지와 내용에 대해서는 박대헌, 『서양인이 본 조선—조선관계 서양서지』 상, 호산방, 1996에서 종합적으로 검토된 바 있다.

년 앞서 한국에 들어와 활동하였던 만큼 한국의 제반 문물에 대한 고찰 역시 일찍부터 시작할 수 있는 입지를 확보하고 있었다. 수차의 혹독한 박해(迫害)를 겪는 동안 관련 연구 자료들이 상당수 일실되기는 하였으나, 저간의 온축된 성과들은 부분적으로나마 면면히 이어져 1880년대 이후 한국어와 한국의 서책에 관한 중요 저작들을 이룩하는 데 핵심적인 바탕이 되기도 하였다.

현재 그 실체를 확인할 수 있는 19세기 프랑스 신부들의 저작으로는 클로드 샤를 달레의 『한국천주교회사(*Histoire de l'église de Corée*)』(1874)와 제6대 조선교구장 펠릭스 클레르 리델(Félix Clair Ridel, 이복명(李福明), 1830～1884) 주교의 포도청(捕盜廳) 수감 수기(1879),[2] 그리고 리델 등의 『한불즈뎐(*Dictionnaire coréen-français*)』(1880) 및 『한어문전(*Grammaire coréenne*)』(1881) 등이 여러 측면에서 주목을 받아 왔다.

다만, 이 가운데 한국문학 또는 시가를 특화하여 다룬 사례를 찾기는 어려운데, 가령 리델의 수감 수기는 석전(石戰)이나 변전(邊戰), 무녀(巫女), 광대(廣大), 기녀(妓女) 등 한국의 여러 문화적 요소에 대한 직간접적인 견문을 일부 포함하고 있기는 하지만,[3] 해당 부분의 서술이 지나치

2 조선에 잠입하여 활동하던 리델은 1878년 1월 발각되어 포도청에 수감되었고, 같은 해 6월 중국으로 추방되었다. 중국에 건너 온 후 자신의 수감 경험을 글로 작성하여 파리외방전교회로 송부하였는데, 이 수기가 이듬해 『가톨릭 전교지(*Les Missions catholiques*)』와 『전교회연보(*Annales de la propagation de la foi*)』에 연재되었으며, 20여 년 후 아드리앵 로네(Adrien Launay, 1853～1927)가 원고를 일부 산삭하여 1901년에 단행본으로 다시 간행하였다. 근래에 이 책의 국역본이 나왔다(펠릭스 클레르 리델, 유소연 역, 『나의 서울 감옥 생활 1878－프랑스 선교사 리델의 19세기 조선 체험기』, 살림, 2008).

3 위의 책, 86～87 · 144～146 · 193～195면; Ridel Mgr., "Captivité et délivrance III", *Les Missions catholiques*, t.11, no.509, Lyon : Bureaux de l'œuvre de la propagation de la foi, 1879, p.113; "Captivité et délivrance VIII", *Les Missions catholiques*, t.11, no.514, p.181; "Captivité et délivrance XIII", *Les Missions catholiques*, t.11, no.518, pp.222～223.

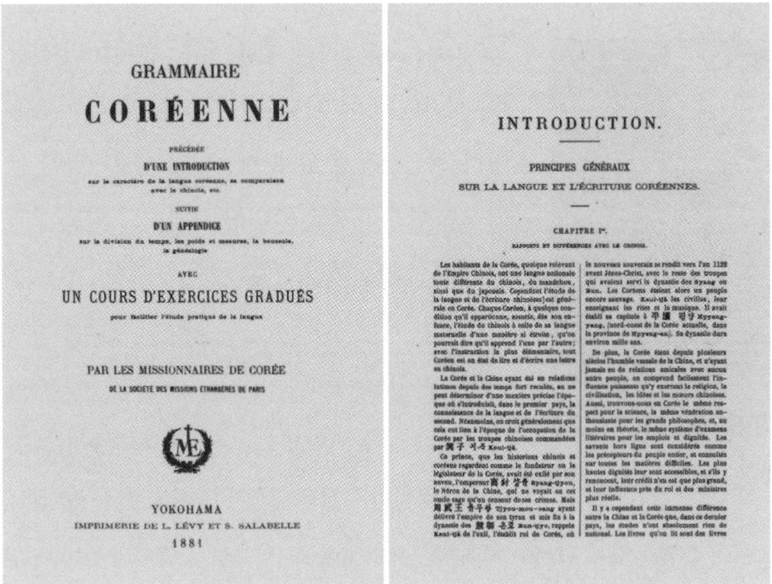
GRAMMAIRE

CORÉENNE

PRÉCÉDÉE

D'UNE INTRODUCTION

sur le caractère de la langue coréenne, sa comparaison avec le chinois, etc.

SUIVIE

D'UN APPENDICE

sur la division du temps, les poids et mesures, la boussole, la généalogie

AVEC

UN COURS D'EXERCICES GRADUÉS

pour faciliter l'étude pratique de la langue

PAR LES MISSIONNAIRES DE CORÉE

DE LA SOCIÉTÉ DES MISSIONS ÉTRANGÈRES DE PARIS

YOKOHAMA

IMPRIMERIE DE L. LÉVY ET S. SALABELLE

1881

INTRODUCTION.

PRINCIPES GÉNÉRAUX

SUR LA LANGUE ET L'ÉCRITURE CORÉENNES.

CHAPITRE Ier.

RAPPORTS ET DIFFÉRENCES AVEC LE CHINOIS.

『한어문전(*Grammaire coréenne*)』 표지와 「서설(Introduction)」 부분

게 단편적이어서 따로 검토해 볼 만한 수준은 아니다. 리델 등의 『한불ᄌᆞ뎐』과 『한어문전』 역시 19세기 한국어의 어휘와 문법을 고찰하기 위한 자료로서 중요한 가치를 지니고 있으나,[4] 한국어 이외의 내역에 관해서는 이렇다 할 서술이 남겨 있지 않다.

천주교의 전도 과정에서 발생한 박해와 순교자들의 약전(略傳)을 위주로 구성된 『한국천주교회사』도 예외는 아니지만, 달레는 교회사를 본격적으로 서술하기에 앞서 한국의 전반적인 사정을 「서설(Introduction)」에 항목별로 개관해 놓았던바, 그 가운데 제XIII장의 내용 속에서 가악(歌樂)과 연계된 한국의 유흥 문화를 일부나마 살펴볼 수 있다. XIII장에는 바

4 이지영, 「사전 편찬사의 관점에서 본 『韓佛字典』의 특징」, 『한국문화』 48집, 서울대 규장각 한국학연구원, 2009, 89면; 이은령, 「한어문전(*Grammaire Coréenne*)과 19세기 말문법서 비교 연구」, 『한국프랑스학논집』 78집, 한국프랑스학회, 2012, 438~439면.

펠릭스 클레르 리델

둑과 투전, 연날리기, 활쏘기와 석전, 여러 설풍속, 회갑연 등에 이르기까지 한국의 각종 유흥거리들이 생동감 있게 기술되었는데,[5] 특히 눈여겨볼 만한 부분은 기녀와 사당패의 활동에 관한 다음의 증언이다.

> 어느 도시에나 악사와 가수의 무리가 있고, 서울에는 굉장히 많이 있다. 멋있는 옷차림을 한 여자 가수들은 수령이나 고관들이 베푸는 어흥에서 구경꾼들을 즐겁게 하기 위하여 노래를 부르고 춤을 춘다. 그들은 관가의 관비(官婢)이거나 가난으로 인하여 방탕에 빠진 여자들인데, 모두가 음악가에 매춘부를 겸하고 있다. 그러나 그들이 사람들 앞에서 추는 춤은 지나치게 난잡한 점이 전혀 없다고 한다.[6]

먼저 '여가수들(chanteuses)'이라고 표현한 기녀를 다룬 문단에서 달레는 한성(漢城)을 비롯한 도시들(villes)에 악사(musicien)와 기녀가 성업을

5 사실 달레가 『한국천주교회사』에 서술한 내용은 1836년부터 조선에 들어와 활동하던 프랑스 신부들이 파리외방전교회로 보낸 수많은 편지와 자료를 바탕으로 한 것이며, 그 가운데 가장 주요하게 활용한 자료는 제5대 조선교구장 마리 니콜라 앙투안 다블뤼(Marie Nicolas Antoine Daveluy, 안돈이(安敦伊), 1818~1866) 주교가 남긴 기록이다. 달레는 한국을 방문한 적이 없다(한국가톨릭대사전 편찬위원회 편, 『한국가톨릭대사전』 3, 한국교회사연구소, 1996, 1535면). 그럼에도 불구하고 『한국천주교회사』의 기술은 직접적인 견문을 술회하는 듯한 생동감을 갖추고 있다.

6 샤를르 달레, 안응렬 · 최석우 역주, 『한국천주교회사』 상(6판), 한국교회사연구소, 2000, 240면; Claude Charles Dallet, *Histoire de l'église de Corée*, vol.1, Paris : Librairie V. Palmé, 1874, p.CLXIII.

이루고 있는 분위기를 전달한다. 기녀는 19세기 말의 다른 서구인들도 관심을 가지고 고찰했던 대상으로서, 그들의 시선은 대개 단순한 호기심의 차원을 넘어서지 않았으나,[7] 때로 예능인으로서의 기녀의 위상을 부각한 사례도 발견된다. 예컨대 이저벨라 B. 비숍(Isabella Bird Bishop, 1832～1904)은 한국의 성악 가운데 가장 수준이 높은 시조(Si-jo)를 제대로 가창하기 위해서는 매우 길고도 고달픈 수련 기간이 필요하며 그만한 시간적 여유를 가진 '기녀들(dancing girls)'만이 오직 이를 감당할 수 있다고 논평한 바 있다.[8]

대한제국기의 기녀

반면, 프랑스 신부들은 기녀에 대해 전반적으로 보다 부정적이고 완고한 입장을 지니고 있었던 듯한데, 이는 기녀의 예능이나 교양보다는 관헌들의 유흥을 돋우는 데 동원되는 그들의 향락적 역할에 좀 더 주안을 두었기 때문으로 보인다. 이 점을 극명하게 보여주는 사례로서, 리델은 중국으로 추방되어 가는 도정에 마주친 관기들(courtisanes)의 얼굴을 쳐다보는 것조차 기피하였거니와,[9] 위 달레의 글에서도 역시 기녀를 음악가와 매춘부(prostituée)를 겸업하는 타락한 무리라 규정하는 등 기녀에 대한 부정적인 견해를 앞세우고 있다. 다만, 기녀의 춤사위에서

7 문순회, 「19세기 말 20세기 초 서구인이 본 기생－서구인의 견문록에 나타난 기생 관련 기록을 통하여」, 『열상고전연구』 29집, 열상고전연구회, 2009, 403～433면.

8 Isabella B. Bishop, *Korea and Her Neighbors*, New York : Fleming H. Revell Company, 1897, p.165.

9 펠릭스 클레르 리델, 앞의 책, 193～194면; Ridel Mgr., "Captivité et délivrance XIII", *Les Missions catholiques*, t.11, no.518, pp.222～223.

만큼은 별반 난잡한 요소를 발견할 수 없다는 전언을 덧붙임으로써 기녀의 자태가 절제된 미를 갖추고 있다는 사실을 달레가 인정한 점은 주목할 만하다.

> 떼를 지어 여기저기 돌아다니면서 혼례식이나 경사로운 생일이나 어떤 잔칫날을 당한 집에서 돈을 받고 흥행하는 곡예사 또는 광대를 만나는 일도 드물지 않다. 그들은 재인, 악사, 꼭두각시 놀리는 사람, 요술쟁이들로서, 여러 가지 어려운 재주를 부리고 곡예를 하며, 흔히는 매우 능란하다는 평을 듣고 있다. 호의를 보여주는 호사가가 없을 때는, 그들은 마을에 들어가서 행패를 하는데, 그들은 무슨 범죄나 폭행도 다 할 수 있는 불한당이라는 평판을 가지고 있으므로, 사람들은 무서워서 어쩔 수 없이 그들을 받아들이고, 그들이 머물러 있는 동안 공동자금으로 비용을 대준다.[10]

기녀 이외에 달레가 특기한 또 다른 대상은 '곡예사(saltimbanque)' 또는 '광대(comédien)'이다. 전후의 설명으로 미루어 이는 사당패나 초라니패와 같은 유랑 예능인 집단을 지칭하는 듯하다. 기녀가 서구인들의 시선에 비교적 자주 포착되었던 것과는 달리 사당패 등에 대해서는 상대적으로 기록이 많지 않을 뿐만 아니라, 심지어 1860년대에 한국에 수차 상륙했던 에른스트 J. 오페르트(Ernst Jacob Oppert, 오배(吳拜), 1832~1903)는 한국에 '곡예사(Gauklern, Jongleuren)'가 존재한다는 이야기조차 들어본 적이 없다고 회고하였을 정도이다.[11] 따라서 달레의 위 기록은 서구인들의 저

10 샤를르 달레, 앞의 책, 240~241면; Dallet, op. cit., p.CLXIII.

11 E. J. 오페르트, 신복룡 · 장우영 역주, 『금단의 나라 조선』, 집문당, 2000, 123면; Ernst J.

술 가운데에서는 일단 그 희소적 가치를 인정할 수 있다.

국내의 경우 유랑 예능인 집단에 관한 기록은 18세기 이래 사대부들의 저작에서 종종 발견되는데, 예능패의 기예에 대한 설명보다는 그들이 정역(丁役)을 면탈하고 시정(市井)을 문란하게 하는 등 국가에 큰 해악을 끼치고 있다는 사실을 경계하는 데 서술의 강조점이 놓여 있다.[12] 달레의 기록 역시 이 같은 사대부 문인들의 시각과 일맥상통한다. 한편으로는 예능패의 활동과 기예의 수준에 대해 언급하면서도, 종국에는 항산(恒産)을 지니지 못한 예능패들이 시정과 향촌의 무뢰배(無賴輩)로 전락해 가는 경과를 우려 섞인 어조로 기술하였던 것이다. 그럼에도 불구하고 유랑 예능인들의 인적 구성이나 역할 분담, 기예의 레퍼토리 등에 대해 구체적인 언급이

1900년대의 남사당패

Oppert, *Ein Verschlossenes Land : Reisen nach Corea*, Leipzig : Brockhaus, 1880, p.130. 곡예사를 다룬 오페르트의 기록에 대해서는 본서의 2장 2절 참조.

12 예컨대 이익(李瀷, 1681~1763)과 정약용(丁若鏞, 1762~1836)의 다음 언술은 조선 후기 유랑 예능인들을 다룰 때 여러 번 언급되었던 것이다.
李瀷, 「生財」, 『藿憂錄』. "今倡優之巧捷莫甚, 險竿筋頸魚躍鶴蟠, 北使見之, 指爲天下第一, 邦人方用此見能, 而不知大可羞也. 以無用薄技, 兀免丁役, 害農傷財, 而相聚爲盜"; 丁若鏞, 稅法下, 「戶典六條」, 『牧民心書』 권5. "將開倉, 榜諭倉村, 嚴禁雜流. 倉村該禁者, 一優婆【方言曰 : '舍堂'.】, 二娼妓【老妓退者, 亦禁之.】, 三酒婆【燒酒藥酒坐賣者.】, 四花郎【卽巫夫, 方言曰 : '廣大'.】, 五樂工【琴笛歌客等.】, 六檑子【方言 : '焦蘭伊'.】, 七馬弔【卽頭錢.】, 八屠肆【殺牛殺豬等.】 凡此雜種, 以聲色酒肉, 誘惑萬端, 倉吏溺焉, 船人溺焉." 이들 기록에 대한 자세한 검토는 김흥규, 「조선 후기 예술의 환경과 소통 구조」, 『한국 고전문학과 비평의 성찰』, 고려대 출판부, 2002, 21~24면 참조.

이루어진 대목은 눈여겨볼 만하며, 이를 통해 19세기의 사당패·초라니패 등의 존재와 활동을 좀 더 생생하게 되살려 볼 수 있다.

> 진정한 의미의 연극이라는 것은 조선에 없다. 우리네 희곡과 가장 가까운 것은, 어떤 이야기를 단 한 사람이 차례로 모든 역할을 하고 몸짓을 섞어 가면서 하는 낭송(朗誦)이다. 가령 그의 이야기 속에 수령이며, 매 맞는 사람이며, 아내와 다투는 남편 따위가 나오면, 그는 차례차례로 재판관의 점잖고 엄숙한 어조와, 매 맞는 사람의 신음과 비명, 남편의 목소리, 아내의 날카로운 목소리, 이 사람의 웃음소리, 지 사람의 이상한 몸짓, 또 어떤 시람의 어리둥절한 모양 등 그런 모든 것을 찬사와 재담과 익살과 풍자를 곁들여 가며 흉내 낸다. 이런 예술인들이 끊임없이 공부하는 많은 일화책 또는 일화집이 있으나, 재주가 있는 사람들은 그렇게 미리 꾸며진 장면에 구애되지 않고, 그것을 교묘하게 바꾸고, 서로 섞고, 즉석에서 청중에게 알맞은 야유와 암시와 농담을 집어넣고 하여 명성을 얻고 돈을 많이 벌 수도 있게 된다. 그들은 친구들의 모임이나 집안 경사에 초대된다. 그들은 또 신임 관리들과 과거에 급제한 사람들의 공식방문에는 꼭 따라다니며, 집집마다 그들에게 약간의 돈을 준다. 남자들만이 그런 광대 노릇을 한다.[13]

달레의 기록 가운데 가장 높이 평가할 수 있는 부분은 판소리와 관련된 위의 서술일 것이다. 한국문화를 고찰한 초기 서구인들이 흔히 토로했던 놀라움 가운데 하나는 한국에는 연극(théâtre, Theatervorstellungen, theatre,

13 샤를르 달레, 앞의 책, 241면; Dallet, op. cit., pp.CLXIII~CLXIV.

drama)이 없다는 점이었다. 서구는 물론 중국이나 일본과 견주더라도 한국의 연희(演戲)는 뚜렷하지 않았던 것이 사실이기 때문이다. 한국에 연극이 존재하지 않는다는 점은 때로 한국문학 및 문화 일반의 미발달 정도를 지시하는 핵심적인 근거로 해석되기도 하였고, 또 한편으로는 연극을 대체 또는 보상할 만한 한국의 다른 연희 문화는 없는지 모색해 보는 계기로 작용하기도 하였다.

오페르트가 전자에 해당한다면,[14] 달레는 후자의 사례에 속한다. 달레는 "어떤 이야기를 단 한 사람이 차례로 모든 역할을 하고 몸짓을 섞어 가면서 하는 낭송(la récitation mimée de certaines histoires, par un seul individu qui en représente successivement tous les rôles)", 즉 판소리를 서구의 극에 그나마 가장 가까운 한국의 연희 문화로 상정하였던 것이다. 이와 유사한 사례는 호머 B. 헐버트(Homer Bezaleel Hulbert, 흘법(訖法), 할보(轄甫), 1863~1949)에게서도 나타나는데,[15] 두 사람이 모두 판소리를 일화(anecdote)나 소설(novel, fiction)을 실감나게 구연(口演)하는 행위로 규정하였다는 점 역시 흥미로운 공통점이다. 이는 물론 판소리와 판소리계 소설의 선후 관계를 역으로 판단한 결과이겠으나, 어떠한 경로로든 판소리의 극적 요소를 예리하게 포착해 내었다는 점은 중요하게 거론될 만하다.

특히, 달레의 위 기술은 헐버트의 글보다 무려 30년 가까이 앞서 나온 것일 뿐만 아니라, 내용도 보다 자세해서 그 자료적 가치가 더욱 현저하다. 가령, 달레는 명창(名唱)이 종래의 전승에 구애되지 않고 자신만의

---

14 오페르트의 관점에 대해서는 본서의 2장 2절 참조.

15 Homer B. Hulbert, "Korean Fiction", *The Korea Review*, vol.2, Seoul : Methodist Publishing House, Jul. 1902, p.292. 판소리를 다룬 헐버트의 이 기록에 대해서는 본서의 5장 「호머 헐버트의 한국시가 연구」의 3절 참조.

장기를 발휘하여 새로운 대목이나 내용을 확대해 가는 이른바 더늠에 대해 언급하였는데, 이는 판소리의 연행 방식을 면밀하게 고찰하지 않고서는 쉽사리 발견할 수 없는 특징임이 분명하다. 더불어 판소리 광대와 고수(鼓手)가 유력가의 집안에 초빙되어 가는 세태는 후일 헐버트의 글에서도 다루어지기는 하지만, 달레는 이들이 신관 사또의 부임연이나 급제자의 집안에서 벌이는 잔치에 빠짐없이 불리어 다닌다고 특정함으로써 당시 판소리의 인기와 향유층의 면면을 보다 직접적으로 밝히기도 하였다. 19세기 중후반의 판소리 연행 환경을 다루고 있는 만큼 송만재(宋晩載, 1788~1851)의 〈관우희(觀優戲)〉 등을 보충하는 자료로서 중요한 가치를 지닌다고 평가할 수 있을 것이다.

3. 달레의 역할과 위상

이상에서 한국에 대한 서구인들의 초기 기록을 개관하고, 19세기 프랑스 신부들의 위상과 역할을 부각하는 한편, 한국의 가창 문화를 다룬 달레의 기술을 항목별로 옮겨 가며 살펴보았다.

『한국천주교회사』「서설」 제XIII장에서 달레는 기녀의 신분과 기예, 유랑 예능패의 활동과 폐단을 언급하는가 하면, 판소리를 일종의 극으로 규정하면서 명창이 더늠을 확대해 가는 특색에 관해서까지 설명하였다. 비록 충분한 분량으로 서술되지는 않았으나, 달레의 이 같은 증언은 다음 시기의 서구인들, 특히 이폴리트 프랑댕(Hippolyte Frandin, 법란정(法蘭亭), 1852~1924)이나 모리스 쿠랑(Maurice Courant, 1865~1935)과 같은 프랑스인들의 한국학 연구를 촉발하는 데 상당한 영향을 끼쳤을 뿐만 아니라, 한국문화에 관한 서구 독자들의 관심을 환기하는 데에도 크게 기여한 것으로 파악된다.

2장

에른스트 J. 오페르트

한국문학과 가무의 수준을 평가하다

윌리엄 E. 그리피스

한국시가의 층위와 특징을 요약하다

에른스트 J. 오페르트(Ernst Jacob Oppert)
중국명 : 오배(吳拜)
생몰연대 : 1832～1903
출생지 : 프로이센 함부르크주 함부르크(Hamburg)
주요 직책 : 재중 무역상
한국 체류 기간 : 1866, 1868
한국 관련 주요 저술 : 『금단의 나라 조선(*Ein Verschlossenes Land : Reisen nach Korea*)』(1880)

윌리엄 E. 그리피스(William Elliot Griffis)
생몰연대 : 1843～1928
출생지 : 미국 펜실베니아주 필라델피아(Philadelphia)
주요 직책 : 일본 가이세이학교(開成學校, 도쿄제국대학(東京帝國大學)의 전신) 교수
한국 체류 기간 : 없음
한국 관련 주요 저술 : 『은자의 나라 한국(*Corea, the Hermit Nation*)』(1882)

개관

1880년대 들어 한국의 역사와 문화 및 정세 등을 종합적으로 다룬 저술들이 잇달아 출간된다. 한국은 1882년부터 비로소 서구 열강에 순차적으로 문호를 개방하였기 때문에 이들 저작 속에 포함된 서구인들의 관찰도 이때까지는 간접적인 견문을 바탕으로 한 것이었으며, 부정확한 기술 역시 적지 않게 발견된다.

에른스트 오페르트의 『금단의 나라 조선』과 윌리엄 그리피스의 『은자의 나라 한국』이 1880년대의 주요 저작으로 지목될 수 있다. 오페르트는 한국의 문학과 가무를 개관하면서 중국 및 일본의 사례와 견주어 그 수준을 평가하였고, 그리피스는 한국시가의 갈래를 구분한 후 개개의 특징에 대해 간략히 언급하였다.

이들의 고찰은 1890년대 들어 모리스 쿠랑, 제임스 게일, 호머 헐버트 등에 의해 본격화되는 한국시가 관련 논의를 예비하는 성격을 띠기도 한다.

1880년대 서구인들의 한국시가 논의

1. 1880년대 서구인들의 한국 관련 저작

이 글은 1880년대에 출간된 서구인의 한국 관련 저작들 속에서 문학에 관계된 내용을 탐색하고, 해당 부분에 한국시가의 특징이 어떠한 방식으로 논의되었는지 검토하는 데 목적을 둔다.

한국의 역사와 문화를 고찰했던 초기 서구인들 가운데 파리외방전교회(Missions étrangères de Paris) 소속 프랑스 신부들의 활동은 단연 두드러지며, 특히 클로드 샤를 달레(Claude Charles Dallet, 1829~1878)는 『한국천주교회사(*Histoire de l'église de Corée*)』(1874) 「서설(Introduction)」에서 당시 한국의 가창 문화를 생동감 있게 그려 내기도 하였다.

한국이 열강(列强)에 차츰 문호를 개방해 가던 1880년대에 들어서면 서구인들이 한국을 보다 안정적인 기반과 여건 속에서 관찰할 수 있는 상황이 조성된다. 그러나 그러한 관찰의 결과물이 일정 수준으로 정리되어 나오기까지는 얼마간의 시간이 필요하기 마련이었다. 실상, 한국의 연혁과 정세 등을 종합적으로 다룬 저술들은 1880년대 초부터 잇달아 출간되기 시작하였으나, 그 대부분이 문호 개방 이전의 간접적 견문을 바탕으로 작성된 것이었기 때문에 서술이 균형 있게 이루어지지 않은 데다, 문학과 관련된 내역은 상대적으로 더욱 미비하다.

1880년대에 출간된 존 로스(John Ross, 나약한(羅約翰), 1842~1915)의 『한국의 역사(*History of Corea*)』(1880), 에른스트 J. 오페르트(Ernst Jacop Oppert, 오배(吳拜), 1832~1903)의 『금단의 나라 조선(*Ein Verschlossenens Land : Reisen nach Korea*; *A Forbidden Land : Voyages to the Corea*)』(1880), 윌리엄 E. 그리피스(William Elliot Griffis, 1843~1928)의 『은자의 나라 한국(*Corea, the Hermit Nation*)』(1882) 등이 모두 그러한 특징을 지니고 있지만, 그 가운데 뒤의 두 저작에는 한국의 문학, 가악, 예술 등에 대한 저자들의 관점과 평가가 단편적으로나마 드러나므로 이들 부분을 옮겨 와 항목별로 검토하고자 한다.[1]

---

1 『한국의 역사』를 저술한 존 로스는 만주에서 주로 활동하였던 스코틀랜드 출신의 개신교 선교사이다. 만주 일대 한국인들과 교류하는 과정에서 한국에도 선교를 하여야 할 필요성을 절감하여 한국어를 학습하기 시작하였고, 이후 영어권 화자를 대상으로 한 최초의 한국어 학습서 『한국어 회화(*Korean Speech*)』(1882)와 『신약성경(新約聖經)』의 첫 한국어 번역인 『예수셩교젼셔』(1887)를 출간하기도 하였다. 『한국의 역사』는 한국 선교를 준비하기 위해 한국의 역사와 문물을 중국 측 자료에 의거하여 나름대로 정리해 놓은 책이다. 그 때문인지 한국이 중국의 한 지역으로 다루어지는 경우가 흔하며, 표제와는 달리 '한국의 역사'보다는 '한중교류사'에 가까운 서술이 많다. 제10장 「한국의 사회적 관습(Corean Social Customs)」에서 한국어의 특성을 설명하거나 한국에 고유한 문자 체계가 있다는 사실 등을 밝힌 대목은 눈여겨볼 만하지만, 한국의 독특한 장례 문화 부분이 길게 서술된 것 이외에는 대부분 중국의 교육 제도가 한국에 어떻게 적용되었는지, 중국의 경서(經書)가 한국인에게 어떻게 읽히고 있는지 등이 주된 내용을 차지할 뿐, 한국의 문화나 문학에 대한 설명은 특별히 눈에 뜨이지 않는다. 이 책은 근래에 완역되어 나왔다 : 존 로스, 홍경숙 역, 『존 로스의 한국사—서양 언어로 기록된 최초의 한국 역사』, 살림, 2010.

2. 한국문학 및 가무(歌舞)에 대한 오페르트의 평가

프로이센(Preußen) 함부르크 출신의 유대인 재중 무역상이었던 오페르트는 한국과 통상하기 위해 남연군(南延君) 이구(李球, 1788~1836)의 묘를 도굴하려다 물의를 빚은 일로 널리 알려져 있다. 『금단의 나라 조선』은 그가 세 차례에 걸쳐 한국에 상륙한 후 중국으로 돌아가 체류하면서 저술한 책으로 1880년 같은 해에 라이프치히와 런던에서 각각 독일어와 영어로 출판되었다.

총 아홉 개 장 가운데 앞의 여섯 장은 인종과 지리, 정치, 역사, 풍습, 언어와 문자, 산업 등 한국의 전반적인 실정에 관한 서술로 이루어져 있다.[2] 당시까지도 한국은 서구인들에게는 여전히 '금단의 땅'으로 남아 있었으므로 한국에 대한 기술 역시 그제껏 한국을 직간접으로 체험해 왔던 여러 인사들의 견문에 의존하여 시도할 수밖에 없는 상황이었다.

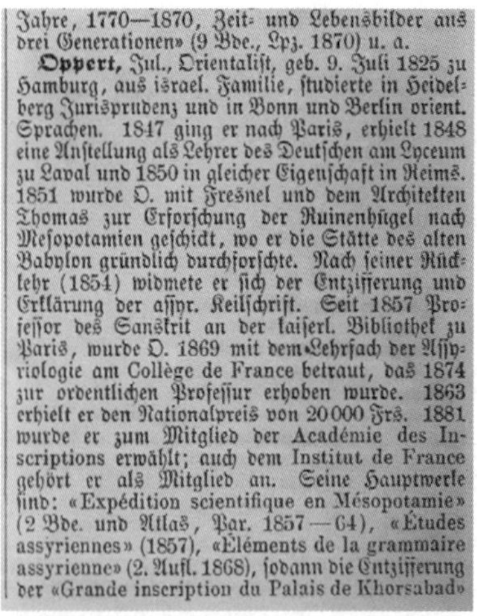
Jahre, 1770—1870, Zeit- und Lebensbilder aus drei Generationen» (9 Bde., Lpz. 1870) u. a.
Oppert, Jul., Orientalist, geb. 9. Juli 1825 zu Hamburg, aus israel. Familie, studierte in Heidelberg Jurisprudenz und in Bonn und Berlin orient. Sprachen. 1847 ging er nach Paris, erhielt 1848 eine Anstellung als Lehrer des Deutschen am Lyceum zu Laval und 1850 in gleicher Eigenschaft in Reims. 1851 wurde O. mit Fresnel und dem Architekten Thomas zur Erforschung der Ruinenhügel nach Mesopotamien geschickt, wo er die Stätte des alten Babylon gründlich durchforschte. Nach seiner Rückkehr (1854) widmete er sich der Entzifferung und Erklärung der assyr. Keilschrift. Seit 1857 Professor des Sanskrit an der kaiserl. Bibliothek zu Paris, wurde O. 1869 mit dem Lehrfach der Assyriologie am Collège de France betraut, das 1874 zur ordentlichen Professur erhoben wurde. 1863 erhielt er den Nationalpreis von 20000 Frs. 1881 wurde er zum Mitglied der Académie des Inscriptions erwählt; auch dem Institut de France gehört er als Mitglied an. Seine Hauptwerke sind: «Expédition scientifique en Mésopotamie» (2 Bde. und Atlas, Par. 1857—64), «Études assyriennes» (1857), «Éléments de la grammaire assyrienne» (2. Aufl. 1868), sodann die Entzifferung der «Grande inscription du Palais de Khorsabad»

19세기 말 독일의 백과사전에 수록된 오페르트의 생애
(*Brockhaus' Konversations-Lexikon*, vol.12, 1894)

『금단의 나라 조선』 또한 프랑스 신부들에게서 전해들은 단편적인 증언과 중국 또는 일본 측 자료를 바탕으로 서술하였기 때문에 한국 자체에 대한 기

2 나머지 세 개의 장에서는 그가 통상을 목적으로 한국에 들어와 겪었던 일들을 서술하고 있는데, 오페르트는 1868년 마지막 방한 때 남연군의 묘를 도굴하려다 실패하고 중국으로 돌아간다.

록이라기보다는 한국을 바라보는 외부의 시선을 조합해 놓은 듯한 인상을 줄 정도이다.[3] 그러한 사정은 한국의 언어와 문자에 대한 부분에서도 마찬가지이어서, 한국어의 방언(方言)이 중국어를 차용하는 과정에서 유래되었다거나 임진왜란(壬辰倭亂, 1592) 이후 일본인들이 조선에 체류하기 시작하면서 한국 남부의 방언이 일본어의 영향을 받아 성립되었다는 등의 부정확한 설명이 제시되기도 한다.[4]

다만, 한국의 문화를 다룬 부분에는 그가 한국을 세 차례 방문하면서 직접 목격한 일들이 부분적으로 포함되어 있다. 특히 제4장에 수록된 한국의 가악 및 문학에 대한 논평은 주목할 만하다.

> 음악에 대한 조선 사람들의 애호심은 아시아의 어떤 민족보다도 강렬하다. 음악에 대한 그들의 지식은 이웃나라 사람들과 비슷해서 극히 초보적이며 악기 또한 원시적이다. 그중에서 눈여겨볼 만한 악기들은 귀가 먹을 정도로 시끄러운 소리를 내는 징과, 마찬가지로 찍찍거리는 음색을 내는 피리와 두 개의 줄을 가진 현금(弦琴)인데, 이것들이 서로 어우러져 화음을 이룬다. 그들은 중국인들처럼 단조롭고 우울한 가성으로 노래를 부르며 거의 높은 음을 내지 않는다. (…중략…) 조선 사람들은 또한 춤추기를 매우 좋아하는데, 그들이 추는 춤은 유럽의 것과는 전혀 다르다. 남녀가 함께 춤을 추는 것은 조선의 풍속에 위반되는 것으로 있을 수도 없는 일이며, 흔히 누구 한

3 예컨대 그가 한국의 고대사를 기술하면서 참고했다고 밝힌 서목을 보면, 『니혼쇼키(日本書紀, *Nipponki*)』, 『니혼오다이이치란(日本皇代一覽, *Nippon-wôdai itsi-van*)』, 『조센모노가타리(朝鮮物語, *Tsjo-sen monogatari*)』 등 모두 일본책이다(E. J. 오페르트, 신복룡 · 장우영 역주, 『금단의 나라 조선』, 집문당, 2000, 60면; Ernst J. Oppert, *Ein Verschlossenes Land : Reisen nach Corea*, Leipzig : Brockhaus, 1880, pp.45~46).

4 위의 책, 132면; Ibid., p.142.

오페르트의 책에 수록된 한국인의 모습, '몽골계 골격을 지닌 미혼의 젊은이'

사람이 무대로 나와서 춤을 추면 다른 사람들은 그것을 구경한다. 춤동작은 몸을 앞뒤로 움직이는 느긋한 발놀림에 불과하다. 그들은 늘 노래를 부르면서 춤을 춘다. 다양한 동작을 선보일수록 능숙한 춤꾼으로 인정된다. 중국이나 일본에서는 매우 대중화되어 있는 극이나 다른 공연과 같은 연예가 조선에서는 매우 낯선 영역에 속한다. 이것은 아마도 부분적으로는 조선 고유의 문학이 결여된 데에서 비롯되었을 것이다. 다른 한편으로는 조선 사람들의 문화적 수준이 낮아서 이런 종류의 연예에는 감흥을 느끼지 못하기 때문이다. 나는 이 나라에 곡예사(Gauklern, Jongleuren)가 있다는 이야기조차 들어보지 못했으며, 만약 있다손 치더라도 이웃 나라에서 볼 수 있는 놀랄 만한 기술을 가지고 있을지는 의심스럽다.[5]

오페르트가 한국의 음악과 연희를 바라보는 방식에는 완연한 폄하적 관점이 개재되어 있다. 특히 단출한 악기 구성과 서구인들의 귀에 거슬리는 가창법은 한국의 음악이 극히 초보적인 수준에 머물고 있다는 인식으로 귀결되는데, 실상 한국음악에 대한 이 같은 비호의적 시각은 오페르트뿐 아니라 그 이후에 한국을 방문했던 다른 서구인들에게서도 빈번히 발견되는 것으로서, 그들의 귀에 한국의 가악이 지나치게 부자연스럽거나 단조롭게 느껴졌던 탓으로 보인다.

5 위의 책, 122~123면; Ibid., pp.128~130.

한편, 오페르트는 한국에 노래와 춤이 성행하는 데 비해 어떠한 종류의 연희 문화도 일반화되어 있지 않다는 견문을 바탕으로 한국문학 전반에 대한 평을 내리기도 한다. 극은 서구문학의 원류를 이루는 갈래로서 서구인들이 특정 지역 문학의 발달 정도를 판별하는 데에도 중요한 잣대로 활용될 만한 요소였다. 이는 일본 메이지시대(明治時代)의 고쿠가쿠샤[國學者]들이 일본에 극문학이 크게 발달되어 있었다고 애써 강조하려 했던 사실로도 짐작해 볼 수 있다. 즉, 에도시대(江戶時代)까지도 저급한 시정(市井) 문화로 치부되었던 노[能]나 가부키[歌舞伎], 조루리[淨瑠璃] 등을 그들이 일본문학의 대표적 갈래로 포섭하였던 것은 서구문학의 규범화된 장르 체계에 일본문학을 대응시킴으로써 일본의 문학이 서구의 문학과 대등하다는 점을 애써 강조하기 위한 시도였던 것이다.[6]

그 같은 사정으로 미루어 볼 때, 한국에 극문학이 없다는 오페르트의 판단은 서구인들에게는 곧바로 문학 발달 과정의 흠결로 인식되었을 여지가 크다. 특히 한국인들이 극예술에 흥미조차 느끼지 못한다는 지적은 한국문학이란 결국 기형적이고 원시적인 수준에 지나지 않는다는 결론으로 쉽게 연결될 수밖에 없었던 것이다.[7]

---

6 하루오 시라네, 「창조된 고전－정전 형성의 패러다임과 비평적 전망」, 하루오 시라네 · 스즈키 토미 편, 왕숙영 역, 『창조된 고전－일본문학의 정전 형성과 근대 그리고 젠더』, 소명출판, 2002, 29～31면.

7 이러한 폄하적 시선이 비단 오페르트에게서만 발견되는 것은 물론 아니다. 정도의 차이는 있을지언정 이른바 오리엔탈리즘적 언술은 19세기 말 서구 관찰자들의 저술에서 폭넓게 발견되는 요소이다. 특히, 파울 게오르크 폰 묄렌도르프(Paul Georg von Möllendorff, 목인덕(穆麟德), 1848～1901), 에른스트 폰 헤세-바르테크(Ernst von Hesse-Wartegg, 1854～1918), 리하르트 분쉬(Richard Wünsch, 부언사(富彦士), 1869～1911), 지크프리트 겐테(Siegfried Genthe, 1870～1904), 에른스트 오페르트 등 19세기 말 독일 또는 오스트리아인들의 이 같은 관점에 대해서는 고유경이 정교하게 검토한 바 있다. 고유경, 「한독관계 초기 독일인의 한국 인식에 나타난 근대의 시선」, 『호서사학』 40집, 호서사학회, 2005, 277～310면.

3. 한국시가의 갈래와 특징에 대한 그리피스의 논의

오페르트가 정확성이 의심되는 잡다한 견문과 개인적인 인상을 바탕으로 한국의 제반 문물을 당시 서구인들에게 소개했던 데 비하면, 그리피스는 한층 학술적인 객관성을 유지하고자 노력했던 흔적이 엿보인다. 미국 필라델피아 출신인 그리피스는 1870년 일본 한슈[藩主]의 초청을 받아 일본에 들어와 수년간 학생들에게 서구 학문을 가르친 교육자였고, 일본의 역사와 문화에 대해서도 해박한 식견을 갖춘 지식인이었다.[8]

『버릇없는 호랑이 및 기타 한국의 민담들(*The Unmannerly Tiger and Other Korean Tales*)』(1911) 표지

그리피스는 일본에 대한 연구를 심화해 갈수록 일본과 여러 측면에서 밀접한 관계를 맺어 왔던 한국에 대해서도 점차 관심을 갖게 되는데, 그러한 관심은 추후 그가 미국에 돌아가 『은자의 나라 한국』(1882)을 집필했던 직접적인 동기가 되었으며, 그로부터 약 30년 후 한국의 민담집 『버릇없는 호랑이 및 기타 한국의 민담들(*The Unmannerly Tiger and Other Korean Tales*)』(1911)을 뉴욕에서 출판할 때까지도 유지된다.[9]

---

8 그리피스의 전기적 생애에 대해서는 정성화, 「W. 그리피스, 『은자의 나라 한국』 – 그리피스의 한국관을 중심으로」, 『해외한국학평론』 1호, 연세대 현대한국학연구소, 2000, 9～42면에 정리된 것을 참고하였다.

9 「서문(On the Door-step)」에 따르면 이 책은 19세기 말～20세기 초 영미권 선교사들이 주도하여 창간한 『한국휘보(*The Korean Repository*)』, 『코리아 리뷰(*The Korea Review*)』, 『왕립 아시아학회 한국지부 회보(*Transactions of the Korea Branch of the Royal Asiatic Society*)』 등에 소개된 한국 민담들을 그리피스가 재편집하여 출판한 것으로 파악된다(William E.

오페르트와 마찬가지로 그리피스도 역시 당시까지 알려져 있던 한국에 관한 각종 기록, 예컨대 프랑스 신부들의 수기나 서구 여행가들의 증언, 중국과 일본 측의 고서 등에 의거하여 한국에 대한 전체적인 기술을 시도하였으나, 자료에 접근하는 그의 태도는 오페르트보다 훨씬 학구적이었다.[10] 다만, 일본 측의 자료가 다수 활용되었던 탓에 책의 많은 부분에서 일본인들의 시각이 그대로 노정되거나 한국과 일본을 대비하는 서술이 빈번하게 이루어질 수밖에 없었으며, 이러한 편향은 한국의 문학과 언어를 다루는 부분에서도 두드러지게 나타난다.

> 만주 계곡에서 유래한 종족이 중국 문명과 같은 고대 문명을 접하게 되면서, 고려인들(the Korai people)은 그 고대 문명에서 달성된 이상적인 문학적 전범들을 염두에 두게 되었고, 이에 따라 모국어에 대한 연구는 성실하게 진전되기는커녕 애석하게도 경시되고 말았다. 이러한 자국어 경시 경향은 일본보다 한국에서 훨씬 더 심하다. 일본에서도 중국 문물을 연구하는 과정에서 생겨난 현학적 태도 때문에 오랫동안 자국어가 경멸의 대상이 되어 왔으나, 그럼에도 불구하고 일본 지식인들은 자국어 문학을 훌륭하게 꽃피웠

Griffis, *The Unmannerly Tiger and Other Korean Tales*, New York : Thomas Y. Crowell Company, 1911, p.vii). 그리피스는, 어느 지역의 민담에든 민족 특유의 상상력이 내재되어 있기 때문에 특정 민족의 정체성을 파악하기 위해서는 그들의 민담을 정치하게 살펴야 한다는 관점을 지니고 있었다. 이러한 그리피스의 민담관 및 한국 민담에 대한 견해에 대해서는 조융희에 의해 자세히 논의된 바 있다. 조융희, 「그리피스의 문학관과 한국 민담에 대한 이해」, 『비교문학』 50집, 한국비교문학회, 2010, 79～98면.

10 그는 『은자의 나라 한국』 서문 뒤쪽에 자신이 이 책을 집필하면서 참고했던 서적이나 자료 약 100종을 중요도를 매겨 나열하고 그 각각에 대해 초보적인 수준에서나마 사료 비판을 하였는데, 이러한 사실만을 보아도 그의 저술이 오페르트의 것에 비해 한층 엄밀한 방식으로 이루어졌다는 점이 잘 드러난다(William E. Griffis, *Corea, the Hermit Nation*, London : W. H. Allen & Co., 1882, pp.xi～xvii).

던 것이다. 한국인들은 자국어를 폄하한다. 그들은 자신들의 언어를 '육담(肉談, *Yuk-tam*)', 즉, 의미도 없고 생각을 표현하기에도 턱없이 부족한 주정뱅이들의 말(sottish words)이라고 부른다. 때문에 자국어 문학이 빈약하다.[11]

그리피스는 책의 말미에 「부록(Appendix)」을 따로 두어 본문에서 충분히 다루지 못했던 한국어, 유럽인들의 한국 연구, 한국문학, 도량형과 화폐 단위, 한국의 지도 등의 주제에 걸쳐 항목별로 서술을 이어갔다. 위 인용은 '한국의 문학(Corean Literature)' 항목 가운데 앞부분에 해당하는 것으로서 여기에서 그는 한국문학의 전반적인 특질을 개관해 보고자 하였다.[12] 그리피스에게 처음으로 착목된 사실은 한국의 문학이 중국의 문학적 전범에 완고하게 종속되어 있을 뿐 아니라, 한국 사람들 스스로 자국어를 수치스럽게 생각한다는 점이었다. 한국인들이 국문을 '언문(諺文, en-mun, onmun)'이라고 낮추어 부른다는 언급은 19세기에 한국을 방문했던 여러 서구인들의 기록에서도 발견되지만, '육담'이라는 표현은 다소 생소하다. 그리피스가 이 말을 어떠한 문맥에서 차용해

11 Ibid., p.449.

12 『은자의 나라 한국』은 1882년 런던과 뉴욕에서 초판이 간행된 이래 무려 29년 후인 1911년에 뉴욕에서 다시 제9판까지 나올 정도로 영어권 독자들에게 꾸준히 읽혔던 책인데, 「부록」은 초판, 재판(1885), 3판(1888), 4판(1894), 6판(1897)에서는 모두 발견되나, 제7판(1904), 8판(1907), 9판(1911)에는 빠져 있다. 그리피스 스스로 「부록」 부분의 서술이 부정확하거나 시대에 뒤떨어진다고 여겨 7판부터는 더 이상 싣지 않기로 결정했으리라 추정된다(제5판은 저자가 직접 확인하지 못하였다). 한편, 당시 'literature'라는 어휘는 오늘날의 '문학' 개념보다 포괄적인 것이었으며, 때로 '글 혹은 문헌, 저술 일반'의 의미를 내포하기도 하였다. 당시 'literature'의 개념 및 '文學'과의 대응관계에 대해서는 이상현, 「제임스 게일(James Scarth Gale)의 한국학 연구와 고전서사의 번역-게일 한국학 단행본 출판의 변모와 필기, 야담, 고소설의 번역」, 성균관대 박사논문, 2009, 66~67 · 70~71면; 김소정, 「근대중국의 '新文學' 형성과 정전화 과정」, 부산대HK고전번역+비교문화학연구단 편, 『고전, 고전번역, 문화번역』, 미다스북스, 2010, 278~281면 등에서 검토된 바 있다.

온 것인지는 분명치 않으나, 한국인들 스스로 국문에 대한 폄하적 시선을 지니고 있었고 그러한 경향이 서구인들의 눈에도 쉽게 포착될 수 있었던 것만은 틀림없어 보인다.

그리피스(가운데 줄 중간)와 그의 일본인 학생들

이렇듯 자국어에 대한 인식이 빈약하다는 판단은 한국문학의 수준을 평가하는 데에도 직접적으로 적용된다. 이미 민족국가 시대로 접어든 서구의 지식인들에게 특정 국가의 문학적 자산으로 포용될 수 있는 대상의 범위란 대개 그 나라 고유의 언어와 문자로 전해지는 작품으로만 좁혀지기 마련이었기 때문에, 자국어에 대한 폄하가 존재하는 데다 작품 창작 역시 한문 위주로만 이루어지고 있다는 그리피스의 분석은 곧 한국에는 고유한 문학이 없거나 매우 빈약한 수준이라는 결론으로 귀착될 수밖에 없었던 것이다.

시에는 두 종류가 있다. 하나는 노래(songs), 말장난 섞인 묘사, 운율이나 일정한 음절・율각에 맞추어 쓴 우스꽝스러운 속담들(funny sayings with rhythm and a certain number of syllables or feet)이고, 다른 하나는 중국의 전범에 바탕을 둔 형식이다. 한국인들이 선호하는 시 부류인 '풍월(風月, *pung-wel*)'은 가볍고 서정적인 성격을 지니고 있으며, 그 이름에서도 드러나듯이 풍월에서는 대개 바람과 달이 노래된다. 바람에 우아하게 나부끼는 대나무, 달빛을 받은 바다, 또는 풍경, 그리고 자연의 변화상이 시의 소재로 다루어진다. 좋은 경관을 찾아 '시회(詩會, poetry parties)'도 벌어지는데, 이때 참석자들은 술잔을 옆에 끼고 필기도구를 지참한다. 기분을 전환하기 위해 벌이는 이 같은 시회는 문학적·사회적인 유희 방식으로서 표준적인 것 가운데 하나이다. 중국 작가들만이 한국의 독자들 사이에서 추앙을 받는 것은 아니다. 주로 정통 한문으로 창작활동을 했던 몇몇 일본 작가들, 특히 아라이 하쿠세키와 18세기 에도의 학자들도 역시 한국에서 높은 명성을 얻고 있다.[13]

그리피스는 한국의 시를 특화하여 다루는 문맥에서도 역시 자국어 시가와 한시라는 두 가지 범주를 설정한다. 자국어로 쓰이거나 향유되는 첫 번째 부류는 다시 세 종류로 세분된다. '노래(songs)'는 흔히 '민요(folk song)'로 통칭될 수 있을 만한 자생적인 시가를 말하는 듯하며, '말장난 섞인 묘사(punning descriptions)'란 판소리 사설이나 잡가(雜歌)와 같은 좀 더 길고 다변적(多辯的)인 가창 양식, 마지막으로 '운율이나 특정 음절·율각에 맞춘 우스꽝스러운 속담들(funny sayings with rhythm and a certain number of syllables or feet)'은 시조(時調)와 같이 비교적 정형화되어 있는 시가 양식을 지칭하는 것이 아닌가 생각된다.

그가 한국의 시가에 관해서 어느 정도의 견문을 지니고 있었는지 위의 서술만으로는 가늠하기 어렵지만, 이들 부류에 대해 대개 부정적이거나 장난스러운 수사를 붙인 것을 보면, 그는 한국에는 자국어 문학이 빈약하다는 앞서의 분석을 시가의 사례 속에서 재확인하려 한 듯하다. 중국의 전범을 따르는 한시 양식을 제외한다면, 결국 한국에는 원시적이거나 희작적인 시 양식밖에는 없다는 결론이 그의 서술에서 도출되기 때문이다.

---

13 Griffis, op. cit., 1882, pp.449~450.

조선 후기 중인(中人)들의 시회(詩會) 광경
(유숙(劉淑, 1827~1873)의 〈수계도권(修禊圖卷)〉(1853) 부분)

반면, 한시의 위상은 그리피스가 관찰하기에도 매우 확고했음을 알 수 있다. '풍월'은 특정 갈래의 명칭이기보다는 작품의 주제적 요소를 포괄한 지칭인데, 이는 특히 식자층에서 주로 향유되던 한시의 특성을 염두에 둔 결과로 보인다. 가볍고 서정적인 시풍을 지닌 것으로 파악한 풍월의 존재를 거론하면서 그리피스는 한국에서 한시의 창작이 유락적(遊樂的)인 성격을 지니는 한편 사회적인 교류와도 밀접하게 연결되어 있다는 분석을 내놓는다. 중국 문인들뿐 아니라 일본의 한학자들까지도 한국에서 문명(文名)을 얻고 있다는 서술 역시 한문학을 통한 식자층 사이의 교류를 연상케 하는 구절이다.[14] 이처럼 다각적인 위상을 지니는 한시에 비할 때 한국의 고유어 시가는 미진한 수준에 머물러 있다는 판단이 강화될 수밖에 없다.

14 아라이 하쿠세키(新井白石, 1657~1725)가 조선 통신사 사절들에게 알려져 있었고 상호 교류도 했던 사실은 있으나, 그리피스의 말처럼 그가 당시까지도 한국에서 높이 추앙되었는지는 의문이다. 다분히 일본 측 자료에 의거하여 서술했기 때문으로 보인다. 아라이 하쿠세키와 조선 통신사 사이의 교류에 대해서는 구지현, 「1711년 신묘통신사와 아라이 하쿠세키[新井白石]의 필담을 통한 상호 소통」, 『열상고전연구』 28집, 열상고전연구회, 2008, 187~225면에서 자세히 다루어진 바 있다.

4. 오페르트와 그리피스의 논의가 지니는 과도적 의의

이상에서 살핀 바와 같이, 1880년대에 이루어진 한국문학에 관한 서구인들의 언급, 특히 시가에 관한 기술은 대개 간략한 견문에 의거하거나 중국과 일본에서 구해볼 수 있었던 간접적인 자료에 바탕을 두었던 탓에 그 분량이 길지도 않거니와 내용의 정확도나 논평의 균형도 면에서도 충분히 검토해 볼 만한 수준에 도달하지는 못한 것으로 파악된다.

한국에 대한 관심이 점차 높아지고, 동아시아 지역에서 한국이 차지하는 위상이 차츰 인식되어 가고는 있었지만, 그러한 관심이나 인식에 필적할 만큼의 세밀한 관찰은 이루어지지 못했던 셈이다. 더구나 당시 서구인들은 한국이라는 나라의 위치와 인종, 물산, 외교, 역사 등 지정학적 부면에 우선적으로 주목하였기 때문에 문학에는 상대적으로 관심이 덜 미치기도 하였다.

한국문학과 시가에 대한 고찰이 본격화되기 위해서는 무엇보다도 서구인들이 한국인과 한층 자유로이 교류하면서 한국어와 한문을 일정 수준 이해할 수 있게 되어야 하거니와, 그 같은 요건은 1890년대에 들어서야 비로소 달성되기 시작한다. 모리스 쿠랑(Maurice Courant, 1865~1935), 제임스 S. 게일(James Scarth Gale, 기일(奇一), 1863~1937), 호머 B. 헐버트(Homer Bezaleel Hulbert, 흘법(訖法), 할보(轄甫), 1863~1949) 등이 바로 해당 시점에 국내에서 활발하게 활동했던 인사들이며, 그들의 기록 속에서는 한국문학과 시가에 대한 보다 진전된 논의와 분석이 나타난다.

그러나 독일·영국·미국 등지에서 간행된 오페르트와 그리피스의 저술은 한국을 찾거나 한국에 관심을 둔 서구인들에게는 가장 기본적인 안내서로서 손에 잡히는 책이었기 때문에, 비록 간략하고 불충분한 언급이나마 이들이 서술해 놓은 내용은 당시로서는 한국의 언어와 문학 및 예술의 특성을 가늠해 볼 수 있는 몇 안 되는 정보원이기도 했다. 바로 그러한 측면에서 이들 초기 저작의 영향력과 의의를 가늠할 필요는 있을 것이다.

3장
모리스 쿠랑
한국시가의 서지와 갈래를 논의하다

모리스 쿠랑(Maurice Courant)
생몰연대 : 1865~1935
출생지 : 프랑스 파리(Paris)
주요 직책 : 한성 주재 프랑스 공사관 통역 서기관,
프랑스 리옹대학(Université de Lyon) 중국학 교수
한국 체류 기간 : 1890~1892
한국 관련 주요 저술 : 『한국서지(*Bibliographie coréenne*)』 1~4권(1894~1901),
「한국의 가극과 무극(La Complainte mimée et le ballet en Corée)」(1897) 등

개관

1882년 이래 한국이 서구 열강과 잇달아 수호통상조약을 체결하면서 서구인들의 한국 체류가 한층 자유로워지고, 한국에 대한 서구인들의 고찰도 보다 밀도 있게 진행되기 시작한다. 1890년대에 나온 서구인들의 한국 관련 저작은 대부분 문호 개방 이후의 견문을 반영하고 있다.

그 가운데에서도 프랑스인 서지학자 모리스 쿠랑의 『한국서지』는 획기적이라 할 만하다. 쿠랑은 파리외방전교회 소속 프랑스 신부들의 연구 성과를 바탕으로 삼아 한국의 각종 서책을 해제 및 분류하는 작업을 수행하였으며, 이 과정에서 한국시가의 층위와 특징에 관해서도 여러 중요한 견해를 내놓았다. 그 같은 쿠랑의 관심이 추후 한국의 극에 대한 고찰로까지 이어진다는 사실 역시 주목해야 할 사항이다.

특히, 쿠랑의 연구는 학술적인 검토와 논거를 기반으로 진행되었다는 점에서 더욱 중요한 의미를 지닌다.

모리스 쿠랑의 한국시가관

1. 1890년대 프랑스인들의 한국 관련 논의

이 글은 프랑스 서지학자 모리스 쿠랑(Maurice Courant, 1865~1935)이 한국시가의 특징에 대해 논의한 내용들을 자세히 검토하고 그 의의를 밝히는 한편, 쿠랑의 소론을 전후 시기 영미나 독일 출신 논자들의 견해와도 대비하는 데 목적을 둔다.

1882년 조미수호통상조약(朝美修好通商條約)을 기점으로 조선 조정이 서구 제국에 잇달아 문호를 개방하면서 서구인들의 한국 내 활동이 한층 자유로워짐에 따라 보다 직접적이고도 밀도 있는 고찰이 가능해진다. 1880년대에 들어서면 특히 영미권 인사들이 한국에 관한 제반 연구 분야에서 두각을 나타내기 시작하였으나, 파리외방전교회(Missions étrangères de Paris) 소속 신부들을 주축으로 이미 수십 년 동안 한국을 탐구해 왔던 프랑스인들 역시 여전히 확고한 위상을 유지하고 있었다.

『한국천주교회사(*Histoire de l'église de Corée*)』(1874), 『한불ᄌ뎐(*Dictionnaire coréen-français*)』(1880), 『한어문전(*Grammaire coréenne*)』(1881) 등이 문호 개방 이전 시기에 프랑스 신부들이 이룩했던 주요 연구 성과라면, 1890년대 이후에는 한국을 고찰한 프랑스인들의 면면부터가 보다 다채로워진다. 1890년대 이래 20세기 초까지 프랑스인들이 남긴 한국 관련 저작 가운데 주목되는 것은 제8대 조선교구장을 지낸 귀스타브-샤를-마리 뮈텔(Gustave-Charles-Marie Mütel, 민덕효(閔德孝), 1854~1933) 주교의 일기(1890~1932)와 한성(漢城) 주재 프랑스 공사관의 통역 서기관으로 내한하여 1890년 5월부터 1년 10개월간 머물렀던 모리스 쿠랑의 역작 『한국서지(*Bibliographie coréenne*)』 1~4권(1894~1901), 그리고 제2대 프랑스 공사로 1892년부터 2년간 재직했던 이폴리트 프랑댕(Hippolyte Frandin, 법란정(法蘭亭), 1852~1924)이 고국으로 돌아가 클레르 보티에(Claire Vautier, 1850~?)와 공저로 출간한 『한국에서(*En Corée*)』(1904) 등이다.

대한제국기 프랑스 공사관 건물(서울시 정동)

뮈텔 주교 일기(Journal de Mgr. Mütel)는 천주교에 대한 금압이 풀린 이후 한국 전도를 총괄했던 뮈텔이 천주교단의 각종 일화들과 격변기 한국의 상황, 자신의 신상에 이르기까지 자세하게 정리하여 남긴 기록으로서, 교회사는 물론 정치사나 외교사 등의 측면에서도 대단히 중요한 자료로 평가된다. 하지만 그 방대한 분량에도 불구

19세기 말 한국에서 활동한 주요 프랑스인들
(왼쪽부터 귀스타브-샤를-마리 뮈텔, 콜랭 드 플랑시, 이폴리트 프랑댕)

하고 한국의 문학에 대해서는 이렇다 할 기술이 발견되지 않는데, 이는 뮈텔의 관심이 교세의 확장과 한국 내외의 정세 변화에 집중되어 있었기 때문으로 보인다.[1] 한편, 프랑댕과 보티에의 『한국에서』에는 한국의 풍습과 종교, 사회제도 등 다양한 내용이 담겨 있기는 하나, 기록이 대개 단편적이거나 부정확하고, 오리엔탈리즘적 시각으로 한국을 폄시하는 어조가 행간에 강하게 묻어난다.[2] 또한 1904년경에는 한국에 관한 서구인들

---

1 뮈텔 주교 일기는 1984년부터 한국교회사연구소에서 국역 작업을 시작하여 2009년 전8권으로 완역하였다. 완역 이후 뮈텔 주교 일기에 드러나는 여러 분야의 기록에 대해 활발하게 분석이 진행되고 있으나, 주로 다루어진 대상은 교회사와 정치사 관련 영역이며, 문화사 분야는 기록이 미비한 탓에 별반 논의되지 못하였다. 저자 역시 뮈텔 주교 일기를 통독하면서 한국문화 관련 자료를 탐문해 보았지만, 그 방대한 분량에도 불구하고 뚜렷한 언급이 담겨 있지 않았다. 이처럼 뮈텔은 본인이 직접 한국문화에 대한 논의를 전개하지는 않은 반면, 초대 프랑스 공사였던 콜랭 드 플랑시(Collin de Plancy, 갈림덕(葛林德), 1853～1922)와 더불어 모리스 쿠랑의 서지 정리 작업을 전폭적으로 지원하였다(이용재, 「한국 문헌의 세계를 탐구하고 한국을 사랑한 프랑스 학자 모리스 쿠랑」, 『도서관계』 147호, 국립중앙도서관, 2006, 22～24면). 바로 그러한 측면에서 초기 한국학 연구에 기여한 그의 공로를 일정 정도는 인정할 수 있을 것이다.

2 가령, 한국의 음악을 설명한 다음 대목에서 그 같은 시선이 직접적으로 드러난다.
"한국의 음악에 대해 도대체 무슨 말을 할까? 확실한 것은, 한국의 음악이란 것이 사람의 마음을 사로잡을 정도로 매력을 지니고 있지 못하다는 사실이다. 지금까지 내 기억에 남아 있는 한국음악에 대한 인상은, 그 음악이란 게 마치 우리 프랑스의 오케스트라가 (그것이 군악대든 취주악단이든 간에) 어떤 곡목을 연주하기에 앞서 여러 악기들이 서로 음을 맞의 고찰이 이미 적지 않게 축적되어 있었기 때문에 그 세부 내용을 자세히 검토해 볼 만큼 이 책이 중요성을 지니지는 않는다고 생각된다.

따라서 이 시기 프랑스인들의 저술 가운데에는 모리스 쿠랑의 작업이 단연 부각되거니와, 이하 2절에서는 우선 『한국서지』 제1권 속에 표출된 그의 한국시가관을 상세히 분석한 후, 3절에서는 이 문제와 유관한 쿠랑의 소논문을 추가적으로 검토하고자 한다.[3]

2. 모리스 쿠랑의 한국시가 고찰

앞서 클로드 샤를 달레(Claude Charles Dallet, 1829~1878)의 『한국천주교회사』 가운데 가장 주목되는 부분이 「서설(Introduction)」이었던 것과 마찬가지로, 쿠랑의 『한국서지』에서 일찍부터 집중적으로 관심을 받았던 부분 역시 쿠랑의 '한국문화론'이라고 부를 수 있을 만한 「서설(Introduction)」이었다.[4] 특히 「서설」의 제VI장은 오롯이 한국문학에 대한 서술로만 일관

추어 보려고 소리를 내는 것에 지나지 않는다는 것이다. 탬버린, 북, 어설픈 현악기 모양을 갖춘 세 줄 바이올린, 클라리넷, 플룻, 키타라 따위가 한국의 이른바 '예술가'란 사람들이 연주하는 몇 안 되는 악기의 목록이었다"(끌라르 보티에 · 이뽀리트 프랑뎅, 김상희 · 김성언 역, 『프랑스 외교관이 본 개화기 조선』, 태학사, 2002, 126~127면; Claire Vautier et Hippolyte Frandin, *En Corée*, Paris : C. Delagrave, 1904). 이 책의 프랑스어 원서를 확인할 수가 없어서 원서의 서지만 밝히고 면수는 생략한다.

3 『한국서지』에 수록된 쿠랑의 한국시가 관련 기술에 대해서는 조재룡에 의해서 그 전반적인 특징이 논의된 바 있다(Jae-ryong Cho, "Les premiers textes poétiques coréens traduits en français à l'époque de l'ouverture au monde", 『통번역학연구』 17권 4호, 한국외대 통번역연구소, 2013, 179~196면). 이 논문에서는 특히 쿠랑이 한국시가 작품을 불역(佛譯)한 방식을 정교하게 검토하고 그 번역사적 의의를 밝히는 데 주력하였다. 다만, 19세기 말 한국시가의 갈래와 구체적인 작품을 다룬 문맥에서는 분석이 미진하거나 부정확하게 논의된 부분이 발견된다.

4 『한국서지』 「서설」은 국내외의 여러 인사들에게 주목을 받아 왔다. 먼저, 『한국서지』 제

될 뿐만 아니라, 고소설과 관련하여서는 방각본(坊刻本)의 유통과 세책

3권이 출간된 직후에는 영국성서공회(British and Foreign Bible Society) 소속의 영국인 선교사 알렉산더 G. 켄뮤어(Alexander G. Kenmure, 1856~1910)의 부인인 A. H. 켄뮤어(A. H. Kenmure, ?~?)가 『한국서지』의 내용과 가치를 소개하는 글을 『한국휘보(*The Korean Repository*)』 1897년 6월호, 7월호에 두 차례 기고하면서 「서문」의 몇몇 단락을 영역(英譯)하여 제시한 바 있다. 1901년 4월과 7월에는 제임스 S. 게일(James Scarth Gale, 기일(奇一), 1863~1937)이 「서설」을 두 차례에 걸쳐 부분역하여 『코리아 리뷰(*The Korea Review*)』에 기고하였다. 먼저 '중국어의 도입(The Introduction of Chinese into Korea)'이라고 별도의 표제를 붙인 첫 번째 번역은 「서설」 제III장의 두 번째 단락부터 열세 번째 단락까지를 옮긴 것으로 파악되는데, 이 부분에서는 한국인이 한자를 비롯한 한문화에 동화되어 가는 과정이 구체적으로 논의되고 있다. '이두(吏讀, The Ni-t'u)'라고 제한 두 번째 번역은 제III장의 열네 번째 단락부터 스무 번째 단락까지를 번역한 것으로, 여기에서는 한국인이 중국의 경서(經書)를 읽기 위해 이두를 창안해 낸 과정이 다루어지고 있다. 1912년에는 경성의 고등법원 판사로 재직 중이던 아사미 린타로(淺見倫太郞, 1869~1943)가 「서설」을 일역(日譯)하고 일부 내용을 보충하여 '조선예문지(朝鮮藝文志)'라는 제목의 단행본으로 출간하였다. 번역 과정에서 원서의 목차가 다수 재조정되었는데, 제VI장은 이 일역본의 제3부 '조선의 종교학술(朝鮮ノ宗教學術)' 아래 제9장 '속문학(俗文學)'에 포함되어 있으며, 시가 관련 내용은 다시 그 아래의 제2항 '가요(歌謠)'로 옮겨졌다. 이후 W. 매시 로이즈(W. Massy Royds, 1883~1974) 여사가 「서설」을 직역의 방식으로 모두 영역하여 1936년 『왕립 아시아학회 한국지부 회보(*Transactions of the Korea Branch of the Royal Asiatic Society*)』 제25권에 수록하였으며, 이 번역의 앞부분에 호러스 H. 언더우드(Horace Horton Underwood, 원한경(元漢慶), 1890~1951)가 짤막한 해설을 달았다. 로이즈 여사는 1931~1936년 사이에 경성 주재 영국 총영사(consul-general)로 재임했던 윌리엄 M. 로이즈(William Massy Royds, 1879~1951)의 부인이라 한다(モーリスクーラン, 小倉親雄 譯註, 『朝鮮書誌序論－『朝鮮』 第三百四至三百十五號 拔刷』, 京城 : 朝鮮總督府, 1941, 3면). 교토제국대학(京都帝國大學) 문학부를 졸업한 후 조선총독부 도서관 사무촉탁(事務囑託)으로 와 있던 오구라 오야오(小倉親雄, 1913~1991)가 로이즈의 이 영역을 일어로 중역(重譯)하고 주석을 붙여 '조선서지서론(朝鮮書誌序論)'이라는 제목으로 총 아홉 차례에 걸쳐 『朝鮮』 1940년 9월호 및 1941년 1월호부터 8월호까지에 연재하였으며, 이를 모아 1941년에 동일 제목의 책으로 엮어 내었다. 『한국서지』 「서설」은 해방 직후부터 국문으로도 꾸준히 번역되었다. 김수경은 '조선문화사서설(朝鮮文化史序說)'이라는 제명으로 「서설」을 번역한 후 쿠랑의 생애, 『한국서지』의 전체 구성, 기존 번역본의 존재 등을 다룬 해제를 덧붙여 1946년에 출간하였다. 이 책은 1995년 범우사에서 판형을 달리하고 현대어로 문장을 바꾸어 문고본으로 다시 내놓았다. 1974년에는 박상규가 '한국의 서지와 문화－한국서지서설'이라는 제목으로 또 한 권의 번역본을 출간하면서 말미에 '한국서지목록(韓國書誌目錄)(1~3821)'을 정리하기도 하였다. 또한 1989년에 정기수는 「서설」 전체와 본문의 일부를 번역한 후 '조선서지학서론'이라는 표제를 달아 출판하였다. 1994년에는 프랑스에서 서지학을 전공한 이희재가 『한국서지』 1권부터 4권까지 전편을 '한국서지'라는 제목으로 비로소 완역하고 행간에 주석을 달아 한 권의 거질로 간행하였다. (이상 번역본의 서지 사항은 '참고문헌목록'에 정리하였다.)

가(貰冊家)의 성업 등에 대한 기록까지 포함되어 있기에 종래 연구들에서도 이미 수차 비중 있게 다루어진 바 있다.[5] 그에 못지않은 안목과 관찰력은 시가를 다룬 대목에서도 발견된다.

> 소설 다음으로, 대중적인 문학에는 많은 노래들이 있는데, 어떤 것은 인쇄되기도 했으나 거의 대부분 사본의 형태로 발견되며, 어디에도 글자로 적히지 않은 것이 많다. 저자나 연대는 전혀 문제가 되지 않는다. 이 노래의 가사들은 자연에 대한 강렬한 감정, 묘사의 진정한 수완, 때로는 감성적이고 때로는 가벼운 야유가 나타나는 것이 특징이며 사랑과 그 기쁨, 술 마시는 즐거움, 세월의 흐름, 인생의 짧음 등이 가장 자주 나타나는 주제이다. 이 모든 작품 속에는, 심지어 가장 통속적인 것에서조차 중국의 사물에 대한 암시와 중국 시작법의 무의식적인 차용을 순간순간 발견할 수 있다.[6]

쿠랑이 '대중적인 문학(la littérature populaire)'이라 지칭한 부류는 대개 한글로 표기되거나 한국어로 향유되는 작품의 군집으로서 사대부들의 한문학과 변별되는 영역에 해당한다.[7] 그 부류 가운데 쿠랑이 우선적

---

5 이민희, 『조선의 베스트셀러 – 조선 후기 세책업의 발달과 소설의 유행』, 프로네시스, 2007, 115~117면; 이상현 · 이은령, 「19세기 말 고소설 유통의 전환과 '민족지'로서의 고소설 – 모리스 쿠랑 『한국서지』 한국 고소설 관련 기술의 근대 학술사적 의미」, 『비교문학』 59집, 한국비교문학회, 2013, 37~74면 등. 한편, 이상현은 최근 또 다른 논문에서 한국 및 한국의 학술에 대한 쿠랑의 관점이 변화되는 궤적을 『한국서지』의 의미가 19세기 말~20세기 초의 여타 서구인들에게 규정되어 가는 과정과 연계 지어 정교하게 도출해 내기도 하였다(이상현, 「삼국사기에 새겨진 27년 전 서울의 추억 – 모리스 쿠랑(Maurice Courant)과 한국의 고전세계」, 『국제어문』 59집, 국제어문학회, 2013, 189~227면).

6 모리스 꾸랑, 이희재 역, 『한국서지』(수정번역판), 일조각, 1994, 70~71면; Maurice Courant, *Bibliographie coréenne*, vol.1, Paris : E. Leroux, 1894, pp.CLXXXI~CLXXXII.

7 물론, 이때 '문학(littérature)'이라는 용어는 '글이나 문헌 또는 저술 일반'이라는 의미에

으로 지목한 대상은 고소설인데, 이는 물론 고소설이 19세기의 한국문학에서 큰 비중을 차지하고 활발하게 향유되었기 때문이기도 하지만, 또 한편으로는 필사본이나 방각본 형태의 서책들을 고소설 분야에서 특히 다수 확인할 수 있었던 때문으로도 짐작된다.

이처럼 한국의 서책을 면밀하게 탐색했던 서지학자답게 쿠랑은 한국시가를 다룰 때에도 역시 서지적 검토, 즉 노랫말의 존재 양상에 대한 검토를 우선적으로 실시한다. 한국시가에 관해 글을 남긴 19세기 말의 서구인들이 대부분 시가의 향유 방식이나 음색(音色)과 같은 연행적 요소를 먼저 언급했던 것과는 사뭇 변별되는 지점이라 할 수 있다. 쿠랑은 한국시가가 인본(印本)은 물론 필사본의 형태로도 뚜렷이 남아 있지 않고 주로 구술(口述)의 방식으로 전승된다는 점과, 작품이 특정인의 고유한 저작물로 인식되지 않는 탓에 작자나 작품의 제작 연대 등에 대해 향유자들이 별반 관심을 가지지 않는다는 점 등을 실상에 가깝게 지적하였다. 실제로 쿠랑이 『한국서지』의 "IV부 '문묵부(文墨部, Littérature)' → I장 '시가(詩歌, Poésie)' → 3절 '한국의 시가(Poésies coréennes)'"에 정리해 놓은 서지 목록을 보면, 당시까지 그가 발견한 가집(歌集)은 필사본 『가곡원류(歌曲源流)』와 목판본 『남훈태평가(南薰太平歌)』에 불과했기 때문에,[8] 자연스레 위와 같은 결론에 도달하게 되었던 것으로 짐작된다.

가깝다. 이러한 의미는 「서설」 제IV장의 초두에서 쿠랑이 직접 규정한 바이기도 하다. "중국에의 모방은 문자와 언어에서나 마찬가지로 문학에서도 나타났다. 여기서 문학이라는 단어는 보다 넓은 의미에서 문자로 쓰여져 표현된 정신의 산물(産物)을 말하는 것이다. 그 책 자체를 서술하고 어떤 문자 어떤 언어로 쓰였는지는 이미 제시했던바, 이러한 의미 즉 도서의 내용으로서의 문학이 지금부터 바로 내가 다루려는 것이다"(위의 책, 41면; Ibid., p.CXIV).

8 위의 책, 200~207면; Ibid., pp.238~254.

한편, 서지적 검토에 잇달아서 쿠랑은 한국시가의 주제 내지 소재적 특성에 관해 나름의 관점에서 개관을 시도하였다. 이때 그가 어떠한 범위의 작품을 위주로 살폈는지는 뚜렷하지 않으나, 핵심적인 준거가 된 문건은 아무래도 『가곡원류』이었을 가능성이 높다.[9] 쿠랑은 '한국의 시가' 절에서 『가곡원류』를 대표적인 문헌으로 다루었을 뿐만 아니라, 『남훈태평가』의 수록 작품들 역시도 부분적으로 『가곡원류』에서 차용된 것이라 파악함으로써 『가곡원류』를 한국시가의 가장 중요하면서도 모본이 되는 가집으로 이해하였기 때문이다.[10]

여기에서 쿠랑은 한국시가의 전반적인 특징으로 자연애, 솜씨 좋은 묘사, 감성적 기조 등을 거론하는 한편, 빈출 주제로는 연정, 애주, 인생무상 등을 지적하였다. 이는 『고금가곡(古今歌曲)』에 등재된 '염정(艶情)', '취흥(醉興)', '탄로(歎老)', '회고(懷古)' 등의 범주나 『청구영언(靑丘永言)』 진본(珍本)의 무명씨조에서 발견되는 '대취(大醉)', '탄로', '회고' 등의 표지를 연상케 하는 것으로서, 쿠랑이 가집에 소재한 작품들을 실제로 통독하고 그 주제적 분포까지도 상당 수준 적확하게 정리하고 있었다는 사실을 확인할 수 있다.

9 쿠랑이 『한국서지』에서 해제한 『가곡원류』는 콜랭 드 플랑시가 한성 체류시에 구입한 것으로 현재는 파리 제3대학 부설 동양어학교(Institut National des Langues et Civilisations Orientales)에 소장되어 있는 이른바 '불란서본(佛蘭西本)'이다(신경숙, 「가곡원류 불란서본」, 신경숙 외, 『고시조 문헌 해제』, 고려대 민족문화연구원, 2012, 180면). 한편, 쿠랑이 본 『가곡원류』가 불란서본이라는 사실은 다른 방증에 의해서도 뒷받침된다. 즉, 쿠랑은 『가곡원류』 제36번째 장(feuillet)에서 네 작품을 초출·불역하여 제시한다고 밝혔거니와(모리스 꾸랑, 위의 책, 203면; Courant, Ibid., p.243), 해당 작품은 『고시조대전』(김흥규 외 편, 고려대 민족문화연구원, 2012)의 수록 가번으로 각각 3568.5, 1535.1, 0293.1, 5018.1번으로 파악되며(원불265~원불268), 이 네 작품이 36번째 장에 차례로 수록되어 있는 『가곡원류』 이본은 오직 불란서본밖에 없다.

10 모리스 꾸랑, 위의 책, 201면; Courant, Ibid., p.240.

더불어 쿠랑은 한국시가 작품에 중국의 전고(典故)와 한시의 작풍(作風)이 빈번하게 나타나고는 한다는 사실에 대해서도 주목한다. 한문학은 물론, 수적으로 빈한한 국문 작품에서조차 중국문학의 영향이 두드러진다는 점은 윌리엄 E. 그리피스(William Elliot Griffis, 1843~1928)에 의해 이미 직접적으로 적시된 바 있고,[11] 후일 제임스 게일은 『청구악장(青丘樂章)』, 즉 『가곡원류』의 앞부분에 실린 시조 2백 편을 통계적으로 검토하여 한국시가에 드리운 중국풍을 감지해 내기도 하였다.[12] 쿠랑 역시 이들과 유사한 취지의 언급을 한 셈이지만, 그는 한글과 한자가 한데 섞인 『가곡원류』의 필사 방식을 문제 삼으면서 한국어 노랫말마저도 어떻게든 한자로 옮겨 적으려 했던 한국인들의 완고함을 부각하는 데까지 나아간다.[13]

> 한국에는 세 종류의 노래가 있다고 했다. 하나는 짧은 노래로, 거의 비슷한 길이의 음절로 나뉘어 작은 시적 묘사에 몇 가지 도덕적인 생각을 덧붙인 것이며, 또 하나는 그보다 훨씬 길고 운율의 구분이 없는 것으로, 각기 연결되는 일련의 장면들을 포함하고 있다. 두 가지 모두 언제나 음악의 반주와 함께 혼자서 부르는 것이다. 행동을 포함한 애가(哀歌, complainte)가 그 세 번째 부류로, 반주와 함께 노래를 부르는 것인데 2, 3인의 무용수의 표현이 곁들여진다.[14]

11 William E. Griffis, *Corea, the Hermit Nation*, London : W. H. Allen & Co., 1882, p.449.

12 James S. Gale, "The Influence of China upon Korea", *Transactions of the Korea Branch of the Royal Asiatic Society*, vol.1, 1901, p.16.

13 모리스 꾸랑, 앞의 책, 200~201면; Courant, op. cit., 1894, pp.239~240.

14 위의 책, 71면; Ibid., pp.CLXXXII~CLXXXIII.

앞서 한국시가의 서지와 주제적 특성을 논의하였다면, 이 대목에서는 한국시가의 분류와 양식에 대해 다루었는데, 이때 쿠랑이 논의하는 대상은 물론 한국어로 이루어진 가창 텍스트에 국한된다. 먼저, 어떤 한국인의 전언임을 전제하면서 쿠랑은 한국시가의 부류를 세 가지로 설정하였다. 이처럼 한국시가를 삼분 구도로 파악한 사례는 쿠랑 이외에 그리피스와 호머 B. 헐버트(Homer Bezaleel Hulbert, 흘법(訖法), 할보(轄甫), 1863~1949)에게서도 발견되는데, 세부 설명이 뚜렷하지 않아서 그들이 각각 어떤 갈래를 지목한 것인지는 추정만 가능할 따름이다.[15]

쿠랑의 분류도 역시 명확하게 그 실체를 규정할 수 있는 것은 아니지만, 그리피스나 헐버트의 사례에 비한다면 그나마 지칭 대상을 간취해내기가 상대적으로 용이하다. "우선, 짧은 노래로, 거의 비슷한 길이의 음절로 나뉘어 작은 시적 묘사에 몇 가지 도덕적인 생각을 덧붙인 것(les unes, courtes, sont divisées en strophes à peu près de longueur égale, souvent elles décrivent un petit tableau poétique et y ajoutent quelques réflexions morales)"이라고 설명한 부류는 시조(時調), 특히 평시조(平時調)를 말하는 듯하다. 비슷한 길이의 음절을 지닌 단형의 정형시 양식이라는 점이나, 이 부류의 노래가 반주에 맞추어 언제나 독창으로만 연행된다는 부연으로부터도 이러한 추정이

---

15 그리피스는 한국의 시를 고유어 시가와 한시의 두 종으로 대별한 후, 전자를 다시 '노래(songs)', '말장난 섞인 묘사(punning descriptions)', '운율이나 일정한 음절 · 율각에 맞추어 쓴 우스꽝스러운 속담들(funny sayings with rhythm and a certain number of syllables or feet)'로 삼분하였다(Griffis, op. cit., p.449). 한편, 헐버트는 문학 텍스트로서의 측면보다는 가창 텍스트로서의 특성을 보다 중시하여 한국시가를 '시조(Si Jo)', '응접실 형식(the drawing-room style)', '하치(Ha Ch'i)'로 구분하였다(Homer B. Hulbert, "Korean Vocal Music", *The Korean Repository*, vol.3, Seoul : Trilingual Press, Feb. 1896, pp.45~46). 그리피스와 헐버트의 한국시가 분류 방식에 대해서는 각각 본서의 2장 3절 및 5장 「호머 헐버트의 한국시가 연구」의 2절을 참조.

뒷받침된다. “다음으로, 그보다 훨씬 길고 운율의 구분이 없는 것으로, 각기 연결되는 일련의 장면들을 포함하고 있는 것(d'autres, beaucoup plus longues, et sans divisions rhythmiques, renferment une suite de scènes reliées entre elles)”이면서 역시 반주에 맞추어 독창으로 연행되는 부류로는 판소리 사설, 또는 십이가사(十二歌詞)를 비롯한 가사(歌詞)를 떠올릴 수 있겠는데, 위의 내용만으로는 어느 쪽인지 가늠하기가 어려우나, 만일 판소리 사설을 말한 것이라면 쿠랑이 판소리의 독특한 극적 요소에 대해 어떤 식으로든 설명을 덧붙였을 개연성이 높으므로, 문맥상 아마도 후자인 가사를 지칭한 것이리라 짐작된다. 마지막으로 “반주와 함께 불리면서 2, 3인의 무용수가 함께하는 행동을 포함한 애가(哀歌, les complaintes, comportant un développement d'action; elles sont chantées avec accompagnement et mimées par deux ou trois baladins)”란 앞의 두 부류에 비해 유흥적 요소가 한층 강화된 갈래임이 분명하며, 특히 연창에 행동까지 곁들여진다는 설명을 고려한다면, 19세기 중후반 이후 시정에 성행했던 잡가(雜歌)를 그 유력한 대상으로 떠올릴 수 있을 것이다.

이처럼 쿠랑은 자신이 확보할 수 있었던 증언과 문헌적 전거 등을 고려하여 19세기 말 한국시가의 층위나 부류를 어떻게든 정리해 보려 하였다. 그 과정에서 가사나 잡가에 해당될 법한 갈래가 언급된 것은 특징적이며, 이를 통해 19세기 말 한국시가의 존재 양상이나 세력 등에 대한 방증을 추가적으로 확보하게 된다.

> 나는 여러 차례 한국의 운율론의 규칙에 대해 설명 받고자 했으나 내가 물어본 모든 사람들은 이 주제에 대해 아주 모호한 생각밖에는 가지고 있지 않았다.

(…중략…) 한국의 운문은 그 분량, 각운(脚韻), 반해음(半諧音, assonance), 음절의 수 등이 정해지지 않아 그 본질을 규정짓기 어렵다. 산문과 구분되는 것은 시적인 표현과 상징의 어떤 기교이며, 또한 산문은 흔히 문구가 몇 페이지에 걸쳐 전개되는 반면 운문은 20음절이 넘지 않는 간략한 문구를 형성하고 있다.[16]

한편, 「서설」에서 또 한 가지 눈여겨볼 만한 사항은 한국시가의 율격(meter)이나 각운(rhyme) 등 운율론적 관점의 언급이 이루어졌다는 점이다. 쿠랑은 이 문제에 대해 비상한 관심을 가지고 탐문했던 듯한데, 그 이유는 역설적이게도 한국시가의 운율(rhythm)이 어떠한지 직관적으로는 간취되지 않기 때문이었다. 한국시가의 운율, 특히 율격의 실체가 불분명하다는 반응은 후일 애나 T. 스미스(Anna Tolman Smith, 1840~1917)나 프레더릭 S. 밀러(Frederick Scheibler Miller, 민로아(閔老雅), 1866~1937)에게서도 발견되며, 이들은 나름의 관점에서 한국시가의 율격 모형을 연역해 내려 시도한 바 있다. 그러나 두 사람의 설명은 개인적인 인상을 바탕으로 이루어진 부분이 많고, 특히 음절의 장단이나 강약을 기준으로 한국시가의 율격을 산정함으로써 끝내 뚜렷한 일반성을 도출하지 못한 측면이 강하다.[17]

서재에서 집필 중인 모리스 쿠랑

비록 쿠랑의 서술에서는 한국시가의 율격에 대한 가설적 명제조차도 제시되지 않았지만,

16 모리스 꾸랑, 앞의 책, 71면; Courant, op. cit., 1894, pp.CLXXXII~CLXXXIII.

17 스미스와 밀러의 한국시가 율격론에 대한 자세한 검토는 각각 본서의 6장 4절 및 8장 3절 참조.

오히려 그와 같은 유보적 태도가 한국시가의 실체에 접근하기 위한 보다 적확한 방식이라 평가할 수 있는 부면도 분명히 존재한다. 그는 "한국시가의 양식은 규정짓기 어렵다"라는 결론을 내리면서도 작품의 개별 시행이나 구절이 20음절을 넘지 않는 비교적 간략한 문구로 구성된다는 기본적인 요건을 지적함으로써 시행의 길이 내지 음절의 수를 바탕으로 한국시가 율격의 기저를 진단하였기 때문이다. 그 이상의 규칙성을 논리화하지는 못하였으나, 스미스나 밀러가 한국어 자체에 뚜렷하지 않은 운소적(韻素的) 요소를 끌어 와 한국시가의 율격을 재단하였던 데 비해, 쿠랑은 음량을 우선적인 고려 대상으로 삼아 규칙성을 가늠해 보려 하였다는 점에서 운소율격(prosodic metric relevancy)보다는 음량율격(quantitative metric relevancy)을 기반으로 시행이 구성되는 한국시가의 실상에 보다 근접한 견해를 제출했던 셈이다.[18]

이상과 같이 『한국서지』 「서설」에서 쿠랑은 한국시가의 서지, 주제, 분류, 양식에 이르기까지 나름의 관점으로 자신의 소론을 드러내었다. 결코 충분한 분량의 서술이라 할 수는 없으나, 한국시가와 관련된 제반 사항이 서구인들에게는 물론 한국인들에게조차 뚜렷이 개념화되어 있지 않았던 당시대에 매우 공을 들여 그 일단을 추적해 보고자 시도한 쿠랑의 열의는 위 자료로부터 충분히 감지해 낼 수 있다.

이러한 열의는 『한국서지』의 본문에서도 발견되거니와, 특히 『가곡원류』를 해제하는 대목에 붙인 다음과 같은 설명은 앞서 살핀 「서설」

18 세계 각국 시가의 율격 모형은 크게 음량율격과 운소율격으로 대별되며, 한국시가의 율격은 기본적으로 음량에 의해서 결정될 뿐, 운소적 특징과는 별반 관련되지 않는다(김홍규, "Perspective on Metric Typology and the Metric Type of Korean Verse", 『욕망과 형식의 시학』, 태학사, 1999, 297~300면).

부분과 연계 지어 자세히 검토해 볼 필요가 있다.

> 시조(詩調, *si tyo*)라 불리는 이 장르의 노래들은 아주 짧아 3행 또는 4행시로 되어 있다. 가장 긴 시들은 그 의미와 음악에 의해 3행의 절(節)로 나뉘어졌다. 한국의 시는 각운(脚韻)이나 음절의 장단(長短)이 없고 음절의 수는 조금씩 변한다. 12~20 사이로 각 문장 또는 구절(句節)이 한 시를 만든다. 시적(詩的) 표현의 탐구, 몇 장(張) 대신 20여 음절밖에 안 되는 간결한 문장 그리고 장단가락은 운문과 산문의 유일한 차이점들이다. 이 노래들은 피리, 현악기 및 북들의 반주로 이루어진다.
>
> 가사(歌詞, *ka sǎ*)로 불리는 노래들은 훨씬 긴 것으로 각 절(節)로 나뉘지 않으며 반주는 앞의 것들과 비슷하다. 잡가(雜歌, *tjap ka*)는 애가(哀歌)의 종류들로 때로 1인 또는 2인의 표현으로 나타난다. 박자는 북으로 표시된다. 이 가사와 잡가의 두 장르는 광대들에 의해서만 표현된다.[19]

쿠랑은 『가곡원류』 소재의 작품이 '시조(si tyo)'라는 명칭으로 불린다는 점을 인지하고서 시조에 대한 설명을 조금 더 자세히 덧붙였다. 이때 쿠랑이 'si tyo'를 '詩調'라 잘못 적은 것은 '시조'가 응당 '시(詩, poésie)'와 연관되는 용어이리라는 통상적 판단을 하였기 때문으로 보인다.

시조의 가장 두드러진 특질로는 단형 양식이라는 점을 지적하였으며, 개별 작품의 행수를 3행 또는 4행이라 분석하였는데, 행수를 이 같이 산정한 이유는 뚜렷하지 않다. 특히 『가곡원류』 이본들이 대부분 그

19 모리스 꾸랑, 앞의 책, 200~201면; Courant, op. cit., 1894, pp.239~240.

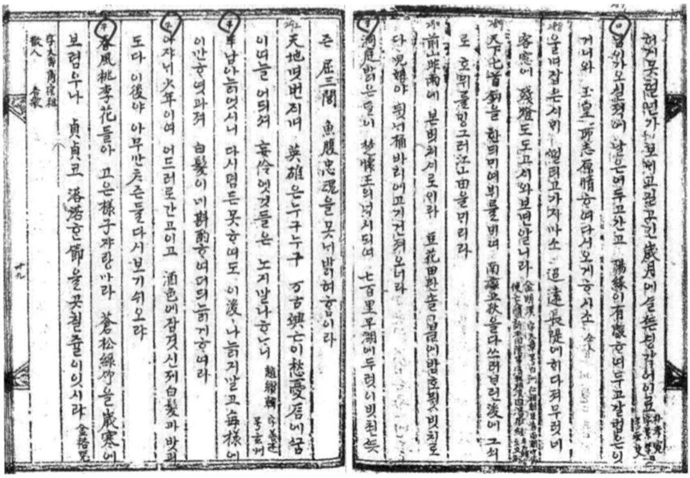

『가곡원류』 불란서본

러하듯 불란서본 역시 가곡창(歌曲唱)의 오장법(五章法)에 의거하여 장과 장 사이에 명시적으로 한 자씩의 공란을 두어 필사해 놓았음에도 불구하고 쿠랑이 시조를 5행이 아닌 3행 또는 4행으로 파악한 것은 의아하기까지 하다. 아마도 쿠랑은 음악적 분절보다는 의미상의 분단이나 구문구조상의 특징에 따라 행수를 산정한 것이 아닌가 추정된다. 이를테면 가곡창의 제4장과 5장을 합쳐 하나의 행으로 보고, 제1장과 2장은 의미상의 단락 여부에 따라 때로 분리하기도, 때로 한데 묶기도 하는 방식으로 개별 작품의 행수를 3행 또는 4행으로 산정하였으리라는 것이다. 다만, 그가 '가장 긴 것들(les plus longues)'이라고 지칭한 부류는 문맥상 사설시조(辭說時調)를 말하는 듯하며, 시행의 길이와 구문구조상의 분절이 일정하지 않은 이 경우에는 예외적으로 음악적 분단을 시행 산정의 기준으로 함께 적용하기도 하였다.

한편, 쿠랑은 시조의 특징을 한국시가 전반의 특징으로 일반화하여 설명하였는데, 이로부터 그가 시조를 한국시가의 대표적 양식으로 인식하였다는 사실을 추론해 낼 수 있다. 시조에 각운이 나타나지 않는다는 점이나 시조에 포함된 문(文) 또는 구(句)의 음절수가 대개 12~20음절 사이로 유지된다는 느슨한 규칙성을 한국시가 일반의 특징으로 규정한 대목에서 그 같은 쿠랑의 인식이 잘 드러난다.

더욱 주목해서 살펴야 할 사항은 『가곡원류』를 해제하는 위 문맥에서 쿠랑이 가사와 잡가에 관해서까지 고찰을 이어가고 있다는 점이다. 가사와 잡가는 『가곡원류』와 직접적인 관련이 없는 갈래임에도 불구하고 그가 이들에 대한 설명을 덧붙인 것은, 한국의 대표적 가집인 『가곡원류』를 해제하는 계제에 한국시가의 존재 양상과 부류를 한꺼번에 개관하는 것이 좋겠다고 생각한 때문인 듯하다. 앞서 「서설」에서 쿠랑이 제시한 한국시가의 세 가지 부류가 차례로 시조, 가사, 잡가이리라는 점을 이로써 더욱 확정적으로 가늠할 수 있거니와, 여기에서 가사는 중간에 장 구분이 없는 연속체(連續體) 시가라는 점이 부각되었고, 잡가의 경우는 프랑스의 '애가'에 대응될 만한 대중성을 띠면서 2인 이상에 의해 불리기도 하는 연행상의 특징이 거론되었다. 특히, 가사와 잡가가 공히 광대들(bateleurs)에 의해서만 연창된다는 쿠랑의 언급은 이 두 갈래의 향유층을 짐작게 하는 중요한 증언이 아닐 수 없다. 본래부터 서민층의 기호에 기반을 두고 성장했던 잡가는 물론이고, 종래 정가(正歌)의 일종으로 인식되던 가사 역시도 19세기 말에 들어서는 전문 소리꾼들에 의해 연행되면서 시정에서 폭넓게 애호되었던 사정을 위 기록으로부터 도출해 낼 수 있기 때문이다.

이상에서 살핀 바와 같이, 『한국서지』 제1권에서 쿠랑은 한국시가를 통상적으로 개관하는 데 그치지 않고 여러 측면에서 깊이 있는 소견을 제출하였다. 특히 한국시가의 양식이나 층위, 향유 양상 등을 다룬 서술에서는 그 안목이 더욱 두드러진다. 당초부터 쿠랑의 작업은 다수의 문헌 검토를 기반으로 한 것이었고, 엄밀한 학술적 저술을 목표로 삼아 진행되었기 때문에 이처럼 주목할 만한 성과를 산출할 수 있었던 것으로 파악된다. 요컨대 쿠랑은 한국시가를 고찰한 19세기 말의 어떤 서구인보다도 학자적인 식견과 분석력을 갖춘 논자였던 것이다.

3. 한국의 연희 문화에 대한 쿠랑의 견해

쿠랑은 1894년 『한국서지』 제1권을 출간한 이후에도 한국의 서책에 대한 탐색을 지속하여 1895년과 1896년에 각각 제2권과 제3권을, 1901년에는 제4권 보유편(補遺篇)까지 출간함으로써 전4권을 완성하였다. 이외에도 그는 저간의 서지 정리 작업을 통해 습득한 여러 지식들을 바탕으로 한국의 역사나 문화에 대해 20여 편의 논문을 추가로 작성하여 여러 학술지에 발표하기도 하였다. 그 가운데 한국시가 내지 문학 분야에서 특히 주목되는 글이 바로 1897년 『아시아학보(*Journal asiatique*)』에 게재한 「한국의 가극(歌劇)과 무극(舞劇)(La Complainte mimée et le ballet en Corée)」이다.[20]

---

20 『아시아학보』는 파리에 본부를 둔 아시아학회(Société asiatique)의 공식 학술지이다. 아시아학회는 북아프리카에서 동아시아에 이르는 지역의 역사, 사회, 문화 등을 연구하고 관련 자료를 수집하기 위해 창립된 학회로서 창립 첫 해인 1822년부터 『아시아학보』를 반연간으로 발행해 왔다. 다만, 쿠랑이 「한국의 가극과 무극」을 발표한 1897년에는 한시적으로 『아시아학보』가 연 6회 발행된 것으로 확인된다(Bibliothèque nationale de France, "Journal asiatique : ou recueil de mémoires, d'extraits et de notices relatifs à l'histoire, à la

만 8년간 한성, 베이징[北京], 도쿄[東京], 톈진[天津] 등 동아시아에서의 통역관 생활을 마치고 1896년 파리로 돌아간 쿠랑은 이때부터 본격적으로 학자의 길을 걷게 되는데,[21] 이 시기에 나온 첫 한국 관련 저술이 바로 「한국의 가극과 무극」이기도 하다.

쿠랑 스스로가 제한적인 고찰의 결과물이라고 그 의의를 절하하였을 정도로 그의 다른 논문들에 비한다면 깊이나 상세함이 다소 뒤처지는 것은 사실이지만, 19세기 말의 기록 가운데 한국의 연희 문화와 관련하여 이 글만큼 다양한 정보를 담고 있는 사례도 흔치는 않다. 초두의 일부 내용은 앞서 『한국서지』 제1권의 것과 중복되므로, 겹치는 부분을 생략하고 그 요지만을 간추려 보면 아래와 같다.

> 한국의 연극은 가극(la complainte mimée) 그리고 [서양의 발레와도 같은] 무극(le ballet), 이렇게 두 가지 형태로 나눌 수 있다. 알다시피 한국의 언어는 거의 구어로만 사용되며, 한국어로 쓰인 몇 편의 소설이나 창가는 평민이나 여자들을 위한 것이다. 따라서 한국어로 된 시문학이라 할 수 있는 애가(complainte, *tjap ka*, 雜歌)는 다른 장르와 마찬가지로 아직까지는 발전된 장르라 할 수 없다. 잡가가 갖는 형식을 정의하기는 쉽지 않다. 대부분 즉흥적인 창작물일 뿐 결코 규칙에 따른 구성을 보이지 않기 때문이다. (…중략…) 잡

philosophie, aux sciences, à la littérature et aux langues des peuples orientaux", Bibliothèque nationale de France, http://gallica.bnf.fr/ark:/12148/cb34348774p/date1897, 최종검색일 : 2014.1.13).

21 이영미는 쿠랑의 생애와 학적 편력을 네 시기로 나누어 검토하면서, 1896년부터 1899년까지의 파리 체류 시기를 제2기로 분단하여 쿠랑이 학자로서의 삶을 시작한 때라고 규정하였다(이영미, 「쿠랑이 본 한국의 역사와 동아시아 속의 한국」, 『한국학연구』 28집, 인하대 한국학연구소, 2012, 6~7면).

가는 보통 전설이나 일화를 주제로 한다. 일반적으로 가로로 놓고 부는 악기와 북으로 장단을 맞추는데, 한두 명의 배우가 마치 잠언을 읊는 것 같은 어조로 낭독하며 몸짓 연기를 한다. 이 배우들은 주로 유랑 생활을 하며, 도성 내 입성이 금지되어 있을 만큼 신분이 매우 낮은 천민에 속한다.[22]

잡가집 『신구유행잡가』(1915) 표지

쿠랑은 한국의 연극을 가극과 무극의 두 종류로 대별하였으며, 위 인용은 그 가운데 가극에 대한 시각을 보여준다. 쿠랑이 'la complainte mimée'라 적은 것을 어의상으로는 '가극'이라 번역해도 무난하겠으나, 한국시가를 다룬 쿠랑의 글에서 '애가(complainte)'라는 용어가 잡가를 지칭하는 데 특화되어 쓰이고 있다는 점을 감안한다면, '가극'보다는 '잡가극(雜歌劇)'이라는 번역이 좀 더 정확할 것 같기도 하다. 실제로 『한국서지』 제1권에서 쿠랑은 잡가를 '행동을 포함한 애가(les complaintes, comportant un développement d'action)'나 '애가의 일종(sortes de complaintes)'이라 칭하였고, 위 인용에서는 아예 '애가'를 '잡가(tjap ka, 雜歌)'와 병기하여 양자를 등치하기까지 하였다.[23]

22 모리스 쿠랑, 파스칼 그러트 · 조은미 역, 「마당극과 무극(舞劇)」, 『프랑스 문헌학자 모리스 쿠랑이 본 한국의 역사와 문화』, 살림, 2009, 164~165면; Maurice Courant, "La Complainte mimée et le ballet en Corée", *Journal asiatique*, 9e sér., t.10, Paris : Société asiatique, Juil.~Août 1897, pp.74~75. 국역본에서는 이 논문의 제목을 '마당극과 무극'이라고 옮겼는데, 'la complainte mimée'를 '마당극'으로 번역하는 것은 아무래도 무리라고 보아, 어의에 좀 더 가까운 '가극'으로 바꾸었다.

결국 쿠랑이 상정한 '가극(la complainte mimée)'에서 '가(歌)'란 잡가를 의미하며, 잡가의 연행이 곧 한국의 가극이 되는 셈이다.

이렇듯 쿠랑이 잡가의 연행을 일종의 '극(théâtre)'으로 규정한 이유는 잡가에 대한 그의 인식을 되짚어 봄으로써 도출해 낼 수 있다. 앞서 『한국서지』 제1권에서부터 그는, 시조나 가사가 독창으로만 불리는 데 비해 잡가는 두 명 이상이 부르기도 한다는 점과, 잡가를 연창하는 동안 어느 정도의 동작이 수반된다는 점을 잡가의 주요 특질로 포착한 바 있다. 이를테면 '배우들(acteurs)'이라 지칭할 수 있을 만한 복수의 연창자가 등장할 뿐만 아니라 극적 요소인 행동이 개재되기도 한다는 점에서 쿠랑은 잡가의 연행이 일종의 연극, 특히 가극의 형태를 띤다고 판단하였을 개연성이 높다.

다만, 쿠랑은 잡가 자체의 수준에 대해서는 뚜렷한 의구심을 나타내었다. 시조나 가사 등 다른 고유어 시가 역시 별반 높이 평가한 것은 아니지만, 문맥상 잡가에 대한 저평가가 특히 두드러진다. 이는, 잡가의 형식이 시조나 가사보다도 더욱 불분명하다는 점, 작품의 창작이 무기명 작가에 의해 즉흥적인 방식으로 이루어질 따름이라는 점, 그 내용이 창의적이지 않고 재래의 일화나 전고(典故)에 대부분 얽매어 있다는 점, '배우들'의 신분이 지극히 비천하다는 점 등을 종합한 판단으로 보인다.

---

23 '애가(콩플랭트, complainte)'란 프랑스에서 유래한 전통적인 대중가요(chansons populaires) 장르로, 본래 군인이나 떠돌이 유대인과 같은 전설적 인물들의 고뇌를 담은 작품이 주종을 이루어 왔으나, 18·19세기에 들어서면서 미학적으로 보다 새로운 모습으로 개편된다 (Pascal Mougin et Karen Haddad-Wotling, Dir., *Dictionnaire mondial des littératures*, Paris : Larousse, 2002, pp.271~272). 쿠랑이 잡가를 애가에 비견한 이유는, 잡가의 대중적 인기와 노랫말에서 간취되는 의고적 기풍이 프랑스의 애가와 유사하다고 생각했기 때문으로 추정된다.

특히 위 인용의 마지막 부분에서 쿠랑은 잡가극의 배우들이 도성 출입을 자유로이 할 수 없을 정도의 최하층 유랑민이라는 사실을 부각하고 있는데, 이러한 증언을 통해 선소리꾼과 사당패 등 19세기 말 잡가 연행층의 사회적 지위를 짐작할 수 있다.

한편, 또 하나의 극 갈래로 지목된 무극은 궁중무극(宮中舞劇)과 '대중적 무극(les ballets populaires)'으로 다시 나뉘어 설명된다.

대한제국기의 기녀들

> 무극은 궁에서 흔히 볼 수 있는 공연으로 상중(喪中)에는 금지되는데 필자가 서울에 머물던 때가 대부분 상중이었다. 무극은 거의 대를 이어 내려오며 형성되는 특별한 집단의 여인들이 공연하는 춤이다. 내용은 주로 한국에 전해 내려오는 설화나 중국의 설화로, 상당수의 작품들이 중국의 당, 송 시대에 들어왔다. 신라시대부터 내려온 무극은 한국어로 된 노래를 그대로 사용한다. 그러나 대부분의 경우에 춤에 들어가는 노래는 한시이다.[24]

먼저, 전문화된 예인 집단인 창기(唱妓)에 의해 연행된다는 점이나 국상중에는 연행이 일절 금지된다는 점 등으로 미루어 쿠랑이 말하는 궁중무극이란 정재(呈才)임을 알 수 있다. 잡가에 비해 정재가 극적 요소를 훨씬 두드러지게 포함하고 있으므로 한국의 극을 다루는 문맥에서

24 모리스 쿠랑, 앞의 책, 2009, 165면; Courant, "La Complainte mimée et le ballet en Corée", p.75.

정재를 언급한 것은 자연스럽다. 특히 이 시기 다른 서구인들의 기록에서 정재가 구체적으로 다루어진 사례를 별반 찾아보기 어렵다는 점을 감안한다면, 위와 같은 쿠랑의 기술은 희소성 있는 자료라 할 만하다. 정재는 아무 때나 접할 수 없을 뿐만 아니라 설령 접했다 할지라도 그 연행 양상을 분석하여 정재를 한국시가 또는 극의 일종으로 포착해 내기란 쉽지 않기 때문이다.[25] 더구나 쿠랑이 밝힌 바와 같이 그가 한성에 체류했던 1890년부터 1892년까지는 대왕대비(大王大妃)의 국상 기간이어서 정재를 직접 관람할 수 있는 상황도 아니었다.[26]

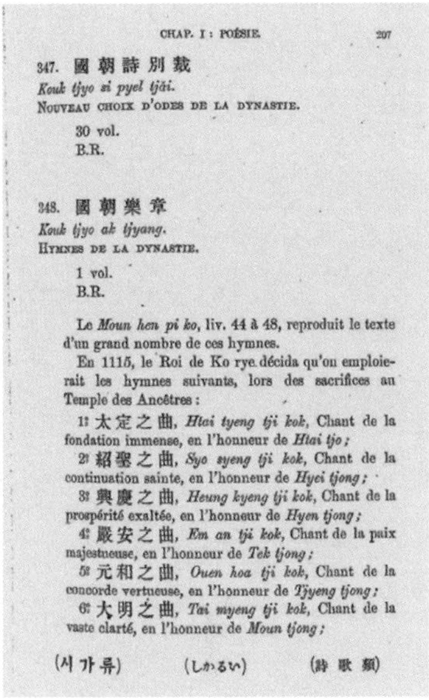

CHAP. I : POÉSIE. 207

347. 國朝詩別裁
Kouk tjyo si pyel tjăi.
NOUVEAU CHOIX D'ODES DE LA DYNASTIE.

30 vol.
B.R.

348. 國朝樂章
Kouk tjyo ak tjyang.
HYMNES DE LA DYNASTIE.

1 vol.
B.R.

Le *Moun hen pi ko*, liv. 44 à 48, reproduit le texte d'un grand nombre de ces hymnes.

En 1115, le Roi de Ko rye décida qu'on emploierait les hymnes suivants, lors des sacrifices au Temple des Ancêtres :

1° 太定之曲, *Htai tyeng tji kok*, Chant de la fondation immense, en l'honneur de *Htai tjo* ;
2° 紹聖之曲, *Syo syeng tji kok*, Chant de la continuation sainte, en l'honneur de *Hyei tjong* ;
3° 興慶之曲, *Heung kyeng tji kok*, Chant de la prospérité exaltée, en l'honneur de *Hyen tjong* ;
4° 嚴安之曲, *Em an tji kok*, Chant de la paix majestueuse, en l'honneur de *Tek tjong* ;
5° 元和之曲, *Ouen hoa tji kok*, Chant de la concorde vertueuse, en l'honneur de *Tjyeng tjong* ;
6° 大明之曲, *Tai myeng tji kok*, Chant de la vaste clarté, en l'honneur de *Moun tjong* ;

(시 가 류) (しかるい) (詩 歌 類)

『한국서지(*Bibliographie coréenne*)』, vol.1
『국조악장(國朝樂章)』을 해제한 부분

아마도 쿠랑은 『한국서지』를 집필하는 동안 섭렵한 문헌 기록들을

25 제2대 프랑스 공사 이폴리트 프랑댕은 정재를 관람했던 것이 분명하고, 그의 기록에서도 관련 내용을 찾을 수 있다. 다만, 프랑댕은 정재를 춤이나 유희거리의 일종으로 생각하였을 따름이다. 또한 창기가 임금 앞에서 거의 나체로 춤을 춘다는 등 실상과 명백히 어긋난 증언을 하기도 하였다.
"여기(女妓)와 가인(歌人), 동기(童妓)와 광대가 참여하는 왕립 극장의 공연에서 시연하는 춤은 대개가 서양의 춤이나 발레의 춤사위와 비슷한 것이었다. 한국의 춤은 동양의 다른 춤들처럼 선정적이고 에로틱할 뿐, 춤 가운데서 관념적으로 무엇을 나타내고자 하는 부분은 전혀 없다. 공연하는 여기의 무복(舞服)은 여러 가지 색깔로 된 얇은 천으로 지었는데 최소한의 부분만 가리어 주었고 춤을 추기 위해 등장하는 장소에 따라 다양하게 재단되어 있었다"(끌라르 보티에 · 이뽀리트 프랑뎅, 앞의 책, 130면; Vautier et Frandin, op. cit.).

26 쿠랑이 한성에 체류한 기간은 1890년 5월부터 1892년 2월까지였는데, 그가 입국하기 직전인 1890년 4월 17일, 당시 대왕대비로 있던 익종비(翼宗妃) 신정익왕후(神貞翼王后) 조씨(趙氏, 1808~1890)가 승하하였다. 그의 부묘례(祔廟禮)는 1892년 6월 3일에야 고종(高宗)에 의해 친행되었으므로, 쿠랑이 한성에 체류하던 기간에는 사실상 정재가 연행되기 어려운 상황이었다.

바탕으로 정재를 확인한 듯한데, 실제로 『한국서지』 1권의 "Ⅳ부 '문묵부' → I장 '시가' → 2절 '한국에서 작성된 한시(Poésies chinoises composées en Corée)'" 항목에서 그는 『국조악장(國朝樂章)』과 『문헌비고(文獻備考)』 등의 문헌을 인용하면서 그 속에 수록되어 있는 〈보태평(保太平)〉, 〈정대업(定大業)〉, 〈헌선도(獻仙桃)〉, 〈포구락(抛毬樂)〉 등의 정재 곡목들을 일일이 검토한 바 있다.[27] 이 과정에서 당악정재(唐樂呈才)와 향악정재(鄕樂呈才)를 뚜렷이 구분하여 파악하였음은 물론, 각 정재에서 연창되는 노랫말의 특징들까지도 정리하였으리라 짐작된다. 물론, 그가 정재에서 좀 더 중점을 둔 내역은 노랫말보다는 창기들이 선보이는 동작과 춤사위이었으며, 때문에 노래가 중심이 되는 가극과는 달리 춤이 앞세워지는 무극이라는 범주를 따로 설정하여 정재를 그 대표적 사례로 적시하였던 것이다.

> 도성 안에서 민속 춤판을 벌일 수 있는 때는 석가탄신일뿐이었다. 이때 부유한 집에서는 광대들(baladins)을 고용하여 의복과 탈을 주었다. 언젠가 이런 춤판을 본 적이 있는데, 무대는 마을 개천 주변이었고 성벽까지 곧게 흐르는 하천과 한양의 동쪽 경계를 이루는 산들을 무대배경으로 삼고 있었다. 관객들은 하천 둑이나 지붕 위에 모여 앉았다. 무대 앞에 자리 잡은 악단(orchestre)은 현악기와 관악기 그리고 장구로 이루어져 있었는데, 장구는 4분의 1박자에 맞춰 두 번 길게 장단을 친 후 울림 없이 짧게 한 번을 더 치고는 정적 상태로 이어지는 식이었다. 옥색 겉옷과 회색 모자, 흑인 같은 탈을 쓰고 중 역할

27 모리스 꾸랑, 앞의 책, 187~190면; Courant, op. cit., 1894, pp.206~215.

을 하는 배우(acteur), 보통 옷차림에 기괴한 노인 모습의 탈을 쓴 배우 둘, 전통 의상과 중국옷을 입은 여배우가 각 두 명씩 있었다. 이야기는 매우 느리게 전개되었으며, 그 내용은 외설적인 익살극이었다. 젊은 아내를 둔 어떤 노인이 한 청년의 유혹에서 아내를 지키려 한다. 그러던 중 아내에게 모욕을 당한 노인이 젊은 애인을 죽이려 하다가 오히려 단검을 빼앗기고 만다. 대사는 한 마디도 없이 이야기가 모두 무언극으로 표현되는데, 각 장면이 매우 짧은 단위로 구성되어 있다. 또 사이사이마다 인물들의 상황과 어느 정도 연관이 있어 보이는 안무에 다양한 장단을 띤 춤이 삽입되어 있다. 관객들은 배우의 연기에 그다지 만족스러워하지 않았고 결국 극판은 돌팔매질로 끝났다.[28]

쿠랑이 무극의 두 번째 부류로 제시한 것은 가면극(假面劇), 즉 탈춤이다. 탈춤이야말로 오늘날의 연구에서 꼭두각시놀음과 더불어 전근대시기 한국의 극문화를 대표할 만한 자산으로 가장 빈번하게 논의되는 대상이거니와, 쿠랑 역시도 탈춤을 한국의 '대중적 무극'으로 규정하면서 한성 체류 기간 동안 자신이 직접 목격했던 여러 장면들을 떠올리고 있다.

호주 선교사들이 부산(釜山)에서 촬영한 1890년대 초의 악사(樂士)들

위 기록에는 탈춤이 연행되는 시기, 탈춤의 후원자, 탈춤의 무대 및 관객의 위치, 악사들의 짜임과 장단의 특징, 탈과 의상의

28 모리스 쿠랑, 앞의 책, 2009, 165~166면; Courant, "La Complainte mimée et le ballet en Corée", pp.75~76.

형태, 극적 구성, 과장(科場)과 과장 사이의 연결 방식, 탈춤에 대한 관객들의 반응에 이르기까지 매우 구체적인 증언들이 포함되어 있어서 더욱 주목된다. 노승(老僧)이 젊은 아내를 청년에게 빼앗긴다는 줄거리와 대사 없이 행동으로만 극이 진행된다는 진술을 감안할 때, 쿠랑은 탈춤의 여러 과장 가운데 노장(老丈) 과장만을 보았거나 노장 과장을 가장 주의 깊게 관람하였던 듯하다. 그렇듯 노장 과장에 대한 인상을 극 전반의 특징으로 연계 지으면서 그는 탈춤 특유의 해학과 익살을 부각하는 한편, 탈춤의 백미인 다양한 춤사위를 주요하게 거론하기도 하였다.

이처럼 「한국의 가극과 무극」은 한국의 극을 독립적으로 다룬 보기 드문 에세이라는 점에서 무엇보다도 그 위상이 남다르다. 실상, 한국의 연희 문화는 대단히 미미하다는 것이 19세기 서구인 관찰자들의 중론이었고, 그나마 달레와 헐버트가 판소리를 연극의 일종으로 비정하는 정도에 그쳤던 반면,[29] 쿠랑은 개인적인 견문과 문헌적 전거를 모두 동원하여 어떻게든 한국의 극을 발굴하려 분투하였음은 물론, 그 대상으로 떠오른 사례들을 나름의 관점에서 체계화해 보려는 데까지 나아갔던 것이다. 따라서 한국에도 시가 또는 춤과 결합된 극예술이 뚜렷이 존재한다는 쿠랑의 논의는 고찰의 정확도나 정리 방식의 적부를 떠나 그 시도만으로도 충분히 가치가 인정될 수 있을 것이다. 더불어 쿠랑의 이러한 소론이 동시기 서구인들 사이에 널리 회자되지 못했다는 사실은 다소 아쉽게 느껴지기도 한다.

29 달레와 헐버트가 판소리를 연극의 일종으로 파악한 시각에 대해서는 본서의 1장 2절 및 5장 「호머 헐버트의 한국시가 연구」의 3절을 참조.

4. 쿠랑의 안목과 기여도

이상에서 모리스 쿠랑이 한국시가의 특질에 대해 기술한 내용들을 자세히 검토하고 그 연장선상에서 이루어진 극에 관한 논의 또한 분석하였다.

서구인들의 한국 내 활동이 한층 자유로워졌던 1890년대 이후에는 뮈텔, 프랑댕, 쿠랑 등 여러 프랑스인들이 한국 관련 저작을 남겼으나, 문학에 관련하여서는 쿠랑의 연구가 단연 두드러진다. 『한국서지』 제1권 「서설」에서 쿠랑은 한국시가의 서지를 개관한 후, 『가곡원류』 불란서본 소재 작품들을 위주로 한국시가의 주제적 분포를 파악하여 자연애, 솜씨 좋은 묘사, 감성적 기조, 연정, 애주, 인생무상, 중국적 소재와 시작법에 대한 기호 등의 특질을 도출해 내었다. 이어서 그는 당대의 한국시가를 시조, 가사, 잡가의 세 종류로 분류하기도 하였는데, 이로부터 19세기 말 한국시가의 존재 양상과 세력을 가늠해 볼 수 있다. 한편, 시행의 길이와 음절수를 기준으로 시도된 그의 율격 논의는 음량을 기저로 구성되는 한국시가의 율격적 실상에 부합한다는 점에서 그 의의가 인정된다.

쿠랑은 『한국서지』 이후에도 한국의 역사나 문화에 대한 에세이를 지속적으로 발표하였으며, 그 가운데 「한국의 가극과 무극」에서는 한국의 극을 가극과 무극으로 대별한 후, 전자의 사례로 잡가의 연행을, 후자의 사례로 정재와 탈춤을 각각 제시하면서 그 특징을 요약적으로 언급하였다. 한국의 연희 문화는 대단히 미미하다는 것이 19세기 서구 관찰자들의 중론이었으나, 쿠랑은 개인적인 견문과 문헌적 전거를 모두 동원하여 어떻게든 한국의 극을 발굴하려 분투하였다.

19세기 말 프랑스인들에 의해 이루어진 한국시가에 대한 고찰은 같은 시기 영미인들의 작업에 비해 수량이나 빈도 면에서 뒤처지는 것이 사실이다. 그러나 일찍부터 한국에서 활동을 시작했던 프랑스인들은 한국어 연구와 사전 편찬, 서책의 수집과 해제 등의 분야에서 선도적인 역할을 수행하였으며, 그처럼 온축된 역량을 활용하여 한국시가에 대해서도 여러 중요한 연구 성과를 제출하였다.

이 글에서 다룬 쿠랑의 저작을 통해 그러한 사실을 핵심적으로 간취할 수 있거니와, 쿠랑의 기술은 면밀한 관찰과 조사 및 문헌 고증을 기반으로 이루어졌다는 점에서 그 가치가 확연하다. 특히 시조는 물론 가사나 잡가, 정재와 같이 접근이 쉽지 않은 영역에 대한 탐색이 시도된 점, 악서와 가집이 분석 자료로 채택된 점 등은 같은 시기 영미권 논자들의 글에서는 좀처럼 찾아보기 어려운 내역이다. 또한 일부 영미권 논자들이 때로 긴요치 않은 수식을 섞어 가며 개인적 인상을 앞세워 한국의 문화적 현상을 다루고는 하였던 데 비해, 쿠랑은 한층 객관적 시각을 유지하려 노력하였다는 점에서도 초기 한국학 연구에 끼친 그의 영향을 평가할 수 있다.

4장
제임스 S. 게일
한국문학과 시가의 동아시아적 전통에 주목하다

제임스 S. 게일(James Scarth Gale)
한국명 : 기일(奇一)
생몰연대 : 1863~1937
출생지 : 캐나다 온타리오주 필킹턴(Pilkington)
주요 직책 : 미국 북장로교 소속 선교사
한국 체류 기간 : 1888~1927
한국 관련 주요 저술 : 「문학에 관한 몇 가지 논의(A Few Words on Literature)」(1895),
「한국에 끼친 중국의 영향(The Influence of China upon Korea)」(1900),
「한국의 문학(Corean Literature)」(1902) 등

개관

19세기 중엽 이래 프랑스 가톨릭 신부들이 이끌어 왔던 한국 관련 연구는 1890년대를 기점으로 점차 영미권 개신교 선교사들이 주도하게 된다. 이들은 파송 지역의 관습을 고찰하는 데 매우 열정적이었을 뿐만 아니라, 그러한 고찰의 성과들을 적지 않은 수의 저작으로 남기기도 하였다.

한국의 문학 또는 시가를 고찰한 초기 영미권 선교사들 가운데 제임스 게일의 역할은 특히 두드러진다. 게일은 『남훈태평가』를 통해 시조의 존재를 발견하였으며, 곧 주요 시조 작품을 영역하여 소개하고 이를 바탕으로 한국의 시와 문학에 대한 자신의 견해를 잡지에 기고하기도 하였다.

1900년 무렵을 지나면서 한문 문헌에 관심을 드러냈던 게일은 동아시아 한문문화권의 자장 안에서 한국문학의 위상과 특징을 검토하는 방향으로 추후의 연구 기조를 설정하게 된다. 이 같은 게일의 관점은 같은 시기 호머 헐버트의 연구 방식과 여러 측면에서 대비된다.

한국시가에 대한 제임스 게일의 고찰과 인식

1. 영미권 선교사들의 입국과 학술 활동

이 글은 캐나다 출신 장로교 선교사 제임스 S. 게일(James Scarth Gale, 기일(奇一), 1863~1937)의 한국문학 관련 기록, 특히 시가(詩歌) 관련 논의들을 분석 · 검토하는 데 목적을 둔다.

1880년대에 조선이 서구의 열강들과 잇달아 수호통상조약(修好通商條約)을 체결하면서 각국의 외교관원들과 선교사들이 입국하여 보다 자유롭게 활동할 수 있는 여건이 조성되었*으며, 이에 따라 그들의 직접적인 견문이 반영된 다양한 연구 성과들이 제출되기 시작한다. 앞서 살핀 모리스 쿠랑(Maurice Courant, 1865~1935)은 파리외방전교회(Missions étrangères de Paris) 소속 가톨릭 신부들이 남긴 자료들을 기반으로 한국의 서지에 대한 종합적인 검토를 진행하였고, 그 일환으로 한국문학과 시가에 대한

다각적인 고찰을 수행한 인사로서 매우 중요하게 거론될 만하지만, 대략 1890년대를 기점으로 한국에 대한 본격적인 연구물들을 제출하는 빈도나 폭에 있어서는 영미권 개신교 선교사들이 주도적인 입장에 서게 되는 것으로 파악된다.

물론, 마에마 교사쿠(前間恭作, 1868~1942), 오구라 신페이(小倉進平, 1882~1944) 등과 같이 1920, 30년대에 경성제국대학(京城帝國大學) 법문학부(法文學部)를 중심으로 한국의 어문학에 대한 학술적인 연구를 진행하였던 일본인 학자들에 비할 때, 영미권 선교사들은 대개 선교라는 종교적 목적을 최상위에 두고 그 예비적 수순이나 보조 작업의 일환으로 한국의 역사와 문화적 자산을 탐구하는 데 힘을 쏟았던 것이 사실이다. 이 때문에 그들의 성과는 흔히 학적 엄밀성을 담보하지 못한 비전문가적 접근, 또는 인상주의적 비평이나 논급의 수준을 넘어서지 못하는 것으로 쉽게 치부될 여지가 있다.

하지만 영미 출신 개신교 선교사들은 대부분 각자의 모국에서 중산층 이상의 엘리트 집단 출신이었으며, 서양 각국어에는 물론 한문에까지 능숙했던 인사들도 적지 않았다.[1] 특히 이들은 파송 지역의 관습을 고찰하는 데 매우 열정적이었을 뿐 아니라, 그러한 고찰의 성과들을 적지 않은 수의 저작으로 남기기도 하였기 때문에, 오늘날의 여러 연구자들에게도 선교사들의 저작은 중요한 자료로 활용되고 있다. 다만 근래까지도 선교사들의 활동에 대한 선행 연구들은 대부분 신학, 사학, 국

1 초기 선교사들의 이 같은 배경과 성격에 대해서는 류대영, 『초기 미국 선교사 연구 1884~1910－선교사들의 중산층적 성격을 중심으로』, 한국기독교역사연구소, 2001에서 자세히 논의된 바 있다.

어학 등의 분야에 치중되었을 뿐 문학과 관련된 선교사들의 언급과 논술에 대해서는 뚜렷이 거론되지 못했던 것으로 보인다.[2]

이 글에서는 바로 이러한 문제의식을 바탕으로 19세기 말의 영미권 선교사 가운데 한국문학을 학술적 관점에서 접근하였던 대표적 인사인 제임스 게일의 견해를 찾아 정리하고, 그 의미와 배경에 대해서 논의하게 될 것이다. 아울러, 게일의 연구가 어떠한 이유에서 후대의 논자들에게 뚜렷이 계승되지 못했는지, 우리 문학이 중국과 일본의 문학에 비해 서구에 거의 소개되지 못했던 까닭은 무엇이었는지도 함께 검토해 보고자 한다.

1899년과 1901년에 이르러 서구 연구자들에 의해서 각각 일본문학사와 중국문학사가 영문으로 서술되어 단행본으로 출판되었을 뿐 아니라,[3] 1920년대를 전후하여서는 에즈라 L. 파운드(Ezra Loomis Pound, 1885

---

2 국어학 연구 분야에서는 선교사들이 제작한 한국어 문법서나 학습서 등에 대해 1970년대부터 본격적인 연구가 시작되었고, 최호철 외, 『외국인의 한국어 연구』, 경진문화사, 2005에서 보다 종합적인 연구가 이루어졌다. 국문학 분야에서는 제임스 게일이 출간했던 고소설 번역서, 특히 『구운몽(九雲夢)』의 영역본을 고찰한 연구들이 주종을 이룬다 : 정규복, 「『구운몽』 영역본고-Gale 박사의 *The Cloud Dream of the Nine*」, 『국어국문학』 21호, 국어국문학회, 1959; 장효현, 「한국 고전소설 영역의 諸문제」, 『고전문학연구』 19집, 한국고전문학회, 2001; 이상현, 「제임스 게일(James Scarth Gale)의 『구운몽』 번역과 문화의 변용」, 성균관대 석사논문, 2005; 오윤선, 『한국 고소설 영역본으로의 초대』, 지문당, 2008; 백주희, 「J. S. Gale의 *Korean Folk Tales* 연구-임방의 『천예록』 번역을 중심으로」, 성균관대 석사논문, 2008; 이상현, 「제임스 게일(James Scarth Gale)의 한국학 연구와 고전서사의 번역-게일 한국학 단행본 출판의 변모와 필기, 야담, 고소설의 번역」, 성균관대 박사논문, 2009; 이상현, 「「춘향전」 소설어의 재편과정과 번역-게일(James Scarth Gale) 「춘향전」 영역본(1917) 출현과 그 의미」, 『고소설연구』 30집, 한국고소설학회, 2010; 이상현, 『한국 고전번역가의 초상-게일의 고전학 담론과 고소설 번역의 지평』, 소명출판, 2013 등. 이 가운데 이상현의 논의(2009; 2013)는 게일의 한국학 관련 논의들을 종합적으로 검토한 성과로서 주목할 만하다. 다만, 논의가 1913년 이후에 제출된 필기 · 야담 · 고소설 관련 번역물에 집중되어 있어서, 그 앞 시기의 자료에 대해서도 상론해야 할 필요를 느낀다.

3 W. G. Aston, *A History of Japanese Literature*, New York : D. Appleton & Company, 1899; Herbert A. Giles, *A History of Chinese Literature*, New York : D. Appleton & Company, 1901.

~1972)와 토머스 S. 엘리엇(Thomas Stearns Eliot, 1888~1965)에 의해 영미 시단에 한자와 한시(漢詩), 하이쿠[俳句]와 노[能] 등이 폭넓게 알려지면서 동아시아 문학에 대한 열기가 크게 고조된 바 있다.[4] 물론 한국은 중국이나 일본에 비해 서구인들에게 알려질 기회 자체가 분명 적었고, 우리 문학의 자산 역시 중국과 일본의 것에 비해 서구인들에게 그다지 매력적인 대상으로 포착되지 못했을 가능성도 전제할 수 있다. 하지만 그렇다고는 해도 중국과 일본 문학에 대한 관심이 그처럼 높아졌던 이 시기에 그에 바로 인접한 우리 문학에 대해 서구 문단에서 전혀 언급조차 되지 못했던 곡절은 당대의 실정과 관련 지어 한층 미시적으로 검토해 보아야 할 필요가 있다.

2. 한국시가에 대한 게일의 인식과 논평

1880년대를 지나면서부터는 한국에 직접 들어와 활동했던 서구인들이 많아지면서 한국을 관찰하는 그들의 시각도 한층 정밀해진다. 이 시기 입국한 영미권 서구인들 가운데 특히 한국의 역사와 문화에 대한 연구 분야에서 중대한 업적을 남긴 두 인물이 제임스 게일과 호머 B. 헐버트(Homer Bezaleel Hulbert, 흘법(訖法), 할보(轄甫), 1863~1949)이다.

각각 캐나다 온타리오주와 미국 버몬트주 출신으로 미국 장로교와

4 민용태, 『서양문학 속의 동양을 찾아서』(2판), 고려원, 1997, 126~148면. 특히 일본문학이 이 시기 영미문학에 끼친 영향에 대해서는 Earl Miner, *The Japanese Tradition in British and American Literature*, Princeton : Princeton UP, 1958에서 상세히 다루어졌다.

감리교 선교단의 일원으로 한국에서 활동했던 이 두 동갑내기 선교사는 한국어에 능통하였을 뿐 아니라 한국에 오랜 기간 체류하면서 대한제국기의 격동을 몸소 체험하기도 하였다. 특히 두 사람 공히 서구의 종교와 사상을 한국에 접목하는 데 그치지 않고 한국의 문화와 역사를 연구하여 이를 서구에 소개하는 데에도 열의를 지니고 있었기 때문에, 후대의 서구 학자 사이에도 이들이 당대 한국문화 연구에 있어서 '선의의 경쟁자(friendly rival)'로 지칭되는 것을 발견할 수 있는데,[5] '경쟁자'라는 말에서도 드러나듯 두 사람이 한국문화를 바라보는 관점은 때로 크게 엇갈리기도 한다. 때문에 한국문학에 대한 이들의 논의를 견주어 검토함으로써 19세기 말 서구인들의 한국문학관을 가늠하는 데 긴요한 시사를 얻을 수 있다. 이 글에서는 그러한 논의 구도의 일환으로 우선 제임스 게일이 남긴 글들을 살피고자 한다.[6]

캐나다로 이주한 스코틀랜드 출신 농장주 아버지와 네덜란드 출신 이주민 어머니 사이에서 출생한 제임스 게일은 토론토대학(University of Toronto)을 갓 졸업한 1888년 이 대학 기독교 청년회(Young Men's Christian

5 Clarence N. Weems, "Editor's Profile of Hulbert", *Hulbert's History of Korea*, Ed. Clarence N. Weems, vol.1, London : Routledge & Kegan Paul, 1962, pp.26~27.

6 이미 알려진 바대로, 게일은 한국의 역사와 문화에 관해 다수의 논저를 발표했던 당대의 유력한 한국학자(Koreanologist)로서 그의 논의 역시 한국시가 분야에만 국한되지는 않는다. 오히려 고소설이나 한문학 자료들에 대한 고찰이 보다 중심에 놓여 있는 것이 사실이다. 그러나 본장 주 2에 나열한 바와 같이 게일의 업적 가운데 고소설 및 한문학 관련 논의들에 대해서는 선행 연구들에서 일정 정도 다루어진 만큼, 그간 상대적으로 소홀히 취급되어 왔던 시가 관련 부분을 한층 집중적으로 거론할 필요가 있다고 생각한다. 특히 게일이 한국문학의 여러 영역들 가운데 가장 먼저 관심을 보였던 분야가 시가라는 점에서 이 부분을 밀도 있게 다루어 보아야 할 필요성이 더욱 강조된다. 물론 논의 과정에서 소설이나 한문학 등에 관한 게일의 관점도 일정 부분 함께 거론될 것이지만, 이 글의 중점은 시가 관련 자료에 놓이므로 제목에도 '한국시가'라는 말을 앞세웠다.

Association, YMCA)의 파송 선교사로 일본을 거쳐 부산에 들어와, 이때부터 1927년에 은퇴하여 영국에 정착할 때까지 약 40년간 한국에서 각종 활동을 펼친 인물이었다.[7] 입국 후 한국어에 차츰 익숙해져 가던 게일은 당시 『한영ᄌᆞ뎐(韓英字典, *A Concise Dictionary of the Korean Language*)』(1891)을 편찬하고 있던 호러스 G. 언더우드(Horace Grant Underwood, 원두우(元杜尤), 1859～1916)를 도왔고,[8] 몇 년 후에는 그가 직접 이보다 훨씬 분량이 많은 『한영ᄌᆞ뎐(韓英字典, *A Korean-English Dictionary*)』(1897)을 편찬함으로써 초기 한국어 연구에 중요한 업적을 남기게 된다.[9] 또한 영어권 화자를 대상으로 한 한국어 학습서 『ᄉᆞ과지남(辭課指南, *Korean Grammatical Forms*)』(1893)을 만들기도 하였는데, 그가 한국의 문학 유산, 특히 시가 작품을 접했으리라는 정황은 이 책에서 처음 발견된다. 이 책의 말미에 한국어 문장의 예시를 들고 이를 영어로 풀이해 놓은 「문장(Sentences)」 부분을 보면, 시조(時調) 구절에서 가져왔을 법한 다음과 같은 예문들이 발견되기 때문이다.

○英國人神學博士奇一【게일】進獻韓英辭典一部嘉納仍賜銀製花甁一箇

실록에 기록된 게일

7 게일의 생애에 대한 가장 자세한 기록은 Richard Rutt, "A Biography of James Scarth Gale", *James Scarth Gale and his History of the Korean People*, Ed. Richard Rutt, 2nd ed. Seoul : the Royal Asiatic Society Korea Branch, 1983, pp.1～88에서 이루어졌다. 게일의 생애와 활동에 대해서는 이 글에서 많은 부분을 참고하였다.

8 게일이 당시 수행했던 역할은 『한불ᄌᆞ뎐(韓佛字典, *Dictionnaire coréen-français*)』(1880)의 프랑스어 뜻풀이를 영어로 번역하는 일이었다고 한다(Ibid., p.28).

9 게일은 처음 『한영ᄌᆞ뎐』을 만든 이후 1911년과 1930년에 각각 제2판과 3판을 내는데, 이 가운데 제2판은 직접 순종(純宗)에게 헌상하였다는 기록이 발견된다. 『순종실록』 「附錄」 4년(1911) 양력 7월 5일. "英國人神學博士奇一【게일】進獻『韓英辭典』一部, 嘉納, 仍賜銀製花甁一箇." 게일이 편찬한 『한영ᄌᆞ뎐』의 특징과 의의에 대해서는 황호덕 · 이상현에 의해 자세히 논의되었다 : 황호덕 · 이상현, 「게일, 『韓英字典한영ᄌᆞ뎐(*A Korean-English Dictionary*)』(1897) 해제」, 황호덕 · 이상현 편, 『한국어의 근대와 이중어사전(영인편 V권) — 게일, 『韓英字典한영ᄌᆞ뎐(*A Korean-English Dictionary*)』(1897)』, 박문사, 2012, 5～21면; 황호덕 · 이상현, 「게일, 『韓英字典』(1911, 1914) 해제」, 황호덕 · 이상현 편, 『한국어의 근대와 이중어사전(영인편 VI권) — 게일, 『韓英字典(*A Korean-English Dictionary*)』(1911) · 게일, 『韓英字典(*A Korean-English Dictionary*)』(*The Chinese Character*, 1914)』, 박문사, 2012, 5～16면.

- 몰 ᄐᆞ고 ᄭᅩᆺ밧헤 드니 말굽에셔 향ᄂᆡ 난다 (No.339 走獸(Animals))
- 젓대ᄂᆞᆫ 울고 살대ᄂᆞᆫ 가고 붓대ᄂᆞᆫ 그리ᄂᆞ니라 (No.460 樹木(Trees))
- 국화야 너ᄂᆞᆫ 어이 삼월동풍 다 보ᄂᆡ고 셔리롤 무룹쓰고 구시월에 혼ᄌᆞ 퓌노 (No.478 花品(Flowers))
- 모란ᄭᅩᆺ촌 화즁왕이라 ᄒᆞ오 (No.484 花品(Flowers))
- 젹막ᄒᆞᆫ 뷘 방 안에 누엇ᄉᆞ니 잠이 올가 안자스니 님이 올가 심샹ᄒᆞᆫ 긋두람이ᄂᆞᆫ 지ᄂᆞᆫ 달 ᄉᆡᄂᆞᆫ 밤에 긋치지 아니ᄒᆞ고 실음을 돕ᄂᆞᆫ구나 (No.1027 雜語(Miscellaneous))[10]

물론, 이와 같이 한국의 시가에 대해 그가 일정 정도 견문을 지니고 있었으리라는 정황이 나타나기는 하지만, 실상 그가 인용해 놓은 문장을 보면 가집(歌集)으로부터 해당 구절을 직접 옮겨 왔다기보다는 당시 그가 시정에서 전해들을 수 있었던 문장들 가운데 위의 구절들이 우연히 포함되어 있었다고 판단하는 편이 실상에 가까울 듯하다. 당시까지만 해도 게일은 한국어를 연구하고 한국어 학습법을 고안하는 데 치중했을 뿐 한국의 시나 노래, 문헌에 대해서까지 관심을 가질 만한 여력은 아직 없었던 것이다.

게일이 한국의 문학 작품, 또는 한국문학의 특성에 대해 명백하게 관심을 나타내기 시작한 시점은 그가 한국에 온 지 약 7, 8년이 지나서인 1895년 무렵부터인 것으로 파악된다. 게일은, 한국 최초의 잡지 『한국

10 James S. Gale, *Korean Grammatical Forms : 辭課指南*, Seoul : Trilingual Press, 1894, pp.153 · 167 · 170 · 240. 해당 구절이 포함되거나 활용된 시조 작품은 인용된 차례대로 각각 『해동가요』(일석본) #465, 『청구영언』(연민본) #207, 『해동가요』(일석본) #316, 『해동가요』(주씨본) #528, 『청구영언』(진본) #548에서 찾아볼 수 있다.

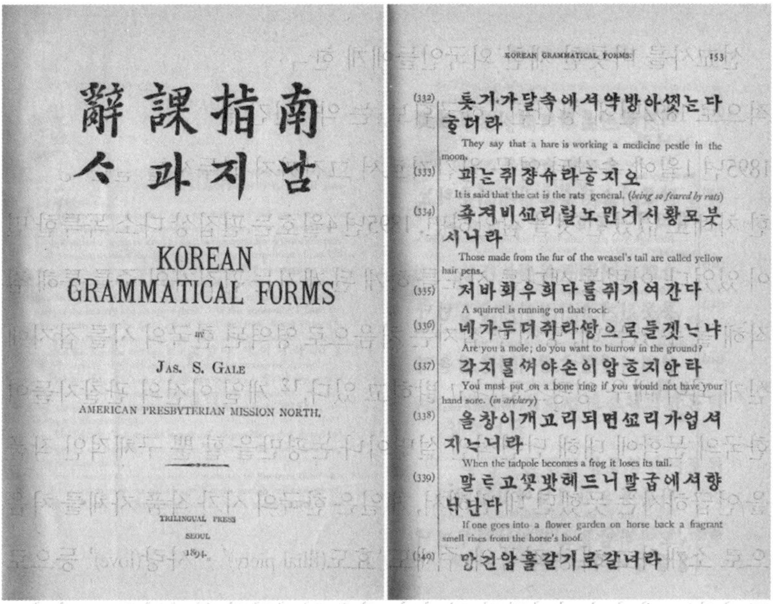

辭課指南
ᄉᆞ과지남

KOREAN
GRAMMATICAL FORMS

BY

JAS. S. GALE

AMERICAN PRESBYTERIAN MISSION NORTH.

TRILINGUAL PRESS
SEOUL
1894.

KOREAN GRAMMATICAL FORMS. 153

(332) 톳기가달속에셔약방아씻는다ᄒᆞ더라
They say that a hare is working a medicine pestle in the moon.

(333) 괴는쥐장슈라ᄒᆞ지오
It is said that the cat is the rats general. (*being so feared by rats*)

(334) 족져비ᄭᅩ리털노ᄆᆞᆫ거시황모붓시니라
Those made from the fur of the weasel's tail are called yellow hair pens.

(335) 져바회우희다름쥐기여간다
A squirrel is running on that rock.

(336) 네가두더쥐라ᄯᅡ으로들겟ᄂᆞ냐
Are you a mole; do you want to burrow in the ground?

(337) 각지를ᄭᅧ야손이압ᄒᆞ지안타
You must put on a bone ring if you would not have your hand sore. (*in archery*)

(338) 올창이개고리되면ᄭᅩ리가업셔지ᄂᆞ니라
When the tadpole becomes a frog it loses its tail.

(339) 말ᄐᆞ고ᄭᅩᆺ밧헤드니말굽에셔향ᄂᆡ난다
If one goes into a flower garden on horse back a fragrant smell rises from the horse's hoof.

(340) ᄆᆞᆫ건압흘갈기로갈녀라

『ᄉᆞ과지남(辭課指南, *Korean Grammatical Forms*)』(1893)

휘보(*The Korean Repository*)』에 이해 4월, 한국의 '송가(頌歌, ode)' 다섯 편을 번역하여 권두시로 실는데, 이는 한국의 시가를 영문으로 번역한 첫 사례로 알려져 있다. 그 가운데 한 편을 옮겨 보면 다음과 같다.

저 무거운 쇠막대를	That pondrous weighed iron bar,
가늘게 뽑아 실을 만들어,	I'll spin out thin, in threads so far
해에 대어 고정하고	To reach the sun, and fasten on,
못 가게 묶어 두리.	And tie him in, before he's gone;
백발이 되어 가는 부모	That parents who are growing gray,
더는 늙지 않도록.	May not get old another day.[11]

선교사를 비롯한 재한 외국인들에게 한국에 관한 정보를 전달할 목적으로 1892년에 창간된 『한국휘보』는 약 1년간 출판되다가 중단되고 1895년 1월에 속간된 영문 월간지로서 그전까지 권두시를 실은 경우가 한 차례도 없었던 것을 감안하면, 1895년 4월호는 편집상 다소 독특한 면이 있었다. 이렇듯 색다른 시도를 하게 된 계기는 편집자의 주를 통해 짐작해 볼 수 있는데, 당시 편집자는 처음으로 영역된 한국의 시를 잡지에 싣게 되어 매우 영광스럽다고 밝히고 있다.[12] 게일 이전의 관찰자들이 한국의 문학에 대해 단편적인 설명이나 논평만을 할 뿐 구체적인 작품을 언급하지는 못했던 데 반해서, 게일은 한국의 시가 작품 자체를 처음으로 소개하고 해당 작품의 주제도 '효도(filial piety)' · '사랑(love)' 등으로 표지하는 데까지 나아갔던 것이다. 같은 영미인인 윌리엄 E. 그리피스(William Elliot Griffis, 1843~1928)가 한국시의 부류를 단지 '노래(songs)'나 '말장난 섞인 묘사(punning descriptions)', '우스꽝스러운 속담들(funny sayings)'이라고 지칭했던 것에 비하면,[13] 게일은 '송가(ode)'라는 서구문학의 범주를 적용함으로써 이들 작품을 완연히 문학 작품으로 간주하려 했던 것을 알 수 있다.

게일은 이달 이외에도 『한국휘보』에 세 차례 더 한국시를 번역하여 싣는데,[14] 그가 이처럼 한국의 시가에 대해 관심을 갖게 된 명확한 이유

---

11 James S. Gale, "Ode on Filial Piety", *The Korean Repository*, vol.2, Seoul : Trilingual Press, Apr. 1895, p.121.

12 Ibid., p.122.

13 William E. Griffis, *Corea, the Hermit Nation*, London : W. H. Allen & Co., 1882, p.449. 그리피스가 한국시가의 분류를 설명한 방식에 대해서는 본서의 2장 3절 참조.

14 1895년 8월호에 '인생에 관한 송가(Odes on Life)'라는 제목으로 네 편, 1896년 1월호에 '사랑 노래(Love Songs)'라는 제목으로 네 편, 1998년 12월호에 '한국의 노래(Korean Songs)'

는 밝혀져 있지 않지만, 그 단초를 추정해 볼 수는 있다. 게일이 남긴 각종 수기를 모아 리처드 러트(Richard Rutt, 노대영(盧大榮), 1925~2011)가 작성한 게일의 전기에 따르면, 게일은 『한영ᄌᆞ뎐』을 편수하던 과정에서 어니스트 T. 베델(Ernest Thomas Bethell, 배설(裵說), 1872~1909)과 함께 『대한매일신보(大韓每日申報)』를 이끌었던 양기탁(梁起鐸, 1871~1938) 및 그의 부친 양시영(梁時英, ?~?)으로부터 도움을 받았는데, 1894년 이전 어느 무렵 양시영의 지인에게서 시조창(時調唱) 가집 『남훈태평가(南薰太平歌)』의 목판본을 얻어 보게 되었다고 한다.[15]

실제로 편집자가 부기한 또 다른 주에, 게일이 번역한 위 작품들이 '한국의 송가집(頌歌集, a book of National Odes)'에 소재한 것이라는 설명이 달린 것을 보면,[16] 이 송가집이란 곧 『남훈태평가』를 지칭한다고 볼 수 있다. 재래의 가집들이 대개 필사 형태로 유통되었던 데 비해 『남훈태평가』는 이례적으로 목판(木版) 인간(印刊)되어 널리 유통된 가집으로서, 한국의 시가에 대해 피상적으로만 전해 듣거나 드문드문 그 연행 현장을 목격했었을 게일과 같은 서구인에게 한국에도 서책 형태의 선집(選集)이 존재한다는 사실은 분명 중요하게 포착되었을 개연성이 높다. 아울러 가곡(歌曲), 시조(時調), 가사(歌詞), 잡가(雜歌), 판소리, 민요(民謠) 등 여러 종류의 가창 형식이 혼재되어 있어서 노랫말의 특성을 쉽사리 가늠하기 어려웠을 서구인에게 『남훈태평가』는 한국에도 특정한 시가 양식이 존재한다는 점을 일깨워 주는 계기가 되었을 것으로 짐작

라는 제목으로 네 편인데, 『한국휘보』에 실린 번역을 합치면 모두 17편이다.

15 Rutt, "A Biography of James Scarth Gale", pp.29~30.

16 Gale, "Ode on Filial Piety", p.121.

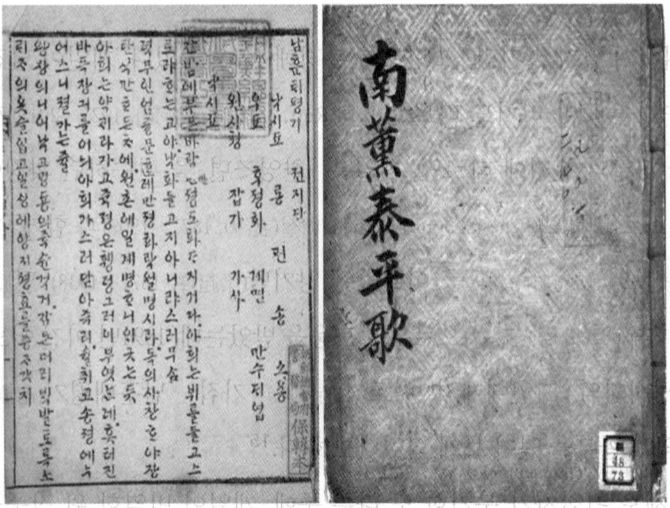

『남훈태평가』(국립중앙도서관 소장본)

해 볼 수 있다. 이를 증명하듯, 게일은 시조를 영역(英譯)하는 데에도 매우 공을 들인다. 게일이 『남훈태평가』의 시조를 초출하여 번역하였으리라는 위의 추정이 맞다면, 해당 시조는 바로 다음의 작품일 것이다.

> 만근 쇠를 느려 너야 길게 길게 노흘 ᄭᅩ와
> 구만장천 가는 히를 미우리라 슈이 슈이
> 북당에 학발쌍친이 더듸 늙게.(『남훈태평가』 #49)

우선 드러나는 사실은, 게일이 시조의 특성을 보존하면서도 가급적 영시의 어법에 맞추어 작품을 번역하였다는 점이다. 먼저 그는 시조창의 초 · 중 · 종장 형식을 알고 있었거나 적어도 작품의 통사구조가 삼분된다는 점을 인식했던 듯한데, 이는 번역문을 6행으로 구성하고, 각 두 행씩 압운(rhyming)을 하여 두 행 사이에 상관성을 현시하려 했던 데에서도 드러난다. 아울러 초·중·종장을 각 2행으로 나누었던 것도 각 장이 통사상 다시 2분절되는 시조의 작법을 염두에 두었기 때문으로 짐작된다. 율격(meter)은 약강격(iambic)을 도입하여 완연히 영시의 율격에 맞도록 하였고,[17] 율각(律脚, foot)은 각 행마다 네 번씩 반복되도록 하여 4운각시(tetrameter) 형태로 구성하였다. 게일은 당대의 영문학 작가와 작품들을 자신의 저술에 흔히 인용하였을 뿐만 아니라, 시를 직접 창작하기도 할 정도로 문학적 감수성이 있었기 때문에, 시조를 번역할 때에도 단지 그 의미만을 전달하는 데 그치지 않고 시조를 영시화(英詩化)하는 데까지 나아갔던 것으로 보인다.

이렇듯 한국의 가집을 검토하고 소재 작품을 번역하여 소개하였던 게일은 마침내 한국문학의 일반적인 특성을 논의하기에 이른다. 이 해 11월 같은 잡지에 기고한 「문학에 관한 몇 가지 논의(A Few Words on Literature)」는 작품의 실례까지 들어 한국문학을 진지하게 다룬 보기 드문 글이다.

> 우리【서구인】는 그림을 세세하게 채우려 한다. 모든 것이 반드시 들어가야 한다. 우리는 생각하기에 세부적인 사항들이 명확함을 줄 것이라 본다.
>
> 그러나 한국인들은 이러한 태도를 이상하게 생각하며, 만일 그들에게 망원경만 있다면 무엇이든 볼 수 있다고 말할 것이다. 그들의 회화도 그렇고, 묘사적인 문학에 있어서도 마찬가지로 그들은 제안이나 개요만을 제시하는 것을 선호한다. 그들이 강한 긍정을 할 때 의문문을 사용하는 것도 이 때문

17 예컨대 '효에 관한 송가(Ode on Filial Piety)'의 첫 두 행의 율격을 표시하면 다음과 같다.
"That pondrous weighted iron bar, / I'll spin out thin, in threads so far."

이다. (…중략…) 우리는 사실적인 그림에 익숙하다. 우리의 그림은 우리가 무엇을 말하는지, 그 이상도 이하도 아니게 정확히 그것을 말해야 한다. 한국인들은 그렇지 않다. 한국인들은 꽃이나 갈매기 같은 소재만으로도 본래 의미와는 수 리(里, *li*)나 차이가 나는 의미를 전달할 것이다. 나는 우연히 하나의 노래를 발견하였는데, 영어로 옮기면 운율에 잘 맞지는 않지만 다음과 같이 번역될 수 있을 것이다.

(집 떠난 남편이 갓 도착한	(Absent husband inquiring of
동향인에게 묻는다.)	a fellow-townman newly arrived)
그대 고향땅을 보았는가?	Have you seen my native land?
어서 와서 얘기해 주오.	Come tell me all you know;
내 옛 집 대문 앞에	Did just before the old home door
매화나무 꽃을 보았소?	The plum tree blossoms show?
(이방인이 즉시 대답한다.)	(Stranger answers at once)
꽃은 피었지만, 솔직히 창백했소.	They were in bloom though pale 'tis true,
당신을 오래 기다리느라 슬퍼도 보이더군.	And sad, from waiting long for you.

"매화가 무얼 의미하는 것이지? 어떻게 꽃들이 누군가를 기다리며 슬퍼한다는 건지 도통 모르겠군." "바보 같은 사람." 이것이 이 시를 읽은 후의 반응이다. "작자는 매화를 말한 것이 아니네. 작자는", 그 동향인이 길을 지나가다가 그의 아내를 보았는가 묻고 있는 것이지. "남편을 기다리느라 그 아내의 표정이 창백하고 슬펐다는 것이네." 이것이 대답이다. 만일 아내에 관해 남편이 직접 물어보는 방식이 되었다면, 이 노래의 형식과 아름다움은

모두 사라져 버렸을 것이다.

사대부이건 머슴이건 동양인들(Oriental people)의 생각은 이와 같은 형식으로 되어 있다. 그들은 형상이나 상징, 그림 등에 대해 모두 유사한 생각을 가지고 있다. 이러한 이유 때문에 알레고리와 암시적인 문학(suggestive literature)은 그들에게 있어서 각별한 위치를 차지한다고 생각한다.[18]

이 글에서 게일은 한국인의 문학적 감수성을 예를 들어 설명하고, 그러한 특성들을 서구인의 것과 비교하였다. 그 몇 가지 특징 가운데에서도 가장 두드러진 자질이, 한국인은 말해야 할 내용을 모두 말하지 않을 뿐 아니라 사소하게 느껴지는 소재 하나만으로도 다양한 의미를 파생시킬 수 있다는 점이었다. 이와 같은 결론이 도출된 도정에는 한국의 문학 작품, 특히 한국의 시가 무척 짧다는 특징이 큰 영향을 미쳤을 것으로 생각할 수 있다. 그가 예로 든 번역 시조만 해도 총 6행에 불과할 뿐 아니라, 그 안에서 다시 초・중장인 1～4행의 화자와 종장인 5～6행의 화자 사이에 대화가 이루어지고 있기까지 하다.[19] 더구나 '매화나무(plum tree)'라는 단일 소재가 본래의 의미와는 전혀 다른 국면으로 활용된다는 점을 들어 게일은 한국문학뿐 아니라 동양(Oriental) 문학 일반의

18 James S. Gale, "A Few Words on Literature", *The Korean Repository*, vol.2, Seoul : Trilingual Press, Nov. 1895, pp.423～424.

19 이러한 이유 때문에 게일은 앞선 시조 번역에서 2행씩 묶어 압운하였던 방식을 버리고, 2행・4행과 5행・6행을 압운하는 방식을 택했던 것으로 보인다. 4행과 5행 사이, 즉 중장과 종장 사이의 단절을 현시하기 위해서이다. 게일이 번역한 시조는 다음의 작품일 것으로 추정된다.
"군자고향닉ᄒᆞ니 알니로다 고향사를 / 오든 날 긔창젼에 한미화 퓌읫드냐 안 퓌읫드냐 / 미화가 퓌기는 퓌읫드라마는 임ᄌᆞ 그려"(『남훈태평가』 #81).

특성으로 알레고리(allegory)와 은유(隱喩)를 제시하기도 한다.[20]

결국 게일은 한국문학이 동양 여러 나라의 문학과 동궤에서 다루어질 수 있다고 본 것이다. 당시 서구인들에게 가장 친숙했던 동양시 양식은 페르시아의 4행 정형시인 루바이야트(Rubaiyat)로, 영국의 번역가 에드워드 피츠제럴드(Edward FitzGerald, 1809~1883)가 1859년에 오마르 하이얌(Omar Khayyam, 1040?~1123?)의 작품을 번역·출판함으로써 서구 시단에 큰 반향을 불러일으킨 바 있다.[21] 이후 몇십 년의 차이를 두고 중국의 한시와 일본의 와카[和歌]도 번역되어 나오기 시작하는데, 그 가운데에서도 와카의 경우는 도쿄제국대학(東京帝國大學) 교수를 지낸 배질 H. 체임벌린(Basil Hall Chamberlain, 1850~1935)에 의해 1880년에 『만요슈[萬葉集]』 전편이 번역되면서 서구인들에게 일본시의 존재가 널리 알려지기도 하였다. 이 책의 서문에서 체임벌린은 일본 고전시의 세 가지 특징으로 '간소함(simplicity)', '전례에 대한 애호(love of precedent)', '품격 있는 세련미(a certain courtly polish)'라는 세 가지 요소를 지적하고, 그 가운데에서도 가장 핵심적인 것으로 '간소함'을 꼽으면서 내러티브가 약한 일본시의 자질을 강조한 바 있다.[22] 게일이 한국시의 특징에 대한 서술을 동양시 전체에 대한 논평으로 이어갔던 것 역시 체임벌린에 의해 소개된 이 같은 와카의 특징까지 일부 염두에 둔 결과가 아닌가 추정되기도 한다.[23]

20 이러한 인식을 바탕으로 게일은 같은 글에서 한국시는 논리적 구조가 명확하지 않다는 설명을 덧붙인다(Gale, "A Few Words on Literature", pp.424~425).

21 19세기 중반까지도 서구인들에게 동양의 시, 또는 동양시의 이미지라고 하면 대부분 랠프 W. 에머슨(Ralph Waldo Emerson, 1803~1882)의 시에 묘사된 인도의 이미지나 오마르 하이얌의 루바이야트 정도를 떠올렸을 뿐, 동양시의 범주에서 중국의 한시나 일본의 와카는 거의 논의되지 않았다(Miner, op. cit., pp.17~18).

22 Basil H. Chamberlain, *The Classical Poetry of the Japanese*, London : Trüber & Co., 1880, pp.16~19.

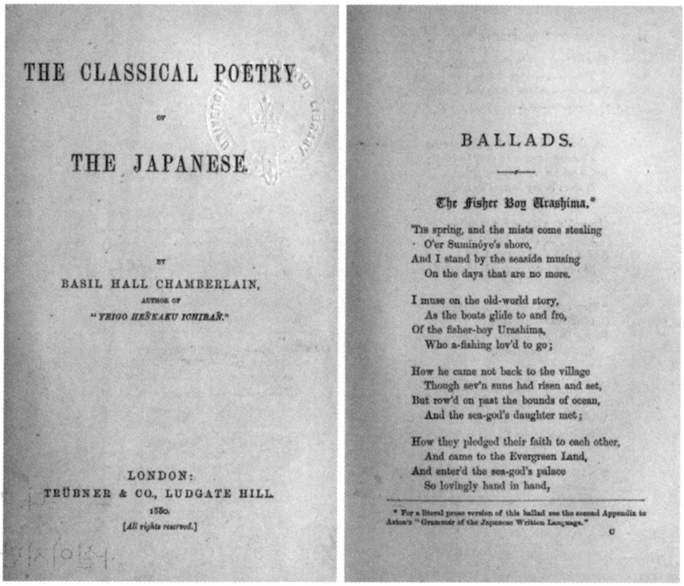

THE CLASSICAL POETRY

OF

THE JAPANESE.

BY

BASIL HALL CHAMBERLAIN,

AUTHOR OF

"YEIGO HEÑKAKU ICHIRAÑ."

LONDON:

TRÜBNER & CO., LUDGATE HILL.

1880.

[All rights reserved.]

BALLADS.

The Fisher Boy Urashima.*

'Tis spring, and the mists come stealing
O'er Suminóye's shore,
And I stand by the seaside musing
On the days that are no more.

I muse on the old-world story,
As the boats glide to and fro,
Of the fisher-boy Urashima,
Who a-fishing lov'd to go;

How he came not back to the village
Though sev'n suns had risen and set,
But row'd on past the bounds of ocean,
And the sea-god's daughter met;

How they pledged their faith to each other,
And came to the Evergreen Land,
And enter'd the sea-god's palace
So lovingly hand in hand,

* For a literal prose version of this ballad see the second Appendix to Aston's "Grammar of the Japanese Written Language."

C

배질 H. 체임벌린의 『만요슈』 영역(1880)

그러나 게일이 『남훈태평가』를 평가하는 방식과 체임벌린이 『만요슈』를 대하는 태도 사이에 큰 차이가 있었을 것임을 짐작하기는 어렵지 않다. 우선 『만요슈』는 8세기에 처음 찬집(纂輯)되었을 때부터 이미 일본의 주요 시가집으로 인식되어 왔고, 특히 와카 작사들에게 이른바 '작가적(作家的) 정전(正典)'으로 숭앙되었으며, 메이지유신(明治維新)을 지나면서부터는 이 시가집에 일본 고유의 정신이 담겨 있다고 선전되면서 정전으로서의 위상이 더욱 확고해진다.[24] 체임벌린이 『만요슈』의

---

23 실제로 게일의 영역 시조를 보면, 각운의 사용이나 시행의 분단 및 운율의 구성 방식 등에 있어서 체임벌린의 영역 와카와 유사한 특징들이 몇 가지 발견된다. 예컨대, 체임벌린은 와카에 각운이 사용되지 않았음에도 불구하고 영역시에서는 굳이 각운을 배치하고자 하였다. 일본시를 번역할 때 무각운시(blind verse) 형태의 강약격을 쓰는 것이 가장 이상적이리라는 당대 영문학자들의 제언을 받아들이지 않고, 그는 원시의 형식과 내용에 따라 시행의 길이나 율격은 다양화하되 각운은 반드시 배치하는 방식을 취하였던 것이다(Ibid., pp.28~29). 이는 게일의 시조 영역 방식과 크게 다르지 않다.

영역에 착수하였던 1870년대 후반은 일본 내에서 『만요슈』의 의미가 가장 강조되던 시기와 일치하는 것이다. 또 한편, 『만요슈』 소재의 작품들은 음악과 분리되어서도 존재할 수 있는 텍스트로 인식되었기 때문에 그만큼 서구의 문학 작품 개념에 부합하는 측면이 있었다.[25] 『만요슈』의 작품들 가운데 많은 수가 명확한 작자 표시를 달고 있으며, 작자 미상인 경우일지라도 작품이 창작된 시기 내지 계기를 알아낼 수 있는 사례들이 적지 않아서, 개별 작품의 역사적 맥락을 짚어 내기가 용이했던 점 역시 『만요슈』의 특장으로 평가되었을 가능성이 높다.

반면, 『남훈태평가』에 수록된 시조의 경우에는 상황이 다르다. 시조가 조선 중기 이후 주요 가창 양식으로 성행했던 것은 사실이지만, 사대부(士大夫)들에게 시조란 대개 여기(餘技) 정도로만 취급되었고, 후일 중인층에서 전문 가객(歌客)이 출현하였으되, 시조가 한시를 넘어서는 중요도를 지닐 수는 없었다. 더불어 당시까지도 시조는 가창에 소용되는 노랫말로 여겨졌을 뿐, 그것 자체가 문학 텍스트로 인식되기 시작한 것은 1920년대 국학자(國學者)들 사이에 시조부흥운동이 본격화되어 '시조시(時調詩)'라는 개념이 제안되기 시작하면서부터였기 때문에, 시조를 일종의 시로 다루고자 했던 게일조차도 시조에 대한 지칭으로 '시(poetry)'라는 범칭보다는 '송가(ode)'나 '노래(song)'를 선택할 수밖에 없었던 것으로 보인다.

---

24 『만요슈』에 대한 평가가 일본 내에서 변천되어 가는 궤적에 대해서는, 시나다 요시카즈, 「국민시가집으로서의 『만요슈[萬葉集]』」, 하루오 시라네 · 스즈키 토미 편, 앞의 책, 55~92면; 하루오 시라네, 「교과과정의 역사적 변천과 경합하는 정전」, 같은 책, 402~444면의 논의를 참고할 수 있다.

25 Chamberlain, op. cit., p.22. 그가 『만요슈』 소재의 작품을 지칭할 때 '노래(song)'나 '송가(ode)' 대신 '일본의 시(Japanese poems; poetry)'라고 명시하였던 것도 이러한 이유 때문이다.

특히 게일이 『남훈태평가』를 통해 시조를 접하게 되었던 점은 시조, 더 나아가 한국시가에 대한 그의 탐구가 더 깊은 수준으로 진전되지 못했던 하나의 원인(遠因)으로 작용했을 가능성도 크다. 유명씨 작품들이 왕족부터 중인 가객에 이르기까지 작자의 지체와 시대에 따라 비교적 정연하게 배열되고 작품의 주제별 분류까지 시도된 『청구영언(靑丘永言)』이나, 작가의 약력과 작품의 창작 배경 등에 대해 상당한 분량의 정보가 부기된 『해동가요(海東歌謠)』·『병와가곡집(甁窩歌曲集)』·『가곡원류(歌曲源流)』 등 여타의 가집들과는 달리, 『남훈태평가』에는 당대 인기 있었던 시조 작품들이 선별적으로 수록되었을 뿐, 작자나 작품에 대한 어떠한 정보도 담겨 있지 않기 때문이다.[26]

이처럼 게일은 시조를 발견함으로써 일본의 와카와 같은 자국어 문학이 한국에는 존재하지 않는다는 당시 서구인들의 인식을 비틀어 볼 계기를 마련하였지만, 한국의 시가를 바라보는 그의 관점은 '몰역사적 성격' 내지 '집단적 창작의 특성', 또는 '민요 수준의 소박함'이라는 정도로만 그치고 만다. 게일은 시조를 끝내 진지한 연구의 대상으로 끌어내지는 못했던 것이다. 그가 『남훈태평가』 소재의 작품을 십여 수 번역하여 소개하는 데 그쳤을 뿐 더 이상 시조에 대한 관심을 이어가지 못했던 것은 어찌 보면 당연한 귀결이었다.[27]

26 게일이 1924년 7월부터 1927년 9월까지 『코리아 미션 필드(*The Korea Mission Field*)』에 「한국민족사(The History of Korean People)」를 연재하면서 고구려 시대에 향유되었을 법한 가악의 사례를 추정하며 황진이(黃眞伊, ?~?)의 "청산리 벽계수야~" 등 시조 작품 세 수를 예시하는 실수를 저질렀던 것도 그가 『남훈태평가』를 통해 시조를 접했던 탓으로 생각된다(Rutt, "A Biography of James Scarth Gale", p.154). 당시 그는 개별 시조 작품의 작자나 창작 연대를 고증해 낼만한 어떠한 단서도 가지고 있지 않았기에 시조란 그저 적층적 성격을 지닌 구비적 텍스트라 여겼던 것이다.

대신 게일은 대략 이 시기부터 한국의 한문학 작품에 부쩍 관심을 드러내기 시작한다. 앞서 발간한 『코리안 스케치(*Korean Sketches*)』(1898)에서 그는 한국에 한문학이 성행하는 데 대해 완연히 부정적인 견해를 표명한 바 있다. 한문만을 숭상하는 양반들이 매우 무능력한 계층으로 묘사되는가 하면, 한국인이 개명되기 위해서는 중국과 한문에 대한 맹목적인 추종을 서둘러 버려야 한다는 주장 역시 이 책의 여러 곳에서 발견된다.[28]

그러나 1900년을 전후하여 게일의 이러한 입장에 중요한 변화가 일었던 듯하다. 그 단초는 『유몽천자(牖蒙千字, *Korean Reader : The Thousand Character Series 1~3*)』(1901)와 『유몽속편(牖蒙續編, *Korean Reader : The Thousand Character Series 4*)』(1904)에서 포착된다. 이들 책은 장로교 계열 학교에서 공부하는 한국인 학생들을 위해 게일이 손수 편술한 교과서로서, 내용은 일반상식과 서구의 역사 및 문물에 대한 소개가 중심을 이루지만 책의 목적 자체는 한자와 한자어에 대한 학습에서 시작하여 궁극적으로는 한문 문장을 자유롭게 읽어나갈 수 있도록 이끌어 주는 데 맞추어져 있었다.[29] 당시는 대한제국 정부가 이미 한글을 '국문(國文)' 또는 '국서(國書)'로 선포하였을 뿐 아니라 호머 헐버트를 비롯한 상당수의 선교사들 역시도 한문 사용의

---

27 게일은 1895~1898년 사이 『한국휘보』에 총17수의 시조를 번역하여 수록하였고, 이후 25년 가까이 흐른 1922년 6월에 이르러서야 영문 계간지 『한국의 문인(*The Korea Bookman*)』에 9수를 추가로 번역하여 실은 것으로 확인된다. 또한 1924년부터 1927년까지 연재한 「한국민족사」 본문에 15수의 영역 시조가 삽입되어 있기도 하다. 게일의 시조 영역 방식과 배경에 대해서는 최근 강혜정에 의해 상세히 분석되었다(강혜정, 「20세기 전반기 고시조 영역의 전개양상」, 고려대 박사논문, 2014, 33~94면).

28 제임스 게일, 장문평 역, 『코리언 스케치』, 현암사, 1970, 220~221 · 262면; James S. Gale, *Korean Sketches*, New York : F. H. Revell Company, 1898, pp.185~186 · 221.

29 『유몽천자』와 그 속편인 『유몽속편』의 편술 배경에 대해서는 남궁원, 「선교사 기일(James Scarth Gale)의 한문 교과서 집필 배경과 교과서의 특징」, 『동양한문학연구』 25집, 동양한문학회, 2007, 77~102면에서 논의된 바 있다.

폐지 및 한글 위주의 교육을 주장하던 때였으나, 게일만은 한국인 학생들이 여전히 한문에 대한 교양을 쌓아야 한다는 방향으로 자신의 입장을 선회하였던 것이다.

게일이 한국의 한시나 한문 문장을 탐독하고 영역하는 데 열중하기 시작한 것도 이 무렵이다. 게일은 한국어로 쓰인 작품들은 내용도 없고 흥미롭지도 않다고 인식한 반면, 한문 작품에서 전해지는 깊이와 한문 작가들의 기품에는 큰 매력을 느꼈으며, 때문에 1910년대 들어서면서 더욱 더 한문 작품의 번역에 매진하게 된다.[30] 이러한 자세는 『남훈태평가』 소재의 시조를 번역해 내던 1895년 무렵의 태도와는 크게 상반된 것으로, 그는 작자도 창작 배경도 대개 뚜렷이 드러나지 않는 한글 문헌보다는 사대부 문인들의 완정한 한문학 작품들에 훨씬 더 경도되었던 것이다. 실상 게일은 한국의 한문학에 대한 이해를 넓혀 갈수록 한국문학이 중국의 자장권에 종속되어 있었다는 방향으로 생각을 굳히게 된다. 이를테면, 그는 한문학 작품을 탐문함으로써 한국문학의 독자적 특질을 노출하기보다는 한국문학에 끼친 중국문학의 파급력을 검증해 내려 하였던 셈이다.

그러한 게일의 입장은 1900년에 이르러 매우 구체적으로 표명된다. 1900년은 서구인들 사이에서 이전까지 계기적 · 산발적으로 이루어져 왔던 한국문화 연구의 경향이 새로운 기조로 바뀌는 해이기도 하다. 영국 출신 산스크리트어 학자들의 주도로 1823년에 설립된 영국 왕립 아시아학회(the Royal Asiatic Society)가 인도, 홍콩(1847), 스리랑카(1847), 중국(1857), 일본

30 Rutt, "A Biography of James Scarth Gale", p.54.

왕립 아시아학회 한국지부의 주요 창립 회원
(왼쪽부터 호러스 N. 알렌, 호러스 G. 언더우드, 호러스 H. 언더우드)

(1877), 말레이시아(1877)에 이어 1900년에는 한성(漢城)에도 지부를 개설하면서 관련 학자들을 모아들이고 연구기금을 지원하기 시작했기 때문이다.[31] 게일은 명예이사와 대외담당이사(corresponding secretary)로 선출되면서 처음부터 이 학회에서 중추적인 역할을 담당했을 뿐 아니라 이해 10월 24일에 열린 정례 모임에서는 「한국에 끼친 중국의 영향(The Influence of China upon Korea)」이라는 논문을 발표하여 한국문화 전반에 대한 견해를 밝히기도 하였다. 당시 이 모임에는 미국 공사 호러스N. 알렌(Horace Newton Allen, 안연(安連), 1858~1932)과 영국 공사 존H. 거빈스(John Harrington Gubbins, 고빈사(高斌士), 1852~1929)를 비롯하여 서구의 주요 인사들이 대거 참석하였다고 전해지는데,[32] 이때 발표된 게일의 논문은 이 학회 학술지의 창간호에 권두 논문으로 실릴 정도로 그 비중을 인정받는다. 제목에서도 드러나듯,

31 "About us", Royal Asiatic Society of Great Britain and Ireland(http://royalasiaticsociety.org/site/?q=taxonomy/term/1, 최종검색일 : 2011.8.19).

32 Rutt, "A Biography of James Scarth Gale", p.40; "Minutes of General Meetings", *Transactions of the Korea Branch of the Royal Asiatic Society*, vol.1, Seoul : Royal Asiatic Society Korea Branch, 1900, pp.73~74. 영국 공사 존 거빈스는 지부 초대 회장이기도 했다.

게일의 논문은 한국의 문화가 모든 측면에서 중국의 영향을 받아 형성되었다는 골자를 지니고 있었다.

(좌) 왕립 아시아학회 한국지부 로고 '근역청아(槿域菁莪)'
(우) 왕립 아시아학회 한국지부가 위치한 한국기독교회관
(서울시 연지동 소재)

> 이제 오늘날 우리가 접할 수 있는 대중문학(the popular literature)을 본다면, 그 책들은 비록 한글로 쓰이었지만 인물과 지리적 배경은 거의 예외 없이 중국의 것입니다. 서울에서 가장 흔하고 어디에서나 팔리는 열세 작품을 뽑아보니 그중 열한 개가 중국의 이야기이고 두 개만이 한국의 것이더군요. 한국 여성들이 읽고서 눈물을 흘린다는 『심쳥젼』에서조차 등장인물은 한국에서 5천 리나 떨어진 1,500년 전 송나라로부터 끌어와야 했던 것입니다. (…중략…) 『청구악장(靑丘樂章)』에 실린 앞부분 2백 편의 송가(ode)를 살펴보다가 발표자는 마흔여덟 개의 인명을 발견할 수 있었는데, 모두 중국인이었고 단 하나의 예외도 없었습니다. 이들 작품에서는 중국의 지명 및 문학 작품 이름이 마흔네 차례, '금강산'이나 '北漢'과 같은 한국의 장소가 여덟 차례 언급되고 있습니다. 비록 중국은 한국의 영토를 점유한 적이 거의 없는 듯하지만, 한국의 언어와 문학과 사상은 온통 중국이 차지하고 있었던 것입니다.[33]

위와 같은 부분을 보면, 게일은 한국의 문학 작품 자체보다는 작품에 개재된 소재적 수준의 요소를 탐색하는 데 보다 경도되었던 것을 알 수

33 James S. Gale, "The Influence of China upon Korea", *Transactions of the Korea Branch of the Royal Asiatic Society*, vol.1, Seoul : Royal Asiatic Society Korea Branch, 1900, p.16.

있다. 그가 예시한 『심청전』과 『청구악장』은 순한글이거나 국문 어법에 따라 제작된 작품이었기 때문에 보는 이에 따라서는 이를 한국 고유의 문학 자산으로 평가할 여지도 없지 않았으나, 게일은 작품에 도입된 배경, 인물, 고사 등의 중국 편향에 관심을 둘 뿐 표기 체계 자체에는 주목하지 않았다. 오히려 그는 이들 국문 작품에서조차 중국적 요소에 대한 동경이 강하게 드러난다는 점을 들어 한국문학에 드리운 중국문학의 영향력이 얼마나 완고했는지를 검증하려 하였던 것이다. 실상 그는 한글로 작성된 작품들은 한자어가 다수 포함되거나 한문으로 이루어진 작품들에 비해 표현이 조잡하고 내용 또한 크게 빈약할 뿐 아니라 고유어로 작품을 창작하는 것 자체가 불가능에 가깝다는 견해를 보이기도 하는데,[34] 이러한 논리는 결국 한국의 문학이란 중국문학의 전범을 따른 사례들, 즉 한문학 작품 이외에는 크게 주목할 만한 것이 없다는 시각으로 귀결되기에 이른다. 그가 이 글의 결론부에서 조선 후기 지식인의 '소중화 의식'에 공감을 표한 것도 그와 같은 논리의 연장선상에서 이해된다.

> 발표자는 이 논문을 『동몽선습(童蒙先習)』의 마지막 부분을 인용하면서 끝맺고자 합니다 : "우리나라의 예악법도(禮樂法度)와 의관문물(衣冠文物)이 모두 중국의 전범을 따르기에, 인륜이 위에서 밝혀지고 교화가 아래에서 시행되어 풍속의 아름다움이 중화(中華, the Flowery Land)에 방불하니, 중국인들이 우리를 '소중화(小中華, Korea is little China)'라고 칭송한다."[35]

---

34 Ibid., pp.14～15.

35 Ibid., p.21. 여기에서 게일이 인용한 『동몽선습』의 원문 구절은 다음과 같다.
"我國雖僻在海隅, 壤地褊小, 禮樂法度・衣冠文物, 實遵華制, 人倫明於上, 教化行於下, 風俗之美, 侔擬中華, 華人稱之曰: '小中華'."

요컨대, 게일은 한국문화의 요체란 한국 고유의 것에서 발견된다기보다는 오히려 한국이 중국을 본받기 위해 얼마나 심혈을 기울였으며 또한 그것이 얼마나 성공적이었는가를 살피는 과정에서 도출될 수 있으리라는 생각을 지니게 되었던 것이다. 대략 이 논문이 발표되던 시점을 전후하여 한국문학에 대한 그의 연구 역시 한국이 중국의 전범을 훌륭하게 체현하였다거나, 때로 중국 이상으로 중국적인 특질을 소중하게 간직하고 있다는 점을 밝혀내려는 데 초점이 맞추어지게 된다.

이 시기 언저리에 나온 게일의 또 다른 에세이 「한국의 문학(Corean Literature)」도 크게 보아 그 같은 논리 위에서, 더 나아가 그러한 자신의 논리를 더욱 공고하게 다지기 위해서 작성한 것으로 판단할 수 있다.

> 한국은 소설도 신문도 없는 나라이다. [급변하는] 요즘 문학을 따라잡으려 헛되이 노력하다가 피로를 느끼고 있는 사람이 [주변에] 있다면 누구든 한국에 와서 휴식을 취하게 하시라. 정규적인 소설가(story-teller)가 지난 천년 동안 단 한 명이라도 이곳에 존재했었다는 이야기를 들어본 바가 없다. 한국에는 인쇄소도, 저작권법도 없다. 학자들은 거의 끊임없이 단편 에세이를 저술해 왔지만, 한국에서 문학이 일상생활을 다루는 통속적 수준으로 격하된 적은 단 한 차례도 없었다. 사대부(literati)의 눈에는 예사 노점에서 팔리는 구어체 책이 끔찍하게만 보인다. 그는 말하기를, "대화할 때나 사용하는 범속한 단어들이 어찌 활자화되어 책에 실릴 수 있단 말인가?"라고 한다. (…중략…)
>
> 한국의 문학은 결코 통속적이지 않다. 교육이란 곧 불멸의 중국 고전에 대한 학식을 의미한다. [중국 고전에 쓰인] 문자는 신성하기 때문에, 성현(聖賢, the gods)을 대놓고 거스르겠다고 작정하기 전에는 어떠한 인쇄물에 대해서

도 가벼이 논하거나 비판을 가할 수 없다. 학동들은 『천자문』에서 시작하여 역사에 대한 학습으로 이어가는데, 여기에서 음양의 원리와 여타 중국 전설들(fables)의 의미를 해득한다. 이후 기원전 4세기부터 기원후 959년까지의 중국(the Middle Kingdom) 역사를 다룬 사마광(司馬光)의 저술 『통감(通鑑)』을 읽은 다음, 『대학』·『맹자』·『논어』·『중용』·『시경』·『서경』을 거쳐 마지막에 『역경』을 학습한다. 한국 고유의 제재를 다룬 저작은 전혀 교육과정에 포함되지 않는다. 한국인은 작은 나라는 모름지기 큰 나라를 섬겨야 한다는 것을 법칙으로 삼아 왔기에, 교육에서도 역시 중국에서 기원하지 않은 것들은 철저히 배제한다. 한국인은 스스로를 드러내 보이기를 꺼렸기 때문이다.[36]

이 글은 중국 상하이[上海]에서 발행되던 영문 주간지 『북화첩보(北華捷報, *The North China Herald*)』에 실렸는데, 호당 50면 정도 분량에 1만 부 가까이 발행되면서 중국은 물론 동아시아 전역의 소식을 전하던 이 신문의 영향력은 서구인들 사이에서 독보적이었던 것으로 알려져 있다.[37] 게일은 한국에 대한 이해도를 인정받아 1899년부터 이 신문의 통신저자로 위촉된 후 'Esson Third'라는 필명으로 여러 편의 글을 발표하였으며,[38] 그 가운데에서도 위 글은 특히 한국문학에 대한 전반적인 소개를 담고 있기에 더욱 주목된다.

그러나 한국문학에 대한 게일의 견해는 대개 부정적인 어투로 표명

36 Esson Third, "Corean Literature", *The North China Herald and Supreme Court and Consular Gazette*, 11 Jun. 1902.

37 "About the North China Herald", the North China Herald(http://northchinaherald.com/, 최종검색일 : 2011.8.19).

38 'Esson Third'는 게일의 조모의 처녀 시절 이름이었다고 한다(Rutt, "A Biography of James Scarth Gale", p.54).

THE NORTH-CHINA HERALD.

Vol. I. No. 1. SHANGHAE, SATURDAY, 3rd AUGUST, 1850. Price, 15 Dollars per Annum.

SHIPPING. — MARINE ASSURANCE. — FOR SALE. — NOTICE.

NOTICES OF FIRMS. — INSURANCES. — HOUSES. — PUBLIC SALE. — MISCELLANEOUS. — LATEST FROM EUROPE. — INDUSTRIAL EXHIBITION AT LONDON 1851.

LIST OF FOREIGN RESIDENTS IN SHANGHAE, 1850.

『북화첩보(*The North China Herald*)』 창간호(Aug. 3, 1850)

된다. 우선 한국은 당시 서구에서 각광받고 있던 장르인 소설을 전혀 발달시키지 못했을 뿐 아니라, 대중문학의 성장에 촉매가 되는 어떠한 저널리즘도 갖추지 못했다는 첫 문장에 게일의 관점이 집약되어 있다. 두 번째 문장에서는 특히 빈정대는 어조가 두드러진다. 당시 서구의 문학은 형식과 내용면에서 급속하게 다분화・다양화되어 가고 있던 반면, 한국은 문학이 수천 년 간 정체된 상태로 머물러 있던 땅이기 때문에 새로운 문학 조류에 적응해 가야 할 부담이 전혀 없어 평온하다는 풍자적 표현인 것이다.

게일은 이 글에서도 사대부 계층의 문학 관념을 위주로 한국문학 전체의 위상을 다루는데, 한국에 소설이 발달될 수 없었던 이유 또한 문학의 통속화를 극구 거부하였던 사대부들의 완고한 의식 때문인 것으로 논의된다. 당시 시정에서 '구어체 책들(books in colloquial)'이 활발하게 유통되던 사정을 게일은 직접 목격하고 있었으나,[39] 사대부들과 마찬가지로 게일 역시 그러한 통속적인 글들이 한국의 문학적 자산으로 포섭될 수는 없는 것으로 여겼다. 그 같은 인식의 근저에는 물론 중국의 문학을 전범으로 삼아 왔던 사대부들의 사대지향이 가로놓여 있었다. 게일이 보기에 역사와 철학, 시가 중시되는 중국의 문학적 전통 속에서는 소설과 같은 장르가 온전히 성장해 갈 수 없었던 것이다.

게일의 이 같은 관점은 한국문학 전반에 대한 저평가로 이어지고, 종국에는 '한국문학'이라는 범주 자체가 성립되기 어렵다는 인식으로 귀결될 소지를 포함하고 있었다. 아울러 그러한 자신의 견해를 『북화첩

39 게일의 글에서는 한글 문헌이 흔히 '구어체(colloquial) 문헌'으로 지칭된다. 그는 한글을 구어, 한문을 문어로 명백히 갈라 인식했기 때문이다.

보』와 같은 유력 간행물에 실어 유포함으로써 게일은 한국문학에 대한 서구인들의 시각을 선도 내지 고착화하기도 하였다. 대신, 한국의 지식인들이 매우 체계적이고도 완벽하게 중국의 교양을 학습해 왔다는 관찰이 계속될수록, 게일은 이들의 한문 저작이 중국에 비등하거나 오히려 중국의 것을 넘어설지도 모른다는 기대를 갖게 되기에 충분했다. 이후 한국문학에 대한 게일의 시선이 완연히 한문학 작품 쪽으로 굳어지면서 그나마도 풍부하다고는 할 수 없는 한글 문헌들이 게일의 논의에서 의도적이리만큼 제외되거나 폄하되었던 이유도 그 같은 게일의 인식과 기대 때문일 것이다.

3. 한국시가 논의의 향방

이처럼 애초 시조로부터 촉발된 한국문학에 대한 게일의 관심은 1900년 무렵을 지나면서 완연히 한문 문헌에 대한 탐독으로 경사되는데, 이 시기 이후에도 게일은 왕성한 저작 활동을 이어가면서 주로 한문 전적을 바탕으로 한국의 역사와 관습 및 문학을 논의하거나 한문 텍스트를 영역하는 데 매진한다.[40] 그러한 작업을 수행하는 동안 그는 한국문화의 본령이자 특장이라 여겼던 중국적 특질이 20세기 들어 점차 사라져 가고 있다고 개탄하기에 이른다. 1921년과 별세하기 몇 년 전인 1933년에 쓴 다음의 글들은 이 같은 그의 관점이 오랜 기간 지속되었다는 사실을 보여준다.

40 해당 시기 게일의 활동과 그 의의에 대해서는 이상현의 연구(2009; 2013)에서 구체적으로 검토가 이루어졌다.

나는 역사를 생각해 본다. 우리 서구인들은 정말로 역사 속에 살고 있다. 영국인에게 과거의 역사란 자신의 조상들이 수행해 온 전투를 지속해 가는 공간이다. 미국인들은 아직도 메이플라워호를 타고 항해하면서 아메리카 대륙을 얻기 위해 무장을 하고 있다. 불행하게도 한국인은 역사적 기반을 상실하였다. 한국의 젊은 세대는 주(周)나 한(漢)나라에 대해서 아무 것도 알고 있지 못하며, 위·촉·오 삼국 사이의 저 유명한 전투나 당(唐)나라의 강성했던 시절에 대해서도 모른다. 아마도 한국의 젊은 세대는 자기 나라 역사를 지금까지 보다는 더 많이 읽는 듯하다. 그것은 매우 좋다. 하지만 생각해 보면 한국의 역사라는 것도 새로운 주제일 뿐 아니라, 그것으로써 저 유명했던 [중국] 역사의 파노라마를 대체할 수는 없는 것이다. 한국인의 진정한 영웅들, 가령 태임(太任)이나 태사(太姒)와 같은 여성 영웅들은 모두 중국 역사에 소재한다. 서왕모(西王母)와 서시(西施), 탁문군(卓文君)이 한국인들에게 불러일으켰던 흥미를 근대(the Modern Era)의 어떤 요소가 만들어 낼 수 있단 말인가?[41]

한국은 죽었다. 나라도 사라졌다. 한국은 중화 문명권(the Chinese group) 안에서 얼마 전까지만 해도 가장 흥미로운 곳이었다. 중국은 타타르족과 몽골족, 만주족에 의해 짓밟혔지만, 한국은 그러한 침략을 당한 바가 없을 뿐 아니라, 한국의 사상과 관습, 저작들에는 모두 당(唐)과 명(明)의 기풍이 온전히 보존되어 있었기 때문이다. 그러나 동해안으로 물결이 밀려들듯이, 일본이 [한국에] 밀려들어오면서 이제 옛 시절의 한국은 더 이상 존재하지 않는다.[42]

---

41 James S. Gale, "The Korean's Intellectual World", *The Korea Mission Field*, vol.17, no.9, Seoul : Christian Literature soc. of Korea, Sep. 1921, p.180.

42 Rutt, "A Biography of James Scarth Gale", p.84에서 재인용.

한국문학과 문헌에 대한 게일의 연구 활동이 더 큰 그림을 그려내는 데로까지 나아가지 못했던 것 역시 이러한 그의 전제 내지 관점과 무관하지 않아 보인다. 게일은 한국의 고서와 한문 작품을 끊임없이 탐색하고 그에 대한 적지 않은 수의 논평도 남겼지만, 그러한 선행 작업들을 바탕으로 본격적인 한국문학사를 서술해 보려거나 한국문학에 대한 보다 종합적인 저작을 남기려는 시도는 끝내 하지 않았다. 『계원필경(桂苑筆耕)』·『동문선(東文選)』·『익재집(益齋集)』·『포은집(圃隱集)』·『이계집(耳溪集)』 등 게일이 섭렵했던 각종 문헌들의 목록을 살펴보면, 이 같은 작업을 수행해 낼 역량이 그에게 충분히 있었다고 생각되나, 게일은 한국문학의 전개 양상을 특화하여 서술해 볼 필요성을 느끼지 못했고 그것이 가능하다고 여기지도 않았던 것이다.

물론, 한국문화에 내재된 중국문화의 요소를 직시하였다는 점에서 게일의 관점은 긍정적으로 평가될 여지도 크다. 그 자신이 의도한 것은 아니었지만, 결과적으로 보아 게일은 한국문학의 범주를 당시에 이미 한문학의 영역으로까지 확장해 놓은 셈이 되기 때문이다. 그러나 그가 규정했던 '모범적인 중국 추종자'라는 한국문학의 이미지가 서구인들에게 전달될 때의 결과는 이미 예측 가능한 것이었다.

1927년 한국을 영원히 떠나 영국으로 향할 때, 게일은 지난 40년간 수집해 온 한국의 고서들을 모두 동료 선교사에게 넘겨주고 오직 『동국이상국집(東國李相國集)』과 『삼봉집(三峰集)』만을 들고 간 것으로 전하는데,[43] 이 가운데 『동국이상국집』 소재의 한시를 영역하는 일은 그가 필

43 Ibid., p.83.

생의 과업으로 생각한 것이었다. 게일은 강화도에 있는 묘소에 직접 찾아가 참배할 정도로 이규보(李奎報, 1168~1241)를 매우 높이 평가했기에, 그의 한시를 영역하는 데에도 심혈을 기울였다. 한국에서부터 시작해 온 번역 작업이 1933년 마침내 영국에서 마무리되었을 때 게일은 한국의 가장 대표적인 시작품이라 믿어 의심치 않았던 이 원고를 서둘러 출판하려 시도하였으나, 런던의 상업 출판사는 물론, 옥스퍼드대학 출판부(Oxford University Press)에서조차 출판을 거절당하고 만다. 당시에는 아서 D. 웨일리(Arthur David Waley, 1889~1966)의 『170편의 중국시(*A Hundred and Seventy Chinese Poems*)』(1918)와 그 후속 번역집이 간행되면서 영어권 독자들이 한시의 미감에 이미 익숙해져 있던 때였으므로, 또 다른 영역 한시, 그것도 중국 본토가 아닌 변방의 지식인이 지은 한시를 출판한다 한들 새롭게 관심을 가질 독자들도 없을뿐더러, 그것이 학술적인 가치를 지니는지에 대해서도 의문이 제기될 만한 상황이었다.[44] 게일의 입장에서는 이규보의 시편이 한시의 전범을 매우 이상적으로 구현한 작품이라 여겼으나, 영미권 출판사나 독자들의 입장에서는 한시를 감상하려면 정통 중국 시인들의 작품을 보면 될 뿐, 굳이 한국의 한시까지 살펴야 할 이유도 필요도 없었던 것이다.

당시는 이미지즘(Imagism)의 열풍과 더불어 동아시아 문학에 대한 관심이 서구에서 그 어느 때보다도 높아졌던 시기였으므로, 비록 한국의 위상이 중국이나 일본에 비해 크게 뒤처졌다고는 해도 한국문학, 특히 한국시가만의 독특한 형식이나 특질이 소개된다면 서구인들 사이에

---

44 Ibid.

(좌) 게일이 은퇴 후 만년을 보냈던 집(잉글랜드 남서부 배스(Bath) 소재), (우) 게일의 무덤(배스 소재)

어느 정도 반향을 불러일으킬 만했지만, 중국문학과 크게 다를 것이 없는 한국문학의 면면으로는 이렇다 할 관심을 끌기가 어려웠다. 결국 게일이 노년에 온 힘을 쏟아 완성했던 번역 원고는 끝내 이처럼 사장되었고, 한국에 관해 40년간 지속해 왔던 그의 연구 역시 서구인들에게 별다른 주목을 받지 못한 채 오랜 기간 잊히게 된다.

한편, 게일과 더불어 한국문학에 대한 고찰과 논의를 주도했던 19세기 말의 또 다른 선교사 호머 헐버트는 여러 측면에서 게일과는 내척직인 견해를 표명하였기에 양자의 관점을 비교 분석해 볼 필요가 있다. 헐버트에 대해서는 다음 장에서 논의를 이어간다.

5장

호머 B. 헐버트

한국시가의 고유성과 보편성을 부각하다

호머 B. 헐버트(Homer Bezaleel Hulbert)
한국명 : 흘법(訖法), 할보(轄甫)
생몰연대 : 1863~1949
출생지 : 미국 버몬트주 뉴헤이븐(New Haven)
주요직책 : 육영공원 영어 교사, 미국 북감리교 소속 선교사
한국 체류 기간 : 1886~1907, 1949
한국 관련 주요 저술 : 「한국의 성악(Korean Vocal Music)」(1896), 「한국의 시(Korean Poetry)」(1896), 「한국의 유풍(Korean Survivals)」(1900), 『대한제국멸망사(*The Passing of Korea*)』(1906) 등

개관

제임스 게일과 더불어 1890년대 중반부터 한국문학 및 시가 분야의 논의를 이끌었던 또 다른 영미권 선교사는 호머 헐버트이다.

1896년에 잇달아 발표한 「한국의 성악」과 「한국의 시」에서 헐버트는 한국시가가 서구의 것과 근본적으로 다르다는 상호적 관점을 전제하면서 그 주요 갈래와 특질을 세세하게 분석하였다. 시가에 대한 관심으로부터 촉발된 헐버트의 연구는 소설에 대한 관찰로 이어지고, 극에 대한 논평으로 귀결되는 양상을 보인다. 이로써 그는 서구문학의 삼분 장르 구도, 즉 시 · 소설 · 극이라는 서구문학의 장르가 한국문학에 빠짐없이 존재한다는 논의의 발판을 마련하게 되었던 것이다.

한국문학의 고유성 내지 보편성을 중시했던 헐버트의 이 같은 견해는, 동아시아 한문문화권의 자장 속에서 한국문학의 위상을 평가하였던 게일의 관점과는 판연하게 대립되는 것이었다. 그 간극이 노정되면서 두 사람 사이에는 수차 지상 논쟁이 벌어지기도 한다.

한편, 헐버트는 한국시가를 논의하는 문맥에서 특히 〈아리랑〉에 주목하였다. 그는 〈아리랑〉이 세계인의 정서와 상상력을 모두 감싸 안는 보편적 성격을 지니면서도 또 다른 측면에서는 한국인의 삶과 감수성을 깊이 있게 체현해 내기도 한다고 논의하였다. 더 나아가 인간의 근본적 감성이란 세계 어느 곳에서나 상통한다는 긍정적 전망을 〈아리랑〉에 대한 분석을 통해 도출해 내기도 하였다. 따라서 그가 한국문학 전반의 성격을 고유성과 보편성이라는 양대 자질로 파악하는 구도를 정립하는 데에도 〈아리랑〉이 대단히 중요한 영향을 미쳤으리라는 사실을 짐작할 수 있다.

호머 헐버트의 한국시가 연구

1. 제임스 게일과 호머 헐버트

이 글은 19세기 말에서 20세기 초 사이에 국내에서 교육과 선교 사업을 펼쳤던 미국인 감리교 선교사 호머 B. 헐버트(Homer Bezaleel Hulbert, 흘법(訖法), 할보(轄甫), 1863~1949)의 한국문학 관련 논의, 특히 시가(詩歌) 관련 논의들을 발굴·검토하는 데 목적을 둔다.

1883년 조미수호통상조약(朝美修好通商條約)이 체결된 이후 미국과 영국은 물론 오스트레일리아의 개신교 선교회에서도 조선에서의 선교 활동을 공식화하였고, 이에 따라 1890년대에 들어서면 한국어를 거의 완벽한 수준으로 학습한 영미권 선교사들이 한국에 관한 밀도 높은 저술을 내놓게 된다.[1] 이 시기의 선교사들 가운데 특히 한국의 언어와 문화에 대한 연구 분야에서는 제임스 S. 게일(James Scarth Gale, 기일(奇一), 1863~

1937)의 활동이 단연 부각된다. 게일은 1888년부터 1927년까지 40년간 한국에 체류하는 동안 한영・영한사전 편찬, 한국 고소설의 영역, 한국문학에 대한 논평 등에 이르기까지 한국문화 전반에 걸쳐 박물학적 연구 활동을 펼친 선교사로서, 한국학자(Koreanologist)로서의 그의 업적에 대한 정리와 검토 역시 근간에 들어 보다 본격화되고 있는 상황이다.

한편, 제임스 게일만큼 오랫동안 한국에서 활동하지는 못했으나, 한국문화 연구에서 여러 모로 게일과 대비해 볼 수 있는 이 시기의 또 다른 서구 선교사가 바로 호머 헐버트이다. 뉴햄프셔주의 다트머스대학(Dartmouth College)을 졸업하던 1886년에 고종의 요청을 받아 육영공원(育英公院)의 영어 교사로 한국에 온 헐버트는 교육과 출판 사업에 주력하면서도 을미사변(乙未事變, 1895) 때에는 고종을 지척에서 시위하였고 일본의 침략상을 대외에 알리기 위해서도 힘을 쏟았다.[2] 특히 헐버트의 여러 활동 가운데 가장 널리 알려진 것은 을사조약(乙巳條約, 1905) 이후 한국의 독립을

다트머스대학
(뉴햄프셔주 해노버(Hanover) 소재)

---

1 당시 입국했던 주요 선교사로는 호러스 N. 알렌(Horace Newton Allen, 안연(安連), 1858～1932), 호러스 G. 언더우드(Horace Grant Underwood, 원두우(元杜尤), 1859～1916), 헨리 G. 아펜젤러(Henry Gerhard Appenzeller, 아편설라(亞扁薛羅), 1858～1902) 등이 있으며, 이들이 의료 선교와 교육 사업에서 각종 활동을 펼침으로써 고종을 비롯한 당시 왕실의 전격적인 신뢰를 획득하였던 사실은 널리 알려진 바이다. 이들 미국인 선교사의 활동에 대해서는 이미 여러 논의가 진행되었으며, 류대영, 『초기 미국 선교사 연구 1884～1010－선교사들의 중산층적 성격을 중심으로』, 한국기독교역사연구소, 2001; 『개화기 조선과 미국 선교사』, 한국기독교역사연구소, 2004에서 종합적인 연구가 다시 이루어졌다.

2 헐버트의 생애에 대한 가장 자세한 기록은 Clarence N. Weems, "Editor's Profile of Hulbert." *Hulbert's History of Korea*, vol.1, Ed. Clarence N. Weems, London : Routledge & Kegan Paul, 1962, pp.ED23～ED62에서 이루어졌다. 헐버트의 전반적인 생애와 활동에 대해서는 이 글에서 많은 부분을 참고하였다.

육영공원에서 수업 중인 헐버트

유지하기 위해 동분서주하던 행적으로서, 그는 고종의 밀서를 가지고 미국에 들어가 국무장관 및 대통령과의 면담을 시도하는가 하면, 제2차 만국평화회의(1907)가 열리기 전 헤이그(Hague)에 도착하여 한국 대표단의 호소문을 현지 언론에 싣고 이상설(李相卨, 1870~1917)・이준(李儁, 1859~1907) 등의 회의장 입장을 허가하도록 촉구하기도 하였다. 이 때문에 헐버트는 자국 선교사들의 정치 간여를 금지했던 당시 시어도어 루스벨트(Theodore Roosevelt) 행정부로부터도, 한국을 사실상 강점하여 행정권을 장악하고 있던 일제 당국으로부터도 모두 비판을 받아 한국으로의 입국이 거부된 채 헤이그에서 곧장 미국으로 향하게 된다. 이렇듯 한국에 우호적・헌신적이었던 그의 행적 때문에 헐버트는 대한제국기에 활동했던 서구인들 가운데 어니스트 T. 베델(Ernest Thomas Bethell, 배설(裵說), 1872~1909)과 더불어 가장 두드러진 인사로 기억되곤 한다.

그러나 실상 헐버트의 활동이 이러한 정치적인 측면에만 국한되는 것은 아니다. 오히려 헤이그에서의 그의 역할이 너무 강렬하게 각인되어 있는 탓에 한국문화에 대한 헐버트의 연구와 저작들이 상대적으로 그간 제대로 조명을 받지 못해 왔던 측면도 없지 않다.[3] 그는 교육자이자 선교

3 헐버트의 한국문학 연구 내지 논평을 본격적으로 다룬 논문은 송민규, 「19세기 서양 선교사가 본 한국시 — *The Korean Repository*의 기사 "Korean Poetry"를 중심으로」, 고려대 석사논문, 2008에서부터 찾아볼 수 있다. 이 글에서 송민규는 헐버트가 1896년 『한국휘보(*The Korean Repository*)』에 제출했던 「한국의 시(Korean Poetry)」를 분석하여 그의 한국문학관을 도출하였다. 중요한 성과로 평가되지만, 헐버트의 활동은 게일과의 관계를 떠나서는 온전히 조명되기 어려울 뿐만 아니라 그의 저작들 역시 보다 종합적인 구도에서 검

사였고, 또한 한국의 역사와 문화 전반에 걸쳐 다수의 논저를 발표했던 당시의 유력한 한국학자 가운데 한 사람이기도 했다. 이 글에서 주안을 두는 한국의 가악(歌樂)이나 문학과 관련된 것들만을 추려도 적지 않은 편수가 발견될 뿐만 아니라, 특히 헐버트는 한국문학을 단지 피상적으로 개관하는 정도에 그치지 않고 직접 자료를 수집・채록한 후 그 의미를 고찰하는 수준으로까지 나아가고 있어서, 한국문학에 대한 초기 서구 연구자들의 이해도를 가늠하는 데 그의 논의는 큰 도움이 될 수 있다. 또 한편으로, 헐버트가 한국문학에 관해 논평을 했던 시점이나 계기를 되짚어 보면 대부분 제임스 게일의 연구에 대한 보충, 문제제기, 때로 반론의 필요성을 느꼈음 직한 경우들이 많아서 두 연구자 사이의 입장 차를 살피는 것도 흥미로운 접근법이 될 것이다.

이 글에서는 바로 위와 같은 견지에서, 호머 헐버트의 한국문학 관련 논의, 특히 한국시가와 관련된 논의들을 찾아 검토하는 한편, 게일과 헐버트 사이에 벌어졌던 지상(誌上) 논쟁을 재구하여 그 시대적 의미를 분석해 내고자 한다.

2. 한국시가에 대한 헐버트의 인식과 논평

1886년 한국에 들어온 이래, 1890년 무렵 호러스 G. 언더우드를 도와 『한영ᄌᆞ뎐(韓英字典, *A Concise Dictionary of the Korean Language*)』(1890)의 제2부

토해야 할 필요성이 있다.

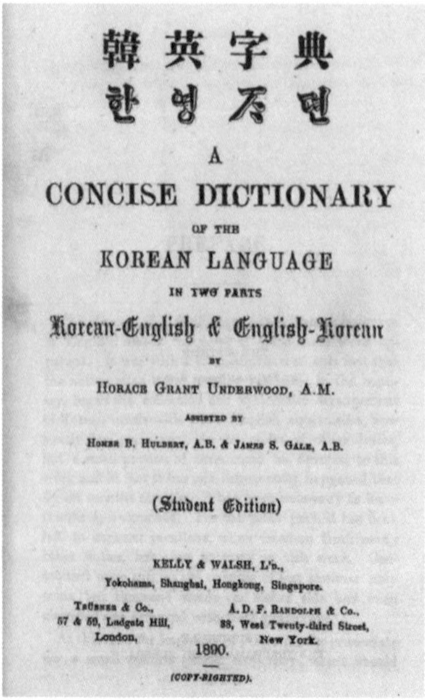
韓英字典
한영ᄌᆞ뎐
A
CONCISE DICTIONARY
OF THE
KOREAN LANGUAGE
IN TWO PARTS
Korean-English & English-Korean
BY
HORACE GRANT UNDERWOOD, A.M.
ASSISTED BY
HOMER B. HULBERT, A.B. & JAMES S. GALE, A.B.
(Student Edition)
KELLY & WALSH, L'D.,
Yokohama, Shanghai, Hongkong, Singapore.
TRÜBNER & Co.,
57 & 59, Ludgate Hill,
London,
A. D. F. RANDOLPH & Co.,
38, West Twenty-third Street,
New York.
1890.
(COPY-RIGHTED).

『한영ᄌᆞ뎐』(1890) 표지

영한(英韓) 대역 부분을 편수한 것 이외에는 한동안 본연의 교육 사업과 한국어 학습에 매진해 왔던 헐버트가 한국문학에 관해 본격적으로 글을 발표하기 시작한 시점은 1896년인 것으로 파악된다.[4] 1896년 2월호 『한국휘보』에 실은 「한국의 성악(聲樂)(Korean Vocal Music)」이 그 첫 에세이로서 한국어에 어느 정도 익숙해지고 한국의 문화적 요소들을 치밀하게 관찰하면서 견해를 정리하는 데 약 10년의 시간이 경과한 셈이다. 흥미롭게도 이 글이 실리기 석 달 전 제임스 게일 역시 같은 잡지에 한국문학 일반에 관한 논평을 발표하였거니와,[5] 여기에서 게일은 한국인의 문학적 감수성을 설명하고 그러한 특성들을 서구인의 것과 비교하면서 한국인은 말해야 할 내용을 모두 말하지 않을 뿐 아니라 사소하게 느껴지는 소재 하나만으로도 다양한 의미를 파생시킨다는 점을 지적한 바 있다.[6] 때문에 혹 헐버트가 「한국의 성악」을 통해 게일의 글에 대한 보충 논리를 개진하려 한 것은 아닌가 추정되기도 하는데, 실

4 언더우드의 『한영ᄌᆞ뎐』(1890)은 1부인 한영부와 2부인 영한부로 나뉘어 있으며, 제임스 게일과 호머 헐버트가 각각 제1, 2부를 편수하는 데 도움을 준 것으로 언더우드는 기록하였다. Horace G. Underwood, "Preface", *A Concise Dictionary of the Korean Language : 한영ᄌᆞ뎐*, vol.1, Ed. Horace G. Underwood, Yokohama : Kelly & Walsh, 1890, p.ii.

5 James S. Gale, "A Few Words on Literature", *The Korean Repository*, vol.2, Seoul : Trilingual Press, Nov. 1895, pp.423~425.

6 게일의 이 글에 대한 분석은 본서의 4장 2절 참조.

제로 그는 약 10면 분량의 길지 않은 이 글의 초두에서 한국의 가창(歌唱) 문화 전반을 일면 게일과 유사한 방식으로 분석해 낸다.

해마다 여름이 되면 귓전에 들려오는 소리들이 우리에게는 생소함에도 불구하고 한국의 음악은 신비롭게만 여겨지지는 않는다. 우리는 한국인들이 무엇을 표현하려 하는지 알거나 느끼지 못할 뿐 아니라, 한국인의 감수성과 습속을 감안하지 않은 채 보다 인공화된(artificial) 서구인의 귀로 한국의 음악을 들으려 하기 때문에 그 소리는 괴상하고도 만족스럽지 못하다. 우리 서구인들은 한국의 음률이 박자(time)에 맞지 않는다고 말하거니와, 이러한 지적은 셰익스피어의 시구가 운율에 맞지 않는다고 말하는 것과 다를 바가 없다. [하지만] 한국의 음악이 꼭 박자에 맞아야만 되는 필연적인 이유라도 있단 말인가? 자연계에서조차 그처럼 박자에 정확히 들어맞는 현상이란 찾아볼 수 없다. 티티새의 지저귐도 박자에 맞지 않고, 한국의 들판에서 재롱을 떠는 종달새 역시 소절(小節)이나 점음표(點音標)와 같은 [복잡한 음악적] 구조를 전혀 고려하지 않은 채 자유롭게 지저귄다. 음악은 순수한 감정을 실어 전달하므로, 시가 운율에 제약을 받는 것만큼 음악이 박자에 제약을 받지는 않는 것이다. 물론 박자와 운율 모두가 꼭 필요한 부수물로 쓰여야 하는 때가 있기는 하다. 이에 나는 한국의 몇몇 음악 역시도 서구인들이 '박자'라고 부르는 율동적인 연속성을 갖추고 있다는 점을 보여주려 한다.

우리가 한국의 음악을 즐기지 않는 것처럼 한국인들도 서구 음악을 즐기지 않는다. 그러한 이유 때문에 한국인들은 서구 음악의 의미를 알지 못한다. 그 같은 난점은 [심지어] 서구인이 서구 음악을 들을 때에도 흔히 직면하게 된다. 청중들이 조성(調聲)을 제대로 이해하지 못한다면 하이든(Franz

Joseph Haydn)이 〈천지창조(Creation)〉에서 영혼의 몰락을 묘사한 부분의 의미 또한 알 수 없게 되는 것이다. 그러므로 나는 독자들이 한국 음악을 제대로 들을 수 있을 때까지, 말하자면 독자들이 한국인의 귀를 갖게 되기 전까지는 한국의 음악에 대해 이러쿵저러쿵 속단하지 말 것을 권고한다.[7]

한국문학의 암시적인(suggestive) 특성이 서구의 문학과는 큰 차이를 보인다고 논술했던 게일과 마찬가지로,[8] 헐버트 역시 한국의 성악이 서구인의 것과 근본적으로 다르다는 점을 언급하는 데에서부터 논의를 시작한다. 그러나 게일과는 달리 헐버트는 양자 사이의 차이를 인정할 뿐 발달과 미발달의 이분법적 잣대를 적용하지는 않는다. 그는 한국의 성악을 서구인이 도저히 알아들을 수 없고 성악의 가사들이 뚜렷이 분절되어 있지도 않다는 점을 지적하였지만, 그러한 특성이야말로 한국인의 취향에 부합하는 것이며, 서구인이 한국의 성악을 이해하지 못하는 것과 마찬가지로 한국인도 서구의 것에 취미를 두지 않는다는 상호적인 시각을 제시하였던 것이다. 이와 같은 견해는 한국의 음악에 대해서는 물론 문학, 더 나아가 한국문화 전반에 대한 헐버트의 기본적인 관점을 대변하는 것으로 분석되는데, 그처럼 헐버트는 한국의 문화적 요소들을 긍정하는 한편, 가급적 한국문화의 독자적 성격도 도출해 보고자 시도하게 된다. 그가 한국의 문화적 자산을 미시적 · 분석적 관점

---

7 Homer B. Hulbert, "Korean Vocal Music", *The Korean Repository*, vol.3, Seoul : Trilingual Press, Feb. 1896, p.45.

8 Gale, "A Few Words on Literature", p.423. "We are given to realistic painting. Our pictures must say exactly what we mean, nothing more, nothing less. The Korean is not so, the presence of a flower or sea-gull will suggest numberless thoughts many *li* distant from the object itself."

에서 연구하였던 것 역시 그러한 의도를 반영하며, 같은 글의 이어지는 부분에서도 이 점이 확인된다.

> 한국의 성악은 세 가지 부류로 구분된다. 고전적인 형식이라고 할 만한 '시조(*Si Jo*)'와 대중적인 형식인 '하치(*Ha Ch'i*)', 그리고 그 중간 등급이 있는데, 중간 등급은 '응접실 형식(the drawing-room style)'이라 부를 만하다. [물론] 실제로 '응접실'이 있는 것은 아니다. 먼저 고전적인 형식인 시조부터 보도록 하자. 시조는 매우 느리고 심하게 음이 떨리는(extremely *andante* and *tremuloso*) 성악곡인데, 북 장단에 맞추어 부른다.[9]

헐버트는 당대 한국의 성악을 세 가지 층위로 나누어 제시한다. 이러한 분류가 실상에 얼마나 부합하는지는 차치하고서라도 우선 그 같은 분류를 시도할 수 있었다는 것 자체만으로도 헐버트가 이 문제에 관해서 상당한 정도의 고찰을 거쳤다는 사실이 잘 드러난다. 물론, 헐버트가 다루었던 한국 성악의 범위는 한정되어 있었다. 그는 당대 성악의 첫째 자리에 시조(時調)를 위치시켰으나, 일단 궁중악을 논외로 한다 해도,[10] 시조창보다 수준 높고 '고전적인' 형식으로 가곡창(歌曲唱)도 존재했기 때문이다. 헐버트 시대에는 시조창 위주의 향유가 이루어졌으므로 그가 가곡창을 아예 들어보지 못했거나, 또는 가곡창이든 시조창이

9 Hulbert, "Korean Vocal Music", pp.45～46.

10 고종의 신임을 받아 수시로 궁을 드나들었던 헐버트가 궁중악의 존재를 몰랐을 가능성은 적어 보이는데, 아마도 그는 한국의 궁중악이 중국의 것과 크게 차별화되지 않는다는 생각을 가지고 있었던 것은 아닌가 짐작된다. 게일과는 극명히 다르게 헐버트는 중국의 영향을 짙게 받은 한국의 문물은 엄밀한 의미에서 한국의 문화로 포섭되기 어려운 것이라 여겼기 때문이다.

든 그 발성법이나 속도가 유사하게 느껴진 탓에 양자를 구분하지 못했을 가능성도 제기된다. 어떠한 경로로든 시조의 위상을 일부 과대하게 평가한 오류가 있기는 하나, 이 글은 '시조'라는 명칭을 특화하여 언급한 매우 이른 시기의 자료라는 점에서 그 의의가 분명하다.

한편, 헐버트가 대중적인 형식이라고 설명했던 '하치'와 중간 등급이라고 했던 '응접실 형식'은 무엇을 말하는지 미상이다. 우선 '하치'의 경우는 펠릭스 클레르 리델(Félix Clair Ridel, 이복명(李福明), 1830~1884) 등 프랑스 신부들에 의해 제작된 『한불ᄌᆞ뎐(韓佛字典, *Dictionnaire coréen-français*)』(1880)의 표제어에 의거하면, 격이 낮은 대상을 뜻하는 '하치(下-)'라는 단어에서 온 것이 아닌가 짐작된다.[11] 헐버트는 이 글을 쓰면서 특정한 서적을 보았던 것이 아니라, 자신이 직접 연행 현장을 돌아다니면서 가사를 채록하고 정리하여 글의 재료로 삼았기 때문에 사람들이 민요(民謠)를 통칭하여 흔히 '하치'라 하던 것을 특정 성악의 장르로 오인하여 'Ha Ch'i'로 옮겨 놓은 듯하다.

*하쳐, HA-TCHYE. 何處. (*Quel, endroit*). Un endroit.
하치, HA-TCHI. 下品. De dernière qualité, de mauvaise qualité.
*하침ᄒᆞ다, HA-TCHIM-HĂ-TA. 下針. (*Descendre, aiguille d'acuponcture*). Donner l'acuponcture.
*하침ᄒᆞ다, HĀ-TCHIM-HĂ-TA. 下沉. (*En bas, mettre dans*). Descendre aux enfers, aller en enfer. Damnation. Etre damné.

『한불ᄌᆞ뎐』(1880)에 수록된 '하치'의 뜻풀이

그렇다면 중간 등급이란 시조보다는 저급하되 민요보다는 발달된 장르가 되며, 여기에 해당하는 대상으로는 세련된 가창법과 레퍼토리로 당시 시정에서 큰 인기를 누

11 『한불ᄌᆞ뎐』에서는 '하치'라는 표제어에 대해 'HA-TCHI'라 병기하고 '下品'과 '최하 품질, 낮은 품질(De dernière qualité, de mauvaise qualité)'로 뜻풀이를 하였다(Missions étrangères de Paris, *Dictionnaire coréen-français : 한불ᄌᆞ뎐*, Yokohama : C. Lévy, 1880, p.81). 3만여 단어 규모의 소사전인 『한불ᄌᆞ뎐』에 이 어휘가 등재된 것을 보면, '하치'가 당시 널리 쓰이던 단어였음을 짐작할 수 있다.

리고 있었던 잡가(雜歌)를 떠올릴 수 있다. '잡가'는 근래에 들어서야 제안된 명칭이기 때문에 이들 부류를 묶기 위해 헐버트가 당대 서구문학의 개념을 원용하여 '응접실 형식'이라는 새로운 용어를 도입했으리라는 것이다.[12]

이처럼 헐버트는 한국 성악의 일차적인 특성, 즉 음악적 형식과 위계에 대해 주목할 만한 언급을 남겼다. 그러나 보다 중시해야 될 사항은 그가 성악의 노랫말을 명확히 한국의 시로 규정하면서 그 의미를 분석하는 데까지 나아갔다는 점이다. 가령 헐버트가 연행 현장에서 직접 채록하여 풀이한 시조의 예를 보이면 다음과 같다.

> [음악적으로 볼 때] 시조는 고전적인 것이어서 내가 [쉽게] 다루어볼 수 있는 형식이 아니다. 하지만 시조 가락에 올려 부르는 가사는 내가 이해할 수 있는데, 그 가사는 가락과 어울려 나름의 역할을 수행함에 틀림없다. 이 등급에 속하는 다른 많은 노래들과 마찬가지로 시조도 세 단락으로 구성되며, 그 각각을 초장, 중장, 종장이라 부른다. 바꾸어 말하면 시조는 3막으로 구성된 연극과도 같다. 한국어 가사는 다음과 같다.
>
> 청산아 무러 보자 고금스를 네 알니라
> 영웅호걸들이 몃몃치 지나더냐

12 헐버트가 '응접실 형식'의 사례로 〈군밤타령〉을 제시한 점에서도 이러한 추정이 설득력을 얻는다(Hulbert, "Korean Vocal Music", p.52). 한편, '응접실 형식(the drawing-room style)'이라는 말은 '응접실 희극(the drawing-room comedy)'을 원용한 용어로 보이는데, '응접실 희극'은 중간계급이 주요 등장인물로 나오는 가벼운 내용의 희극을 지칭한다. 서구의 중간계급이 응접실을 주된 생활 무대로 삼았던 데에서 이 용어가 유래한다("문학예술용어소사전", 한국문화예술위원회(http://www .arko.or.kr/zine/artspaper89_11/19891119.htm, 최종검색일 : 2014.3.8)).

일후에 뭇ᄂᆞ니 잇거든 나도 함께.

내가 이 노래의 가사를 제대로 채록하고 그 노래의 본체까지도 제대로 이해하였다면, 이 노래가 한국인들의 마음에 전달하는 의미는 서구인들에게는 다음과 같은 의미로 전달될 수 있을 것이다.

오 청산이여,
그대 나의 예언자여. 구름을 막아섰도다.
오랜 세월에도 그대 지치지 않고 기억의 눈도 흐리지 않았구나.
전설이 서린 그대의 산정(山頂)에서
과거, 현재, 미래는 영원한 왕좌를 찾은 듯하다. 오 청산이여,
그대 나의 예언자여.

오 청산이여,
그대 이야기를 전해다오. 당장 내게 말해다오, 그의 이름을,
그가 아이이든 어른이든 성인(聖人)이든, 가장 훌륭한 그의 이름을.
그대의 머리 아래에서 내일을 찬양하며
오늘과 분투하며 어제의 기억을 더듬던 그의 이름을.
그대 이야기를 전해다오.

오 청산이여,
그대 나의 기념비여. 오랜 세월이 흘러
어느 풋내기 청년이 다시금 그대의 속내를 알고자 할 때,

그대의 칭송을 받아 마땅한 이름들 속에
내 이름도 끼어 있기를 기원하노라.
그대 나의 기념비여.

O mountain blue,
Be thou my oracle. Thou stumbling-block to clouds.
Years have not marred thee nor thine eye of memory dimmed.
Past, present, future seem to find eternal throne
Upon thy legend-haunted crest. O mountain blue,
Be thou my oracle.

O mountain blue,
Deliver up thy lore. Tell me, this hour, the name
Of him, most worthy be he child, or man, or sage
Who'neath thy summit, hailed to-morrow, wrestled with
To-day or reached out memory's hands toward yesterday.
Deliver up thy lore.

O mountain blue,
Be thou my cenotaph; and when, long ages hence,
Some youth, presumptuous, shall again thy secret guess,
Thy lips unseal, among the names of them who claim
The guerdon of thy praise, I pray let mine appear.

Be thou my cenotaph.

여기에서 우리는 장차 과거를 보기 위해 길을 떠나는 한 젊은이의 모습— 하나의 순수한 한국인의 모습을 보게 된다. 그는 한국의 어느 거대한 산기슭에 머물러 쉬면서, 명예와 성공을 추구하기 위해 그와 똑같은 길을 걸었을 모든 사람들을 생각한다. 울퉁불퉁한 거석을 올려다보며 시상이 떠오르자 젊은이는 만고에 누가 그처럼 성공적인 인물이었느냐고 묻는다. 2행과 3행 사이에서 우리는 잠이 든 젊은이의 모습과 그에게 영화로운 인물들에 관해 꿈속에서 긴 이야기를 전해주는 산의 모습을 상상해 볼 수 있다. 꿈에서 깨어나 다시 짐을 챙기다가 젊은이는 문득 뒤돌아보며 그가 꿈속에서 전해들은 이름들 속에 자신의 이름도 끼워 달라고 부탁한다. 산신(山神, the genius of the mountain)에게 자신을 비호하고 성공을 가져다주도록 기원하는 방식으로써 이보다 더 섬세하고 은미한 수사는 없을 것이다. [젊은이가 바라는 것처럼] 그의 이름이 영화로운 인물들의 명부에 오르게 되면, 젊은이가 그 이름값을 할 수 있도록 산신도 마땅히 그를 보살펴 주어야만 하기 때문이다.[13]

이 부분에서 헐버트는 시조의 노랫말에 대한 논의로 고찰의 범위를 좁혀간다. 그는 우선 시조의 전반적인 특성에 관해 언급하면서 삼장(三章) 구조를 거론한다. 삼장 구조 자체는 오장 형태의 가곡창이 시조창으로 바뀌는 과정에서 정립된 음악적 특성이기는 하지만, 헐버트는 그 문학적 부면에도 주안을 두어 시조의 각 장을 마치 연극의 막(act)에 대응되

13 Hulbert, "Korean Vocal Music", pp.47~48. 시조 원문은 헐버트가 이 글에 제시한 표기 그대로 인용한 것이다.

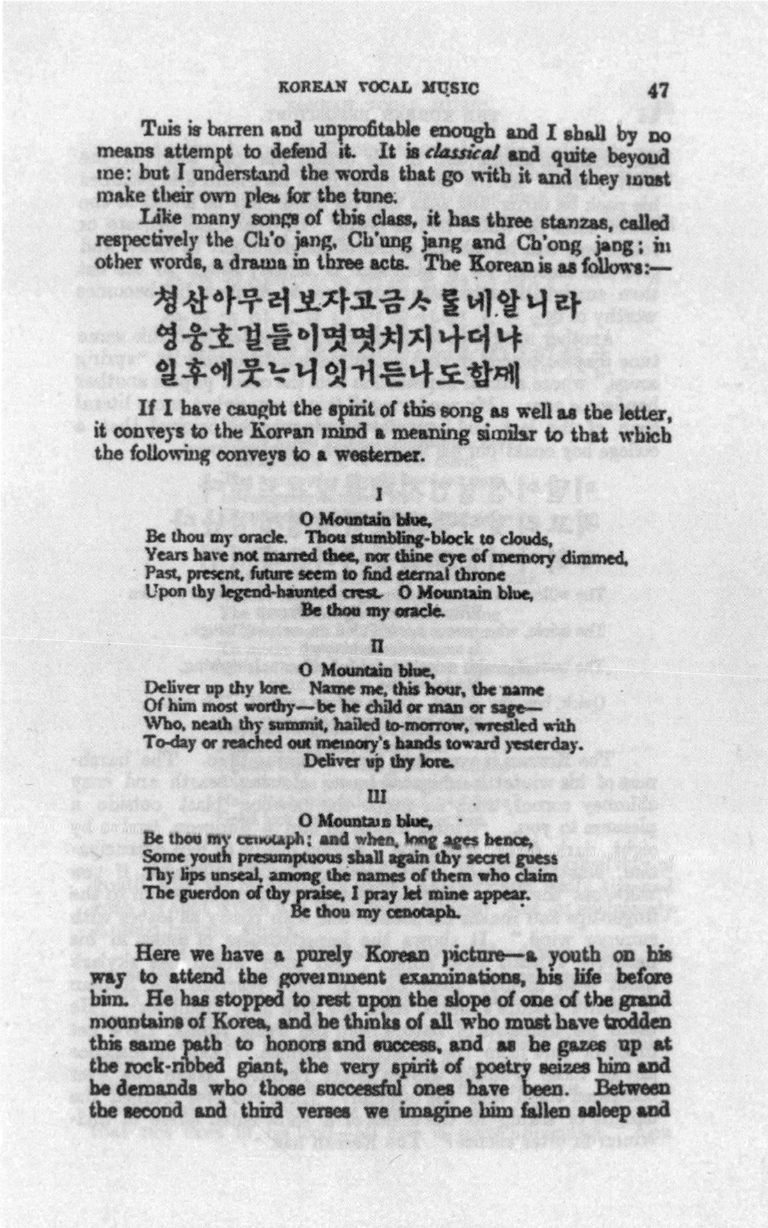

KOREAN VOCAL MUSIC 47

This is barren and unprofitable enough and I shall by no means attempt to defend it. It is *classical* and quite beyond me: but I understand the words that go with it and they must make their own plea for the tune.

Like many songs of this class, it has three stanzas, called respectively the Ch'o jang, Ch'ung jang and Ch'ong jang; in other words, a drama in three acts. The Korean is as follows:—

청산아무러보자고금ᄉᆞ롤네알니라
영웅호걸들이몃몃치지나더냐
일후에뭇ᄂᆞ니잇거든나도합제

If I have caught the spirit of this song as well as the letter, it conveys to the Korean mind a meaning similar to that which the following conveys to a westerner.

I

O Mountain blue,
Be thou my oracle. Thou stumbling-block to clouds,
Years have not marred thee, nor thine eye of memory dimmed,
Past, present, future seem to find eternal throne
Upon thy legend-haunted crest. O Mountain blue,
Be thou my oracle.

II

O Mountain blue,
Deliver up thy lore. Name me, this hour, the name
Of him most worthy—be he child or man or sage—
Who, neath thy summit, hailed to-morrow, wrestled with
To-day or reached out memory's hands toward yesterday.
Deliver up thy lore.

III

O Mountain blue,
Be thou my cenotaph; and when, long ages hence,
Some youth presumptuous shall again thy secret guess
Thy lips unseal, among the names of them who claim
The guerdon of thy praise, I pray let mine appear.
Be thou my cenotaph.

Here we have a purely Korean picture—a youth on his way to attend the government examinations, his life before him. He has stopped to rest upon the slope of one of the grand mountains of Korea, and he thinks of all who must have trodden this same path to honors and success, and as he gazes up at the rock-ribbed giant, the very spirit of poetry seizes him and he demands who those successful ones have been. Between the second and third verses we imagine him fallen asleep and

「한국의 성악(Korean Vocal Music)」 부분 1

는 것으로 논의하였다. 그는 시조의 삼장에 연극의 3막 안에 표현될 만한 내용이 모두 포괄된다고 보았으며, 이 때문에 시조를 직역하기보다는 그 안에서 간취되는 내용을 나름대로 추론하여 보충함으로써 원작보다 훨씬 긴 의역을 제시하였던 것이다. 이와 같은 형식이 한국의 시를 서구인들에게 보다 효과적으로 이해시킬 수 있는 방법이라 여겼기 때문이다. 게일이 한국시의 특성으로 압축성과 알레고리 등을 지적하면서 한국시의 내용을 쉽게 간취해 내기 어렵다고 지적하였던 데에 비하면, 헐버트는 한국의 시가 무척 짧다는 점을 부인하지는 않으면서도, 작품 안에 작자가 말하고자 하는 내용이 모두 들어있으며 한국인들은 그 짧은 '연극'을 즐긴다고 생각했던 셈이다.

헐버트가 번역해 놓은 시조는 그러한 '연극'을 서구인의 시각에 맞게 재구성해 놓은 사례이다. 번역의 대본으로 제시한 텍스트는 『가곡원류(歌曲源流)』와 『협률대성(協律大成)』, 『화원악보(花源樂譜)』 등 여러 가집(歌集)에서 발견되는데, 대개 조선 후기 문신 김상옥(金相玉, 1683~1739)을 작자로 기록하고 있다.[14] 그 밖에 작품의 창작 배경이나 내용과 관련된 어떠한 설명도 가집에는 수록되어 있지 않으나, 헐버트는 오직 작품의 문면에 의거하여 과거를 보러 가는 한 청년의 의기를 표출해 놓은 내용이라고 이 작품의 의미를 해석하였던 것이다.

이와 같은 의역 방식의 전례를 19세기 후반기의 서구 문단에서 찾아보는 것은 어려운 일이 아니다. 특히 헐버트의 번역 방식에 영향을 미쳤

14 "靑山아 말 무러보쟈 古今을 네 알니라/ 萬古英雄이 몃몃치 지ᄂᆞ더냐/ 이後에 뭇너 니 잇거든 날도 함씌 닐너라"(『가곡원류』(국악원본) #198); "靑山아 말 무러 보ᄌᆞ 古今에 네 알니라/ 萬古英雄이 몃몃치 지ᄂᆞ더냐/이後에 뭇너 니 잇거든 날도 함씌 일너라"(『협률대성』 #188) 등.

을 만한 가장 유력한 선례로는 루바이야트(Rubaiyat) 번역을 들 수 있다. 당시 서구인들에게 가장 친숙했던 동양시 양식 페르시아의 4행 정형시 루바이야트로, 영국의 번역가 에드워드 피츠제럴드(Edward FitzGerald, 1809~1883)가 1859년에 오마르 하이얌(Omar Khayyam, 1040?~1123?)의 작품을 번역·출판함으로써 서구 시단에 큰 반향을 불러일으킨 바 있다.[15] 피츠제럴드는 하이얌의 루바이(Rubai)들에서 몇몇 시행을 발췌하여 부분적으로 새로운 루바이를 만들고 원래는 개별 작품이었던 것들까지 재배치함으로써, 하루 동안 벌어진 일에 대한 작자의 허무주의적 감상과 회환이 마치 애초부터 75편의 연작시 형태로 창작되었던 것처럼 출판하였다.[16] 실제로 오마르 하이얌은 약 40년에 걸쳐 계기적으로 한두 편씩 루바이를 창작하였을 뿐이지만, 번역자에 의해 그것이 서구인들에게 익숙한 서사적 스토리를 지닌 작품으로 재창작되었던 것이다.[17] 따라서 작품 본연의 형식에 대한 고려는 반감될 수밖에 없으며, 번역문을 보고 원시의 형태를 재구해 내기도 어려워지게 마련이다. 더 나아가 원시의 본래 의미가 변개되는 경우마저 발생할 수 있는데, 이 점은 시조를 서사적 구성물로 의역해 놓은 헐버트의 경우에도 예외가 아니다. 같은 글에

15 19세기 중반까지도 서구에서 중국의 한시나 일본의 와카는 거의 논의되지 않았다(본서의 4장 주21 참조). 한편, '루바이야트'는 '루바이'의 복수형으로 루바이가 두 작품 이상 묶인 형태를 뜻한다.

16 에드워드 피츠제럴드, 이상옥 역, 「루바이야트」, 『루바이야트』, 민음사, 1975, 151~152면.

17 아울러 에즈라 L. 파운드(Ezra Loomis Pound, 1885~1972)도 1920년대에 『시경(詩經)』을 번역하면서 자구 하나하나의 의미에 얽매이기보다는 개별 작품에 대한 자신의 감상과 해석을 자유롭게 섞어 의역하였는데, 이는 아서 D. 웨일리(Arthur David Waley, 1889~1966)가 직역 원칙에 따라 『시경』을 번역한 것과 큰 차이를 보인다. 두 사람의 『시경』 번역에 대해서는 Eugene Chen Eoyang, "The Many "Worlds" in World Literature : Pound and Waley as Translators of Chinese", *Reading World Literature : Theory, History, Practice*, Ed. Sarah Lawall, Austin : Univ. of Texas Press, 1994, pp.241~266에서 자세히 검토된 바 있다.

서 헐버트가 번역해 놓은 또 다른 시조 작품을 보면 그 같은 사정이 잘 드러난다.

한국의 고전 음악의 한 부류 중에는 술이나 한잔 얼근히 마시고 부르는 것이 있다. 좀 역설적인 이야기가 될지 모르지만, 호가스(Hogarth)의 그림을 고전적인 그림이라 한다면 연회의 노래도 고전 음악이라고 말할 수 있을 것이다. 여기에 무작위로 뽑은 노래 하나가 있는데, 연회 노래임에도 불구하고 이 작품은 내가 들어본 것 중에 가장 슬프다.

술 먹지 마자 ᄒᆞ고 ᄆᆡᆼ세롤 지엇더니
술 보고 안주 보니 ᄆᆡᆼ세가 허ᄉᆞ로다
ᄋᆞ희야 쳥념이 어ᄃᆡ미니 저 건너 힝화촌

I
오래 전 김랑(金娘, Kim)과 나
손잡고 맹세했네.
입술이 마르고 마음이 슬플 때면
아무리 향기로운 술일지라도
슬픔과 목마름을 풀지 못했나니
모두가 흘러간 옛 일이로다.

'Twas years ago that Kim and I
Struck hands and swore, however dry

The lip might be, or sad the heart,

The merry wine should have no part

In mitigating sorrow's blow

Or quenching thirst. Twas long ago.

II

이제 내 삶의 밀물이 다하여

썰물이 시작되니,

내 어두운 여생조차 소멸해 가도다.

술의 조수(潮水)만은 쇠퇴를 모르나니,

영원히 들이키리라,

내 젊은 날의 맹서가 스러진

저 더럽혀진 사원을 애도하며.

And now I've reached the flood-tide mark

Of life; the ebb begins, and dark

The future lowers. The tide of wine

Will never ebb. 'Twill aye be mine

To mourn the desecrated fane

Where that lost pledge of youth lies slain.

III

아니지, 아니지, 잊어버리자!

이 즐거운 술잔은 또 다시 영혼을 일깨우리.
어떠한가, 친구여, 잔을 잡으라!
술을 파는 곳이 어디오?
아니지, 저 복숭아나무 너머가 아니오? 저기?
잘 있게 그대, 나는 저곳으로 가려네.

Nay, nay, begone! The jocund bowl
Again shall bolster up my soul
Against itself. What, good-man, hold!
Canst tell me where red wine is sold?
Nay, just beyond yon peach-tree? There?
Good luck be thine; I'll thither fare.

우리는 여기에서 우선 젊은이의 잃어버린 꿈을 생각하게 되며 오늘날의 사회적인 예속성과, 더 나아가서는 오래지 않아 잊게 될 것을 얻기 위해 미친 듯이 날뛰는 인생의 무상함을 보게 된다. 이러한 모습은 물론 한국에서만 볼 수 있는 것은 아니다.[18]

'고전 음악'이라 칭한 시조 안에서 헐버트가 다시 특화한 항목은 '주연(酒宴)의 노래(convivial song)', 또는 '술 노래(drinking song)'이다. 한국인이 술과 담배를 지나치리만큼 즐긴다는 사실은 당대 선교사들 사이에 폭넓게

18 Hulbert, "Korean Vocal Music", p.49. 시조 원문은 헐버트가 이 글에 제시한 표기 그대로 인용한 것이다.

목격되어 왔던 바이다. 시조 중에도 술을 소재로 하거나 술자리에서 연행된 것들이 많았기 때문에 헐버트 역시 술 노래를 따로 범주화하였으리라 보인다. 술 노래가 고전적 형식이 될 수 있겠느냐는 예상되는 반문에 그는 영국의 풍자 화가이자 만화 작가로 이름이 높았던 윌리엄 호가스(William Hogarth, 1697~1764)를 끌어와 답변한다. 비록 겉모양이 가벼워 보일지라도 매우 깊이 있는 주제를 지닌 작품이 나올 수 있다는 견해이다.

헐버트가 인용한 시조는 현전 가집에서는 자구까지 일치하는 작품을 찾아볼 수 없고 유사한 작품만을 몇 개 확인할 수 있을 뿐이다.[19] 그러나 어구가 다소 다르다고는 해도 이 시조는 술을 자제하기로 일전에 결심한 애주가가 유혹에 못 이겨 또 다시 술을 찾게 된다는 취흥(醉興)의 주조를 뚜렷이 포함하고 있다. 헐버트는 그 같은 내용의 시조를 번역하면서 작품의 의미를 완전히 오독하였는데, 이는 물론 번역자의 개인적 감상이 개입된 결과이다. 그는 젊은 날의 사랑을 성취하지 못한 어느 장년기 남성의 울분과 회한이 이 작품 속에 담겨 있다고 보았으며, 사랑이 이루어지지 못한 이유는 사회적인 예속성, 기령 신분상의 격차 정도로 파악하였다. 때문에 남자는 나날이 술에 의존하여 살아갈 수밖에 없고, 그에 따라 매우 슬픈 정조가 문면에 묻어난다고 풀이하였던 것이다.

19 이는 그가 연행 현장에서 작품을 직접 채록하였기 때문으로 보인다. 어구까지 정확히 일치하지는 않으나 이와 유사한 작품은 여러 가집에서 확인된다.
"술 먹지 마쟈 ᄒᆞ니 술이라셔 제 ᄯᆞ론다 / 먹ᄂᆞᆫ 내 왼가 ᄯᆞ로ᄂᆞᆫ 술이 왼가 / 盞 잡고 ᄃᆞᆯᄃᆞ려 問ᄂᆞ니 뉘야 왼고 ᄒᆞ노라"(『청구영언(青丘永言)』(진본) #448); "술 먹지 마쟈 ᄒᆞ고 큰 盟誓ᄒᆞ엿더니 / 盞 잡고 구버보니 선우음 절노 나ᄂᆡ / 아ᄒᆡ아 盞 ᄀᆞ득 부어라 盟誓푸리 ᄒᆞ오리라"(『근화악부(槿花樂府)』 #212); "술 먹고 비틀거름칠 제 술 먹지 말자 盟誓ᄒᆞ엿더니 / 술 보고 안쥬 보니 ᄆᆡᆼ세도 허ᄉᆞ로다 / 아ᄒᆡ야 술 갓득 부어라 ᄆᆡᆼ세푸리 ᄒᆞ자"(『교방가요초(敎坊歌謠抄)』) 등.

KOREAN VOCAL MUSIC. 49

Another branch of Korean classical music deals with convivial songs. This does not sound classical, but then if Hogarth's paintings are classical surely a convivial soug may be.

Here is one taken at random, and while it is a drinking song it is the saddest I ever met.

술먹지마자ᄒᆞ고ᄆᆡᆼ세ᄒᆞᆯ지엇더니
술보고안주보니ᄆᆡᆼ세가허ᄉᆞ로다
ᄋᆞᄒᆡ야청념이어ᄃᆡ미니저건너ᄒᆡᆼ화촌

I

'Twas years ago that Kim and I
Struck hands and swore, however dry
The lip might be or sad the heart,
The merry wine should have no part
In mitigating sorrow's blow
Or quenching thirst. Twas long ago.

II

And now I've reached the flood-tide mark
Of life; the ebb begins, and dark
The future lowers. The tide of wine
Will never ebb. 'Twill aye be mine
To mourn the desecrated fane
Where that lost pledge of youth lies slain.

III

Nay, nay, begone! The jocund bowl
Again shall bolster up my soul
Against itself. What, good-man, hold!
Canst tell me where red wine is sold?
Nay, just beyond that peach tree there?
Good luck be thine, I'll thither fare.

We have here first the memory of the lost possibility of youth, then the realization of to-day's slavery and, lastly, the mad rush for that which will bring forgetfulness Not an exclusively Korean picture, surely.

But I must leave the classical style and venture within the precincts of the popular. And here I must tread carefully, for every word has two meanings and one needs Korean wooden shoes to keep out of the mire.

The first and most conspicuous of this class is that popular ditty of seven hundred and eighty-two verses, more or less, which goes under the euphonious title of A-ra-rŭng. To the average Korean this one song holds the same place in music that rice does in his food—all else is mere appendage. You

「한국의 성악(Korean Vocal Music)」 부분 2

이처럼 헐버트가 작품의 내용이나 의미가 변개될 위험을 무릅쓰면서까지 시조 작품을 서사적 맥락 속에 담아 마치 서구의 시와 같은 형식으로 의역한 근저에는, 한국의 시에 대한 종래 서구인들의 부정적 인식을 무너뜨리기 위한 의도가 깔려 있는 것으로 짐작된다. 실제로 대개 단형으로 구성되는 한국시가는 서구인들에게 무척 낯설게 느껴지고는 하였던 데다, 문학의 발달 국면으로 보면 민요 수준의 저급한 단계에 머물러 있다고 치부되기도 하였다.[20] 헐버트는 그러한 시각을 무마하기 위해 시조의 행간에 감추어져 있다고 여겼던 내용들을 나름의 방식으로 재구함으로써 한국시가에서는 서사적 맥락을 발견하기 어렵다는 서구인들의 인식을 뒤바꾸어 보고자 하였으리라는 것이다.

다른 한편으로 헐버트는 같은 해에 발표한 또 다른 글 「한국의 시(Korean Poetry)」에서 한국시가가 단순한 형태를 띨 수밖에 없는 필연적 이유를 분석해 내기도 하였다.

> 한국의 시는 모두 시징적인 특성을 지니고 있으며, [서구의] 서사시에 대응되는 것은 존재하지 않는다. 종달새에게 교향곡 전곡(全曲)을 노래해 달라고 요구할 수 없는 것처럼, 아시아인들에게 역사적이거나 서사적인 이야기를 시구에 담아 표현해 주기를 기대할 수는 없다. 그들의 언어 자체가 그와 같은 표현 형식에 적합하지 않다. 한국의 시는 자연음을 위주로 한 것이어서 순수하고도 단조롭다. 모두가 정열적이고 감정적이며 또한 정서적이

20 한국문학에 대한 서구인들의 이 같은 폄하적 시선은 헐버트에 앞서 한국에 관한 논저를 출간하였던 에른스트 J. 오페르트(Ernst Jacob Oppert, 오배(吳拜), 1832～1903)나 윌리엄 E. 그리피스(William Elliot Griffis, 1843～1928)의 글에서 뚜렷이 발견된다. 이들의 한국문학관에 대해서는 본서의 2장 참조.

다. 개인적이거나 가정적(家庭的)인 것, 때로 사소한 문제들을 다루기 때문에 한국의 시는 그 범위가 좁다고 할 수 있다. 그러나 우리는 한국인들의 삶의 지평이 좁고 그들이 바라볼 수 있는 시야 역시도 한정되어 있다는 사실을 잊어서는 안 된다. 이러한 사정은 왜 한국인이 그처럼 사소한 일에 열정을 쏟는지 그 이유를 부분적으로나마 설명해 준다. 그들의 좁은 생활권 안에서는 그 같은 작은 일들이 상대적으로 크게 느껴지게 마련이다. 버들가지의 흔들림, 나비의 호들갑스러운 날개짓, 꽃잎의 떨어짐, 날아가는 벌의 붕붕대는 소리는 생활권이 넓은 사람들에게보다는 한국인에게 더 많은 의미를 전달해 주는 것이다.[21]

헐버트가 제시한 이유는 크게 두 가지로 정리된다. 먼저 표현형식적 측면으로, 한국시가는 자연음(nature music)을 위주로 구성된다는 것이다. 이는 아마도 한국시가가 음악과 분리될 수 없는 특성, 즉 가창의 형식과 분리되기 어려운 측면을 적시하는 언급인 듯하다. 가창에 시간적 제약이 따를 뿐더러, 특히 한국의 가창 형식은 매우 느리게 진행되기도 하기 때문에 장황한 플롯을 지니는 서사시 양식이 한국에서는 발달되기 어려웠다는 뜻으로 풀이된다. 두 번째 이유로 든 것은 한국인의 좁은 생활권이다. 한국인은 국경을 넘거나 바다로 진출하기보다는 주로 폐쇄된 공간 속에 살아 왔던 탓에 좁은 생활권에서 벌어지는 현상들을 찬찬히 관찰할 기회가 많았고, 때문에 일견 사소한 듯 보이는 소재 하나만으로도 매우 서정적인 시를 산출해 낼 수 있는 기반이 자연스레 만

21 Homer B. Hulbert, "Korean Poetry", *The Korean Repository*, vol.3, Seoul : Trilingual Press, May 1896, p.206.

들어지게 되었다는 인식이다. 비록 한국시가 전반에 대한 고찰을 바탕으로 이루어진 서술은 아니지만, 서정시가 대다수인 한국시가의 현상을 설명하는 데 상당한 정도의 타당성을 지니는 견해임에는 분명하다.

이와 같이 헐버트는 언어표현상의 특성과 작품 산출의 기반을 고려하면서 한국시가를 평가하였기 때문에 서구적 잣대를 일률적으로 적용하여 한국문학의 발달 정도를 가늠하였던 종래 관찰자들의 시각이 그에게서는 발견되지 않는다. 오히려 그는 서구의 문학적 성취도에 한국의 문학이 매우 근접해 있다는 점을 빈번하게 강조한다. 같은 글의 말미에 예시한 작품과 그에 대한 논평을 보면 이 점이 더욱 잘 드러난다.

> 이제 어부가 고기잡이를 마치고 밤길에 돌아오면서 부르는 노래를 들어 보기로 하자.
>
> 석양이 내리비치면
> 어슴푸레한 호수를 가로지르며
> 마지못해 낚싯줄 거두고
> 집으로 배를 돌리네.
> 물보라 치는 파도 따라 저 멀리
> 담뿍 젖은 요정들이 여행을 떠나니,
> 갈매기들도 지친 나래를 접고
> 오르락내리락만 하네.
> 은빛 아가미에 꿴 버들가지
> 나의 수확물을 자랑삼아 들어 올린 채

저 주막을 속히 찾아가 [한잔 들이키고는]
천천히 발길 돌려 집으로 향하리.

As darts the sun his setting rays
Athwart the shimmering mere,
My fishing-line reluctantly
I furl and homeward steer.
Far out along the foam-tipped waves
The shower-fairies trip,
Where sea-gulls, folding weary wing,
Alternate rise and dip.
A willow withe through silver gills,
My trophies I display.
To yonder wine-shop first I'll hie;
Then homeward wend my way.

심사정(沈師正, 1707~1769)의 〈어옹귀정(漁翁歸艇)〉(간송미술관 소장)

이 작품에서 우리는 다시 익숙한 선율을 느끼게 된다. 이 작품은 〈오! 넓고 넓은 황야에 오막살이 한 채(O far a Lodge in Some Vast Wilderness)〉의 한국적인 배경인 것이다. (…중략…) 이 작품을 보면, 한국인들은 상상력이 부족해서 탈이 아니라 때때로 상상력이 너무 넘쳐서 탈인 것처럼 보인다.[22]

22 Ibid., p.207.

본래 작품의 원문을 제시하지 않아 무엇을 번역한 것인지 확실치는 않으나, 앞선 글에서 이루어진 작업으로부터 유추해 보면, 위 번역시 역시 헐버트가 가창 공간에서 채록한 어부가류 시조를 나름대로 보충하여 의역해 놓은 것으로 추정된다.[23] 그는 이 작품에 대해 매우 호평하면서 18세기 영국 문단에서 서정적인 표현력으로 명성이 높았던 윌리엄 쿠퍼(William Cowper, 1731~1800)의 시 한 편을 그에 비견될 만한 작품으로 제시한다. 배경만이 한국으로 옮겨간 것일 뿐, 예시한 시조 작품의 성취도는 바닷가 마을의 서정적 정경을 4연에 담아 표현한 쿠퍼의 시와 견주어도 전혀 손색이 없다는 평가를 내렸던 것이다.[24]

23 다음의 시조가 그 유력한 대상이리라 짐작된다.
"漁村의 落照ᄒᆞ고 江天이 一色인 제 / 小艇에 그물 싯고 十里沙汀 ᄂᆞ려가니 滿江芦荻에 鷺鴦은 섯거 놀고 桃水流水에 鱖魚ᄂᆞᆫ 술젓ᄂᆞᆫ듸 柳橋邊에 ᄇᆡ를 ᄆᆡ고 고기 주고 술을 바다 酩酊케 醉ᄒᆞᆫ 後에 欸乃聲 부르면셔 ᄃᆞᆯ을 ᄯᅴ고 도라오니 / 아마도 江湖至樂은 이ᄲᅮᆫ인가 ᄒᆞ노라"(『병와가곡집』 #911).

24 인용문에 생략한 쿠퍼 시의 원문은 다음과 같다.
"Weary of the ceaseless clamour, / Of the false smile and the glamour / Of the place they call the world; / Like the sailor home returning, / For the wave no longer yearning, / I my sail of life have furled. // Deep within this mountain fastness, / Minified by nature's vastness, / Hermit-wise a lodge I'll build. / Clouds shall form the frescoed ceiling, / Heaven's blue depths but half revealing; / Sunbeam raftered, starlight filled. // In this lakelet deep I'll fetter / Yon fair moon. Oh, who could better / Nature's self incarcerate? / Though, for ransom, worlds be offered, / I will scorn the riches proffered, / Keep her still and laugh at fate. // And when Autumn's hand shall scatter, / Leaves upon my floor, what matter, / Since I have the wind for broom? / Cleaning house mere play I'll reckon. / Only to the storm-sprites beckon. / With their floods they'll cleanse each room."

3. 제임스 게일과의 지상(誌上) 논쟁

제임스 S. 게일(1863~1937)

한국문학에 대한 헐버트의 이 같은 견해는 게일의 한국문학관과는 판연하게 대립되는 것이었다. 게일은 한국의 문헌에 대한 연구를 진행해 갈수록 한국문학이 중국적 소재와 인물로 가득 차 있으며, 그렇듯 중국의 전범을 잘 간직하고 있다는 부면에서 오히려 한국문학의 특장이 발견될 수 있다는 시각을 굳히게 된다. 1900년에 개설된 영국 왕립 아시아학회 한국지부(the Royal Asiatic Society Korea Branch)가 이해 10월 개최한 정례 발표회에서 게일은 「한국에 끼친 중국의 영향(The Influence of China upon Korea)」이라는 논문을 발표하면서 그 같은 견해를 극명하게 드러내는데,[25] 이 논문은 지부 학술지 창간호에 권두 논문으로 실릴 정도로 그 비중을 인정받는다. 제목에서도 간취되듯이, 게일의 논문은 한국의 문화가 모든 측면에서 중국의 영향을 받아 형성되었다는 골자를 지니고 있었다.

흥미로운 사실은 헐버트가 이 글에 대한 반박 논문을 같은 학회지에 곧바로 발표하면서 왕립 아시아학회 한국지부의 창립 벽두부터 한국문화를 바라보는 올바른 시각이 무엇인지를 두고 두 회원 사이에 첨예한 논쟁이 벌어졌다는 점이다. 헐버트의 반박논문 「한국의 유풍(遺風)(Korean

25 James S. Gale, "The Influence of China upon Korea", *Transactions of the Korea Branch of the Royal Asiatic Society*, vol.1, Seoul : Royal Asiatic Society Korea Branch, 1900, pp.1~24. 게일의 이 글에 대한 검토는 본서의 4장 2절 참조.

Survivals)」은 게일의 논문 바로 뒤에 실려 전하기 때문에 당시 두 사람의 논쟁을 생생하게 되살려 볼 수 있다. 헐버트는 논문의 서두에서부터 게일의 견해에 대한 반대 입장을 분명히 밝힌다.

우리는 게일 목사가 "한국에 끼친 중국의 영향"이라는 주제로 행한 뛰어난 발표를 듣고서 짧은 시간이나마 큰 기쁨을 누릴 수 있었습니다. 중국의 영향이 존재하였다는 게일 목사의 주장을 반박하기 위해 [그가 제시한 자료들보다] 더욱 완벽한 반증을 모아 나열하는 것은 불가능하지는 않더라도 어려운 일이 될 것입니다. 하지만 게일 목사의 논문은 한국 사회에는 온통 중국적 사유에 의해 지배받는 것밖에는 없다는 인상을 남깁니다. 만일 그것이 사실이라 해도, 한국은 고유한 요소를 가지고 있다는 점을 인정해야 합니다. 한국은 1,200만이 넘는 인구가 2천년 이상 독특한 생활양식을 보존해 온 나라이기 때문입니다. 그런데도 이 한반도에 고유하고 독특한 한국적 요소가 없다고 한다면 그것이야말로 이상하게 들립니다. 만약 [게일 목사의 주장대로] 한국이 당나라 시대에 중국적 사유에 완전히 종속되었고 그러한 사정이 지금까지 계속되고 있다면, 1,500년이 지난 지금에는 자국의 유래와 유풍을 당당하게 지적하고 나서는 사람이 이 나라에는 아무도 없어야 할 것입니다.[26]

이어지는 부분에서 헐버트는 역사, 풍속, 사상, 언어, 문학 등 각종 분

26 Homer B. Hulbert, "Korean Survivals", *Transactions of the Korea Branch of the Royal Asiatic Society*, vol.1, Seoul : Royal Asiatic Society Korea Branch, 1900, p.25. 헐버트의 이 논문은 1900년 11월 29일에 열린 정례 모임에서 발표된 것이다. 헐버트는 왕립 아시아학회 한국 지부의 초대 명예이사와 서기이사(recording secretary)로 선출되어 활동하고 있었다 ("Minutes of General Meetings", Ibid., pp.72 · 74~75).

야에 걸쳐 게일의 논의에 배치되는 사례들을 열거한다. 그의 기본 전제는, 영국이 유럽대륙의 문화를 끊임없이 받아들이면서도 그것을 재래의 영국적 요소들과 결합시켜 고유한 문화를 산출해 내었듯이 한국도 중국의 문화적 영향력에 복속되기보다는 단지 중국의 문물을 차용 또는 참고해 온 데 지나지 않는다는 것이었다. 특히 문학에 관한 부분에서 헐버트의 이러한 관점은 매우 구체적으로 전개된다.

> 한국이 문학의 전범을 중국으로부터 차용해 왔다는 점을 저는 시인합니다. 하지만 서사시 · 교훈시(didactic) · 서정시이든, 송시(ode) · 소네트 · 엘러지 · 발라드이든 이들 시 형식 가운데 어느 것 하나 영국 제도(諸島)에서 창안된 것이 있습니까? 이는 단지 형식의 문제이지 본질의 문제는 아닌 것입니다. (…중략…) 한국인들이 2천년 이상 중국의 종주권을 인정해 왔다는 사실을 저는 시인합니다. 그것은, 영국인들이 수세기 동안 교황청에 베드로헌금【Peter's pence. 앵글로 색슨족이 9세기 이래 교황청의 재정을 보조하기 위해 납부해 오던 헌금】을 납부해 왔으면서도 그러한 복종이 단지 형식적이었던 사정과 같습니다. 한국이 중국문학의 명성에 압도당했던 것 역시 영국이 교황제(教皇制)에 위압을 느꼈던 것과 비교할 수 있습니다. 하지만 영국인들이 교황 개인의 인격보다는 교황의 권위에 대한 추상적인 존경심에 의해서 교황제에 경도되었던 것과 마찬가지로, 한국인들 또한 중국을 정치적 지배자로서보다는 지적 문명을 전해주는 고마운 원천으로 인식하여 관계를 맺어 왔던 것입니다.[27]

27 Ibid., p.41.

> 중국으로부터 이야기(story)가 차용되면, 어떠한 것이든 한국의 토착적 소재(source)와 속담(proverb)이라는 두 가지 요소와 경쟁을 벌이게 되는데, 이들 두 가지는 놀라울 만큼 한국적인 것들입니다. 이야기가 차용되더라도 그것은 이내 한국적인 것으로 바뀌어 버립니다. 마치 저 위대한 영국 시인【셰익스피어】이 자신의 비역사극(非歷史劇)의 플롯을 대부분 유럽대륙의 원형에서 차용해 왔던 것과도 같습니다. 한국에서와 같이 읽고 쓰는 것을 배우는 일이 복잡한 나라에서는 민간전승(folk-lore)이 사람들에게 큰 영향을 끼칩니다. 한국의 민간전승이 피상적인 규준 이외에는 중국의 것과 닮은 구석이 없다는 점은 중국문학이 한국인을 그다지 사로잡지 못했다는 사실을 보여주는 것입니다.[28]

헐버트는 우선 한국인이 규준으로 삼아 왔던 문학의 전범이 모두 중국에 기원을 두고 있다는 게일의 논의를 인정한다. 게일은 특히 한문학의 사례를 중심으로 논평하면서 한국이 어떠한 독자적인 문학 양식도 만들어 내지 못하고 모두 중국 재래의 양식을 가져와 답습하는 수준에 머물렀다고 주장하였는데, 이에 대해 헐버트는 영문학의 경우에도 영시의 제형식은 모두 유럽대륙에서 기원한 것이라는 논리를 들어 문학 형식만을 가지고 특정 국가의 문학 전반을 가늠할 수는 없다고 반박한다. 또한 한국인이 중국문학에 위압되었던 이유는 한국이 중국에 정치적으로 복속되었거나 강압적인 문화 이식 과정이 존재했기 때문이 아니라, 중국문학의 높은 성취 수준을 인정한 한국인들이 그 지적 자산을

28 Ibid., p.45.

(좌) 헐버트가 출간한 한국설화 영역집 『마법사 엄지(*Omjee the Wizard*)』(1925) 표지
(우) 영역집에 수록된 구토지설(龜兎之說)의 삽화

자신들의 문학에도 활용해 보고자 한 욕구가 있었기 때문이라고 주장하였다. 그것은 곧 자발적인 문화 수용 현상에 다름 아니라는 논지이다.

첫 번째 인용이 단지 게일의 논리에 대한 반박의 성격을 띤다면, 두 번째 인용 부분에서는 논의의 층위를 아예 달리하여 한국문학의 독자성을 논증하고자 한 헐버트의 의도가 발견된다. 이 문맥에서 헐버트가 끌어 온 재료는 민간전승(folk-lore)이다. 게일이 한문학을 비롯한 상층계급의 문학을 위주로 한국문학이 중국에 종속되어 있었다는 점을 밝히려 했던 데 비해 헐버트는 그 정반대의 부면에서 한국의 민간전승이 중국의 것으로부터 뚜렷한 독자성을 유지하고 있다는 논리로 맞섰던 것이다. 헐버트의 견해에 따르면, 한문 위주의 문자 생활이 고착되어 읽고 쓰는 것을 배우는 일이 무척 어려웠던 한국에서는 민간전승이야말로 문학을 향유하고픈 사람들의 욕구를 충족시켜 주는 주요 방편이었고

문학 행위의 중심이기도 했다. 만일 게일의 주장대로 한국에 끼친 중국의 영향력이 그토록 전면적이고도 지속적이었다면 민간에 전승되어 내려오는 구비문학 자료들 역시도 뚜렷이 중국화되었어야 하지만 실상은 민담이나 속담 등 한국의 민간전승이 고유의 원형을 그대로 간직하고 있다는 것이다. 결국 헐버트는 식자층에서 주로 향유된 한문학보다는 한글이나 구비전승을 바탕으로 영위되었던 하층계급의 문학을 한국문학의 본체로 보고자 하였음을 알 수 있다.[29]

이처럼, 당대 서구인들 사이에서 한국문화에 대한 연구를 이끌고 있었던 두 사람의 대립은 이후에도 지속된다. 특히 게일은 헐버트의 위 반박 논문을 또 다시 공박하는 성격의 토론문을 같은 학회지 같은 호에 연속하여 실음으로써 자신의 입장을 수정할 의사가 전혀 없음을 분명히 하였기 때문에,[30] 그들의 논쟁은 언제든 다시 불거질 여지가 있었으며, 실제로 얼마 지나지 않아 그 같은 지상(誌上) 논쟁은 반복된다. 그 직접적인 단초는 중국 상하이[上海]에서 발행되던 유력 영문 주간지 『북화첩보(北華捷報, *The North China Herald*)』 1902년 6월 11일자에 게일이 「한국의 문학(Corean Literature)」이라는 에세이를 발표하면서 마련된다.[31] 이 글에서 게일은 한국은 소설이 성장할 수 없는 문화를 지녔으며 그 주요한 이유는 소설을 역사나 시에 비해 지극히 천시했던 중국문학의 전범에 한국이 완전히 종속되어 있었기 때문이라는 논의를 펼쳤고 한

29 그가 한국 고유의 시 형식을 찾기 위해 시조 가창 현장을 직접 찾아다녔던 것도 바로 이와 같은 이유에서였을 것이다.

30 James S. Gale and Geroge H. Jones, "Korean Survivals : Discussion", *Transactions of the Korea Branch of the Royal Asiatic Society*, vol.1, Seoul : Royal Asiatic Society Korea Branch, 1900, pp.42～50.

31 Esson Third, "Corean Literature", *The North China Herald and Supreme Court and Consular Gazette,* 11 Jun. 1902.

국문학이 수백 년간 정체되어 있었다는 취지로 결론을 내린 바 있다.[32] 헐버트는 바로 다음 달에 이를 조목조목 반박하는 논문을 발표한다.

몇 주 전 상하이에서 발행되는 유명 간행물에 한국문학에 관한 논문이 실렸는데, 그 첫 문장이 "한국은 소설(novel)이 없는 나라이다"였고, 논문을 더 읽어가다 보면 지난 천년 동안 한국에는 정규적인 소설가(novelist)가 전혀 존재하지 않았다고도 하였다. 이러한 언술이 과연 정확한지를 따지는 것은 우리의 목적이 아니지만, 그 같은 지적은 한국인들에게 무척이나 불공평하게 느껴질 수 있는 오해를 유발할 만하다. 이를 수정하지 않는다면 한국에는 소설의 기법(the art of fiction)이 알려져 있지 않았다는, 실상과는 거의 부합하지 않는 인상을 필연적으로 전달하게 될 것이다.

소설의 창작을 필생의 직업으로 삼고 또 그 위에 자신의 문학적 평가의 기초를 둔 사람만을 소설가라고 지칭한다면, 한국에는 위대한 소설가가 없다고 말하는 것이 옳다. 그러나 만약 중요한 문학 생활을 하는 가운데에서 훌륭한 소설의 창작으로 전향한 사람들도 소설가라고 지칭한다면 한국에는 소설가의 수가 엄청나게도 많다. 만약 '소설(novel)'이라는 어휘를 극히 세분화된 분야에서 발전된 창작물에만 국한시켜서 최소한 몇 페이지 이상의 것들만을 뜻하도록 규정한다면 한국에는 소설이 많지 않다. 그러나 예컨대 디킨스(Charles Dickens)의 「크리스마스 캐럴(Christmas Carol)」을 소설(novel)이라고 부를 수 있다면 한국에는 수천 권의 소설이 있다고 말할 수 있다. (…중략…)

한문으로 쓰인 소설(novel) 이외에 한글로 된 소설(fiction)도 또한 많이 있

32 게일의 이 글에 대한 구체적인 검토는 본서의 4장 2절 참조.

다. 겉으로 보기에는 한글 소설이 전 인구의 소수를 이루고 있는 식자층으로부터 폄하를 받는 듯이 보이지만 실제로 그러한 소설의 내용을 완전히 외면하는 사람은 식자층 중에서도 극소수이다. 한글 소설은 전국의 모든 서점에서 판매되고 있으며, 서울에서만도 한문소설이나 순한글 소설을 수백 권씩 갖추고 있는 대출도서관(circulating libraries)이 최소 일곱 군데가 있다.[33]

헐버트는 게일의 주장을 논파하기 위해 '소설(novel)'과 '소설가(novelist)'라는 서구적 개념에 대한 재검토를 실시한다. 그는 우선 '소설가'를 직업적 작가를 지칭하는 의미로만 국한하여 사용하는 것이 옳지 않다는 전제를 세운다. 또한 19세기 후반 저널리즘의 발달에 부응하여 서구문학계에 새로운 소설의 형태로 떠오른 단편소설(short story)의 존재를 상기시키면서, 한국에도 그 이상의 길이와 플롯을 지닌 저작은 최치원(崔致遠, 857~?)의 『계원필경(桂苑筆耕)』에 소재한 서사적 이야기로부터 조선시대의 『홍길동전(洪吉童傳)』·『임경업전(林慶業傳)』·『창선감의록(彰善感義錄)』·『구운몽(九雲夢)』 등에 이르기까지 수없이 발견될 수 있다고 보았다.[34] 헐버트는 당시 한국에서 소설이 대중적인 인기를 누리고 있던 점에 대해서도 설명을 덧붙이는데, 특히 한성의 세책가(貰冊家)들이 수백 권의 소설을 쌓아놓고 성업 중이었던 사정을 지

1901년 필사된 세책본(貰冊本) 『홍길동전』
(일본 동양문고본(東洋文庫本))

33 Homer B. Hulbert, "Korean Fiction", *The Korea Review*, vol.2, Seoul : Methodist Publishing House, Jul. 1902, pp.289~291.

34 Ibid., p.291.

적함으로써 한국에는 소설이 없다는 게일의 주장을 직접 반박하고 나선다. 구체적인 작품이나 작가 고증에 있어서는 몇 군데 오류가 발견되기는 하지만,[35] 이 글을 쓰기 위해 헐버트가 한국소설의 서지와 유통 과정에 대해 상당한 조사 과정을 거쳤다는 사실을 짐작게 하는 대목이다.

한국의 소설이 서구에 비견될 만큼 발달되어 있었다는 헐버트의 이 같은 논지는, 한국문학의 위상을 서구인들에게 각인하는 데 매우 중요한 발판이 될 만한 것이었다. 소설 장르는 흔히 근대사회의 산물로 인식되었기 때문에 특정 지역의 문학에 소설이 존재하느냐의 여부는 그 지역 문학의 발달 정도를 가늠케 하는 주요 지표로서 받아들여지곤 하였기 때문이다. 메이지시대(明治時代) 일본 고쿠가쿠샤[國學者]들이 모노가타리[物語] 작품군을 완연히 서구의 소설에 대당하는 장르로 규정한 후 특히 11세기에 창작된 『겐지모노가타리[源氏物語]』를 '*The Tale of Genji*'라는 제목으로 영역하여 이를 세계 최초의 소설로 홍보하였던 것도 일본문학이 일찍부터 매우 높은 수준에 도달해 있었다는 인상을 전달하기 위해서였다.[36] 한국소설의 전통이 신라시대부터 면면히 이어져 내려온다는 헐버트의 주장 역시 그 의도야 어찌되었든 이들 메이지

---

35 헐버트가 이 글에서 열거한 소설 작품의 제목이나 작가 가운데에는 의문시되는 부분이 여럿 발견된다. 예컨대 최치원이 지었다는 『곤륜산기(崑崙山記, *Kon-yun-san-keui*)』나 김부식(金富軾, 1075~1151)이 지었다는 『북장성(北長城, *Puk-chang-sung*)』은 어떤 작품인지 알 수 없고, 『홍길동전』의 작자 허균(許筠, 1569~1618)을 승려(monk)로 적어놓은 이유도 명확하지 않다.

36 하루오 시라네, 「창조된 고전－일본문학의 정전 형성과 근대 그리고 젠더」, 하루오 시라네 · 스즈키 토미 편, 왕숙영 역, 『창조된 고전－일본문학의 정전 형성과 근대 그리고 젠더』, 소명출판, 2002, 28~29면. 아울러 루쉰(魯迅, 1881~1936)이 중국 전래의 전기(傳奇)까지도 모두 '소설'로 포괄하여 『중국소설사략(中國小說史略)』(1924)을 저술하였던 것도 일정 정도는 중국문학사에 소설의 연원이 매우 오래 되었다는 사실을 보여주기 위한 목적 때문으로 해석될 수 있을 것이다.

지식인들의 논리와 매우 유사한 측면이 있다.

> 한국에는 인쇄문화보다 선행하는 구전문화(口傳文化)가 강하게 남아 있다. 만약 부유한 사대부(gentlemen)가 소설(novel)을 '읽고' 싶지만 책방에 가지 못하거나 책을 구할 수 없을 경우에는 '광대(Kwang-dă)', 즉 직업적인 이야기꾼을 불러들인다. 그는 수행원과 북을 동반하여 와서 소설을 암송하는데, 보통은 하루 종일, 때때로 이틀이 걸리는 경우도 있다. 이것이 소설이 아니고 무엇인가? 이러한 연행 방식과 소설 사이에 어떤 근본적인 차이라도 존재한단 말인가? 실상 이러한 연행 문화는 단지 예술 작품으로서만 존재하는 우리의 소설보다 훨씬 우수하다. 소설을 읽기만 할 때에는 전혀 만끽할 수 없는 연극적 요소를 광대는 숙련된 몸짓과 억양으로써 보충해 주는 것이다. 한국에서는 이와 같은 연행 방식이 연극의 자리를 대신한다. 이상스럽게 여겨질지 모르지만, 일본과 중국에서 극예술을 발전시켜 온 것과 달리 한국에서는 극에 대해 별다른 흥미를 느끼지 않았기 때문이다.[37]

한편 헐버트는 같은 논문의 뒷부분에 한국에서만 발견할 수 있는 소설 향유 방식에 대해 언급하면서 여기에 한국의 극에 관한 논평도 덧붙인다. 헐버트가 주목한 '소설의 구연자'란 전후 설명으로 미루어 보아 판소리 광대(廣大)인 것이 분명하다. 오늘날의 관점에서 엄밀히 말한다면, 문자화된 소설 텍스트를 구연하는 직업군으로는 판소리 광대보다는 전기수(傳奇叟)를 지적하는 것이 보다 적확하지만, 판소리 사설과 판소리계 소설의 차이

37 Hulbert, "Korean Fiction", p.292.

명창 모흥갑(牟興甲, ?~?)의 판소리 연행 장면
(작자 미상 「평양도(平壤圖)」 부분, 서울대 박물관 소장)

를 아직 명확하게 파악하지 못했던 헐버트의 입장에서는 판소리 광대가 마치 소설 텍스트를 모두 암송하면서 연극적 요소까지 가미하는 것처럼 생각하였던 듯하다.

어찌 되었든 읽는 방식은 물론 듣고 보는 방식으로도 향유되는 한국의 소설에 헐버트는 무척 흥미를 느꼈을 뿐 아니라, 이를 서구보다도 더욱 발달된 향유 방식이라며 매우 적극적인 평가를 내리기도 하였다. 아울러 그는 이러한 소설 구연자가 극에 대한 한국인들의 욕구를 충족시켜 준다고 함으로써 한국에 극이 없다는 점을 들어 한국문학의 발달 상태가 서구는 물론, 중국과 일본에 비해서도 크게 뒤처져 있다고 했던 종래 서구인들의 인식을 무마하고자 하였다. 뚜렷한 극 양식이 상대적으로 발달되지 못한 것은 사실이지만, 본래 한국인들은 극에 그다지 흥미를 느끼지 않았을 뿐 아니라 대신 소설의 구연이라는 뛰어난 한국적 극문학을 잘 활용하고 있었다는 논리이다.

이처럼 한국의 가창 텍스트에 대한 관심에서 촉발된 헐버트의 한국문학 연구는 소설에 대한 관찰로 이어지고, 극에 대한 논평으로 귀결되는 양상을 보인다. 이로써 그는 서구문학의 삼분 장르 구도, 즉 시・소설・극이라는 서구문학의 장르가 한국문학에 빠짐없이 존재하며, 그 수준 또한 서구의 것에 필적하거나 때로 그것을 넘어서기도 한다는 논의의 발판을 모두 마련하게 되었던 것이다.

4. 헐버트의 한국시가론이 지니는 양면성

이상에서 살핀 바와 같이, 한국문학에 대한 헐버트의 시각은 여러 측면에서 게일과 대비되기 때문에, 게일과의 관계를 고려하면서 살필 때에만 헐버트의 견해 역시 그 배경과 의미가 보다 분명하게 드러날 수 있다. 우선 헐버트는 한국문학의 본질적 영역을 좁게 설정하였다. 한문 저작을 위주로 연구했던 게일과는 달리 헐버트는 한문 문헌들에 대해 일단 부정적인 견해를 지니고 있었는데, 한문 문헌의 성취도를 높게 평가하지 않았다기보다는 문헌의 성취도는 물론 그 존재 자체에 관해서조차 별반 관심을 두지 않았다고 표현하는 편이 실상에 보다 가까울 것이다. 그 이유에 대해 헐버트의 한문 해독력이 게일에 비해 크게 뒤떨어졌기 때문이라거나,[38] 한문의 무용함과 한글 문헌의 우수성을 강조하고자 했던 헐버트의 의도가 작용한 결과 때문이라는[39] 등 의견이 엇갈리기는 하지만, 헐버트의 저술에 『동국통감(東國通鑑)』·『문헌비고(文獻備考)』와 같은 한적의 구절이 적지 않게 인용될 뿐 아니라 그가 이두(吏讀)에 관한 첫 학술 에세이까지 발표한 것을 보면,[40] 단지 한문 해독력의 부족 때문이

38 Rutt, "A Biography of James Scarth Gale", p.84.

39 Weems, op. cit., p.26.

40 Homer B. Hulbert, "The Itu", *The Korean Repository*, vol.5, Seoul : Trilingual Press, Feb. 1898, pp.47~54. 헐버트는 이 글에서 한국인들이 한자의 음과 뜻을 적절히 조합하여 이두 표기 체계를 개발함으로써 일찍부터 고유어 어미를 기록하게 되었다는 점을 지적한다. 고유문자가 없던 시대에도 한국인들이 중국 문자를 주체적으로 활용하여 슬기롭게 문자 생활을 영위하였다는 점에 주목하였던 것이다. 반면, 게일은 한국의 고유문자인 한글조차 중국의 성리학적 체계에 고착되어 있다는 견해를 내세운다. 게일은 후일 『훈민정음(訓民正音)』(1446)을 분석하면서 훈민정음의 제자 원리가 중국적 사유에 시종하고 있다는 점을 반복적으로 강조하였다(James S. Gale, "The Korean Alphabet", *Transactions of the Korea Branch of the Royal Asiatic Society*, vol.4, part I, Seoul : Royal Asiatic Society Korea

라고 보기에는 무리가 있을 듯하다. 헐버트는 한글로 쓰이거나 향유되는 작품들만을 온전한 의미의 한국문학으로 보았으며, 한글 작품이 위주가 되는 한국문학의 구도를 구성하기 위해 게일과의 의견 대립도 불사하였던 것이다.

'소설(novel, fiction)'이라 불릴 수 있을 만한 한문 산문 몇 편을 거론한 것은 그 가운데 예외적이라 할 수 있겠으나, 한시에 대해서 헐버트는 거의 관심을 두지 않았고, 오히려 구비설화나 한글 소설, 판소리, 그리고 연행 현장에서 직접 채록할 수 있는 시가 작품을 바탕으로 한국문학의 특질을 논의하였다.[41] 때문에 헐버트의 연구 방법은 필드워크(fieldwork)에 크게 의존할 수밖에 없었다. 게일이 문헌 해독과 번역에 집중했던 반면, 헐버트는 현장을 직접 찾아 나서서 작품을 발굴해 내고 해당 작품군의 연행 양상과 향유 방식까지도 관심 있게 관찰 · 분석하였던 것이다. 조사 결과물에 부정확하거나 근거를 알 수 없는 내용들이 종종 포함되어 있기는 하나, 이러한 그의 연구 방법론은 한국문학의 현장성을 포착하는 데 매우 유효한 측면이 있었다. 물론 헐버트가 행했던 필드워크는 또 한편으로 한국문학의 자료적 편재(偏在)를 극복해 보기 위한 일종의 고식적 선택이기도 했다. 한문 문헌이 압도적이었던 상황에서 부족한 한글 문헌과 구비 자료를 어떻게든 발굴해 내는 작업이 무엇보다도 필요했던 것이다.

Branch, 1912, pp.13~61). 이렇듯 한국어의 표기 체계에 대한 학술 연구에서조차 두 사람의 입장 차는 판연히 드러난다.

41 그러한 헐버트의 연구 방법이 한국의 구비문학에 적용된 사례로서 「한국의 민간설화(Korean Folk-tales)」는 또 하나의 중요한 논문이라 할 만하다(Homer B. Hulbert, "Korean Folk-tales", *Transactions of the Korea Branch of the Royal Asiatic Society*, vol.2, part II, Seoul : Royal Asiatic Society Korea Branch, 1902, pp.45~79).

이러한 난점이 겹치면서 당시 헐버트의 연구는 한 단계 진전된 수준으로 나아가기가 어려웠다. 그가 모아 분석한 한글 작품들 대부분은 작자와 창작 연대가 뚜렷하지 않거나 구비적 성격이 강한 것들이었기 때문에 이들을 체계화하여 역사적 맥락을 드러내기에는 본연적인 한계가 있었다. 몇 편 밝혀져 있지 않았던 한글 자료만을 가지고 한국문학의 전체상을 보여주기는 무리였던 것이다. 한국문학에 대한 그의 서술이 대개 계기적이고 단편적인 단계에 머물렀던 것도 이 때문으로 보인다.

헐버트의 연구에서 또 한 가지 주목되는 사항은, 그가 한국문학을 중국, 일본은 물론 서구의 문학에도 못지 않는다고 강조하였던 점이다. 당시로서는 엄연히 가창 텍스트로 존재했던 시조를 한국시가의 주요 부분으로 포섭했던 것이나 국문소설을 서구적 개념의 소설에 부합하는 것으로 보았던 점, 판소리를 극의 대용물로 부각하였던 점, 한국의 세책가를 서구의 저널리즘에 대응될 수 있는 시스템으로 논의한 점 등은 모두 그와 같은 시각 속에서 이루어진 작업이었다. 특히 시의 경우, 헐버트는 작품 본연의 형식과 의미를 살려 소개하기보다는 행간의 내용을 보충하고 서사적 맥락을 상술하는 의역 형태를 선택함으로써 한국시가를 마치 영시와 같은 모습으로 만들어 보였다. 한국문학이 중국문학의 전범을 그대로 따르고 있었다는 점을 게일이 증명하려 했다면, 헐버트는 한국문학이 영문학을 비롯한 서구의 문학과 본질적으로 다를 바 없다는 인상을 전달하고자 하였던 것이다. 이러한 그의 의도는 엄밀한 연구자적 시각에서 일탈되어 감성적·주관적 논의 구도로 귀결될 개연성을 애초부터 지니고 있었을 뿐만 아니라, 한국문학에 대한 헐버트의 그 같은 우호적 태도가 당시 서구인들에게 한국문학을 소개하는 데 과연 긍정적인 효과만을 산출하였는지에 대해서도 확신하기 어렵다.

헐버트의 논의가 서구 사회에 널리 알려지게 되었던 첫 계기는 이저벨라 B. 비숍(Isabella Bird Bishop, 1832~1904)에 의해 마련된다. 『한국휘보』에 헐버트가 한창 한국의 시와 가악에 대한 글을 발표하고 있을 무렵인 1896년에 한국을 여행하였던 비숍은 헐버트를 만나 그의 글을 선사받게 되는데, 이때 접한 헐버트의 논의는 『한국과 그 이웃나라들(*Korea and Her Neighbors*)』(1897)에 그 골자가 그대로 수록된다. 한국어를 할 줄 몰랐던 비숍은 헐버트의 시조 번역을 전재하여 한국시가의 형태를 예시하는가 하면, 영국인이 한국시가를 이해하기 위해서는 『한국휘보』에 실린 글들을 참고하는 것이 좋다고 조언한다.[42] 특히 비숍은 헐버트가 의역의 방식으로 옮겨 놓은 구절을 들어 엘리자베스시대 영국 시인의 작품에 못지않은 감수성을 지니고 있다며 감탄하기도 하였는데,[43] 한국시가에 대한 이 같은 인상은 헐버트의 글을 읽는 영미 독자들이라면 누구나 가질 수 있을 만한 것이었다. 헐버트는 한국문학이 서구의 문학과 같은 것으로 인식되기를 원했고 그러한 방향으로 글을 써 내려갔기 때문이다. 『한국과 그 이웃나라들』이 발간 하루 만에 런던 서점가에서 2천 부가 팔려나갈 정도로 대단한 인기를 끌었고 미국에서도 역시 그에 상당하는 판매고를 기록했던 사실을 감안할 때,[44] 한국의 이미지가 서구인들 사이에 조성되는 데 이 책이 끼친 영향이 각별했음을 알 수 있거니와, 그 내용

---

42 Isabella B. Bishop, *Korea and Her Neighbors*, New York : Fleming H. Revell Company, 1897, p.168.

43 Ibid.

44 Anna M. Stoddart, *The Life of Isabella Bird*, London : John Murray, 1906, p.342. 저자는 당시 이 책이 그처럼 인기 있었던 이유가 청일전쟁(淸日戰爭, 1894~1895)을 전후하여 동아시아 지역에 대한 서구인들의 관심이 크게 높아졌기 때문이라고 분석하였다(Ibid., p.343).

이저벨라 B. 비숍

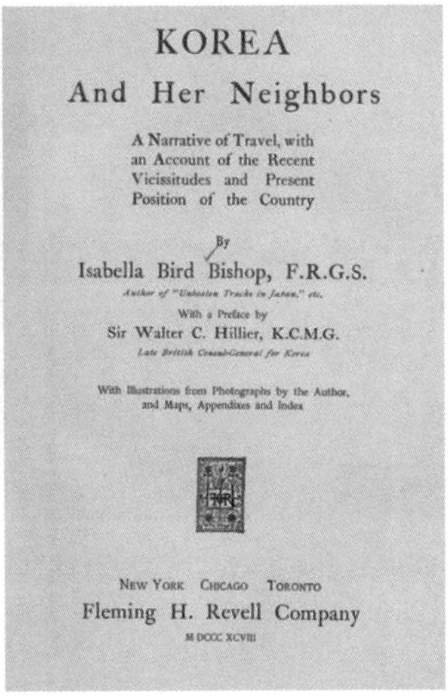

KOREA
And Her Neighbors
A Narrative of Travel, with an Account of the Recent Vicissitudes and Present Position of the Country
By
Isabella Bird Bishop, F.R.G.S.
With a Preface by
Sir Walter C. Hillier, K.C.M.G.
With Illustrations from Photographs by the Author, and Maps, Appendixes and Index
NEW YORK CHICAGO TORONTO
Fleming H. Revell Company
M DCCC XCVIII

『한국과 그 이웃나라들(*Korea and Her Neighbors*)』(1897) 표지

중에 한국의 시와 노래 관련 부분은 거개가 헐버트의 의역 형태로 서구인들에게 소개되었던 것이다.[45]

그러나 헐버트의 서술을 따라가다 보면 한국시가의 특징은 오히려 사장되는 결과로 이어진다. 헐버트의 논리 속에서 한국시가는 소재만 한국의 것으로 바뀐 영시의 등가물이었다. 이미지즘(Imagism)이 영미 문단을 풍미하던 20세기 초반 서구 문인들이 한시와 하이쿠[俳句]에 그토록 관심을 보였던 이유가 이들 단형의 동아시아 시가에 내재된 비약, 함축, 집중화된 이미지 때문이었다는 점을 상기해 보면, 헐버트에 의해 '영시화'

45 더불어 헐버트 자신도 한국문학에 관해 그간 발표했던 글들을 일부 개고하여 1906년에 뉴욕과 런던에서 간행한 『대한제국멸망사(*The Passing of Korea*)』에 수록한다. 이 책의 제21~25장에 한국의 유물, 한국어, 한국문학, 한국의 음악과 시, 한국예술에 관한 글들이 실려 있다(Homer B. Hulbert, *The Passing of Korea*, New York : Doubleday, 1906, pp.281~334). 물론, 한국문화의 특유한 성격을 밝히려 했던 헐버트의 이 같은 노력이 당대 서구인들 사이에 주목할 만한 반향을 일으켰다고 판단하기는 어려우며, 한국문화가 중국의 영향권 아래 종속되어 있었다는 서구인들의 종래 인식을 바꾸는 데에도 뚜렷한 성과를 거두지는 못한 것으로 보인다.

(좌)1949년, 40여 년 만에 한국을 다시 방문한 만년의 헐버트, (우) 헐버트의 묘지(서울시 양화진 소재)

된 채 서사적 스토리를 지닌 모습으로 소개된 한국시가는 비록 서구인들에게 그 존재가 알려진다 해도 그들의 관심권에 들기는 어려운 것이었다. 삼장 구조의 시조를 한국시가의 대표적 양식으로 규정한 점은 선구적이라 할 만하지만 헐버트는 시조 양식을 있는 그대로 되살려 보려고는 하지 않았고, 그 결과는 오히려 부정적이었다. 결국 한국문학을 서구에 소개하고자 했던 헐버트의 의도는 방법론적 측면에서 공과를 동시에 지니고 있었던 셈이다.

그럼에도 불구하고 헐버트의 논의는 한국문학에 대한 학술적 연구가 본격화되기 이전인 19세기 말에 이미 상당한 수준의 자료 조사와 해석을 거쳐 이루어졌다는 점에서 의의가 적지 않다. 한국문학 연구의 기점을 흔히 1920, 30년대 국학자(國學者)들이나 경성제국대학(京城帝國大學) 법문학부(法文學部) 소속 일본인 학자들의 논저로부터 잡아 내려왔던 관행을 되짚어 보아야 하는 이유가 여기에 있다.

호머 헐버트의 〈아리랑〉론

1. 한국학자 호머 헐버트

이 글은 호머 B. 헐버트(Homer Bezaleel Hulbert, 흘법(訖法), 할보(轄甫), 1863～1949)가 〈아리랑〉에 관해 남긴 기록을 정교하게 분석하는 데 목적을 둔다.

헐버트는 100여 년 전의 격동기에 국내에서 활동했던 미국인 교육자이자 선교사로서 한국에 대단히 우호적인 태도를 보였던 서구인으로 널리 알려져 있다. 기존 연구들에서 주로 부각되었던 헐버트의 위상은 헤이그(Hague) 밀사 활동(1907)을 비롯한 정치적 행적이나 선교 및 교육 사업과 관계된 것이었으나, 근래 들어 한국문화, 특히 한국문학 및 가악(歌樂)에 관한 글들이 여럿 발굴・분석되기 시작하면서 한국학자(Koreanologist)로서의 그의 면면이 활발히 논의되고 있다.

실제로 헐버트가 섭렵했던 자료의 영역이나 그가 펼친 논의의 방식

호머 B. 헐버트(1863～1949)

등은 결코 아마추어적인 수준에 머물지 않았으며, 매우 중요한 시각과 논점을 포함하는 저술들 역시 적지 않다. 특히 이 글에서 중점을 두는 〈아리랑〉 관련 기록은 〈아리랑〉의 역사, 당대적 향유 양상, 선율, 어원, 특질 등에 이르기까지 다단한 고찰을 담고 있기에 더욱 주목된다.

이에, 아래에서는 우선 예비적 검토 단계로 한국문학, 특히 한국의 시가와 가악에 대한 헐버트의 견해를 여러 자료들로부터 정리하여 논의한 후, 이를 바탕으로 〈아리랑〉에 관해 그가 증언 또는 논평한 내역들을 분석적으로 검토해 나가고자 한다.[1] 이러한 시도는 종래 국악계의 연구로부터 크게 힘을 입은 것이면서 또 한편으로 국악계의 연구를 보완하는 성격도 띠게 되리라 기대한다.

2. 예비적 검토－헐버트의 한국시가관(韓國詩歌觀)

1886년 육영공원(育英公院)의 영어 교사 자격으로 한국에 온 헐버트가 한국의 어문학 분야에서 처음으로 두드러진 활동을 나타낸 것은 『한영

1 〈아리랑〉에 관한 헐버트의 글은 Homer B. Hulbert, "Korean Vocal Music", *The Korean Repository*, vol.3, Seoul : Trilingual Press, Feb. 1896, pp.49～52에 실려 전한다. 이 글은 김연갑에 의해 「가장 오래된 아리랑 樂譜 발견」, 『조선일보』, 1985.10.30, 7면에 처음 소개된 이래 여러 저술에서 인용되어 왔지만, 문면 전체를 상세히 분석하거나 헐버트의 다른 글과 연계 지어 검토하는 작업은 뚜렷이 이루어지지 못했던 것이 사실이다.

조뎐(韓英字典, *A Concise Dictionary of the Korean Language*)』(1890)을 편수하는 일에 참여한 행적으로부터 발견된다. 학습서의 성격을 띤 존 로스(John Ross, 나약한(羅約翰), 1842~1915)의 『한국어 입문(*Corean Primer*)』(1877)[2] 이래 본격적인 한영, 영한사전으로서는 최초의 것이라 할 만한 이 사전을 편수하는 과정에서 헐버트는 한국어 단어의 어의(語義)와 어감(語感)을 보다 깊이 있게 분석해 낼 수 있는 능력을 키워 나갔던 것으로 보인다.[3]

이처럼 미국에서 성장하고 수학하던 동안에는 접해 보지 못했던 한국어를 헐버트가 익숙히 구사하게 되기까지, 그리고 한국문화의 면모를 이런저런 기회를 통해 관찰하면서 그 본체를 어느 정도 파악하게 되기까지에는 수년의 시간이 필요했던 듯하다. 실제로 한국에 체류한 지 약 10년이 경과한 시점인 1890년대 중반부터 그는 한국의 문화와 역사, 생활 환경 등에 관한 글들을 차후 약 10년에 걸쳐 꾸준히 발표하는데, 이 무렵은 마침 한국에 체류하는 서구인들을 위한 영문 잡지 『한국휘보(*The Korean Repository*)』(1892.1~1892.12, 1895.1~1898.12)가 발간되던 시기였던 데다가, 뒤이어 헐버트가 직접 편집을 맡아 발행했던 『코리아 리뷰(*The Korea Review*)』(1901.1~1906.12)나 1900년에 설립된 영국 왕립 아시아학회 한국지부(the Royal Asiatic Society of Korean Branch, 1900~현재)의 학회지 『왕립 아시아학회 한국지부 회보(*Transactions of the Korea Branch of the Royal Asiatic Society*)』(1900~현재)도 나오고 있던 때여서 그가 평소 지니고 있던 소견을 발표하기가 용이한 상황이기도 했다.

2 John Ross, *Corean Primer*, Shanghai : American Presbyterian Mission Press, 1877.

3 헐버트의 생애는 Clarence N. Weems, "Editor's Profile of Hulbert", *Hulbert's History of Korea*, vol.1, Ed. Clarence N. Weems, London : Routledge & Kegan Paul, 1962, pp.ED23~ED62에 자세히 정리된 바 있다. 헐버트의 생애와 활동에 대해서는 이 글에서 많은 부분을 참고하였다.

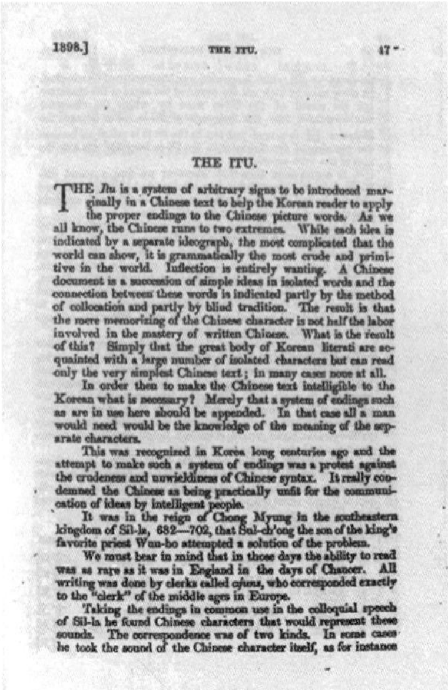

1898.] THE ITU. 47

THE ITU.

THE *Itu* is a system of arbitrary signs to be introduced marginally in a Chinese text to help the Korean reader to apply the proper endings to the Chinese picture words. As we all know, the Chinese runs to two extremes. While each idea is indicated by a separate ideograph, the most complicated that the world can show, it is grammatically the most crude and primitive in the world. Inflection is entirely wanting. A Chinese document is a succession of simple ideas in isolated words and the connection between these words is indicated partly by the method of collocation and partly by blind tradition. The result is that the mere memorizing of the Chinese character is not half the labor involved in the mastery of written Chinese. What is the result of this? Simply that the great body of Korean literati are acquainted with a large number of isolated characters but can read only the very simplest Chinese text; in many cases none at all.

In order then to make the Chinese text intelligible to the Korean what is necessary? Merely that a system of endings such as are in use here should be appended. In that case all a man would need would be the knowledge of the meaning of the separate characters.

This was recognized in Korea long centuries ago and the attempt to make such a system of endings was a protest against the crudeness and unwieldiness of Chinese syntax. It really condemned the Chinese as being practically unfit for the communication of ideas by intelligent people.

It was in the reign of Chong Myung in the southeastern kingdom of Sil-la, 682—702, that Sul-ch'ong the son of the king's favorite priest Wun-ho attempted a solution of the problem.

We must bear in mind that in those days the ability to read was as rare as it was in England in the days of Chaucer. All writing was done by clerks called *ajuns*, who corresponded exactly to the "clerk" of the middle ages in Europe.

Taking the endings in common use in the colloquial speech of Sil-la he found Chinese characters that would represent these sounds. The correspondence was of two kinds. In some cases he took the sound of the Chinese character itself, as for instance

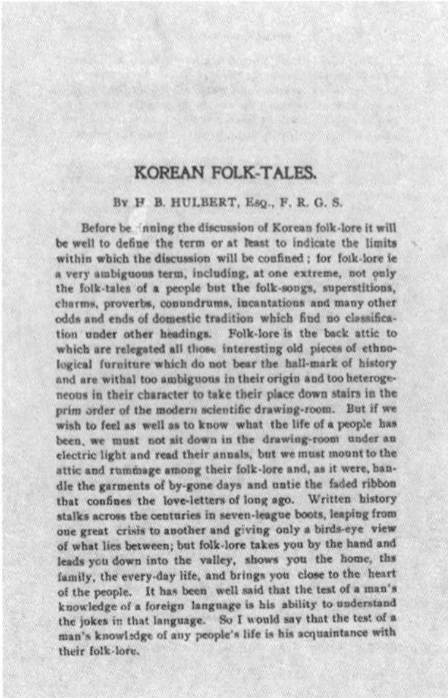

KOREAN FOLK-TALES.

By H. B. HULBERT, Esq., F. R. G. S.

Before beginning the discussion of Korean folk-lore it will be well to define the term or at least to indicate the limits within which the discussion will be confined; for folk-lore is a very ambiguous term, including, at one extreme, not only the folk-tales of a people but the folk-songs, superstitions, charms, proverbs, conundrums, incantations and many other odds and ends of domestic tradition which find no classification under other headings. Folk-lore is the back attic to which are relegated all those interesting old pieces of ethnological furniture which do not bear the hall-mark of history and are withal too ambiguous in their origin and too heterogeneous in their character to take their place down stairs in the prim order of the modern scientific drawing-room. But if we wish to feel as well as to know what the life of a people has been, we must not sit down in the drawing-room under an electric light and read their annals, but we must mount to the attic and rummage among their folk-lore and, as it were, handle the garments of by-gone days and untie the faded ribbon that confines the love-letters of long ago. Written history stalks across the centuries in seven-league boots, leaping from one great crisis to another and giving only a birds-eye view of what lies between; but folk-lore takes you by the hand and leads you down into the valley, shows you the home, the family, the every-day life, and brings you close to the heart of the people. It has been well said that the test of a man's knowledge of a foreign language is his ability to understand the jokes in that language. So I would say that the test of a man's knowledge of any people's life is his acquaintance with their folk-lore.

(좌) 「이두(The Itu)」(*The Korea Repository*, Feb. 1898)
(우) 「한국의 민간설화(Korean Folk-tales)」(*Transactions of the Korea Branch of the Royal Asiatic Society*, 1902)

이들 잡지에 수록된 헐버트의 저술 중에서 『코리아 리뷰』에 연재했던 한국사 관련 에세이들을 일단 논외로 하고,[4] 한국어, 한국문학 및 가악에 관한 글들, 통칭하여 한국문화에 대한 글들 가운데 중요한 것만을 가려 뽑아 보아도, 「한국의 성악(Korean Vocal Music)」(1896), 「한국의 시(Korean Poetry)」(1896), 「이두(吏讀, The Itu)」(1898), 「한국의 소설(Korean Fiction)」(1902), 「한국의 민간설화(Korean Folk-tales)」(1902) 등 수종을 헤아리며, 여기에 한국문화 전반에 대한 논평을 담은 「한국의 유풍(遺風)(Korean Survivals)」(1900) 같은 저술을 더하면 그 수는 더욱 늘어난다.

4 여기에 연재된 글들은 후일 '한국의 역사(The History of Korea)'라는 제목의 단행본으로 묶여 출간된다(Ed. Weems, op. cit.).

이 글들을 따로 모으면 '한국의 어문학(語文學)'이라는 정도의 표제를 붙인 한 편의 단행본으로 엮을 수 있을 만큼의 분량을 족히 넘어서는데, 실상 해당 에세이들 가운데 상당 부분은 헐버트가 헤이그 밀사 사건 이후 미국에 돌아가 펴낸 『대한제국멸망사(*The Passing of Korea*)』(1906)의 제21～25장에 개고된 형태로 수록되기도 하였다.[5] 논의의 주제나 방식, 수위는 제각각이지만, 위 에세이들에서 헐버트가 논급한 한국문학의 특징을 집약한다면 '고유성'과 '보편성'이라는 두 지표로 모아들일 수 있을 듯하다.

> 중국으로부터 이야기(story)가 차용되면, 어떠한 것이든 한국의 토착적 소재(source)와 속담(proverb)이라는 두 가지 요소와 경쟁을 벌이게 되는데, 이들 두 가지는 놀라울 만큼 한국적인 것들이다. 이야기가 차용되더라도 그것은 이내 한국적인 것으로 바뀌어 버린다. 마치 저 위대한 영국 시인이 자신의 비역사극(非歷史劇)의 플롯을 대부분 유럽대륙의 원형에서 차용해 왔던 것과도 같다. 한국에서와 같이 읽고 쓰는 것을 배우는 일이 복잡한 나라에서는 민간전승(folk-lore)이 사람들에게 큰 영향을 끼친다. 한국의 민간전승이 피상적인 규준 이외에는 중국의 것과 닮은 구석이 없다는 점은 중국문학이 한국인을 그다지 사로잡지 못했다는 사실을 보여주는 것이다.[6]

소설의 창작을 필생의 직업으로 삼고 또 그 위에 자신의 문학적 평가의

5 Homer B. Hulbert, *The Passing of Korea*, New York : Doubleday, 1906, pp.288～334.

6 Homer B. Hulbert, "Korean Survivals", *Transactions of the Korea Branch of the Royal Asiatic Society*, vol.1, Seoul : Royal Asiatic Society Korea Branch, 1900, p.25.

기초를 둔 사람만을 소설가라고 지칭한다면, 한국에는 위대한 소설가가 없다고 말하는 것이 옳다. 그러나 만약 중요한 문학 생활을 하는 가운데에서 훌륭한 소설의 창작으로 전향한 사람들도 소설가라고 지칭한다면 한국에는 소설가의 수가 엄청나게도 많다. 만약 '소설(novel)'이라는 어휘를 극히 세분화된 분야에서 발전된 창작물에만 국한시켜서 최소한 몇 페이지 이상의 것들만을 뜻하도록 규정한다면 한국에는 소설이 많지 않다. 그러나 예컨대 디킨스(Charles Dickens)의 「크리스마스 캐럴(Christmas Carol)」을 소설(novel)이라고 부를 수 있다면 한국에는 수천 권의 소설이 있다고 말할 수 있다.[7]

앞의 글은 한국의 문학 자산, 특히 민간전승이 중국의 자장권으로부터 빗겨나 있다는 점을 밝히면서 한국문학의 고유성을 논증하는 내용이고, 뒤의 글은 한국문학이 서구의 '소설(novel, fiction)'에 상응하는 서사 장르를 일찍부터 발달시켜 왔을 뿐만 아니라 시, 소설, 극으로 삼분된 '보편적' 장르 체계를 갖추고 있기까지 하다는 점을 강조하는 문맥의 일부이다.

이전까지 한국문학에 대한 서구인들의 기록은 대개 부정적인 측면으로 경사되어 있었다.[8] 한국만의 독자적 문학이란 발견되지 않는다거나 거개가 중국문학의 잔영 또는 모방이라는 정도의 폄하적(貶下的) 시선이 앞세워진 것을 여러 글들에서 확인할 수 있다. 특히 한국문학에 관하여 당대 서구인들 중 가장 많은 저작을 발표했던 제임스 S. 게일(James Scarth Gale, 기일(奇一), 1863~1937)조차도 1900년 무렵부터는 대부분

7 Homer B. Hulbert, "Korean Fiction", *The Korea Review*, vol.2, Seoul : Methodist Publishing House, Jul. 1902, pp.289~290.

8 본서의 2장 참조.

한국의 한문학(漢文學) 자산을 중심으로 검토를 수행하면서 한문학 작품 가운데 중국적 특질이 내재되어 있는 부면을 오히려 한국문학의 특장으로 논의하기도 하였다. 때문에 헐버트의 위와 같은 한국문학관은 동시기 서구인들의 시각 가운데에는 거의 유일하게 한국문학의 고유성이나 보편성을 지적한 사례로 평가된다.

물론, 헐버트가 한국문학을 이처럼 우호적 견지에서 평가하였던 기반은 그가 다루었던 자료의 특성과도 깊이 연계되어 있다. 가령 게일이 사대부들의 양식인 한시나 한문단편, 한문소설 등 문헌 자료를 바탕으로 한국문학을 논의한 결과 한국이 중국의 영향권에 깊숙이 종속되어 있었다는 결론에 도달하였던 반면, 헐버트가 관심을 가지고 접근했던 자료는 당시 시정(市井)에서 흔히 들을 수 있었던 시조(時調), 잡가(雜歌), 민요(民謠) 등의 가창 텍스트였고, 한성(漢城)의 '대출도서관(circulating libraries)', 즉 세책가(貰冊家)가 유통시키던 다수의 한글 소설이었으며, 주변의 여느 한국인들로부터도 쉽게 채록할 수 있었던 전설과 민담 등 설화 자료였다. 요컨대, 헐버트는 구비적 성격이 강한 자료들을 다루는 과정에서 구비문학의 두 가지 주요 특징인 민중성과 고유성을 자연스레 포착해낼 수 있었으며, 나아가 그 같은 한국적 자질들이 서구는 물론 세계 어느 곳에서도 폭넓게 발견·공유될 수 있다는 보편성으로까지 논의를 확장하였던 것이다.

헐버트의 글 가운데 비교적 앞 시기의 것에 해당하는 「한국의 성악」과 「한국의 시」 역시 구비 자료와 필드워크 위주의 검토 방식이 뚜렷이 적용된 사례이다. 우리의 옛 율문 양식을 초창기 국문학 연구에서부터 흔히 '시가(詩歌)' 또는 '가시(歌詩)', 즉 '시'와 '가'의 복합적 형태로 규정했던 것과 마찬가지로, 헐버트 또한 「한국의 성악」과 「한국의 시」에서 시

THE

PASSING OF KOREA

BY

HOMER B. HULBERT

A.M., F.R.G.S.

Author of "The History of Korea," "Comparative Grammar of Korean and Dravidian," "A Search for the Siberian Klondike," etc.

Illustrated from Photographs

LONDON
William Heinemann
1906

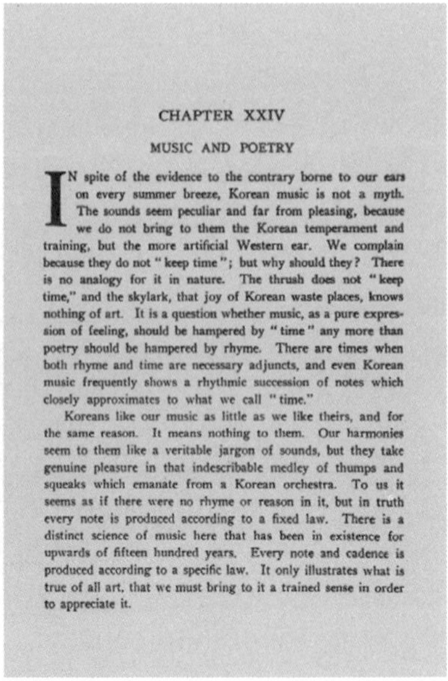

CHAPTER XXIV

MUSIC AND POETRY

IN spite of the evidence to the contrary borne to our ears on every summer breeze, Korean music is not a myth. The sounds seem peculiar and far from pleasing, because we do not bring to them the Korean temperament and training, but the more artificial Western ear. We complain because they do not "keep time"; but why should they? There is no analogy for it in nature. The thrush does not "keep time," and the skylark, that joy of Korean waste places, knows nothing of art. It is a question whether music, as a pure expression of feeling, should be hampered by "time" any more than poetry should be hampered by rhyme. There are times when both rhyme and time are necessary adjuncts, and even Korean music frequently shows a rhythmic succession of notes which closely approximates to what we call "time."

Koreans like our music as little as we like theirs, and for the same reason. It means nothing to them. Our harmonies seem to them like a veritable jargon of sounds, but they take genuine pleasure in that indescribable medley of thumps and squeaks which emanate from a Korean orchestra. To us it seems as if there were no rhyme or reason in it, but in truth every note is produced according to a fixed law. There is a distinct science of music here that has been in existence for upwards of fifteen hundred years. Every note and cadence is produced according to a specific law. It only illustrates what is true of all art, that we must bring to it a trained sense in order to appreciate it.

『대한제국멸망사(*The Passing of Korea*)』(1906)의 표지와 제24장 「음악과 시」

와 가를 분명히 나누어 논의하지는 않았고 둘을 명백히 다른 분야로 생각했던 것 같지도 않다.[9] 그가 후일 『대한제국멸망사』를 저술하면서 이 두 에세이를 편삭(編削)하여 「음악과 시(Music and Poetry)」라는 단일 챕터로 묶어 내었던 것도 이처럼 한국의 시와 가를 엄밀히 구분하기 어려운 특성을 인지하였기 때문으로 보인다.

헐버트가 한국의 시가를 다루면서 도출해 낸 자질은, 인공적인 소리

9 가령 그가 「한국의 시」에 예시한 자료들 가운데에는 『남훈태평가(南薰太平歌)』에서 발견되는 사설시조(辭說時調) "漁村의 落照ᄒᆞ고 江天이 一色인 제 / 小艇에 그물 싯고 十里沙汀 ᄂᆞ려가니 滿江芦荻에 鷺鶿은 섯거 놀고 桃水流水에 鱖魚ᄂᆞᆫ 술젓ᄂᆞᆫ듸 柳橋邊에 ᄇᆡ를 ᄆᆡ고 고기 주고 술을 바다 酩酊케 醉ᄒᆞᆫ 後에 欸乃聲 부르면셔 ᄃᆞᆯ을 ᄯᅴ고 도라오니 / 아마도 江湖至樂은 이ᄲᅮᆫ인가 ᄒᆞ노라"가 포함되어 있는데(Homer B. Hulbert, "Korean Poetry", *The Korean Repository*, vol.3, Seoul : Trilingual Press, May 1896, p.207), 헐버트 스스로 이를 '시(poetry; poem; ode)'가 아닌 '노래(song)'로 지칭하였으면서도 한국의 시 범주에 묶어 함께 논의하였던 것이다.

에 길들여진(artificial) 서구인들의 귀로는 쉽사리 감지해 낼 수 없는 '단순함' 내지 '순수함', 그리고 '격정적'인 '서정(抒情)'이었다.

한국의 시는 모두 서정적인 특성을 지니고 있으며, [서구의] 서사시에 대응되는 것은 존재하지 않는다. 종달새에게 교향곡 전곡(全曲)을 노래해 달라고 요구할 수 없는 것처럼, 아시아인들에게 역사적이거나 서사적인 이야기를 시구에 담아 표현해 주기를 기대할 수는 없다. 그들의 언어 자체가 그와 같은 표현 형식에 적합하지 않다. 한국의 시는 자연음을 위주로 한 것이어서 순수하고도 단조롭다. 모두가 정열적이고 감정적이며 또한 정서적이다. 개인적이거나 가정적(家庭的)인 것, 때로 사소한 문제들을 다루기 때문에 한국의 시는 그 범위가 좁다고 할 수 있다. 그러나 우리는 한국인들의 삶의 지평이 좁고 그들이 바라볼 수 있는 시야 역시도 한정되어 있다는 사실을 잊어서는 안 된다. 이러한 사정은 왜 한국인이 그처럼 사소한 일에 열정을 쏟는지 그 이유를 부분적으로나마 설명해 준다. 그들의 좁은 생활권 안에서는 그 같은 작은 일들이 상대적으로 크게 느껴지게 마련이다. 버들가지의 흔들림, 나비의 호들갑스러운 날개짓, 꽃잎의 떨어짐, 날아가는 벌의 붕붕대는 소리는 생활권이 넓은 사람들에게보다는 한국인에게 더 많은 의미를 전달해 주는 것이다.[10]

우리가 한국의 음악을 즐기지 않는 것처럼 한국인들도 서구 음악을 즐기지 않는다. 그러한 이유 때문에 한국인들은 서구 음악의 의미를 알지 못한

10 Ibid., p.206.

> 다. 그 같은 난점은 [심지어] 서구인이 서구 음악을 들을 때에도 흔히 직면하게 된다. 청중들이 조성(調聲)을 제대로 이해하지 못한다면 하이든(Joseph Haydn)이 〈천지창조(Creation)〉에서 영혼의 몰락을 묘사한 부분의 의미 또한 알 수 없게 되는 것이다. 그러므로 나는 독자들이 한국 음악을 제대로 들을 수 있을 때까지, 말하자면 독자들이 한국인의 귀를 갖게 되기 전까지는 한국의 음악에 대해 이러쿵저러쿵 속단하지 말 것을 권고한다.[11]

첫 번째 인용에서 헐버트는 한국인들이 지니고 있는 서정적 감흥을 거론한 후 이를 한국시가 전반의 특징으로 연결 지어 설명한다. 헐버트의 귀에 한국의 시가는 무척 사소하다 싶을 정도의 일상까지도 세세하게 다루는 특성을 지닌 것으로 포착된다. 그 이유로 우선 지적된 사항은 문학 양식의 편재(偏在)이다. 이를테면 한국을 포함한 아시아 지역에서는 고래로 서사시(epic) 양식이 발달되지 않아 복잡한 플롯(plot)을 시에 담아내기가 어려우며, 단지 일상에서 도드라진 단상(斷想)을 집약적으로 표출하는 것만이 가능하다는 분석이다. 아울러 한국인의 생활 영역이 서구인들에 비해 좁기 때문에 그처럼 국한된 생활권에서는 작은 사상(事象) 하나하나로부터 보다 깊이 있는 감흥을 일으키게 된다는 점도 단형 서정시 위주의 한국시가를 설명하기 위한 또 다른 이유로 제시된다. 따라서 한국인들은 자연스럽고도 즉흥적인 시구를 읊조리는 데 능할 뿐, 균형과 미감, 율각(律脚) 등을 세밀하게 가늠하고 서사적 구성을 고심하면서 시가를 지어내는 방식에는 당초부터 익숙하지 않다고 보았

---

11 Hulbert, “Korean Vocal Music”, p.45.

던 것이다. 이처럼 즉흥적 · 서정적 시가를 선호하는 한국인의 모습을 비유적으로 집약한 구도가 곧 '한국인 = 종달새(lark)'라는 등식이다.

두 번째 인용에서는 한국시가, 특히 가악의 특수성을 상호적 시각에서 관용해야 한다는 주장을 펼친다. 한국의 전통음악이 당시 서구인들의 귀에 거슬리는 선율과 발성법을 띠고 있었다는 점은 이저벨라 B. 비숍(Isabella Bird Bishop, 1832~1904)의 글에서도 여실히 드러나는 바이지만,[12] 헐버트는 한국의 가악이 한국인들 자신에게는 가장 이상적으로 부합하는 형식과 내용을 지닌다는 점을 강조하면서 한국 가악의 수준을 섣불리 재단하지 말 것을 주문한다. 요컨대 특정 음악을 평가하기 위해서는 그 음악에 포함된 체계와 관점을 이성적으로 이해하는 단계가 반드시 선행되어야 하며, 그러한 이해가 수반되지 않는다면 서구인들은 심지어 서구의 음악조차도 제대로 감상할 수 없다는 일침을 놓은 것이다.

한편, 헐버트가 한국의 시가를 다루었던 방식과 관련하여 또 한 가지 중요하게 거론되어야 할 사항은 그가 한국의 단형 시가를 일정 정도 장형화 또는 서사화된 형태로 변형하여 번역하거나 소개하였다는 점이다. 헐버트는 서정성과 단형성을 특징으로 하는 한국시가를 그것대로 긍정하였으면서도 작품을 문면 그대로 되살리는 방식에는 회의적이었다. 단락화(段落化)된 인상이나 장면, 또는 짧은 서정만을 훑고 끝내 버리는 한국시가의 양식이 당시 서구인들에게는 무척 낯설게 느껴질 뿐만 아니라 그러한 양식의 작품들을 서구인들이 특별히 눈여겨볼 리도 없다는 인식을 지니고 있었던 까닭이다. 때문에 그의 안목을 거쳐 소개

12 Isabella B. Bishop, *Korea and Her Neighbors*, New York : Fleming H. Revell Company, 1897, p.164.

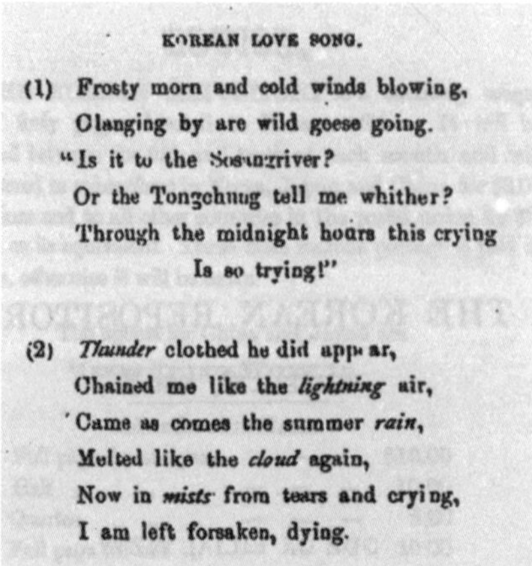

KOREAN LOVE SONG.

(1) Frosty morn and cold winds blowing,
Clanging by are wild geese going.
"Is it to the Sosangriver?
Or the Tongchung tell me whither?
Through the midnight hours this crying
Is so trying!"

(2) *Thunder* clothed he did appear,
Chained me like the *lightning* air,
Came as comes the summer *rain*,
Melted like the *cloud* again,
Now in *mists* from tears and crying,
I am left forsaken, dying.

제임스 게일의 시조 영역 사례
(*The Korean Repository*, Apr. 1895)

되었던 한국의 시가는 대개 행간의 의미가 상술되고 서사적 맥락이 보충된 형태를 띠게 되는데, 그 결과물이란 이른바 '영시화(英詩化)된 한국시가'라 할 만하다.

실제로 헐버트의 번역을 보면, 본래 작품의 의미에서 현저히 이탈된 사례도 흔히 발견되거니와, 이는 헐버트보다 조금 앞서서 한국시가를 영역하여 잡지에 소개하였던 게일의 경우와도 현저히 다르다. 게일은 특히 평시조(平時調)를 번역할 때 초·중·종장의 3장 형태를 뚜렷이 유지하는 한편, 각 장의 두 음보(音步)씩을 번역문의 한 행으로 바꾸어 직역하는 일관된 방식을 택하였고 시조 본래의 의미 역시 가급적 보존하려 노력하였다. 반면, 헐버트는 작품의 원의보다는 해당 작품이 독자나 청자에게 전달하는 '감각(감정, sensation, feeling)'에 주목하였으며, 그 감각을 서구인들에게도 등가로 전달해 주기 위해 시조의 내용에 따라 번역 시행의 수를 탄력적으로 조정하는 보충의역(補充意譯)의 길로 나아갔던 것이다.[13] 이 같은 번역 방식은 헐버트가 「한국의 성악」과 「한국의 시」를 『대한제국멸망사』의 제24장 「음악과 시」로 개고하여 실을 때에 다음과 같이 직접 언명했던 바이기도 하다.

13 게일과 헐버트의 시조 번역 방식 및 특성에 대해서는 본서의 4장 2절과 본장 「호머 헐버트의 한국시가 연구」의 2절, 그리고 강혜정, 「20세기 전반기 고시조 영역의 전개양상」, 고려대 박사논문, 2014, 35~63·94~114면 등을 참조.

[한국의 시를 번역하는 과정에서 부딪히게 되는] 최초의 어려움은 한국의 시가 매우 축어적(縮語的)이라는 점이다. 여섯 자의 한자를 적절하게만 나열한다면 영어의 한 문단보다 더 깊은 의미를 전달할 수도 있는 것이다. 가령 어떤 노래는 다음과 같이 꾸밈없는 진술을 담고 있다.

이 달이 삼월, 버들은 푸른데,
꾀꼬리는 깃을 다듬고
나비는 날갯짓하네.
아이야, 거문고(zither) 가져 오너라. 노래를 해야 하리.

This month, third month, willow becomes green;
Oriole preens herself;
Butterfly flutters about.
Boy, bring zither. Must sing.

이러한 번역이 우리에게 전혀 무용하다고는 할 수 없으나, 그 같은 직역으로는 한국인들이 본래 작품을 볼 때 체험하는 감정을 전혀 살려내지 못한다. 작품이 함축하고 있는 내면적 의미를 내가 부분적으로라도 파악하였다면, 이 작품이 한국인에게 전달하는 의미는 다음과 같은 번역을 통해 조금 더 적절하게 표현해 낼 수 있을 것이다.

겨울밤이 다지나
버드나무 꽃망울이 여름날 새벽의 화사한 햇살을 머금네.

저 높이 하늘대는 가지 위에 깃을 다듬는 꾀꼬리여
여름의 전령사로다.
나비는 소리 없이 펄펄(*fŭl-fŭl*) 날갯짓하여,
여름날이 왔다고 알리나니,
서두르라, 아이야, 어서 거문고를! 줄은 골랐느냐? 좋구나.
거문고를 타려무나! 노래가 있어야 하리.[14]

The willow catkin bears the vernal blush of summer's dawn
When winter's night is done;
The oriole, who preens herself aloft on swaying bough,
Is summer's harbinger;
The butterfly, with noiseless *fŭl-fŭl* of her pulsing wing.
Marks off the summer hour.
Quick, boy, the zither! Do its strings accord? 'Tis well.
Strike up! I must have song.

이처럼 한국시가를 검토하고 소개하는 헐버트의 방식은 엄밀하게 텍스트에 밀착되어 있지만은 않았으며, 때로 개인적인 감상에도 상당 정도 의존하고 있다. 물론 그의 논의가 꼭 객관적인 분석에 얽매어야 할 필요나 당위는 없다. 오히려 헐버트의 주관이 개입된 번역과 설명을 살

14 Hulbert, op. cit., 1906, p.321. 한편, 『대한제국멸망사』에서는 번역 대상 시조의 원문이 생략되었으나, 「한국의 성악」을 참고하면 다음의 시조를 번역한 것임이 확인된다. "이 달이 삼월인지 버들빛 프르럿다 / 괴고리 깃 다듬고 호졉 펄펄 셧겨난다 / 우희야 거문고 률 골너라 춘흥 겨워"(Hulbert, "Korean Vocal Music", p.48).

핌으로써 그가 한국시가의 면면을 어떠한 방식으로 이해하였고 그러한 이해를 또한 어떠한 방식으로 가공하여 서구인들에게 내보였는지 도출해 내는 것이 보다 생산적인 논점이 될 수 있다. 〈아리랑〉에 관한 헐버트의 언급을 검토하는 맥락에서도 이러한 접근법은 유용한 시각을 제시해 줄 것이다.

3. 헐버트의 〈아리랑〉 논의에 대한 분석적 고찰

헐버트는 「한국의 성악」에서 당시 한국의 성악을 세 가지 부류로 나누어 논의하였는데, 그의 용어를 그대로 살리면서 해당 부분을 옮겨 오면 다음과 같다.

> 한국의 성악은 세 가지 부류로 구분된다. 고전적인 형식이라고 할 만한 '시조(*Si Jo*)'와 대중적인 형식인 '하치(*Ha Ch'i*)', 그리고 그 중간 등급이 있는데, 중간 등급은 '응접실 형식(the drawing-room style)'이라 부를 만하다. [물론] 실제로 '응접실'이 있는 것은 아니다.[15]

여기에서 '시조(Si Jo)'란 가곡창(歌曲唱)과 변별되는 시조창(時調唱) 양식의 창법이나 텍스트에 대한 범칭(汎稱)으로서 헐버트가 직접 시정에서 전해들은 지칭을 그대로 음사(音寫)해 놓은 것이므로 크게 문제될 바

15 Hulbert, "Korean Vocal Music", p.45.

가 없다. 반면, '응접실 형식(the drawing-room style)'과 '하치(Ha Ch'i)'라는 용어에 대해서는 추가적인 검토가 필요하다.

먼저 '중간 등급(intermediate grade)'이라 달리 부르기도 했던 '응접실 형식'이란 헐버트에게서만 발견되는 독특한 명명인데, 이 용어의 연원은 '응접실 희극(the drawing-room comedy)'에서 찾을 수 있다. 중간 계층이 주인공으로 등장하는 대중적인 극의 부류를 서구에서 흔히 '응접실 희극'이라고 불렀거니와, 이는 당시 서구의 중간 계층이 자택의 응접실을 주된 생활공간으로 삼았고, 극의 주요 무대도 응접실로 설정되었기 때문이다.[16] '응접실 형식'의 사례로 제시된 작품은 〈군밤타령〉인데, 직업적 또는 반직업적 소리꾼들에 의해 연창(演唱)되었던 잡가가 당시 한국의 중간층에 해당될 법한 부요층(富饒層)에게서 특히 애호되었기 때문에, 이들 향유층을 기준으로 헐버트가 잡가를 '응접실 형식'이라 지칭한 것이 아닌가 싶다. 그가 단지 음악적 세련도만을 감안하여 명칭을 붙였다면, 고전적(classical) 양식과 대중적(popular) 양식 사이쯤에 잡가가 위치한다는 의미로 그저 '중간 등급'이라고만 하면 되었으나, 헐버트는 당시 이 부류의 노래를 주로 향유했던 계층까지도 '응접실 형식'이라는 명칭으로써 다소 희작적(戱作的)으로 현시하려 했던 듯하다.

다음으로 '하치'는 '아래' · '저급(低級)'을 뜻하는 접두어 '하(下)-'에 사람이나 사물을 뜻하는 의존명사 '-치'가 붙어 생성된 어휘로 본래 '아래의 것', '저급한 것'이라는 의미의 파생어(派生語) 명사이다. 이 부류의 성악을 지칭하는 데 헐버트가 '하치' 이외에 '대중의 영역(the precincts of

16 "문학예술용어소사전", 한국문화예술위원회(http://www.arko.or.kr/zine/artspaper89_11/19891119.htm, 최종검색일 : 2014.3.8).

the popular)'이라는 말을 쓰기도 하였던 점이나 〈아리랑〉을 이 부류의 작품으로 예시한 점으로 미루어, 잡가보다는 덜 전문화된 민요 단계의 노래들을 '하치'라 표현한 것으로 보인다. 물론 원래부터 이 용어가 있었던 것은 아니며, 당시 한성 사람들이 가곡이나 시조, 잡가보다 하급에 있는 노래들을 '하치'라 낮추어 부르던 것을 헐버트가 하나의 장르 명칭으로 오인하여 옮겨 놓았을 가능성이 크다. 실제 '하치'라는 단어는 프랑스 신부들에 의해 제작된 『한불ᄌᆞ뎐(韓佛字典, *Dictionnaire coréen-français*)』(1880)의 표제어로도 등장할 정도로 당시 언중들 사이에 널리 쓰이던 어휘였다.[17]

이 '하치'의 부류 가운데 헐버트가 구체적으로 예시한 작품은 〈아리랑〉 하나에 불과한데, 이는 〈아리랑〉만을 다루어도 '하치'의 영역에 해당하는 작품들을 전체적으로 조망하는 데 별다른 무리가 없다고 생각했기 때문이다. 그 같은 헐버트의 인식은 '밥(rice)'과 '반찬(appendage)'의 비유로 집약되어 나타난다.

> 나는 [이제 앞서 설명했던] 고전적 양식을 떠나 대중적인 영역을 탐색해야만 하겠다. 이 영역은 조심스럽게 다루어야 하는데, [작품 속에 포함된] 모든 어휘들이 두 가지 의미를 지니고 있기 때문이다. [작품의 의미를 잘못 이해하여] 진흙탕에 빠지는 꼴이 되지 않기 위해서는 한국의 나막신이 필요하다고 해야 할까. 이 영역의 작품 가운데 첫 번째로 가장 눈에 띄는 것은 782연(verse) 내외로 이루어진 인기 있는 소곡(ditty)인데, 이 작품은 '아라렁(A-ra-rŭng)'이라는 듣기 좋은 제목을 지니고 있다. 보통의 한국인들에게 이

17 본장 「호머 헐버트의 한국시가 연구」 의 주11 참조.

노래 한 곡이야말로 그들의 식생활에서 밥과 같은 위상을 지니며, 나머지 노래들은 모두 반찬 정도에 불과하다.[18]

위 글에서 헐버트는 우선 '하치', 즉 민요 텍스트에 내재된 시적 의미가 항상 복합적인 성격을 띤다는 점을 지적한다. 이는 고전적 양식인 '시조'나 중간 양식인 '응접실 형식'에서는 발견되지 않는 '하치'만의 특질로서, 그다지 복잡하지도 기교가 있을 것 같지도 않은 민요로부터 오히려 인생과 세계에 대한 민중들의 깊이 있는 통찰을 읽어낼 수 있다는 시각이 묻어난다. 때문에 〈아리랑〉과 같은 민요 텍스트에 접근할 때에는 예사 이상의 주의가 필요하며, 마치 비 오는 날 한국인들이 나막신(wooden shoes)을 신고 조심스럽게 길을 걷는 것처럼 신중한 접근법이 요구된다고 하였다.

잇달아 논의되는 구체적인 작품이 곧 〈아리랑〉이다. 헐버트는 이를 '소곡(小曲, ditty)'이라 칭하면서 예의 짤막한 형식의 민요적 성격을 강조하였다. 헐버트가 산정한 대로라면 〈아리랑〉은 무려 782연으로 구성된 장편이지만, 각각의 연을 이루는 시상은 짧고 서정적일 뿐만 아니라 모두 음영(吟詠)이 아닌 가창의 방식으로 향유된다는 점에서 단지 '노래(song)'라고만 하지 않고 '소곡'이라는 지칭을 붙인 것으로 보인다.[19]

또한 한국인들에게 대단히 각광 받고 있는 〈아리랑〉은 마치 '밥'과 같은 중요성을 지니는 반면, 그 이외의 노래들은 단지 '반찬' 정도에 불과

18 Hulbert, "Korean Vocal Music", p.49. 〈아리랑〉에 관한 헐버트의 언급은 모두 이 글의 pp.49~52에서 순서대로 옮긴 것이므로, 이하의 인용에서는 논저명이나 면수를 따로 밝히지 않는다.

19 '소곡'으로 흔히 번역되는 'ditty'는 음악에 올려 부르는 짧고 간단한 노랫말이며, 새의 지저귐을 비유하는 말로도 흔히 쓰인다(J. A. Simpson and E. S. C. Weiner, Eds., *The Oxford English Dictionary*, vol.IV, 2nd ed., Oxford : Clarendon Press, 1989, p.881).

50 THE KOREAN REPOSITORY.

hear it everywhere and at all times. It stands in the same relation to the Korean of to-day that "Ta-ra-ra boom-di-ay" did to us some five years ago. But the *furore* not being so great, the run is longer. To my personal knowledge this piece has had a run of three thousand five hundred and twenty odd nights and is said to have captured the public fancy about the year 1883. Its "positively last appearance" is apparently as far off as ever. I would not have anyone suppose that the above figures accurately represent the number of verses for they are numberless. In fact, this tune is made to do duty for countless improvisations in which the Korean is an adept. The chorus however is invariable and runs as follows:—

아르랑아르랑아라
아르랑얼ᄉᆞᄇᆡᄯᅴ어라

License is allowed in substituting, for the last word, 다나간다 or some other equally pregnant phrase.

While in America I was asked to translate this chorus and answered that the meaning was the same as is contained in the opening words of that English classic which begins—

"Hei diddle diddle."

I have asked many Koreans to give me the exact significance of the words, but have always met with the same incredulous smile. If any response was elicited it was of so vague a character as to be unintelligible. One man came very close to me and whispered that the 아르, being the beginning of the Korean word for Russia, was prophetic of the influence of that empire on the destiny of the nation! Another said that the characters were the Korean transliteration of certain Chinese characters which apprently mean "I love my husband, I love my husband, yes, I love you, I love my husband," and the line finishes with "Good! Let us launch the festive boat." This refers to the Korean custom of feasting in boats on the river, a favorite form of entertainment with them, but dangerous, I should judge, for people of highly convivial tastes.

The verses which are sung in connection with this chorus range through the whole field of legend, folk lore, lullabys, drinking songs, domestic life, travel and love. To the Korean they are lyric, didactic and epic all rolled into one. They are at once Mother Goose and Byron, Uncle Remus and Wordsworth. Here is a very weak attempt to score it. I have left out the trills and quavers, but if you give one or two to each note you will not go wrong.

「한국의 성악(Korean Vocal Music)」 부분

하다고 하여, 당시 〈아리랑〉이 '하치', 즉 민요 안에서는 물론 여타 갈래의 어떤 노래들에 비해서도 우뚝한 위상을 지니고 있었다는 점을 강조하기도 하였다. 헐버트가 보기에 〈아리랑〉은 한국인들의 일상과 정서가 응축된 '표준적' 노래였던 것이다.

위 인용에서 또 하나 주목해야 할 부분은 바로 '아리랑'의 당대적 명칭이다. 헐버트는 한국어 어휘를 로마자로 음사할 때 맥큔-라이샤워 체계(the McCune-Reischauer System for the Romanization of Korean, 1939)와 대개 유사하면서도 조금은 다른 방식을 적용하였는데, 특히 모음의 경우 'ㅐ'는 'ă'로, 'ㅓ'는 'ŭ'나 'ŏ'로 표기하는 방식을 택하였다. 물론 헐버트가 이러한 음사 방식을 시종일관 지켜 나간 것은 아니지만, 적어도 중요한 술어나 의태어, 고유명사를 옮겨 적을 때에는 이 방식을 고수하였던 흔적이 역력하다. 예컨대 판소리 '광대(廣大)'를 'Kwang-dă'로 정확히 음사했던 것이나,[20] 나비가 날개짓하는 모양 '펄펄'을 '*fŭl-fŭl*'로,[21] '설총(薛聰)'을 'Sŭl-ch'ong'으로, '거서간(居西干)'을 'Kŭ-sŭ-gan'으로, '변한(弁韓)'을 'Pyön-han'으로[22] 표기했던 사례 등이 그러하다. 따라서 헐버트가 하이픈(-)까지 넣어 3음절로 'A-ra-rŭng'이라 적은 것은 뚜렷이 '아라렁'을 염두에 둔 표기이며, 당시 그가 한성과 그 일대를 돌아다니며 들었던 이 노래의 제목은 명백히 '아라렁'이었던 것이 확인된다. '아리랑'이 본래 무슨 의미인지에 대해서는 그간 다수의 논의가 있어 왔고 아직 완전한 결론에 이르지는 못하였지만, 우선 헐버트가 체류했던 1880~90년대 한성

20 Hulbert, "Korean Fiction", p.292.
21 Hulbert, "Korean Vocal Music", p.48.
22 Hulbert, "Korean Survivals", pp.28~29 · 31.

주변에서는 '아라렁'이라는 명칭이 '아르랑', '아리랑', '아르릉' 등과 더불어 혼재된 상태로 대중들에게 회자되었던 사실을 재구해 낼 수 있다.[23]

> 이 노래는 언제 어디에서든 들을 수 있으며, 약 5년 전 〈타라라 붐디아이(Ta-ra-ra boom-di-ay)〉가 우리에게 일으켰던 반향을 오늘날의 한국인들에게 불러일으키고 있다. 하지만 〈타라라 붐디아이〉에 비해 열광적이지는 않으면서도 유행되는 연한은 더 길다. 내가 알기로, 이 작품은 3,520여 밤 동안 유행해 왔고, 대중적인 인기를 획득한 것은 1883년 무렵이라 한다. 그것의 '확정적인 최근 형태(positively last appearance)'는 여전히 명확하게 알 수 없으며, 앞서 산정한 '782연'이라는 것도 정확한 숫자를 말한 것은 아니므로 이를 그대로 받아들여서는 안 된다. 연의 수가 무한정하기 때문이다. 실상 이 곡조는 즉흥 연행에 걸맞도록 구성되어 있는데, 한국인이야말로 즉흥 연행의 달인이다. 그러나 후창(chorus)은 다음과 같이 고정되어 있다 : "아르랑아르랑아라 / 아르랑얼ᄉᆞ빅ᄯᅴ어라." [다만] 마지막 단어를 '다나간다'나 그에 상당하는 함축구로 바꾸는 파격(破格)은 용인된다.

다음 부분에서 헐버트는 보다 구체적으로 〈아리랑〉의 당대적 위상을 설명한다. 헐버트의 저작이 대부분 그러하듯, 이 글에서 그가 독자로 삼은 대상 역시 한국을 위시하여 중국, 일본 등 동아시아에 체류하던 서구인들이었다. 따라서 〈아리랑〉을 설명하는 데 있어서도 서구인들에

23 '아리랑'과 그에 상당하는 여러 곡명은 1911～1912년에 이루어진 조선총독부 조사 자료에서 가장 다채롭게 발견된다. 이 조사 자료에 대해서는 김연갑, 「아리랑, 그 길고 긴 내력」, 국제문화재단 편, 『한국의 아리랑 문화』, 박이정, 2011a, 74～76면에서 자세히 분석되었다.

〈타라라 붐디아이〉 런던 공연 포스터

게 익숙한 사례를 앞세우게 되는데, 그에 따르면 〈아리랑〉의 인기는 미국의 〈타라라 붐디아이〉에 비견될 만하였다. 이 노래는 1890년대 초반 미국과 영국에서 대중적인 인기를 누린 연회곡(宴會曲)이었고 당대의 영미인이라면 누구나 알고 있을 정도였기 때문에,[24] 역시 한국인이라면 어느 누구든 알고 있는 〈아리랑〉과 견줄 수 있는 대상이 되었던 것이다.[25]

보다 중요한 것은 위 인용에 〈아리랑〉이 회자되기 시작한 구체적 시점과 당대의 형태에 대한 언급이 나타난다는 점이다. 정확히 어떠한 자료나 전언(傳言)에 근거를 둔 것인지는 밝히지 않았으나, 헐버트는 위 글을 작성하던 시점인 1896년 2월을 기준으로 〈아리랑〉이 지난 3,520여 밤 동안, 즉 약 9년 반 이상 유행했다고 하였고, 〈아리랑〉이 대중적인 인기를 얻었던 시점은 1883년 무렵이라

---

24 〈타라라 붐디아이(Ta-ra-ra-boom-de-ay)〉는 1891년에 보스턴에서 초연된 미국의 대중적 연회곡으로 이듬해에는 런던에서도 공연될 정도로 1890년대 초반 큰 인기를 끌었다. 가사는 몇 종류가 있지만, 모두 중간에 의미 불명의 '타라라 붐디아이'라는 주술적인 구절을 반복적으로 가창하는 형식을 공유한다(Melissa Bellanta, "The Black Origins of 'Ta-ra-ra-boom-de-ay'", The Vapour Trail : Ideas, Reviews and Research from a Nineteenth-Century Cultural Historian(http://bellanta.wordpress.com/2010/02/17/the-black-origins-of-ta-ra-ra-boom-de-ay/, 최종검색일 : 2012.6.30)).

25 또 한편, 〈아리랑〉의 비교 대상으로 〈타라라 붐디아이〉를 든 것은 꼭 두 노래의 대중적 성격에만 기댄 결과는 아닌 것으로 보인다. 이 글의 뒷부분에서 헐버트는 '아라렁'의 정확한 의미가 무엇인지 알 수 없다는 언급을 하는데, 그러한 특성은 '타라라 붐디아이'에서도 발견되기 때문이다. 따라서 두 노래는 유행했던 시기, 모호한 제명, 특유의 대중성 등에서 상호 비교될 수 있는 측면이 많았던 것이다.

고 연도까지 적시하였다.

물론 헐버트가 기록한 연대나 시간대는 모두 〈아리랑〉이 한성 일대에서 '유행(run)'하던 때일 뿐 〈아리랑〉의 발생 시기에 대해서는 별다른 내역이 발견되지 않는다. 대략적인 순서를 재구하자면, 적어도 1883년 이전의 어느 시점부터 〈아리랑〉이 사람들 사이에 점차 확산되던 추세에 있었고 그것이 1883년을 기점으로 대중들의 애호를 받기 시작하였으며, 1896년 무렵 이후부터는 시정에 대단한 인기를 끌었던 것으로 정리된다. 특히 1883년은 경복궁(景福宮) 중건(重建, 1865~1872)과 멀지 않은 시점이므로, 중건에 동원된 지방민들의 민요를 한성의 소리꾼들이 포착하여 〈아리랑〉으로 세련화·대중화시켰으리라는 종래의 견해가 헐버트의 위 언술로부터 중요한 방증을 획득하게 된다.

다만 〈아리랑〉이 크게 확산된 시기를 헐버트가 1883년이라고 특화해 놓을 만큼 이때 모종의 중대한 계기가 있었는지는 여전히 미상이며, '3,520여 밤'이라는 매우 구체적인 일수까지 적어 둔 근거도 뚜렷하지 않아 의문을 더한다.[26] 그나마 헐버트가 〈아리랑〉의 연수(聯數)는 '무한정하다(numberless)'라고 밝히고 있는 점으로 미루어 당시 〈아리랑〉의 사설이 아직 주도적 형태로 유형화되지 않은 채 계속 확대·개작되고 있었다는 사실만은 도출해 낼 수 있다.

또한 〈아리랑〉의 후창 부분이 '아르랑 아르랑 아라 / 아르랑 얼싀 비씌어라'로 이미 고정화되었다는 점도 드러나는데, 다소 의아한 것은 앞서

---

26 이와 관련하여 1883년과 인접한 사건, 즉 임오군란(壬午軍亂, 1882)을 〈아리랑〉의 확산과 대중화의 계기로 추정한 논의가 제출되기도 하였다(김창주, 「아리랑 기원의 諸說에 대한 검토」, 『대동사학』 2집, 대동사학회, 2003, 60~65면). 결정적인 근거가 없는 추측이기는 하지만, 가능성은 열어 둘 필요가 있다고 생각한다.

1890년대 초중반 광화문 앞 육조거리

헐버트가 이 노래의 제목을 '아라릉(A-ra-rŭng)'이라고 명확하게 음사해 놓았음에도 불구하고, 정작 한글로 채록한 후창 부분에는 '아르랑'이 등장한다는 점이다. '아리랑'이라는 말이 '아라리' 또는 '알아리'에서 연원하다는 견해를 참고한다면,[27] 1890년대에는 '아라리(알아리)'의 형태를 벗어나 '아리랑'이나 그에 상낭하는 어휘가 이미 나타난 상태이기는 하였으나, '아리', '아라', '아르' 등으로 그 구체적인 음상(音像)은 통일되어 있지 않았으며, 이러한 혼란상이야말로 '아리랑'의 본래 의미를 확인하기 어렵게 만드는 요인으로 작용하였던 것이다. 헐버트 역시 그 같은 난제를 해결해 보고자 얼마간 고심했던 흔적이 엿보인다.

> 미국에 머무는 동안 나는 이 후창 부분을 풀이해 달라는 요청을 받은 바 있는데, [그저] 영국의 고전적 노래의 서두, 즉 '헤이 디들 디들(hei diddle diddle)'로 시작하는 부분에 담긴 의미와 같다고 대답하고 말았다. [한국에 돌아온 후] 많은 한국인들에게 이 말의 의미를 알려 달라고 물어 보았더니, 누구든 똑같이 회의적인 웃음을 지어 보일 뿐이었다. 혹간 대답해 주는 경우에도 그 대답이란 너무도 막연해서 이해가 되지 않았다. 어떤 사람은 내게 바싹 다가와 속삭이기를, 러시아를 뜻하는 한국어 단어의 앞머리인 '아

27 이보형, 「아리랑소리의 근원과 그 변천에 관한 음악적 연구」, 『한국민요학』 5집, 한국민요학회, 1997, 115~119면.

르'는 러시아 제국이 장차 한국에 끼칠 영향력을 예언하는 말이라고 하였다. 또 다른 이는 말하기를, 그 글자들이 "나는 낭군(郎君)을 사랑해요. 나는 낭군을 사랑해요. 그래요, 나는 사랑해요. 나는 낭군을 사랑해요"라는 명확한 뜻을 지닌 특정 한자들의 음역(音譯)이고, 마지막은 "얼씨구! 잔치 배(the festival boat)를 띄워 보세"로 끝난다고 하였다. 이는 강에 배를 띄워 놓고 잔치를 즐기는 한국인의 풍습, 그들이 무척이나 좋아하는 유락 형식을 환기하는 말이다. 잔치를 대단히 선호하는 [한국인 같은] 사람들에게 이러한 뱃놀이가 위험해 보이는 것은 사실이다.

헐버트는 당시 한국의 사정에 밝은 몇 안 되는 서구인이었던 탓에 한국에 관한 일이라면 분야에 관계없이 여러 사람들로부터 질문을 받았던 듯한데, 어떠한 경로에서인지 '아리랑'의 의미에 대한 질문도 그 가운데 포함되어 있었던 것으로 보인다. 당시 헐버트는 영국 자장가의 '고전(classic)'인 〈헤이 디들 디들〉과 마찬가지로 '아리랑' 역시 무의미구 내지 조흥구(助興句)이리라는 잠정적 답변만을 내놓을 수밖에 없었다.[28]

현재까지의 연구 성과로나 헐버트의 기록으로나 〈아리랑〉이 뚜렷이 회자되기 시작한 것은 19세기에 들어서이므로 대중화된 시기로만 따지면 그 기간이 그다지 길지 않음에도 불구하고, 헐버트가 한국에 체

28 〈헤이 디들 디들〉은 1765년에 그 첫 형태가 발견되는 영국의 자장가로서, '헤이 디들 디들'이라는 구절이 무슨 뜻인지에 대해 이미 수많은 논의가 이루어졌음에도 불구하고 아직 그 의미를 파악해 내지 못하고 있다. 이러한 사정에 대해 "영어에서 아마도 가장 잘 알려진 무의미구(nonsense verse)이면서 상당한 분량의 무의미한 설명이 시도된 구절(Probably the best-known nonsense verse in the language, a considerable amount of nonsense has been written about it)"이라는 조롱 섞인 말이 나돌 정도이다(Jacqueline Simpson and Steve Roud, *A Dictionary of English Folklore*, New York : Oxford UP, 2000, p.175).

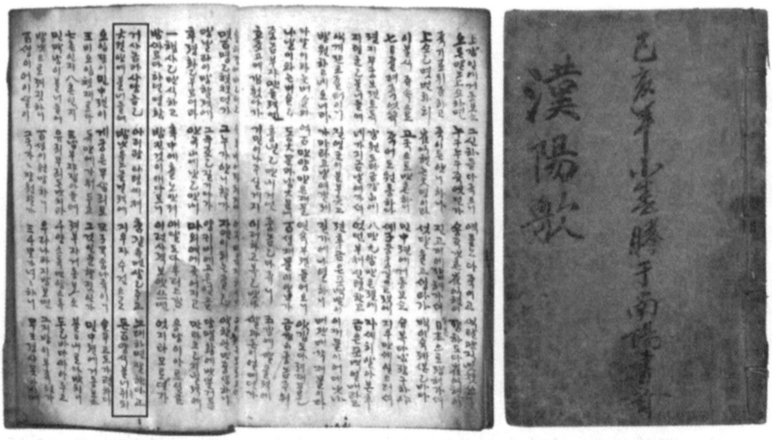

고종대 궁중에서 〈아리랑〉을 연행했다는 기록이 담겨 있는 〈한양가〉
"거사놈과 사당놈乙 / 大궐안에 불너들여 // 아리랑 타령씨켜 / 밤낫으로 놀닐젹에"

류했던 1880~90년대에 이르면 '아리랑'의 본래 의미가 이미 희석(稀釋)되었던 사정이 드러난다. 헐버트에게서 질문을 받았던 여러 한국인들조차 '아리랑'의 의미를 확신하지 못했으며, 몇 가지 설명 역시 허황될 뿐이어서 신뢰하기가 어려웠던 것이다. '아르'를 '아라사(俄羅斯)'의 '아라(俄羅)'에서 유추하거나 '아리랑'과 유사한 음상을 지닌 한문구 '아련랑(我戀郞)'을 조합하여 그 의미를 역으로 추적하였던 사례가 그러한데,[29] 이러한 민간어원적 설명을 끌어들여야 할 정도로 '아리랑'의 의미를 해석하는 것은 당시에도 이미 난제였고, 헐버트 역시 '아리랑'의 어의를 추적하는 작업을 더 이상 수행하지 못한 채 사설에 대한 분석으로 논점을 옮겨간다.

29 "나는 낭군을 사랑합니다(I love my husband)"에 상응하는 한문구는 '아련랑(我戀郞)' 또는 '아애랑(我愛郞)' 두 가지로 상정되는데, '아리', '아르', '아라' 등 어떠한 것에서든 'ㄹ' 음운이 뚜렷이 살아 있다는 점에 착안하면, 헐버트가 언급했던 '특정 한자들(certain Chinese characters)'이란 '아련랑'일 가능성이 더 높아 보인다.

헐버트는 〈아리랑〉의 후창 부분을 한글로 "아르랑 아르랑 아라 / 아르랑 얼스 비 씌어라"로 채록하였거니와, 그 가운데 '아르랑'의 뜻은 제대로 간취할 수 없었으므로 이 부분을 일단 논외로 하고, 대신 '비 씌어라'라는 관습구를 중심으로 후창 전체의 의미를 풀이하였다. 같은 글에서 헐버트는 시조를 몇 가지의 하위 분류로 다시 나누었는데, 그 가운데에서도 중요하게 다룬 것이 '주연(酒宴)의 노래(convivial song)' 또는 '술 노래(drinking song)'라 이름 붙인 부류였다.[30] 헐버트가 보기에 한국인은 연회와 놀이, 그리고 그에 수반되는 술을 무척 좋아하기 때문에 '고전적 양식'이라 칭한 시조에서조차 '술 노래'라는 하위 유형을 따로 구성할 수 있을 정도로 관련 노래들이 많다고 보았던 것이다. 따라서 한국의 노래는 고전적 양식과 대중적 양식을 막론하고 유흥이나 흥취가 중요한 축으로 작용하며, 술은 물론 뱃놀이와 같은 다소 '위험한(dangerous)' 놀이 문화조차 유흥의 상징으로서 〈아리랑〉의 관습구에 개재된 것이라는 결론에 이르게 된다.

> 후창과 연계되어 불리는 시련(詩聯, verse)은 전설, 민간전승, 자장가, 술 노래, 가정생활, 여행, 사랑 등 모든 영역에 걸쳐 있다. 한국인에게 이 노래는 서정, 교술, 서사이면서 이들을 하나로 녹여 낸 것이기도 하다. 그것은 동시에 〈마더 구스(Mother Goose)〉이면서 바이런[의 시]이기도 하고, 『엉클 레무스(Uncle Remus)』이면서 워즈워스[의 시]이기도 하다.

한편, 관습화된 후창과는 달리 선창에 해당하는 부분은 그 변이가 매

30 Hulbert, "Korean Vocal Music", p.49.

우 다양해서 어떠한 내용이든 담아낼 수 있다고 설명하였다. 이는 〈아리랑〉의 사설이 시대와 지역, 그리고 개별 창자에 따라 무한정 확대될 수 있다는 특성을 다시 지적한 것으로, 때문에 〈아리랑〉이라는 단일 작품이 복합적이고도 다단한 의미를 포괄하게 된다는 것이다. 일단 노래의 내용은 전설이나 민담과 같은 구비서사의 범위로부터 자장가, 권주가(勸酒歌)와 같은 기능적 범위, 그리고 가정생활, 여행, 사랑과 같은 인간사의 보편적 주제에 이르기까지 폭넓게 편재(遍在)될 수 있으며, 장르류(類)로 보면, 서정(抒情, lyric), 서사(敍事, epic)는 물론 교술(敎述, didactic)의 영역에까지 모두 걸쳐 있으면서 동시에 이들 세 장르를 하나로 녹여내는 특성마저 지닌다고 보았다.

헐버트는 다시금 서구문학이나 노래의 사례를 들어 설명을 돕고 있는데, 구비적 영역 및 대중적 영역에서는 〈마더 구스〉와 『엉클 레무스』 같은 동요나 동화를 드는 한편,[31] 그 반대의 측면에서는 조지 G. 바이런(George Gordon Byron, 1788~1824), 윌리엄 워즈워스(William Wordsworth, 1770~1850) 등 당대 영국의 대표적 문호들을 끌어들여 〈아리랑〉의 복합적 위상을 논의한다. 일반 대중들의 경험과 정서에서부터 대시인들의 통찰과 기교에 이르기까지 〈아리랑〉은 어떠한 수준이나 영역의 내용이

---

31 '마더 구스'는 영국 동요에 등장하는 우스꽝스러운 여인의 이름으로, 이 인물은 본래 17세기 후반의 프랑스 동화에서 유래했을 것으로 추정되고 있다. 동요 형태의 〈마더 구스〉는 18세기 중후반부터 영국 동요집에 자주 수록될 정도로 인기가 있었으며, 1785년 미국으로 건너간 후에도 그 인기가 지속되었다(Jacqueline Simpson and Steve Roud, op. cit., p.247). 한편, 흑인 노예인 '엉클 레무스'는 미국 작가 조엘 해리스(Joel C. Harris)가 1881년에 펴낸 인기 시리즈물의 주인공으로, 여기에는 미국 흑인 노예들의 노래와 우화, 민담 등이 폭넓게 수록되어 있다("Joel Chandler Harris", *Encyclopædia Britannica*, Encyclopædia Britannica Online Academic Edition, Encyclopædia Britannica Inc., 2012(http://www.britannica.com/EBchecked/topic/255911/Joel-Chandler-Harris, 최종검색일 : 2012.6.30)).

든 모두 포괄해 낼 수 있다는 적극적인 평가를 내렸던 것이다. 이러한 특성이야말로 헐버트가 〈아리랑〉을 '하치'는 물론 한국의 성악 전체를 대표하는 노래로 비중 있게 다룬 주요 기반이라 할 수 있다.

다음 부분에서 헐버트는 〈아리랑〉의 선율을 직접 오선 악보로 옮겨 놓았다. 헐버트가 듣고 채보한 〈아리랑〉은 음악적 특성으로 미루어 경기자진아리랑(구조(舊調)아리랑) 계열이라는 견해가 한동안 지지를 받아왔으나,[32] 그에 대한 반론도 전개되고 있다. 특히 '문경새재'와 '박달나무'가 사설에 등장하는 점으로 미루어 메나리조의 〈문경아리랑〉이 위 노래의 연원이리라는 분석은 주목할 만하다.[33]

한편, 헐버트는 선율을 채록하면서 선율에 올려 부르는 사설까지 부기하였으나, 종전에 '아라렁', '광대', '설총' 등을 음사할 때 보였던 신중함

32 이보형, 앞의 글, 96면; 강등학, 「형성기 대중가요의 전개와 아리랑의 존재 양상」, 『한국음악사학보』 32집, 한국음악사학회, 2004, 24~25면 등.

33 김연갑은 "백두대간 강원·경상지역 메나리조 〈아라리〉가 〈문경아리랑〉으로, 이것이 경복궁 중수 공사장에서 확산의 계기를 맞게"되었다고 분석하고, 그 순차를 "① 메나리조 아라리계 〈문경아리랑〉 →①-1. 경복궁 중수 공사장에서 변이 →② 변이형, 헐버트 채보 〈아르랑〉 →③ 영화 〈아리랑〉 주제가"라 정리함으로써 이보형(앞의 글) 이래의 통설을 반박하였다(김연갑, 앞의 글, 2011a, 109면).

이나 정확성은 발견되지 않는다. 아마도 당시 삼문출판사(Trilingual Press)의 조판술이 조악하여 로마자를 악보 밑에 올바로 조판하기 어려웠던 사정도 있겠고,[34] 사설이 실제 노래로 불릴 때의 발음을 헐버트가 표기에 반영해 놓았기 때문이기도 하겠는데,[35] 어떻든 위의 음사 자료를 바탕으로 당시의 사설을 재구하는 데에는 큰 어려움이 없다. 가급적 19세기 말의 표기를 되살리면서 로마자를 한글로 다시 옮겨 보면 아래와 같다.

아라렁 아라렁 아라리오	A-ra-rung a-ra-rung a-ra-ri-o
아라렁 얼ㅅ 븨씌어라	a-ra-rung öl-sa pai ddi-ö-ra
문경새재 박달나무	Mun-gyung sai-chai pak-tala-n-mu
홍독긔 방망이 다 나간다	hong-do-kai pang-m aing-i ta na-kan-da

이 가운데 실사(實辭)는 3행 이하 즉, '문경새재' 이하로, 현재 전하는 〈문경아리랑〉의 사설과 연계 지어 해석하면, 경복궁 중건에 소용될 도끼자루를 만드느라 문경의 특산물인 박달나무를 다 베어 내고 있다는 비판의식이 도출될 수 있다.[36] 그러나 우선 위 사설의 문면으로는 역시

34 위 채록 악보에는 '3/4'이어야 할 박자 표시가 '2/4'로 되어 있는데, 이 역시 조판상의 어려움 때문에 필사로 박자를 기입하는 과정에서 발생한 오류일 것이다(김연갑, 「「미국인 선교사 헐버트(Homer B. Hulbert)의 한국시가관과 〈아리랑〉」 논평」, 『문화 속의 아리랑, 세계 속의 아리랑—아리랑 페스티벌 2012 학술 자료집』, 문화체육관광부 · 국제비교한국학회, 2012, 153면).

35 가곡에서든 민요에서든 사설을 실제 노래로 부를 때에는 발음상의 변화가 나타나게 마련인데, 특히 모음의 변화는 요성(搖聲)과 여운을 만드는 데 효과적으로 기여한다. 'ㅏ'를 'ㅏ ㅡ'로, 'ㅐ'를 'ㅏ ㅡ ㅣ'로, 'ㅔ'를 'ㅓ ㅡ ㅣ'로, 'ㅚ'를 'ㅗ ㅡ ㅣ'로 변화시키는 것이 그 대표적인 사례이다(장사훈, 『(최신)국악총론』(7판), 세광음악출판사, 1990, 489~490면). 위 악보에서 '배[븨]'를 '바이[pai]', '새'를 '사이[sai]', '재'를 '자이[chai]', '개[긔]'를 '가이[kai]', '망'을 '마잉[maing]'으로 적은 이유도 이러한 발음상의 변화를 반영했기 때문일 것이다.

'홍도깨(hong-do-kai)'의 사전적 의미에 주목할 수밖에 없고, 헐버트도 이 어휘를 중심으로 사설의 대의(大義)를 풀이해 보고자 하였던 듯하다. 앞의 절에서 살핀 대로 헐버트는 한국의 시가 텍스트를 직역하기보다는 작품의 행간에 '숨겨진' 의미를 짧든 길든 보충하여 보다 확대된 텍스트로 재창작하는 방식을 택하였으며, 이는 〈아리랑〉의 경우에도 예외가 아니다. 헐버트가 위의 사설 가운데 '코러스'를 제외한 나머지 부분을 의역해 낸 방식은 다음과 같다.

문경새재 위에서	On Sai Jai's slope in Mun-gyung town
박달나무 베어 넘기네.	We hew the *pak tal namu* down
빨래하는 아낙이	To make the smooth and polished clubs
주인님들 옷을 다음이질 해야 하매,	With which the washerwoman drubs.
반질반질 매끈한 홍두깨(clubs)를 만들려고.	Her masters clothes.

"문경새재 박달나무 / 홍독기 방망이 다 나간다." 부분을 1·2행, 3·4행에 각각 각운(脚韻)을 두어 총 5행의 약강격(弱强格, iambic)으로 옮겼는데, 전체적인 내용은 역시 '홍두깨(clubs)'로 수렴된다. 헐버트는 다듬이질 도구인 홍두깨에 이 사설의 핵심적인 의미가 담겨 있다고 보아, 주인들의 옷을 다듬질하느라 힘겹게 방망이를 내리쳐야 하는 하인 아낙의 회한이 묻어나는 형태로 사설을 번역하였다. 같은 글에서 시조 작품들을 영어로 옮길 때 상당한 의역과 보충역을 하고 다시금 해설까지 덧

36 김연갑, 앞의 글, 2011a, 108~109면.

붙였던 사례에 비추어 보면, 〈아리랑〉의 경우에는 행간이 그다지 채워지지는 않은 상태로 번역이 이루어졌는데, 이는 헐버트 자신이 이 사설의 의미를 뚜렷이 확정하기 어려웠던 데다가, 거기에서 별도의 스토리를 도출해 내어야 할 필요성도 느끼지 못했기 때문으로 보인다. 〈아리랑〉에 어떠한 내용이나 수준의 사설도 모두 수용될 수 있다고 했던 앞서의 언급과 연관 지어 추정컨대, 헐버트는 무한정 확장되는 〈아리랑〉의 수많은 연들이 의미상 일정 정도 독립성을 유지하고 있으며 이들이 엮여 따로 일관된 서사가 구성되지는 않는다고 인식했던 것이다. 그 같은 헐버트의 판단은 다른 사설을 번역 및 소개하는 방식에도 적용된다.

그리고는 시상이 전변(轉變)되어 아마존풍의(Amazonian) 연이 나온다.

내 임과 떨어질 수 없네.	I cannot from my good-man part.
작별의 말에 내 가슴 무너지리.	To say good-bye will break my heart.
여기 보오, 임의 소매를 붙들었소.	See here, I have him by the wrist.
허나 임은 뿌리치고 돌아서리.	However he may turn and twist
나는 임을 보낼 수 없네.	I won't let go.

그리고는 또 다시 실제 세계를 돌연 벗어나 티타니아 땅(Titania Land)으로 돌진한다.

저 점박이 나비 부탁건대	I asked the spotted butterfly
이내 몸 날개에 실어 날아올라	To take me on his wring and fly

저 산 너머 바람 부는 기슭에 데려다 다오.	To yonder mountain's breezy side.
집에 돌아올 때는	The trixy tiger moth I'll ride
호랑나비를 타고 오리.	As home I come.

그리고 마지막으로 한국적 삶(Korean life)에 정말로 절실한 정서가 전개된다.

임을 오래도록 멀리 떠나보내니,	The good-man lingers long away.
마음이 서글프고 두려우나, 아니지,	My heart is sad. I fear-but nay,
임의 맹서가, 그래, 그를 꼭 붙들어주리.	His promise, sure, will hold him fast.
언제고 기다리면 임은 마침내 돌아올지니,	Though long I wait, he'll come at last.
오세요! 하염없는 눈물만 흐르네.	Back! fruitless tears.

사설을 이렇게 영어로 옮기면 서글프게도 운율에 맞지 않게 되어, 한국적 정취와 향기가 사라져 버린다. 하지만 번역문에서도 한국인이 선호하는 유흥(sports)과 관계된 몇몇 구절을 발견해 낼 수 있을 것이다. 또한 그것을 우리들 자신의 대중음악과 비교해 보면, 비록 서로 다르게 차려 입고 있을지라도 인간의 본성은 동일하며, 동일한 정감(feelings)은 [동일한] 표현법을 찾아내기 마련이라는 사실을 알게 된다.

번역문 전후에 자세한 언급을 덧붙이지는 않았고, 또한 독립성이 강한 짤막한 연들을 하나씩 자세히 설명하기도 어려웠을 테지만, 헐버트가 〈아리랑〉의 사설을 소개하는 방식을 따라가다 보면 〈아리랑〉은 대단히 보편적이고 세계적인 시상(詩想)을 지니고 있는 노래라는 점이 강조된다.

예시된 세 연을 소개하는 방식이 신화적 공간인 아마존과 상상 속 세계인 요정의 나라를 돌아 다시 한국으로 귀결되는 양상을 보이기 때문이다. 헐버트가 구체적으로 어떠한 특질에 천착하여 각각 '아마존(Amazon)'과 '티타니아 땅(Titania Land)'이라는 표지를 앞의 두 사설에 붙였는지는 뚜렷하지 않으나, 대개 첫 번째 사설에서는 임을 붙들기 위해 안간힘을 쓰는 여성 화자의 완고하고도 강인한 태도에 착안하여 이를 아마존 여전사(女戰士)들의 당당한 모습에 빗댄 듯하고,[37] 두 번째 사설에서는 나비를 타고 가벼이 하늘에 올라 유람한다는 천진한 상상력을 들어 요정의 세계, 즉 '티타니아 땅'이라는 표지를 달아 놓은 듯하다.[38] 인간이라면 누구나 가질 수 있는 솔직한 욕망이 〈아리랑〉의 사설에 여과 없이 표출될 뿐 아니라 인간이 꿈꿀 수 있는 상상의 공간 어디든 〈아리랑〉의 배경으로 설정될 수 있다는 보편적 특성을 위의 두 사설을 통해 드러내고자 하였던 것이다.

물론, 위와 같은 보편적 특징에도 불구하고 〈아리랑〉은 또 한편으로는 지극히 한국적인 감수성을 내밀하게 보존한다. 헐버트는 '마지막으로(finally)' 세 번째 사설이야말로 한국인의 삶에 적실(適實)하게 밀착되어 있다고 하였는데, 번역된 사설에서는 임과의 이별을 처연히 받아들이면서

37 잘 알려진 바와 같이, 고대 그리스인들은 동쪽 지방 어딘가에 여인국 아마존이 존재하며, 그곳의 여인들은 활이나 창을 쓰는 데 불편함이 없도록 스스로 한쪽 유방을 잘라낼 정도로 강인하다고 믿어 왔다(Pierre Grimal, 최애리 외역, 『그리스 로마 신화 사전』, 열린책들, 2003, 260면).

38 '티타니아(Titania)'는 윌리엄 셰익스피어(William Shakespeare, 1564~1616)의 희곡 〈한여름 밤의 꿈(A Midsummer Night's Dream)〉에서 차용해 온 것으로 보인다. 이 작품에서 티타니아는 '요정의 여왕(Queen of the Fairies)'으로 등장하므로 '티타니아 땅'이란 곧 요정의 세계로 풀이된다. 한편, 같은 작품에서 아테네 공작 테세우스(Theseus, Duke of Athens)의 약혼녀인 히폴리타(Hippolyta)는 '아마존의 여왕(Queen of the Amazons)'으로 등장하는데, 이로 미루어 보면 헐버트가 첫 번째 사설에 붙인 '아마존(Amazon)'이라는 표지도 역시 〈한여름 밤의 꿈〉에서 착안한 것이리라 짐작된다.

고대 그리스의 도기(陶器)에 그려진 아마존 여전사
(에우프로니우스(Euphronios, B.C. 6세기) 작, 독일 국립 고미술품 박물관(Antikensammlungen) 소장)
〈한여름 밤의 꿈〉의 한 장면(1786)(왼쪽부터 오베론, 티타니아, 퍽, 춤추는 요정들)
(윌리엄 블레이크(William Blake, 1757~1827) 작, 런던 테이트(Tate) 갤러리 소장)

언젠가 임이 되돌아오리라는 확신을 되뇌는 화자의 모습이 제시된다. 이별을 적극적으로 거부하는 첫 번째 사설의 화자에 대해 헐버트가 '아마존풍(Amazonian)'이라고 표현했던 것과 확연하게 대비되는 형상이다.

같은 글에서 헐버트는 시조의 하위 유형 가운데 '술 노래'의 대표작으로 "술 먹지 마자 ᄒᆞ고 밍세를 지엇더니 / 술 보고 안주 보니 밍세가 허ᄉᆞ로다 / ᄋᆞ희야 쳥념이 어ᄃᆡ미니 저 건너 힝화촌"을 제시한 후, 이를 젊은 날 '김낭(金娘, Kim)'과의 사랑을 이루지 못한 한 남성이 나날이 술을 들이켜며 회한을 달래는 모습으로 보충의역한 바 있다.[39] 원문에서는 별반 발견되지 않는 의미를 그처럼 확대해 놓았다는 점에서, 헐버트는 이별의 고통을 조용히 삭이면서도 임과의 재회를 마음속으로 굳게

39 이 번역시에 대한 검토는 본장 「호머 헐버트의 한국시가 연구」의 2절 참조. 헐버트의 번역시는 이저벨라 비숍의 『한국과 그 이웃나라들(*Korea and Her Neighbors*)』에 그대로 전재되기도 하였다(Bishop, op. cit., p.165).

믿고 살아가는 모습이야말로 한국적 삶의 한 단면이라는 생각을 시종 지니고 있었던 것으로 보인다.

이렇듯 〈아리랑〉이 한편으로는 세계인의 정서와 상상력을 모두 감싸 안는 보편적 성격을 지니면서도 또 다른 한편으로는 한국인의 삶과 감수성을 깊이 있게 체현(體現)해 내기도 한다는 헐버트의 시각이 위의 설명에 녹아 있다. 바로 이와 같은 두 가지 특질을 다시금 강조하면서 헐버트는 〈아리랑〉을 통해 서구인들이 한국인의 상념(想念)을 집약적으로 간취해 낼 수 있을 뿐만 아니라 서구인들조차도 〈아리랑〉에 쉽게 동화될 수 있다는 결론을 내린다. 더 나아가 삶의 공간과 외모는 비록 다를지라도 인간의 보편적 감성이란 어느 곳에서나 일치된다는 긍정적 세계 인식을 〈아리랑〉에 대한 분석을 통해 도출해 내기도 한다.

비록 짧고 압축된 서술로 언명되기는 하였으나, 헐버트가 〈아리랑〉을 바라보는 관점은 단지 예사로운 감탄이나 호기심의 수준에만 머무는 것이 아니라 이처럼 깊이 있는 통찰을 수반하고 있었던 것이다. 아울러 그가 한국문학 전반의 성격을 고유성과 보편성의 양대 자질로 파악하는 구도를 정립하는 도정에도 〈아리랑〉이 대단히 중요한 영향을 미쳤으리라는 사실을 짐작할 수 있다.

4. 한국학자 헐버트의 위상—전망과 과제

이상에서 호머 헐버트의 한국시가관을 개관하고, 〈아리랑〉에 관한 그의 언급들을 단락별로 분석하였다. 서두에서 밝힌 바와 같이, 헐버트는

19세기 말과 20세기 초에 걸쳐 한국의 문화와 역사에 관한 각종 자료를 수집·정리하는 한편, 그에 대한 소견을 적지 않은 수의 논저로도 발표했던 당대의 유력 한국학자이었다. 비록 엄밀한 학술 논문의 형식보다는

2013년 8월 제막된 문경새재아리랑비(경북 문경시 소재)

자신의 감상과 경험이 뚜렷이 개입된 수상록 형식의 글쓰기를 보다 선호했고, 복잡한 설명과 논리에 얽매이기보다는 선교사들이나 학계 인사는 물론 영미의 일반 대중들까지도 흥미롭게 접할 수 있도록 쉬운 문체로 글을 쓰면서 근접한 비교 사례를 빈번하게 제시하는 방식을 지향하였지만, 그러한 평이성 때문에 한국문화와 역사에 대한 헐버트의 분석력이 평가절하되어야 할 이유는 없다.

오히려, 한국을 '금단(禁斷)의 땅',[40] '은자(隱者)의 나라'[41]라고 흔히 지칭해 왔던 동시기 서구인들의 인식을 얼마간이라도 불식하는 데 헐버트의 집필 방식은 대단히 유효했던 것이 사실이다. 이저벨라 비숍이 한국의 문화에 대한 헐버트의 글을 자신의 책에 전재하였던 이유도 역시 가급적 많은 독자층을 위해서 글을 썼던 헐버트의 배려를 충분히 고려하였기 때문일 것이다.[42]

40 Ernst J. Oppert, *Ein Verschlossenens Land : Reisen nach Korea*, Leipzig : Brockhaus, 1880; *A Forbidden Land : Voyages to the Corea*, London : Gilbert & Rivingston, 1880.

41 William E. Griffis, *Corea, the Hermit Nation*, London : W. H. Allen & Co., 1882.

42 아울러 헐버트의 〈아리랑〉 관련 서술은 『한국과 그 이웃나라들』뿐만 아니라 일본인 시노

다만, 자유분방하고 유려하면서도 때로 두서가 없어 보이기도 하는 헐버트의 저작을 오늘날의 시각에서 면밀하게 검토하고 분석하는 일은 또 다른 차원의 과제로 남아 있다. 우선 그의 글에 인용된 각종 전거와 비교 사례들을 정확하게 찾아내고 그 특질을 밝혀내는 작업이 선행되어야 하며, 이를 바탕으로 한국문화와 역사에 대한 헐버트의 시각을 전체적인 문맥 속에서 조망하는 시도가 뒤따라야 할 것이다. 이 글은 그 같은 과제를 특히 〈아리랑〉에 관한 서술들을 가지고 수행해 본 시험적 탐색으로서의 의미를 지닌다.

부 준페이(信夫淳平, 1871～1962)의 『한반도(韓半島)』(1901), 호러스 N. 알렌(Horace Newton Allen, 안연(安連), 1858～1932)의 『조선견문기(*Things Korean*)』(1908), 윌리엄 L. 허버드(William Lines Hubbard, 1867～1951)가 편찬한 『외국음악의 역사(*History of Foreign Music*)』(1908) 등 여러 저술에 전재되기도 하였다(김연갑, 앞의 글, 2012, 153면; 조용호, 「엮은이 해설」, 조규익 · 조용호 편, 『아리랑 연구총서』 1, 학고방, 2010, 273면; Ed. William L. Hubbard, *History of Foreign Music, vol.3 : The American History and Encyclopedia of Music*, Toledo : Irving Squire, 1908, pp.39～40).

6장

애나 T. 스미스

한국시가의 '모성적 율동'을 포착하다

애나 T. 스미스(Anna Tolman Smith)
생몰연대 : 1840~1917
출생지 : 미국 매사추세츠주 보스턴(Boston)
주요 직책 : 미국 연방정부 교육국 관리
한국 체류 기간 : 없음
한국 관련 주요 저술 : 「몇 편의 한국 자장가(Some Nursery Rhymes of Korea)」(1897)

개관

19세기 말까지 대다수의 한국 관련 저작들은 한국이나 중국 · 일본 등 동아시아 일대에 체류하던 선교사, 상인, 학자들에 의해서 이루어진 것이었다. 1890년대에 들어서면 서구권 국가의 본토에서도 한국의 역사적 · 문화적 요소를 고찰한 성과들이 간헐적으로나마 발표되기 시작하는데, 그 주요 지면 가운데 하나가 미국민속학회의 공식 학회지인 『미국민속학보』이다.

이 학회지에 수록된 수편의 에세이 중에서 한국시가와 관련하여서는 애나 스미스의 소론이 단연 두드러진다. 해외 교육 전문가이자 미 연방정부의 여성 관료로서 스미스는 모성의 문제에 큰 관심을 두고 있었다. 이에 한국적인 모성과 교육적 가치가 응축되어 있다고 생각한 자장가를 논의의 대상으로 포섭하여, 그 속에 포함된 한국인의 전통적 인간관과 세계관 및 교육관을 검토하는 데 주력하였다. 더 나아가 스미스는 한국시가의 율격을 장단율 모형으로 파악하고 이를 실제 작품 속에서 검증해 보려는 시도를 전개하기도 한다.

19세기 말 『미국민속학보』에 소개된 한국시가의 특징

애나 스미스의 한국 자장가 고찰

1. 한국시가를 바라보는 안팎의 시선

이 글은 19세기 말 『미국민속학보(*The Journal of American Folklore*)』에 수록된 한국 관련 논문들의 분포를 개관하고, 그 가운데 가장 주목되는 애나 T. 스미스(Anna Tolman Smith, 1840~1917)의 「몇 편의 한국 자장가(Some Nursery Rhymes of Korea)」를 분석하는 데 목적을 둔다.

19세기 말~20세기 초는 서구인들이 한국에 들어와 본격적으로 활동을 개시했던 시기로서, 문화・사상・역사 등 한국의 제반 사항들이 이 무렵 에세이 형식의 글로 작성되어 내외에 활발히 소개되었다.

한국시가에 대해서는 특히 제임스 S. 게일(James Scarth Gale, 기일(奇一), 1863~1937), 호머 B. 헐버트(Homer Bezaleel Hulbert, 흘법(訖法), 할보(轄甫), 1863~1949)를 비롯한 개신교 선교사들이 이 시기에 관련 에세이를 발표한 주요 인사로 지목될 수 있다. 논의의 수위나 방식면에서 다소의 편차가 있기는 하나, 이들은 모두 깊이 있는 탐문과 나름의 분석력을 바탕으로 당대 한국시가의 특질을 고찰하였다는 점에서 중요하게 거론될 만하다. 다만, 해당 에세이들이 발표된 지면을 보면 『한국휘보(*The Korean Repository*)』, 『코리아 리뷰(*The Korea Review*)』, 『코리아 미션 필드(*The Korea Mission Field*)』와 같이 대개 국내에 체류하던 서구 선교사나 외교관들을 위한 잡지류가 대부분이고, 그 유포 범위 역시 서울 일대를 크게 벗어나지 않았다. 게일의 경우 중국 상하이[上海]에서 발행되던 영문 주간지 『북화첩보(北華捷報, *The North China Herald*)』에 교신저자로 참여하면서 한국문학 관련 글을 기고한 바도 있으나, 이 또한 중국 일대에 주로 유포되었기 때문에 그 독자층은 한정될 수밖에 없었다.[1]

따라서 한국시가가 서구에 소개되는 과정을 확인하기 위해서는 국내에서 발행된 잡지들보다 한층 범위가 넓고 영향력이 확고한 지면에 수록된 글들을 확인해 보는 작업이 필요하며, 그 가운데 하나로 거론될 수 있는 유력 간행물이 곧 『미국민속학보』이다. 제명에서도 드러나듯 『미국민속학보』는 미국민속학회(the American Folklore Society)의 공식 학술지로서 미국내에서 출판・보급되었음은 물론, 그 독자층 또한 미국 각 대학의 교수와 연구원, 도서관 학예사, 연방정부의 관료와 정책관 등 지식인들이 주류를 이루었기 때문에 한국문학 및 시가에 대한 인상이 서구

1 한편, 파리에서 출간된 모리스 쿠랑(Maurice Courant, 1865～1935)의 『한국서지(*Bibliographie coréenne*)』는 한국의 문헌 전반에 대해서는 물론, 시가에 관해서도 여러 중요한 견해를 포함하고 있는 저작이지만, 이 역시 서구 학계에 큰 반향을 일으키지는 못하였다(Daniel Bouchez, 전수연 역, 「한국학의 선구자 모리스 꾸랑 (상)」, 『동방학지』 51집, 연세대 국학연구원, 1986, 173～175면; 이상현, 「삼국사기에 새겨진 27년 전 서울의 추억 – 모리스 쿠랑(Maurice Courant)과 한국의 고전세계」, 『국제어문』 59집, 국제어문학회, 2013, 213～217면).

에 생성되는 데 중요한 영향을 미쳤으리라 추정할 수 있다.

이에, 아래에서는 우선 『미국민속학보』에 수록된 한국 관련 에세이들의 서지를 일별한 후, 그중 가장 중요한 사례로 생각되는 애나 스미스의 글에서 한국시가의 특징이 어떠한 방식으로 논의되었는지 항목별로 분석해 가고자 한다.

2. 『미국민속학보』에 수록된 한국 관련 논문

윌리엄 W. 뉴웰(1839~1907)
미국민속학회 창립자

미국민속학회는 1888년 미국 매사추세츠주 케임브리지(Cambridge)에서 윌리엄 W. 뉴웰(William Wells Newell, 1839~1907)이 프랜시스 J. 차일드(Francis James Child, 1825~1896), 프랜츠 보애스(Franz Boas, 1858~1942), 대니얼 G. 브린턴(Daniel Garrison Brinton, 1837~1899), 토머스 F. 크레인(Thomas Frederick Crane, 1844~1927) 등과 함께 설립한 민속학 연구 학회로 현재까지도 120년 이상 명맥이 유지되고 있다. 창립 당시의 주요 구성원은 미국 동부 지역 유명 대학의 고고학, 문화인류학, 인종학, 언어학, 수사학 교수들이었고, 그 밖에 박물관 관계자나 도서관 학예연구관 및 사서들도 가담하였다고 한다. 이 학회는 민요・설화・놀이・의례 등 민속학 관련 자료들을 폭넓게 수집하여 그 특징을 분석하는 데 주력하였으며, 계간 학술지인 『미국민속학보』는 당시 북미 지역 유일의 민속학 분야 정기 간행물로서 독보적인 위상을 지니고 있었다.[2]

THE

JOURNAL OF

AMERICAN FOLK-LORE

EDITED BY

FRANZ BOAS
T. FREDERICK CRANE J. OWEN DORSEY
W. W. NEWELL, GENERAL EDITOR

VOL. I.

BOSTON AND NEW YORK
Published for the American Folk-Lore Society by
HOUGHTON, MIFFLIN AND COMPANY
LONDON: TRÜBNER & CO., 57 LUDGATE HILL
1888

Rules of the American Folk-Lore Society.

1. The American Folk-Lore Society has for its object the study of Folk-Lore in general, and in particular the collection and publication of the Folk-Lore of North America.

2. The Society shall publish a Journal, of a scientific character, calculated to promote such collection, a copy of which shall be sent to each member of the Society.

3. The Society shall consist of life-members, and of members who subscribe an annual fee of three dollars, payable on the first of January in each year.

4. Life-members shall become such by the payment of a fee of fifty dollars, and shall be entitled in perpetuity to the same rights and privileges as those possessed by annual members.

5. An annual meeting of the Society, of which notice shall be given by the Secretary, shall be held at such time as the Council may appoint.

6. The affairs of the Society, including the admission of members, shall be conducted by a President and Council of fourteen members, who shall be elected at each annual meeting, for the term of one year. The Council shall have power to fill occasional vacancies in their number.

7. No member whose subscription is in arrear shall be entitled to vote at the annual meeting or receive a copy of the Journal; and any member who is one year in arrear of his subscription, shall, from the time of the annual meeting of the ensuing year, cease to belong to the Society.

8. No alteration of these rules shall be made except at an annual meeting of the Society, and upon the requisition of at least five members; nor then, unless at least one month's previous notice of the change to be proposed shall have been given, in writing, to the Secretary, by whom it shall, through the mails, be laid before the members of the Society.

『미국민속학보』 창간호 표지(좌)와 학회 회칙(우)

학회 창립 이후 1945년까지 학술지에 수록된 논문들의 면면을 보면, 우선 아일랜드 · 독일 · 프랑스 등 유럽 각국에서 들어온 이주민들의 관습과 전통이 미국문화에 어떠한 영향을 끼치고 있는지 분석한 사례들이 자주 눈에 뜨인다. 아메리칸 인디언들의 설화나 시가를 채록 · 번역하여 소개한 논문들과 캐나다 · 멕시코 · 카리브해 연안국 등 미국 인근 지역 거주민들의 민속을 다룬 논문들도 적지 않으며, 멀리는 인도 · 동남아시아 · 터키 그리고 중국 · 일본 관련 글들까지 간혹 발견될 정도로 이 시기 미국민속학회의 관심 영역은 전세계적 범위에 걸쳐 있었던 것이다.[3]

---

2 Michael J. Bell, "William Wells Newell and the Foundation of American Folklore Scholarship", *Journal of the Folklore Institute*, vol.10, no.1/2, Bloomington : Indiana UP, Jun. ~Aug. 1973, p.10.

3 『미국민속학보』에 수록된 논문들의 분포와 특징에 대해서는 학회 창립 백주년을 맞아 간

다만, 적어도 2차 세계대전 종료 이전까지의 학술지에서는 한국 관련 논문을 거의 찾아볼 수 없는데, 이는 당시 서구인들에게 한국이라는 나라의 존재 자체가 그다지 알려져 있지 않았던 데다,[4] 특히 국권 피탈 이후에는 한국으로 특화된 논문이 나오기가 더욱 어려워졌기 때문으로 짐작된다. 한국 내에서는 그나마 기독교 선교사들을 중심으로 한국 문화의 여러 요소들이 활발히 논의되고 있었으나, 서구권 국가 본토에서는 한국에 관한 학술적 고찰과 연구를 진행해 갈 만한 기반도 유인도 모두 갖추어지지 않았던 셈이다.

물론, 세계 도처의 민속학 자료가 망라된 『미국민속학보』에 한국 관련 논문이 전무했던 것은 아니다. 우선 1888년부터 1945년까지의 학술지에 실린 글들 가운데 한국과 조금이라도 관련되는 것들을 모두 찾아 시기순으로 나열해 보면 다음과 같다.

① T. F. Cranel, "Book Review : *Korean Tales : Being a Collection of Stories Translated from the Korean Folk-lore, Together with Introductory Chapters Descriptive of Korea*, New York : G.P. Putnam's Sons(1889)", *The Journal of American Folklore*, no.10, Boston : the American Folklore Society, Jul.～Sep. 1890, p.248.

행된 다음의 색인집을 참고하여 서술하였다 : Bruce Jackson, Michael Taft and Harvey S. Axlerod, *Centennial Index : One Hundred Years of the Journal of American Folklore*, Washington : American Folklore Society, 1988.

4 19세기 말 서구에 한국의 존재를 알리는 데 큰 기여를 했던 이저벨라 B. 비숍(Isabella Bird Bishop, 1832～1904) 역시 이 같은 사정을 언급한 바 있다. 비숍이 '한국(Korea)'으로 여행을 떠날 것이라는 의도를 밝히자 주위 사람들이 적도나 지중해, 흑해, 그리스 군도 등의 어느 지역으로 여행을 가는 것이라 오해할 정도로 한국은 지리적, 역사적, 문화적으로 서구인들에게 무척 낯선 땅이었던 것이다(Isabella B. Bishop, *Korea and Her Neighbors*, New York : Fleming H. Revell Company, 1897, p.11).

② Dorothy Rockhill, "The Magpie and the Fox (A Corean Tale)", *The Journal of American Folklore*, no.20, Boston : the American Folklore Society, Jan.~Mar. 1893, pp.70~71.

③ Anon., "Korean Games", *The Journal of American Folklore*, no.28, Boston : the American Folklore Society, Jan.~Mar. 1895, p.96.

④ William Wells Newell, "Book Review : *Korean Games with Notes on the Corresponding Games of China and Japan* by Stewart Culin, Philadelphia : University of Pennsylvania(1895)", *The Journal of American Folklore*, no.31, Boston : the American Folklore Society, Oct.~Dec. 1895, pp.331~332.

⑤ Anna Tolman Smith, "Some Nursery Rhymes of Korea", *The Journal of American Folklore*, no.38, Boston : the American Folklore Society, Jul.~Sep. 1897, pp.181~186.

⑥ E. B. Landis, "Korean Folk-tales", *The Journal of American Folklore*, no.39, Boston : the American Folklore Society, Oct.~Dec. 1897, pp.282~292.

⑦ E. B. Landis, "Rhymes of Korean Children", *The Journal of American Folklore*, no.42, Boston : the American Folklore Society, Jul.~Sep. 1898, pp.203~209.

58년 치의 학술지에 실린 것이라 하기에는 무척이나 적은 편수이고, 그마저 1899년 이후에는 더 이상의 글을 발견할 수조차 없지만,[5] 한국

---

5 엘리 B. 랜디스(Eli Barr Landis, 남득시(南得時), 1865~1898)의 1898년 논문을 마지막으로 한국을 독립적으로 다룬 논문은 더 이상 발견되지 않으며, 1955년에 이르러서야 다시 논문이 실리기 시작한다(D. L. Olmsted, "Korean Folklore and Attitudes toward China", *The Journal of American Folklore*, no.267, Boston : the American Folklore Society, Jan.~Mar.

에 대한 관심이 간헐적·계기적으로 표출되기도 하였다는 사실만은 위의 내역을 통해 어느 정도 확인할 수 있다.

다만, 이 가운데 ①과 ④는 각각 호러스 N. 알렌(Horace Newton Allen, 안연(安連), 1858~1932)과 스튜어트 컬린(Stewart Culin, 1858~1929)의 근간 저작에 대한 간략한 서평이기 때문에 큰 의미를 부여하기 어렵다. 또한 ③은 컬린의 책을 소개하는 광고문에 지나지 않는다. ②와 ⑥의 경우 한국설화를 영역하여 소개한 자료로서 가치가 있으나, 역시 필자들의 견해나 분석이 드러나지는 않는다. 따라서 논문 또는 에세이의 성격을 일정 정도라도 지니고 있는 사례는 ⑤와 ⑦ 정도에 불과한데, 비록 편수는 적지만 이 두 편의 에세이로부터 여러 흥미로운 사항들을 추출해 낼 수 있다.

먼저 두 글이 모두 한국의 여러 문화적 요소 가운데에서도 노래를 다루고 있을 뿐만 아니라 그 발표 연도 역시 1897, 1898년으로 연접해 있다는 점에 주목할 만하다. 국내에 체류하던 서구인들 사이에서 한국의 가악(歌樂)이나 시가에 관한 논의가 본격적으로 시작된 시기는 1890년대 중후반으로 파악되며, 이를 보여주는 사례로서 제임스 게일의 「문학에 관한 몇 가지 논의(A Few Words on Literature)」(1895), 호머 헐버트의 「한국의 성악(Korean Vocal Music)」(1896) 및 「한국의 시(Korean Poetry)」(1896) 등이 지목될 수 있거니와,[6] 대략 이 시기에 즈음하여 미국내에서도 한국의 가악 내지 시가에 대한 학술적 관심이 표출된 궤적을 읽어낼 수 있기 때문이다.

한편, 두 글은 그 안에서 나름의 대조적·상보적 관계를 형성하기도 한다. 전자는 미국 관계(官界)의 여성 명사가 미국내 한국인 체류자들의

1955, pp.51~55).

6 본서의 4, 5장 참조.

구술 자료를 분석하여 발표한 논문인 반면, 후자는 한국에서 의료 활동을 펼치고 있던 남성 필자가 자신이 직접 채록한 노래들을 재료로 삼아 작성한 글이다. 따라서 같은 시기에 한국의 안과 밖에서 각각 한국의 문화적 요소를 살폈다는 점에서 양자는 흥미로운 대조를 이룬다. 아울러 전자가 비교적 제한된 자료를 바탕으로 일종의 한국시가론을 전개한 특성을 지니는 데 비해, 후자는 다수의 채록 작품들을 면밀하게 해설하는 쪽에 중점을 두었기 때문에, 견해와 자료로 각각 특화된 두 글이 마치 상호의 부족한 요소를 보완해 주는 듯 보이기도 한다.

따라서 『미국민속학보』에 실린 스미스와 랜디스의 글 모두 19세기 말 한국시가가 어떠한 방식으로 논의되고 서구에 소개되었는지를 보여주는 사례로서 매우 중요한 의미를 지닌다. 특히 스미스의 논문은 한국시가의 전반적 특질은 물론 율격 구조에 대해서까지도 일정 정도 논의를 진척시키고 있기에 더욱 주목되는 바가 있다. 이에 이 장에서는 우선 스미스의 글에 대한 분석을 진행한 후 다음 장에서 랜디스의 글을 그와 연계 지어 다루고자 한다.

3. 애나 스미스의 한국 자장가(Nursery Rhymes) 고찰

1) 한국에 착목한 계기

『미국민속학보』에는 필자 소개란이 따로 없기 때문에 필자의 인적 사항이나 논문의 집필 경위에 대해서 정보를 추려내기가 어렵다. 더구나 애나 스미스는 한국을 방문한 적이 없고, 한국에 대해 어느 정도의 지식을 가지고 있었는지에 대해서조차도 거의 알려져 있지 않다.[7] 따라서 본격적인 논의를 전개하기에 앞서 우선 그가 『미국민속학보』에 한국의 노래를 소개하게 된 목적과 계기를 추적해 보아야 할 필요가 있다.

20세기 초반에 간행된 북미 여성인명사전 속에서 그 첫 실마리가 발견된다.[8] 이 책의 서술에 따르면 스미스는 당시 여성으로서는 교육 수준이 상당했을 뿐만 아니라 사회 활동 또한 활발하게 펼쳤던 것으로 확인된다.

SMITH, Anna Tolman, 1335 Twelfth St., N.W., and U.S. Bureau of Education, Washington, D.C.
Educator; b. Boston, Mass.; dau. Tolman Gore and Abigail (Dyer) Smith; ed. Boston High and Normal School, Albion (N.Y.) Female Sem.; special studies under private tutors. Since 1879 attached to U.S. Bureau of Education as specialist in foreign educational systems. Mem. Jury of Awards of Exposition Universelle, Paris, 1900, and of Louisiana Purchase Exposition, St. Louis, 1904; received from French Government, 1900, decoration of Officier de l'Instruction Publique; was departmental editor of the Cyclopædia of Education. Regular contributor to the annual reports of the Bureau of Education, the American Year Book and on educational subjects to home and foreign publications.

1914년판 북미 여성인명사전에 수록된 애나 스미스의 프로필

1840년 보스턴에서 출생한 그는 상주 가정교사로부터 기초적인 교육을 받았으며, 고등학교 졸업 후 뉴욕의 알비온 여자 신학교(Albion Female Seminary)에서 수학하였다고 한다. 40대에 접어들던 1879년에 워싱턴의 연방정부 교

엘리스 C. 플레처

7 애나 스미스에 대해서는, 그가 작성한 논문의 주요 내용이 언론매체에 간략히 소개된 바 있고(「100여 년前 한국동요－자장가 채록 악보 美서 발견」, 『동아일보』, 2005.11.11., A2면), 스미스의 주선으로 엘리스 C. 플레처(Alice Cunningham Fletcher, 1838～1923)가 녹음한 한국민요 자료가 1998년 메릴랜드대학의 로버트 C. 프로바인(Robert C. Provine) 교수에 의해 미국 의회도서관(Library of Congress)에서 발견되면서 또 다른 계기로 수차 언급되기도 하였다(정창관, 「한민족 최초의 녹음－우리가 찾아와야 할 6개의 에디슨 원통형 실린더 음반」, 『한국음반학』 19호, 한국고음반연구회, 2009, 168면; 정창관, 「아리랑의 근원, 소리로 찾다!」, 『국악누리』 128호, 국립국악원, 2012, 20～21면 등). 그러나 스미스는 '미국인 인류학자' 또는 '학자'라고만 소개되어 왔을 뿐 그가 어떠한 활동을 하였고 그의 논문에 구체적으로 어떠한 내용이 담겨 있는지 등에 대한 본격적인 연구는 이루어진 바가 없다.

8 John William Leonard et al., Eds., *Woman's Who's Who of America : A Biographical Dictionary of Contemporary Women of the United States and Canada 1914～1915*, New York : American Commonwealth Co., 1914, p.754. 스미스의 생애와 관련된 이하의 서술은 이 책의 내용에 의거한다.

육국(U.S. Bureau of Education)에 들어가 관직 생활을 시작한 이래 70대인 1910년대에 이르기까지 교육국 관리로 근속했던 것으로 전한다. 특이한 사실은 미국 연방정부 소속인 스미스가 프랑스 정부로부터 1900년에 공공교육 공무원 훈장(decoration of Officer de l'Instruction Publique)을 받았다는 점인데, 이는 그의 담당 업무가 '외국의 교육 제도(foreign educational systems)'와 관련되어 있었기 때문일 것이다.[9] 즉, 스미스는 미국 이외 국가의 교육 제도를 연구하는 한편, 외국인의 미국내 수학이나 미국인의 외국 유학을 주선하는 데에도 관여한 듯하며, 특히 프랑스 정부로부터 그 공로를 인정받았던 것으로 보인다.

이러한 행적과 연관 지어 보면, 스미스가 한국에 대해 관심을 갖게 되었을 여지도 충분히 드러난다. 외국의 교육 정책, 또는 미국내에서의 외국인 교육과 연계된 업무를 수행하는 과정에서 그의 시각은 항상 세계 각지로 열려 있었고, 그 가운데 하나로 한국이 관심권에 포착되었을 가능성을 상정해 볼 수 있는 것이다. 이를테면 스미스는 해외의 학생들과 만나고 교류하는 활동을 무척 즐겼을 것으로 짐작되며, 실제로 그가 한국의 노래를 전해 듣게 된 계기 역시 한국인 유학생들과의 만남을 통해 마련되었음을 아래 언급을 통해 확인할 수 있다.

> 여기에 제시하는 시편들의 형식은 [한국어로 된] 본래의 작품을 정확하게 옮겨온 것이 아니며, [본래 작품이 지니고 있는] 운율상의 효과를 보존하

9 인명사전에는 물론 스미스의 저술에도 그가 '외국의 교육 제도 전문가(specialist in foreign educational systems)'로 소개되고 있는 것을 확인할 수 있다(Anna Tolman Smith & Waclaw Stanislaw Jesien, *Higher Technical Education in Foreign Countries : Standards and Scope*, Washington : Government Printing Office, 1917).

고자 [임의로] 고안해 낸 것이다. 시편들을 내게 구술해 준 한국인 학생들에 따르면, 이렇게 개작된 형태도 그들의 귀에는 친숙하게 들린다고 하였다.[10]

아마도 스미스는 모종의 계기로 한국인 유학생들을 만나 한국의 교육과 문화에 대해 이야기를 나누고 차제에 한국의 노래까지도 청해 들었던 듯하다. 이후 그들에게 자신의 채록 자료를 다시 검토 받은 것으로 미루어 유학생들은 스미스의 거주 지역 근처, 즉 워싱턴 D. C. 일대에 체류했으리라 추정된다.

19세기 말까지 한국인 유학생들은 대부분 관비를 받아 일본에서 수학했고 미국 유학생은 손에 꼽을 만큼 드물었기 때문에, 스미스가 만났던 학생들의 면면을 추적해 볼 수도 있다. 스미스는 문화인류학자인 엘리스 플레처에게 자신이 만난 한국 유학생들을 소개해 주고 그들의 노래를 녹음하여 남기도록 부탁하였거니와,[11] 1896년 7월 24일자로 기록된 당시의 녹음 자료와 메모가 미국 의회도서관에 소장되어 있어서 이때의 사정을 파악하는 데 큰 도움이 된다.

⟨Korean students at Howard University in 1896⟩

현재까지 밝혀진 바에 따르면, 도쿄 게이오의숙(慶應義塾)에 유학 중이던 김헌식(金憲植, 1869～?), 이범수(李範壽, 1872～?), 임병구(林炳龜, 1877～?), 여병현

10 Anna Tolman Smith, "Some Nursery Rhymes of Korea", *The Journal of American Folklore*, no.38, Boston : the American Folklore Society, Jul. ～Sep. 1897, p.181.

11 정창관, 앞의 글, 2012, 20면. 플레처는 아메리칸 인디언을 주로 연구하였으며, 추후 미국 민속학회의 첫 여성 회장으로 선임되기도 하였다.

(呂炳鉉, 1870~?), 이하영(李夏榮, 1867~?), 안정식(安禎植, 1869~?)이 아관파천(俄館播遷, 1896)의 여파로 일본 유학생에 대한 국내 여론이 나빠지자 1896년 초에 돌연 미주로 도주하는 사건이 발생했으며, 이후 박희병(朴羲秉, 1871~?), 이희철(李喜轍, 1870~?)과 기생 출신인 하난사(河蘭史, 1868~1919)를 포함하여 수명의 게이오의숙 학생이 같은 해에 잇달아 미주행을 택하게 된다.[12] 1896년 5월 8일 자 『워싱턴 포스트(*The Washington Post*)』지 기사에는 이들 가운데 7명이 당시 미국공사 서광범(徐光範, 1859~1897)의 도움을 받아 워싱턴의 하워드대학(Howard University)에 입학한 것으로 기록되어 있을 뿐만 아니라,[13] 플레처의 녹음 작업에 참여했던 한국인 'Jong Sik Ahn', 'He Chel Ye', 'Son Rong' 가운데 안정식과 이희철의 이름을 확인할 수 있기도 하다.[14]

20세기 초 워싱턴 D. C.의 관청가

따라서 스미스가 위 인용에서 '한국인 학생들(Korean students)'이라고 지칭했던 인물들은 모두 또는 대부분 게이오의숙 출신이었을 가능성

12 박찬승, 「1890년대 후반 관비유학생의 도일 유학」, 김용덕 · 미야지마 히로시 편, 『근대교류사와 상호인식』 1, 고려대 아세아문제연구소, 2001, 103면; 허동현, 「개화기(1883~1905) 미국 유학생과 민족운동」, 『한국민족운동사연구』 38, 한국민족운동사연구회, 2004, 50~53면.

13 Robert C. Provine, "Alice Fletcher's Notes on the Earliest Recordings of Korean Music", 『한국음반학』 17호, 한국고음반연구회, 2007, pp.48~49.

14 정창관, 앞의 글, 2009, 168~169면; 「'한민족 첫 음반' 목소리 주인공 2명 찾았다」, 『한국일보』, 2009.2.12, 2면; 정창관, 앞의 글, 2012, 21면. 한편, 이완범 교수는 'Son Rong'으로 표기된 나머지 한 명을 역시 당시 하워드대학 재학생이었던 송영택으로 추정한 바 있다(「1896년 美서 녹음 '한민족 첫 음반' 있기까지」, 『한국일보』, 2009.2.14, 21면).

이 높으며, 그가 이들의 미국내 정착을 행정적으로 지원하는 한편, 차후 플레처의 녹음 작업까지 주선했던 것으로 추정된다.[15] 연방정부의 교육국 관리이자 외국 교육 제도 담당자인 스미스가 무작정 태평양을 건너온 동방의 젊은이들이 미국 대학에서 학업을 이어갈 수 있도록 배려해 주거나, 최소한 그들의 처지와 수학능력을 점검해 보았을 여지는 다분하다. 그 과정에서 한국 학생들과 친분을 쌓고 지속적으로 교류했으리라 보이는데, 이는 물론 세계 각지의 문화적 환경과 교육 방식에 대해 스미스가 비상한 관심을 가지고 있었기에 가능한 일이었다. 특히 한국이라는 미지의 나라는 스미스의 호기심을 더욱 자극할 만했으며, 그것이 특유의 학구적 열정으로 이어지면서 한국문화와 시가에 대한 독립된 에세이를 작성하여 유력 학회지에 발표하게 되었던 것이다.[16]

하난사

15 이러한 추정은 다른 방증에 의해서도 뒷받침된다. 미주 한인 이민 100주년을 기념하여 수년 전 개설된 누리집에는 현재까지 국내외에서 수집된 각종 한인 이민사 관련 자료가 망라되어 있는바, 그 가운데 '1896년 하워드대학의 한국 학생들(Korean students at Howard University in 1896)'이라는 제하의 단체사진이 포함되어 있다. 사진 속 인물은 임병구, 이범수, 김현식(김헌식), 안정식, 여병현 등으로 이미 밝혀진 바 있다(김지수, "초기 미국 유학생(1883～1905)(Early period Korean students in the US(1883～1905))", 미주한인 100년의 발자취(http://koam history.hoya.la/home/bbs/board.php?bo_table=000&wr_id=3#.UmosDffC4aY, 최종검색일 : 2013.9.19). 뒷줄 중간에 서 있는 동양 여성은 하난사인 듯하고, 그 오른편에 보이는 중년의 서양 여성이 혹애나 스미스가 아닐까 추정된다. 스미스의 사진은 인명사전이나 그의 저술 어디에도 수록되어 있지 않아 미처 확인하지 못하였으나, 단체사진 속 서양 여성은 중년의 플레처와는 인상이 많이 다르다.

16 스미스는 공직에 종사하는 동안 여러 편의 저술을 남겼고, 사전 편찬에 참여하기도 하였다(Leonard et al., Eds., op. cit., p.754). 이를테면 그는 관리이자 학자로서의 삶을 살았던 것이다. 다만, 그의 전문 영역은 역시 교육 분야이었으며, 시가 텍스트를 면밀히 분석해 낼 만큼 문학에 조예를 갖추지는 못했던 것으로 보인다. 이 점은 다음 항 '한국 자장가에 나타나는 세계관, 인생관에 대한 분석'에서 확인될 것이다.

2) 한국 자장가에 나타나는 세계관, 인생관에 대한 분석

우선 한국문화 내지 시가에 대한 고찰을 진행하는 과정에서 스미스가 굳이 자장가(nursery rhymes)에 천착하였던 이유가 무엇이었는지 살필 필요가 있다.[17] 글의 초두에 그 실마리가 보이는데, 제목에 붙인 각주에서 스미스는 이 글이 워싱턴의 여성문화인류학회(the Woman's Anthropological Society, Washington, D. C.)에서 한 차례 구두 발표된 논문(paper)임을 뚜렷이 밝히고 있다. 따라서 논문의 관심사가 여성과 육아, 나아가 모성(母性)의 문제와 밀접하게 연관되리라는 점을 짐작할 수 있고, 분문의 서술에서도 그러한 지향이 직접 표명된다.

동방의 나라들 가운데 가장 신비로운 곳 한국에서 우리들은 가정생활의 원초적 단계를 마주하게 되기에 나의 목표는 다만 [거기에 내재된 한국인들의] 정서와 사고방식을 가급적 명확하게 전달하려는 데 있다. 내가 알기에, 노래는 승려들이 고안해 낸 것이라고 일반적으로 논의된다. 하지만 의

17 'Nursery rhymes'에 상응하는 우리말은 없는 듯하다. 이 어휘는 어른들이 아이들에게 불러주는 전래 노래로 정의되며, 때문에 동요처럼 아이들 사이에서 소통되는 구비전승(children's lore)과는 구별된다. 아기를 재우는 데 소용되는 자장가(lullaby)가 그 대표적 부류라 할 수 있지만, nursery rhymes는 자장가를 포함하는 보다 넓은 개념인 것이다. 따라서 이 어휘는 '자장가'로도, '동요'로도 번역되지 않으나, 의미가 아예 다른 '동요'로 옮기는 것은 아무래도 적합하지 않은 데다 스미스가 그의 글에서 다룬 한국의 nursery rhymes 가운데 상당수가 자장가이기 때문에 부득이 '자장가'를 역어로 택하였다. 물론, nursery rhymes가 자장가보다 넓은 개념이라는 점에는 여전히 유념해야 할 필요가 있다. 참고로 영미권의 민속학사전에서 'nursery rhymes'를 정의하는 방식을 예시하면 다음과 같다.
"Nursery rhymes : Traditional rhymes which are passed on to children while they are still of nursery age. The key point here is that the transmission is normally from adult to child, which can be distinguished from children's lore, which is mainly transmitted between children"(Jacqueline Simpson and Steve Roud, *A Dictionary of English Folklore*, New York : Oxford UP, 2000, p.263).

심할 여지도 없이 최초의 어머니가 최초의 아기에게 노래를 불러 주었을 것이다. 어머니의 열정이란 본래 율동적인 까닭이다. 그러므로 자장가에는 또한 서정, 서사, 극과 같은 모든 시가 형태에 관련된 단초가 내재되어 있다. 어머니의 마음은 사랑, 절망, 희망 그리고 예언과 같은 모든 감성적 영역에 미치기 때문이다.[18]

아동들(the young)은 [유년기를 지나서는 더 이상] 자장가를 친숙하게 느끼지 않지만, 자장가는 일종의 감화력을 지니며, 그것에 의해서 수련기, 또는 굳이 말하자면 학창기 아동들의 품성이 만들어진다. 그러므로 자장가를 통해서 유년기의 구비전승에 대한 연구를 매우 적실하게 완결 지을 수 있을 듯하다.[19]

위 인용 부분을 통해 스미스가 한국의 자장가에 주목하였던 이유를 대략적으로나마 추출해 낼 수 있다. 스미스는 동방의 나라들 가운데 한국이 가장 신비롭다고 표현하였는데, 이때 '신비롭다'라는 것은 서구와의 접촉이 그만큼 차단되어 있었다는 의미로 해석된다. '신비로움(mysterious)'이 곧 '원초성(threshold)'으로 연계되는 것으로부터도 이 점을 짐작할 수 있다. 따라서 스미스가 한국을 바라보는 방식에는 일종의 오리엔탈리즘적 시각이 개재되어 있었던 셈이지만,[20] 그 같은 시각은 실상 당시 한국에

18 Smith, op. cit., p.181.

19 Ibid., p.185.

20 그러한 시각은 이 글의 다른 부분에서도 드러난다.
"[노래는] 세계 어느 곳에서나 의미[를 중시하는 방향의]로부터 음성[을 중시하는 방향]으로 발달된다는 사실을 확증할 만한 충분한 근거가 있다. 따라서 의미로 충만한 한국의 자장가를 우리가 발견하게 되더라도 그것은 놀라운 일이 아니다. 수백 년간 모든 것이 정체되어 있었던 한국 땅에서조차도 그 자장가는 보기 드문 골동품(antiquity)으로서의 성

대해 글을 남겼던 여느 서구인들에게서도 폭넓게 발견되기 때문에 과히 특별할 것은 없다.

그보다 주목해야 할 점은, 스미스가 '한국인의 정서와 사고방식'을 명확히 드러내기 위해서 구비적 성격이 강한 노래(songs)를 그 분석 자료로 택하였다는 사실이다. 스미스보다 1, 2년 앞서 한국문학에 관한 글을 남겼던 게일과 헐버트 역시 시조(時調), 잡가(雜歌), 민요(民謠) 등 구비적 시가를 통해 한국문화의 일단을 귀납해 내고자 시도한 바 있다. 외래적 요소에 비교적 영향을 적게 받는, 때문에 한국인의 고유한 정서가 녹아 있다고 믿어지는 구비적 시가를 분석함으로써 논의의 효과와 설득력을 높일 수 있다고 여겼던 것이다.[21] 스미스 또한 이들과 같은 인식을 지니고 있었으나, 그가 한국의 여러 노래들 가운데에서도 자장가에 착목하였다는 점은 매우 독특하다.

첫 번째 인용의 뒷부분에 그 이유가 드러나는데, 여기에서 스미스는 자장가야말로 모든 시가, 나아가 모든 문학의 근원이라는 명제를 설명한다. 노래를 짓고 유포하는 데 세계 어느 지역에서나 승려들이 중요한 역할을 수행했던 것은 사실이지만, 발생론적 관점에서 살핀다면 최초의 노래는 승려보다는 응당 어머니의 입에서 나왔으리라는 것이다. 아기를 대하는 어머니의 태도란 언제나 열정으로 가득 차 있고 그러한 열정은 모종의 율동을 띠고 있기 때문에 그만큼 노래로 전화(轉化)되기 쉽다는 판단을 하였던 것으로 보인다. 일면 인상적이고 자의적인 논리인

격을 띤다는 점에 대해 그리 놀라워 할 일이 아니라는 것이다"(Ibid., p.181).

21 특히 헐버트가 그 같은 인식을 확고하게 지니고 있었던 것으로 보인다. 이에 대해서는 본서의 5장 3절 참조.

아기에게 젖을 물리고 있는 어머니
(신한평(申漢枰, 1726~?)의 자모육아(慈母育兒) 부분)

듯 보이기도 하지만, 자장가에는 아기를 향한 어머니의 기대와 애정이 녹아 있을 뿐만 아니라 해당 사회가 소중히 여기는 덕목과 가치 또한 깊숙이 내재되기 마련이라는 점을 상기한다면, 한국의 문화적 요소나 사상을 핵심적으로 집약해 내는 데 자장가가 매우 효과적으로 활용될 수 있다는 스미스의 논리는 분명 수긍할 만한 부분이 있다.[22]

한편, 자장가를 중시하였던 스미스의 안목은 내용적 · 문화적 측면만이 아닌 시학적 · 장르적 측면으로까지 확장된다. 그는 시 또는 문학의 제반 영역이나 장르들이 모두 자장가에서 파생되었다고 논의한다. 즉, 서정(抒情, the lyric), 서사(敍事, the epic), 극(劇, the dramatic)과 같은 갈래가 예외 없이 자장가에 근원을 두고 있으며, 문학의 형식이 세분화되기 이전의 모습을 자장가가 온전히 보존하고 있다는 것이다. 자식을 향한 어머니의 마음이란 문학에서 표현될 수 있는 모든 영역의 감정에 걸쳐 있다고 보았기 때문이다.

이처럼 스미스는 자장가의 효용을 내용과 형식의 양 측면으로 정리함으로써 추후의 논의를 이끌기 위한 기반을 마련하였던 것이다.

22 더구나 영미권에서는 16, 17세기 무렵 '자장가 문학(Nursery Rhyme Literature)'이 성립될 정도로 이 분야에 대한 관심이 높았던 만큼(Iona Opie and Peter Opie, Eds., *The Oxford Dictionary of Nursery Rhymes*, 2nd ed., Oxford : Oxford UP, 1997, pp.28~36), 그와 같은 전례에 스미스가 영향을 받아 한국의 자장가를 다루게 되었던 것으로 짐작되기도 한다.

아래와 같은 세련된 형태의 노래가 [한국에서는 보다] 전형적이다.

잘 자거라 잘 자거라 우리 아기 잘 자거라
흰둥개야 짖지 마라 검둥개도 짖지 마라
우리 임금 보배보다 우리 아기 소중하다
넓디넓은 바다만큼 우리 아기 부자 되고,
저 산만큼 저 산만큼 우리 아기 장수하리
굳고 굳은 바위만큼 높디높은 송백(松柏)만큼
우리 아기 쑥쑥 자라 초목같이 쑥쑥 자라
우리 아기 눔키처럼 눔키처럼 고귀하고
우리 아기 공자처럼 공자처럼 현명하고
우리 아기 부처처럼 부처처럼 선량하리

Sleep well, sleep well, my baby, sleep well,
White dog do not bark, black dog do not bark,
My baby is more precious than the king's treasure.
May my baby have riches vast as the sea,
May my baby be old as the mountains,
Hard as stone, tall as the pine-tree.
My baby shall grow like a plant,
He shall be noble as Numki,
My baby shall be wise as Confucius,
He shall be good as Buddha.

미국의 어머니라면 [아기가] 부유하고 강건해지기를 기꺼이 기원할 것이다. 대부분의 물질적 축복이 이들 요인으로부터 나온다고 인식하기 때문이다. 한국에서는 그렇지 않다. 떠벌리는 워싱턴[의 정치인]과 같이 한국에서는 관직이야말로 모든 사람이 열망하는 지향점이다. 부유하냐 가난하냐는 중요치 않다. 관직을 획득하기 위해서는 반드시 공자[의 교리]와 고전에 통달해야 하기에, 동양의 성인과도 같이 현명해진다는 것은 곧 남들이 부러워하는 출세가도로 나아가기 위한 통행증을 획득하는 것과도 같다. [그런데] 위 노래는 한국의 모든 어머니들이 되뇌는 경건한 [불교적] 기원으로 끝난다. 거의 예외 없이 한국의 여성들은 불교를 신봉하기 때문이다. 그들은 굳이 형이상학적인 사제들(priests)을 세밀하게 철학적으로 구분하려 들지 않는다. 대신 여성 특유의 경건한 신앙과 실용적인 충동을 바탕으로 그들은 다음과 같은 영감 어린 희망에 매달린다. 즉, 선덕(善德)을 베풀면 결국 보상을 받게 될 것이며, 삶은 죽음보다 우세하다는 믿음이다. 이러한 소망을 한국의 여성들은 노래와 이야기에 담아 아기에게 전달하는 것이다.[23]

본론에서 스미스는 몇 편의 노래를 예시하면서 가사에 내재된 한국인의 사고와 가치를 분석하였다. 그는 한국 자장가에는 특유의 계급 관계가 녹아 있으며 어머니가 속한 계급이 자장가의 내용과 밀접하게 연동된다고 하였는데,[24] 스미스가 이 같이 판단한 이유는 글에 제시되고

23 Smith, op. cit., p.182. 원문에는 자장가의 영역만이 제시된 탓에 본래 노래의 형태를 가늠하기가 어렵다. 인용에서는 전래의 자장가 가사에서 흔히 발견되는 4음보 율격에 맞추어 영역을 다시 한국어로 옮겼다.

24 "아울러, [한국의] 자장가에 계급제도의 흔적이 남아있다는 사실도 자연스럽게 받아들일 일이다. 자장가는 그것이 산출된 [계급적] 환경을 반영하기 마련이기 때문이다"(Ibid., p.181).

있지 않으나, 추정컨대 그에게 자장가를 구술해 준 한국인 유학생들의 신분 고하에 따라 자장가의 내용에도 큰 차이가 난다는 사실을 인지했기 때문이 아닌가 짐작된다. 실제로 근대계몽기 미국 유학생들의 신분은 양반 자제, 몰락 양반의 후손, 서자, 중인, 상인의 자제, 심지어 기생에 이르기까지 다양했으므로,[25] 스미스가 접견했던 하워드대학 유학생들 사이에도 양반, 중인, 평민이 섞여 있었을 것이다.[26]

그가 예시한 자장가는 모두 세 편으로, 역시 가창자나 향유자의 신분을 기준으로 노래들을 구분하였다 : ① 계급에 특별히 관련 없이 불리는 짧은 자장가, ② 좀 더 세련된 전형적인 자장가, ③ 상류층에서 주로 불리는 자장가. 이 가운데 인용 작품은 두 번째 것(②)이며, 스미스는 이 노래에 한국인의 가치관이 응축되어 있다고 보았다.

한국에 관한 글을 남긴 19세기 말의 여느 서구인들과 마찬가지로, 스미스 역시 서구인과 한국인 사이의 차이를 되짚어 가면서 자료를 검토하였다. 그가 특기한 내역은 경제적 번영보다는 치사(致仕)에 무엇보다 관심을 두는 한국인들의 지향이다. 서구의 자장가가 건강과 부를 기원하는 데 중점을 두는 반면, 한국의 자장가에서는 부유함이란 부차적인 가치로 제약되며, 대신 아기가 장차 관직에 나아가기를 열망하는 어머

25 허동현, 앞의 글, 51면.

26 당시 『워싱턴 포스트』지의 기사에는 하워드대학의 한국인 유학생이 '모두 귀족 집안의 자제(All are sons of noble families)'라고 기재되었으나(Provine, "Alice Fletcher's Notes on the Earliest Recordings of Korean Music", pp.48~49에서 재인용), 이는 유학생들이 자신의 신분을 기자에게 그 같이 밝혔기 때문일 것이다. 넓은 의미에서라면 몰락 양반이나 서자도 귀족 집안의 자제이기는 하나, 당시 게이오의숙 출신 도미 유학생 가운데 이하영과 박희병을 제외하면 나머지 인물들은 양반으로 단정할 만한 근거가 없다(박찬승, 앞의 글, 108~109면).

1900년대 촬영된 한국인 가족의 모습

니의 마음이 앞세워진다는 것이다. 이는 관료로서의 삶이 어느 정도의 경제적 영달과도 연계되었던 전근대 한국의 상황을 스미스가 충분히 인식하지 못한 데 따른 결과이기는 하지만, 이 짧은 구절로부터 인격적·도덕적 수양이 중시되는 한국의 특수성을 적확하게 짚어낸 점은 눈여겨볼 만하다. 즉, 스미스는 한국에서 관직을 얻기 위해서는 공자의 가르침에 통달해야 할 뿐만 아니라 성인들처럼 혜안을 갖추어야 하기 때문에 출세를 위한 준비는 곧 인격적 수양과 표리를 이루며, 어머니들의 궁극적 열망도 역시 아기가 지혜롭고 현명해지기를 바라는 마음으로 귀결된다고 분석하였던 것이다.

아울러 스미스는 한국인의 지향이 그처럼 유가적 덕목의 체현에만 국한되지는 않는다는 사실에 대해서도 주목한다. 위 자장가가 일종의 불교적 기원으로 종결되기 때문이다. 실제로 노랫말의 마지막 부분에서는 한국에서 추앙받는 세 인물인 '눔키', '공자', '부처'와 그들이 지닌 덕목이 잇달아 제시되는데, 스미스는 그 순서에 의미를 부여하여 눔키가 지닌 고귀함, 공자가 지닌 현명함을 넘어 부처가 지닌 선량함에 이르러서야 한국 어머니들의 기원이 모두 완성된다고 보았다.[27] 물론 이때의 불교란

27 '눔키(Numki)'가 누구를 지칭하는지는 분명하지 않다. 공자(Confucius) 및 부처(Buddha)와 나란히 제시되고 '고귀한(noble)'이라는 수식어가 붙는 인물이라면 응당 노자(老子)일

형이상학적이거나 고차원적인 종교적 특질보다는 인과응보라는 직관적 세계관으로 규정지을 수 있을 만한 소박한 믿음이며, 그는 이러한 믿음을 한국 여성 특유의 '경건한 기원(a pious wish)'이라 지칭하기도 하였다.

더 나아가 복수의 종교나 사상에서 연원한 가르침들이 한 노래 속에 공존하고 있다는 사실도 스미스에게는 이채롭게 느껴졌던 듯하다. 모성이란 모름지기 자식을 위하는 마음으로 귀결되는 만큼 아기의 장래에 도움이 되는 요소라면 굳이 그 계통을 따질 필요가 없었던 것이다. 한국 어머니들이 종교적 견지의 신앙이나 가치관을 내세에 대한 관심으로까지 확산하지 않는 것 역시 그 같은 모성적 본능과 무관하지 않다. 어머니의 기원은 자식이 현세에서 선량한 일을 베풀어 현세에서 그 보응을 받는 것이며, 보응이 내세에서야 이루어지리라는 유보된 기대와 전망은 좀처럼 발견되지 않는 것이다.

상기의 사항들을 종합하여 스미스는 한국의 자장가, 그리고 거기에 내재된 한국 어머니들의 지향이 온통 '실용적인 충동(the practical impulse)'으로 점철되어 있다는 특징을 도출해 낸다. 그러한 실용적 충동 속에서 종교나 사상 간의 편차는 무화되고, 내세에서의 복락보다는 현세에서의 행복이 훨씬 중요한 가치로 자리 잡게 되었다는 분석이다. 한국인의 현세지향적 세계관에 대해서는 당시 다른 서구인 관찰자들 사이에서도 여러 차례 언급된 바 있으나,[28] 스미스는 이를 특히 모성의 문제와

가능성이 높아 보이는데, '노자'와 '눔키'는 그 음상이 많이 다른 데다, 노자를 뜻하는 서구어 'Laozi', 'Laotsu', 'Laotse', 'Laocius' 등과 '눔키' 사이에도 별다른 연계가 드러나지 않는다. 스미스가 한국 학생들의 발음을 잘못 전해 듣고서 그대로 옮겨 놓은 것이거나, 혹은 인쇄 과정에서 발생한 단순 오류인지도 모르겠다.

28 예컨대, 헐버트는 다음과 같은 언술을 통해 한국인의 독특한 세계관 내지 종교관을 핵심적으로 집약한 바 있다.

연계 지음으로써 그 같은 세계관이 자식 세대에까지 재생산되는 방식을 설명해 내려 하였던 것이다.

한편, 에세이의 전반부에서 자장가(lullaby)를 상세히 검토한 스미스는 후반부에서는 한국 여성들이 유년기 아이들에게 가르치고 전승하는 노래를 살핌으로써 논의를 연속적으로 확대해 갔다. 해당 범주의 노래 가운데 스미스가 특히 관심 있게 다룬 대상은 달을 바라보며 부르는 이른바 '달 노래(moon song)'인데, 이 부분에서도 역시 서구의 노래와 한국의 것을 비교하는 방식으로 서술을 전개하였다.

> 한국 여성들이 아이들에게 가르치고 아이들이 서로 반복하여 따라 부르기도 하는 달 노래는 지금 한국의 왕조보다도 오래되었으니 [그 유래가] 족히 500년 이상을 헤아릴 뿐만 아니라, 훨씬 더 이전 시기의 설화를 [노래 속에] 암시적으로 보존하고 있기도 하다. 영어식 운율로 노래를 옮기면 다음과 같다.

달아 달아 밝은 달아	Moon, moon, bright moon.
저기 저기 이제 보네	There, there now I see
이태백 보던 계수나무	As Etabae saw, a cinnamon-tree;
금도끼로 찍어내어	With my gold axe I will cut it down.
옥도끼로 다듬어서	Trim it smooth with my jade axe.

"이제 우리는 한국인들이 믿는 실용적인 종교(practical religion)란 어떠한 것인가에 관한 문제를 언급하지 않을 수 없다. 그들의 종교란 개인의 일상생활에 분명하게 영향을 미치는 무수한 영혼을 믿는 것이다. 상위에 속하는 신들에게는 특별히 제사를 드리지만, 그 밖의 신들은 매일 매일의 일상생활에 자리 잡고 있으며 한국인들은 일반적으로 신에 관한 상념을 가슴 속에 간직하고 있다"(Homer B. Hulbert, *The Passing of Korea*, New York : Doubleday, 1906, pp.405～406; H. B. 헐버트, 신복룡 역주, 『대한제국멸망사』, 집문당, 1999, 470면).

짚으로 지붕 이어	A house to build all thatched with straw,
초가삼간 지어내니	Rooms there shall be one, two, three,
한 칸은 울 아버지	One for my father,
한 칸은 울 어머니	One for my mother,
한 칸은 우리 부부	One for me and my wife.
천년까지 게 살리라	May we live there a thousand years,
만년까지 함께 살리.	Ten thousand years together.

우리에게도 역시 아이들에게 가르치는 달 노래가 있다. —[가령] 노리치(Norwich)로 가는 도중 달에서 연락이 끊겨 버린 사내에 관한 노래, 미친 소의 익살스러운 짓에 관한 노래가 그것이다. — 하지만 그러한 노래들은 위와 같은 한국의 것을 제외하면 모두 우스꽝스러울 따름이다. 위 노래는 전통과 염원과 도덕적 감성으로 넘쳐나며 이태백이라는 옛 성인을 끌어옴으로써 유풍(遺風)과 지혜를 찬양한다. 왕족과 고관대작들이 사용하는 금이나 옥과 같이 존귀한 것에 대한 애호가 넌지시 드러나는가 하면 마지막의 영탄구에서는 동양의 가장 경건한 정조가 표출되기도 한다. 철학에서는 개인의 정체성과 불멸성이 무시되거나 간과되기 일쑤인 반면, 이들 요소에 대한 본능적 갈망을 충족시키는 수단을 제공해 주는 것이란 부모에 대한 충실한 존경심을 통해 세대를 이어 유지되어 온 가족 생활의 연속이기 때문이다.[29]

29 Smith, op. cit., pp.183~184. 인용문에 포함된 가사와 유사한 뜻을 지닌 노랫말은 플레처가 녹음한 자료에서도 확인된다.
"달아 달아 밝은 달아 이태백이 놀던 달아 저기 저기 저 달 속에 계수나무 생겼으니 은도끼로 찍어내고 금도끼로 다듬어 내어 초가삼간 집을 짓고 우리 부모 모셔다가 천년만년 살고지고"(『1896년 7월 24일 한민족 최초의 음원 – 정창관의 국악녹음집 10』(CD-ROM), 화음, 2007, 트랙 10; 동 CD-ROM에 포함된 이진원의 채록 자료).

달을 소재로 하는, 또는 달을 바라보며 부르는 노래는 세계 도처에서 발견되지만, 스미스는 한국의 달 노래야말로 그 유래에 있어서나 시상에 있어서나 매우 주목할 만하다고 평가하였다. 이 부류의 영미권 노래들이 대개 희작적 성격을 띠는 데 비해,[30] 한국의 달 노래는 대단히 진지할 뿐만 아니라 고유의 문화적 전통과 유풍까지도 온전히 보존하고 있다고 보았던 것이다. 때문에 스미스는 소재 하나 하나에 이르기까지 무척 분석적으로 위 노래를 풀이하였는데, 가령 '이태백(Etabae)'이 언급되는 점을 들어 이백(李白, 701~762)에 대한 한국인의 애호, 나아가 이백이 함축하는 권위와 문명에 대한 존경심이 노래 속에 드리난다고 논의하는가 하면, '금도끼', '옥도끼'라는 일종의 관습구로부터도 고귀한 것에 대한 한국인의 지향을 도출해 내었다.

하지만 스미스가 보다 더 천착했던 사항은 이러한 어휘들보다는 작품의 궁극적 주제와 화자의 심리이다. 특히 달 속의 계수나무를 베어 초가삼간을 짓고 방마다 아버지, 어머니, 그리고 화자 부부가 나란히 기거하며 천년만년 함께 살아가겠다는 후반부의 동화적 상상력에 스미스는 주목한다. 그는 부모와 영원히 함께하고자 하는 자식의 심정이

30 그가 '우스꽝스럽다(silly)'라고 폄하한 영미권의 두 달 노래 중 '노리치로 가는 도중 연락이 끊긴 달에 사는 사내(the man in the moon that lost connection on his way to Norwich)'에 관한 노래란 안식일인 일요일에 나무를 하다가 달 속에서 평생 나뭇짐을 지도록 벌을 받은 사내를 소재로 한 노래로서, 본래 독일과 네덜란드 일대에 떠돌던 구전이 12세기 무렵에는 영국으로도 옮겨 갔다고 한다(Sabain Baring-Gould, *Curious Myths of the Middle Ages*, New York : Cosimo, 2007, pp.106~110). 두 번째 예시한 '미친 소의 익살스러운 짓(the antics of the moon-struck cow)'에 관한 노래란 〈헤이 디들 디들(Hey Diddle Diddle)〉을 지칭하는 듯한데, 스미스는 특히 노랫말 가운데 포함된 "the cow jumped over the moon"이라는 구절을 염두에 두었던 것으로 보인다. 이 노래는 1765년에 그 첫 형태가 발견되는 영국의 대표적인 자장가이다(Opie and Opie, Eds., op. cit., pp.240~241; Simpson and Roud, op. cit., p.175).

엘리스 플레처가 채보한 〈Moon Song〉 앞부분(Smith, op. cit., p.184.)

불멸성을 획득하려는 한국인의 염원과 직결된다고 평가하였다. 그것은 곧 부모 세대가 지닌 가치관과 생활 방식에 대한 충성심 또는 존경심과 표리를 이룬다는 것이다. 한국에서 가족 윤리가 매우 공고하고도 안정적으로 수세기를 거쳐 유지되어 온 원동력 역시 바로 선조들에 대한 그 같은 존숭적 태도에서 찾을 수 있다고 보았다. 더구나 한국에서는 형이상학적인 철학이 정신세계에 별반 중요한 영향을 끼치지 않기 때문에 한국인이 자신의 정체성과 불멸성을 추구하는 데 선조에 대한 공경심은 무엇보다 중요한 의미를 띨 수밖에 없다고 스미스는 분석한다. 그리고 이러한 논리는 다음과 같은 언급으로 귀결된다.

"은자의 나라(hermit nation)"에 전해오는 아기 전승(the baby lore)을 위에서 일

> 별함으로써 어떻게 관습과 전통이 시초부터 [한국인의] 마음속에 주입되었는지를 쉽게 알게 된다. 한국에서의 교육은 우리의 경우보다 더욱 근본적으로 가족의 문제와 연계되며, 언제나 기존의 것을 고정하고 화석화 하려는 경향이 있다. 윤리적 정서는 널리 퍼져 있지만, 대개 존경심이 그 주류를 이룬다.[31]

이렇듯 별다른 의미를 지니지 않는 듯 보이기도 하는 짤막한 노래들을 재료로 삼아 스미스는 한국인의 취향과 사고방식, 세계관에 이르기까지 다단한 층위의 분석을 이어가면서 한국문화의 저변을 파헤치려 노력하였다. 한국인은 어릴 적부터 자장가(lullaby)와 달 노래를 반복적으로 들으면서 가장 기본적인 가치를 습득할 뿐만 아니라 성인이 되어서는 그 노래를 다시금 자식에게 불러 줌으로써 동일한 가치관을 재생산해 내기 때문에 유년들을 대상으로 한 구비전승이 한국문화 속에서 차지하는 비중을 결코 가볍게 볼 수 없었던 것이다. 스미스가 한국의 자장가에 남다른 관심을 보였던 이유 역시 바로 그 같은 특성을 인식하고 있었기 때문이거니와, 이 대목에서도 스미스가 지닌 교육자 내지 교육 행정가로서의 시각과 관찰력을 재확인할 수 있다.

---

31 Smith, op. cit., p.185. 여기에서 '은자의 나라'라는 표현은 윌리엄 E. 그리피스(William Elliot Griffis, 1843~1928)의 저술로부터 차용하였을 것이다(William E. Griffis, *Corea, the Hermit Nation*, London : W. H. Allen & Co., 1882). 이 책은 1882년 런던에서 초판이 간행된 이래 29년 후인 1911년에 뉴욕에서 제9판까지 나올 정도로 영어권 독자들에게 꾸준히 읽혔으며, 스미스 역시 이 책을 통해 한국에 관한 기본적인 지식을 얻었을 것으로 보인다.

4. 스미스의 한국시가 율격론

스미스가 「몇 편의 한국 자장가」에서 주안을 둔 사항은 노래의 내용적·주제적 측면이며, 형식적 측면에 대해서는 상대적으로 관심이 미약하다. 그러나 글의 종반부에 이르러서는 논의가 한국시가의 율격을 가늠해 보려는 데로까지 일부 확산되기도 하는데, 한국시가를 대상으로 한 율격론은 당시로서는 대단히 드물기 때문에 그 희소적 가치만으로도 스미스의 견해는 주목되는 바가 있다.

실상 율격에 대한 검토는 한국어에 대한 상당한 조예와 한국시가 양식에 대한 예사 이상의 관심이 전제되지 않고서는 착수조차 하기 어려우며, 따라서 이러한 조건을 동시에 충족하고 있었던 프레더릭 S. 밀러(Frederick Scheibler Miller, 민로아(閔老雅), 1866~1937)의 경우를 제외하면 적어도 19세기 후반~20세기 초반의 시기에는 한국시가의 율격적 특징이 논의된 사례를 찾아볼 수 없다.[32]

이처럼 이례적인 분야에 스미스가 나름의 소론을 제출하였다는 것은 실상 의외에 가깝다. 무엇보다도 스미스는 한국어를 구사하지 못하였고, 한국어 가사를 채록하는 데에도 어려움을 겪었기 때문이다. 스미스의 로마자 음사(音寫) 방식에서는 이렇다 할 원칙을 찾기가 어려운 데다 로마자를 한글로 재구해 내기 어려울 만큼 그 정확도도 떨어진다. 아마도 스미스는 한국인 유학생들의 설명을 바탕으로 대의를 살려서

32 다수의 전도 책자를 한국어로 번역하였을 뿐만 아니라 한국어 찬송가를 보급하는 데에도 관심을 가졌던 밀러는 한국인의 정서와 율격 의식에 맞는 노랫말을 지어내기 위해 한국시가의 주요 사례를 찾아내고 그 율격적 특질을 분석하였다. 이에 대해서는 본서의 8장 참조.

노랫말을 영역하는 데 치중하였을 뿐, 한국어 본래의 음상(音像)을 정확히 재현해 내려고 시도하지는 않았던 것으로 보인다.

가령, '계급에 특별히 관련 없이 불리는 짧은 자장가'라고 소개된 다음 노래의 한국어 가사를 추정하여 스미스의 로마자 표기와 서로 견주어 보면 그 부정확도가 잘 드러난다.

개야, 개야, 짖지 마라	Ka ya, Ka ya, chit cha ma ra
금동 아기 잘도 잔다.	kum d-ong ag-e chol do jan da.
은동 아기. 잘도 잔다.	Un dong ag-e. Chol do jan da.
오하야. 오하야 오호	Oh ha ya. Oh ha ya oh hoh
도화(桃花)라(?) 만화(滿花)로다.	day yah ra mawha roda.[33]

이렇듯 한국어를 정확히 음사할 수조차 없었던 스미스가 한국시가의 율격을 어떠한 방식으로든 설명해 보려 한 이유가 무엇이었는지 뚜렷하지 않지만, 에세이의 초두에서 그가 "어머니의 열정이란 본래 율동적이다(The maternal passion is essentially rhythmical)"라고 단언하였던 것을 상기한다면, 어머니가 자식에게 불러 주는 자장가와 같은 노래야말로 그러한 '율동'을 모종의 율격적 형태로 보존하고 있을 가능성이 다른 어떤 부류의 노래들보다 높으리라 생각했던 것 같다. 이를테면 자장가의

33 Smith, op. cit., p.182. 위 가사와 유사한 뜻을 지닌 노랫말은 플레처의 녹음 자료에서도 확인된다.
"아가 아가 울덜 마라 우리 아기 잘도 잔다 개야 개야 짖질 마라 우리 금동아기 잘도 잔다. 은동아기 잘도 잔다 개야 개야 짖질 마라 우리 아기 잘도 잔다 잘도 잔다 짖지 마라"(『1896년 7월 24일 한민족 최초의 음원—정창관의 국악녹음집 10』(CD-ROM), 화음, 2007, 트랙 10; 동 CD-ROM에 포함된 이진원의 채록 자료).

율격을 검토함으로써 한국 여성의 모성적 율동을 가늠해 보려 했으리라는 것인데, 결국 자장가는 내용상의 측면뿐 아니라 양식·율격상의 측면에서도 한국시가의 핵심적 특질을 살필 수 있는 지표로서 포착되었던 셈이다.

스미스의 그 같은 전제 내지 기대는 한국 유학생에게서 전해들은 다음과 같은 증언에 의해서 보다 강화된다.

> 사실 한국인 학생들 가운데 한 명은 본래 [한국어로 된] 작품에도 "역시 나름의 운(韻, rhyme)"이 존재한다고 설명하였는데, [그처럼] 음성상의 재현(reproductions)이 발견된다는 점에서 그 학생은 이를 단지 리듬(rhythm)이라고만 하였다. 자장가의 경우 그러한 리듬은 규칙적인 율격 구조에 의해서보다는 가창할 때의 억양(cadences)에 의해서 생성되는 듯하다.[34]

한국인 학생은 한국시가에도 일종의 운이 존재한다고 설명한다. 다만 학생 역시도 그 구체적 실체를 제시하기는 어려웠던 탓에 이를 단지 '리듬'이라고만 지칭하는 데 그칠 뿐이다. 즉, 한국시가에도 율격(meter)이나 운과 같이 무언가 리듬을 만들어 내는 요소가 개재되어 있다고는 보았으나, 그 원리를 뚜렷이 개념화할 수는 없었던 것이다.

스미스는 한국인들도 별반 감지하지 못하는 이러한 리듬의 실체, 그 중에서도 율격의 특성을 밝히고자 시도하다가 여의치 않자, 일단 한국시가에는 규칙적인 율격이 그다지 현시되지 않으며, 율격이 일반적 규

34 Ibid., p.181.

준에 의해서 표출되고 인식되기보다는 낭독자나 가창자, 특히 가창자의 억양에 따라서 그때그때 다르게 구현된다는 가설을 제시하기에 이른다. 환언하면, 한국시가의 율격이란 낭독 단계에서는 별반 간취되지 않고, 가창 단계에서조차도 가창자의 성향이나 기분에 따라 조금씩 다르게 나타나는 듯하다는 가설을 세운 것이다.[35]

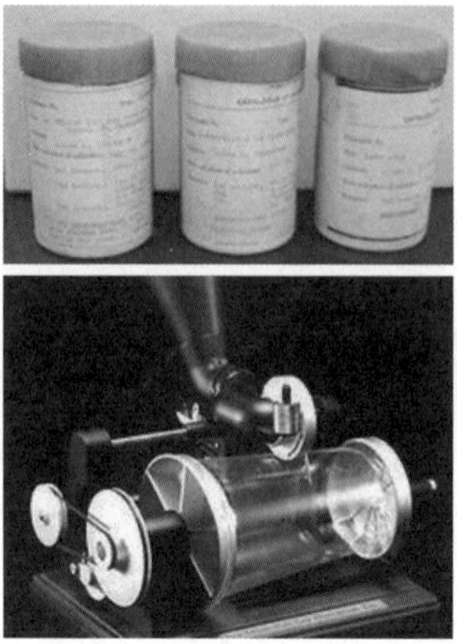

1896년 엘리스 플레처가 애나 스미스의 의뢰를 받아 녹음한 한국 노래 자료 (에디슨 원통형 음원 / 미국 의회도서관 소장)

때문에 한국시가의 율격에 대한 스미스의 분석 또한 낭독과 가창이라는 두 가지 층위에서 시도된다. 율격 분석의 자료로 제시된 노래는 스미스가 "연장자에 대한 거의 열정적인 공경심이 묻어난다"라고 평설한 후 '선인(善人)들이 늙지 않도록 기원함(A prayer for good people not to grow old)'이라는 제목을 붙인 작품으로서, 그는 이 노래 속에 한국 서정시의 율격적 특성이 응축되어 있다고 언급하였다.

이 노래는 [한국인들 사이에] 선호되는 서정시적 율격의 특징적인 사례를 보여준다는 점에서도 흥미롭다. 여기서 나는 [먼저] 영문 의역을 제시한 후 율격과 음량 표식을 곁들여 [한국어] 가사를 [로마자로] 음사할 것이다.

35 이러한 스미스의 시각은 달 노래를 살핀 후 그가 간략히 덧붙인 설명에서도 드러난다. "이 노래와 [한국의] 다른 노래들이 가창될 때에는 가창자의 기분에 따라 연음(連音)과 강조가 단어 및 음절에 개재되고 그러한 단어와 음절이 반복 · 삽입되면서 특유의 효과가 산출된다. 하지만 그 같은 변조(變調)가 선율을 뒤바꾸지는 않는데, 이러한 사정은 쉽게 감지될 수 있다"(Ibid., p.184).

(…중략…)

바람이 | 불야는 | 지　　Ba rā me | bul yā nyn | g
나무 | 가지 | 근둥 | 근둥　　Na mū | gut chēē | Kun dūng | Kun dūng
비가올 | 에야는 | 지　　Be gâ or | eyā nyn | g
만수 | 산아이 | 구룸 | 인다　　Man sū | san āi | Ku rōōm | in da
세월라 | 세월라 | 가지를 | 마라　　Sai wāl ra | sai wāl ra | ka gī rul | ma ra
장안 | 호걸 | 리다 | 늙는 | 다　　Chang ān | ho gūl | redā | nyk nūn | da

이 간단한 시에 내재된 사상은 숙명적인 인과 관계이다. 자연계의 변화에 대한 의혹으로부터 출발하여 시간의 보응(the effects of time)에 대한 절대적 긍정으로 나아가는 움직임이 [이 노래의] 절정에 들어 전개된다. 첫 두 연구의 의문스러운 형식은 [한국어] 원문에서는 분명하게 표출되는 불확실한 요소를 포함하고 있다. 매우 흔한 표상을 다룬 첫 행의 인상적인 사례, 즉 의성어(onomatopoeia)에 주목할 만하데, "근둥 근둥"이라는 의성어는 단지 나무 끝이 흔들리는 동작을 표현할 따름이지만, 영어로는 번역되지 않는다. [한국어] 음운을 [로마자로] 모사해 놓은 텍스트를 보면, 강세(stress)보다는 음량(quantity)에 의해 표지되는 음절로 율격이 구성되어 있다. [텍스트를] 율독할 때에는 장음절(long syllables)에서 음성이 머물게 될 뿐만 아니라, 읊조리거나 되풀이하는 효과를 내는 불분명한 음이 개재되기도 한다. [그런데 텍스트를] 노래로 부를 때에는 그러한 불분명한 음이 장음절에서는 거의 나타나지 않고 대개 소절(小節, measure)의 끝부분에서 빈출한다는 점은 특기할 만하다.[36]

여기에서 가장 눈여겨보아야 할 점은 스미스가 한국시가의 율격 모형을 장단율로 파악하고 있다는 사실이다. 그가 율격 모형을 설정하는 데 가장 기본적인 준거로 삼은 대상은 역시 모국어인 영어의 율격, 즉 강약률이다. 이는 같은 미국인인 프레데릭 밀러의 경우에도 마찬가지이며, 밀러는 한국시가의 율격이 강음절과 약음절의 교차에 의한 강약격(trochaic)으로 구성된다고 분석하고 이러한 자신의 관점을 시종 유지하였다. 강약의 운소(韻素, prosodeme)가 한국어에 실질적으로 존재한다고 보았기 때문이다.[37]

반면, 스미스는 한국시가의 시행에서는 강약의 교차가 뚜렷이 나타나지 않으며, 따라서 영시의 강약률 모형을 한국시가에 직접 적용할 수는 없다고 판단하였다. 강세란 율독자에 따라 어느 음절에든 개재되기 마련이지만, 그 규칙성을 추출해 내기는 어려웠던 까닭이다. 일단 강약률을 제외한 후 스미스가 떠올렸던 차선책은 장단율 모형이었는데, 스미스와 같은 19세기의 영미인이라면 응당 그러한 선택을 했을 법하다. 영시나 독시(獨詩)의 강약률 이외에 서구시의 사례에서 율격 모형으로 차용해 올 수 있는 또 다른 대상이 바로 고대 그리스어나 라틴어 시 등에서 발견되는 장단율이기 때문이다. 근래의 율격론에서는 율격 모형을 크게 음량율격(quantitative metric relevancy, 음수율, 음보율)과 운소율격(prosodic

---

36 Ibid., pp.185~186. 인용문에 포함된 가사와 유사한 뜻을 지닌 노랫말은 플레처가 녹음한 자료에서도 확인된다.
"바람아 부지를 말아라 만경화가 싹 떨어진다 ○○○○난지 나오 계신 ○○에야 비가 오실려는지 만수산에 구름이 진다 세월아 가지를 말아라 장안 호걸이 다 늙어 간다"(『1896년 7월 24일 한민족 최초의 음원－정창관의 국악녹음집 10』(CD-ROM), 화음, 2007, 트랙 1; 동 CD-ROM에 포함된 이진원의 채록 자료).

37 프레더릭 밀러의 한국시가 율격론에 대해서는 본서의 8장 3절 참조.

metric relevancy, 강약률, 장단율, 고저율)으로 분단한 후, 한국시가의 율격은 전자에 속한다고 파악하고 있지만,[38] 스미스 당대까지만 해도 음량율격을 개념화할 만큼 율격 관련 이론이 정립되지는 못했던 것이다.

이처럼 강약률과 장단율 모형 이외에는 특별히 선택의 여지가 없었을 스미스는 강약률을 적용하는 것이 여의치 않자 이내 음절의 장단을 기준으로 노랫말을 분석해 가기 시작한다. 물론 이때의 장단이란 강약에 비해서 상대적으로 좀 더 현시된다고 스미스가 생각했던 요소일 뿐 그것 역시도 규칙성이 그리 뚜렷하지는 않다. 가령, 위의 서술에서 그는 장음절로 표지된 음절'ㅡ'에 읊조리거나 동일음을 되풀이하는 듯한 음성이 끼어든다고 하였는데, 역으로 생각하면 그와 같은 수의적(隨意的) 여음(餘音)이 감지되는 음절들을 모아 스미스가 임의로 장음절이라 비정했던 것 같기도 하다.

장음절과 단음절을 구분한 후에는 양자가 교체되는 단위를 기준으로 율각(foot)을 갈라 '|'으로 표시하였다.[39] 율각은 대개 하나의 장음절에 하나 또는 두 개의 단음절이 덧붙는 형태로 이루어져 있으며, 가장 주도적인 사례는 단음절 하나가 앞서 나오고 그 뒤에 장음절이 잇따르면서 율각이 종결되는 방식이다. 스미스가 직접 언명하지는 않았으나,

38 김흥규, "A Perspective on Metric Typology and the Metric Type of Korean Verse", 『욕망과 형식의 시학』, 태학사, 1999, 297~300면. 한편, 스미스도 역시 '음량(quantity)'이라는 용어를 사용하였지만, 이때의 음량은 그 개념이 다소 다르다. 스미스는 음절의 장단이 '소리의 양'에 해당된다는 뜻에서 '음량' 또는 '양'이라는 일반적 어휘를 쓴 것으로 보이나, 율격론의 관점에서는 음절의 장단을 운소로 파악한다.

39 하나의 시행(verse, line)에 포함된 율각의 개수가 3~5개로 유동적으로 산정되었다는 점은 특이하다. 이는 의미 단위로 분단되는 시행의 특성을 별반 파괴하지 않고 옮겨 놓으려는 스미스의 의도가 일부 반영되었기 때문으로 보인다. 물론 시행 내부에서는 의미의 분절보다는 운소적 특성을 고려하여 율각을 산정하였다.

엘리스 플레처가 채보한 〈A Prayer for Good People Not to Grow Old〉(Smith, op. cit., p.186.)

이는 단장격(iambic)이라 부를 수 있을 만한 특성으로서, 밀러가 한국시가의 율격을 강약격(trochaic)으로 파악했던 것과 흥미로운 대조를 이룬다. 위와 같은 분석을 통해서 스미스는 한국시가를 낭독할 때에는 단모음과 장모음을 한 차례씩 교차하거나 또는 단모음을 하나 더 넣어서 교차하는 방식으로 율격을 생성하게 된다고 보았던 것이다.

다만, 한국어의 운소적 특징이 당초부터 뚜렷하지 않은 만큼, 장단율로 산정된 율격 역시 그 규칙성 면에서는 필연적으로 미약할 수밖에 없다. 단음절과 장음절이 교차된다는 표면적인 경향성을 제외하면 둘 사이에 명확한 질서가 드러나지 않는 것도 그 때문이다. 특히 시행의 끝부분에서 이 같은 불규칙성이 더욱 두드러진다. 스미스는 각 시행의 마지막 율각에서는 장음이 누락되는 경우가 많다고 보았으며, 예시한 작품에서도 2행의 마지막 율각인 '근둥'을 제외하면 나머지 다섯 개 행의 말미에는 장음절 표지를 하지 않았다. 더 나아가 1, 3행의 끝 음절인 종결어미 '-지'는 장음절이 아닐 뿐만 아니라 그 음가가 더욱 약해서 아예 모음이 들리지 않는 정도라고 판단했고, 때문에 음사할 때에도 모음 'i'를 누락한 채 무성음 'g'로만 표시하였던 것으로 보인다. 이처럼 매 시행의 종결부가 대개 약화되어 있으며, 장음절에 개재되는 여음 역시도 시행의 마지막 율각에서는 뚜렷이 드러나지 않는다는 것이 스미스가 파악한 한국시가 율격의 또 다른 특징이었던 것이다.[40]

반면, 같은 텍스트를 율독이 아닌 가창의 방식으로 향유할 때에는 확연히 다른 양상이 전개된다는 데 대해서 스미스는 특기한다. 즉, 율독할 때 장음절에 개재되던 여음이 가창시에는 대부분 사라지는 대신 오히려 장음 없이 촉급하게 끝나고는 했던 매 시행의 마지막 율각 부분에서 그러한 가외의 음성이 빈출한다는 것이다. 이를테면, 율독시에 강조되던 음절이 가창시에는 상대적으로 약화되는 반면, 율독시에 별반 비중을 지니지 못했던 음절은 가창시에 좀 더 부각된다는 경향성을 지적한 셈인데, 이 또한 가창자의 성향에 따라 달라지는 수의적 현상일 뿐 보편적 규준으로 일반화하기는 어려운 가설에 해당한다.

이상과 같이 스미스의 율격론은 한국시가의 실상에 과히 부합하지 않으며, 그 한계 또한 자명하다. 몇몇 특징적인 부면만을 중심으로 두서없이 분석이 시도되었을 뿐만 아니라, 그러한 분석조차도 대부분 개인적이고 주관적인 인상을 바탕으로 이루어졌기 때문이다. 다만, 비록

40 스미스가 이상과 같이 분석한 작품을 오늘날 일반적으로 통용되는 음보율 모형에 맞추어 음보(/), 구(//), 행(///)의 단위로 나누어 보면 다음과 같이 구분될 것이다.
"바람이 / 불려는지 // 나뭇가지 / 근둥근둥 /// 비가 / 오려는지 // 만수산에 / 구름인다 /// 세월아 / 세월아 // 가지를 / 마라 /// 장안 / 호걸이 // 다 / 늙는다."

엄밀한 학술적 검증을 기반으로 하지는 않았더라도 한국시가의 율격적 특성을 어떤 방식으로든 개념화해 보려 했던 애나 스미스의 모색은 그 선구적 시도만으로도 마땅히 연구사적 의의가 인정되어야 할 것이다.[41] 특히 율격은 특정 언어로 이루어진 시가의 세련미나 발달 정도를 나타내는 지표로서 인식될 수 있기 때문에, 한국시가에도 모종의 율격 모형이 존재하며 따라서 시가의 발달 수준이 상당하다는 인상을 당시 서구 지식인 독자들에게 전달하는 데 스미스의 율격론이 기여하였을 여지에 대해서도 충분히 감안해야 할 필요가 있다.

5. 스미스의 고찰이 지니는 연구사적 의의

이상에서 19세기 말 『미국민속학보』에 수록된 한국 관련 논문들의 분포를 개관하고, 그 가운데 가장 주목되는 애나 스미스의 「몇 편의 한국 자장가」를 분석함으로써 당시 서구 학계에 한국시가가 어떠한 방식으로 소개되었는지 그 궤적을 내용상의 특징과 율격상의 특징으로 나누어 살펴보았다.

애나 스미스는 미국 연방정부에서 교육 행정가로 활동한 여성 명사였다. 특히 스미스가 담임했던 분야는 해외의 교육 정책이었기 때문에

41 이와 관련하여 한국시가의 율격 구조를 여러 방식으로 모색하던 1950~70년대의 국문학 연구에서도 음절의 장단에 의해 한국시가의 율격이 생성된다는 이론이 제출된 바 있는데, 그 분석 방식에서 스미스의 사례와 일면 상통하는 특성이 발견된다. 한국시가의 율격을 장단율로 파악한 이들 논의에 대한 소개와 비판은 김흥규, 「한국시가 율격의 이론 I－이론적 기반의 모색」, 『민족문화연구』 13호, 고려대 민족문화연구소, 1978, 110~113면에서 이루어진 바 있다.

당시로서는 서구인들에게 무척 낯선 지역이라 할 만한 한국에 대해서도 예사 이상의 관심을 보였던 것으로 파악된다. 이처럼 여성으로서, 또한 해외의 교육 문제를 다루는 관료로서 스미스의 관심사가 중첩되면서 한국 어머니들의 모성과 교육적 가치가 응축되어 있는 자장가를 논의의 대상으로 포섭해 들일 수 있었던 것이다.

때문에 그의 글에서는 한국의 자장가에서 도출해 낼 수 있는 한국인의 전통적 인간관과 세계관 및 교육관이 시종 중시되었다. 스미스가 특히 주목했던 사항은 내세보다는 현세에서 자식이 출세하고 영달하기를 기원하는 어머니의 '실용적 충동'과 그러한 출사를 가능케 하는 기반으로서의 도덕적·인격적 수양, 그리고 입신양명의 유가적 기원과 자연스레 융합된 인과응보의 불교적 기원 등이었다. 아울러 스미스는 한국인이 선조에 대해 확고한 존경심을 가지고 있으며, 가족 관계와 가족 제도가 안정적으로 지속되기를 바라는 마음을 노랫말에 담아 후속 세대에게 끊임없이 전승한다고 분석한 후, 이러한 지향이란 곧 한국인이 불멸성·영원성을 획득하기 위한 방편이 된다고 결론짓기도 하였다.

한편, 스미스의 글에서 또 한 가지 주목되는 내역은 한국시가의 율격적 특성에 대한 언급이다. 그는 영시와 달리 한국시가에는 음절의 강약이 율격의 기저로 활용되지 않는다는 점을 확인하고서 강약률 이외의 율격 모형을 모색하였으며, 그 귀착점으로 장단율을 하나의 가설로 설정하였다. 율격에 대해서는 간소하게 서술이 이루어진 탓에 스미스의 견해를 정확히 파악하기가 어려우나, 행간의 내용을 보충하여 그의 분석을 재구하면 다음과 같이 정리될 수 있을 것이다 : ① 한국시가의 율격은 규칙성이 상대적으로 약하지만, ② 기본적으로 장단율을 기저로 하며, ③ 하나의 장음절에 하나 또는 두 개의 단음절이 엮여 율각을 구성하는 것이 일반적이다. ④ 단음절 뒤에 장음절이 잇따르는 단장격이 흔하고, ⑤ 장음절에서는 읊조리거나 되풀이하는 등의 여음이 개재된다. ⑥ 시행의 마지막 율각에는 장음절이 나타나지 않는 경우가 많으나, ⑦ 텍스트를 율독이 아닌 가창의 방식으로 향유할 때에는 여음을 오히려 소절의 끝 부분에 배치함으로써 마지막 율각의 미약함을 보상한다.

이상과 같은 스미스의 논의는 체계화된 자료 조사나 고찰에 의거한 것이기보다는 대개 개인적인 인상과 추정, 그리고 한국에 대한 간접적이고도 한정된 견문을 바탕으로 이루어진 것이었기 때문에 그 학술적 의의 역시 제한적일 수밖에 없다. 명확한 논리를 구성하고 치밀한 분석을 수행하기에는 한국에 대한 경험과 한국어에 대한 이해도가 모두 뒷받침되기 어려웠던 것이다. 이 점은 제임스 게일, 호머 헐버트, 프레더릭 밀러 등이 한국에 10년 이상씩 체류하면서 한국어를 거의 완벽한 수준으로 학습한 후 한국시가의 분포나 특징을 나름의 관점에서 상당 정도 깊이 있게 논의하였던 것과는 차이를 보이는 대목이라 할 수 있다.

그러나 애나 스미스의 글은 워싱턴의 여성문화인류학회에서 발표되고 미국의 유력 학술지인 『미국민속학보』에 수록되었기 때문에 더욱 폭넓은 독자층을 확보할 수 있었을 뿐만 아니라, 서구 학자와 지식인들의 뇌리에 한국의 문화적 특질을 각인하는 데에도 보다 중요한 영향을 미쳤을 가능성이 높다. 요컨대 애나 스미스의 고찰은 그 적부를 차치하고라도 한국의 문화와 문학, 특히 한국시가가 서구 학계에 소개되던 궤적과 방식을 보여준다는 점에서 각별한 의미가 있으며, 이 같은 의미에 입각하여 그의 작업이 정당하게 평가되어야 할 것이다.

이 글에서는 스미스의 논의를 부각하기 위해 여러 관점에서 검토를 시도하였으나, 선율을 비롯한 각종 음악적 요소에 대해서는 충분한 분석을 수행하지 못하였다. 또한 스미스의 글과 상보적 관계를 맺는 랜디스의 「한국 어린이들의 노래(Rhymes of Korean Children)」(1898)도 연계 지어 다룰 필요가 있는데, 이는 다음 장에서 상론하고자 한다.

7장
엘리 B. 랜디스

한국의 동요를 정교하게 채록하고 해제하다

엘리 B. 랜디스(Eli Barr Landis)
한국명 : 남득시(南得時)
생몰연대 : 1865~1898
출생지 : 미국 펜실베니아주 랭커스터(Lancaster)
주요직책 : 영국 성공회 소속 의료 선교사
한국체류기간 : 1890~1898
한국 관련 주요 저술 : 「한국 어린이들의 노래(Rhymes of Korean Children)」(1898),
「한국 독립의 선구자(A Pioneer of Korean Independence)」(1898) 등

개관

한국문학 또는 시가 관련 논의를 전개했던 1890년대의 영미권 서구인들 가운데 게일과 헐버트의 위상은 단연 현저하다. 하지만 이들과는 또 다른 측면에서 이 분야의 연구에 기여했던 엘리 랜디스의 역할 역시 간과할 수 없다.

영국 성공회 소속 의료 선교사였던 랜디스는 1895년 무렵부터 약 3년간 한국의 민속과 문학에 관해 여러 편의 글을 작성하여 발표한다. 게일이나 헐버트 등과는 달리 랜디스는 주관적 견해를 최대한 배제한 채 자료 제시와 해제에 집중하였다. 「한국 어린이들의 노래」는 바로 그러한 방법론이 가장 극명하게 적용된 사례이다. 이 글에서 랜디스는 한국의 여러 동요 작품을 정확히 음사 및 영역하기 위해 공을 들이는 한편, 주요 어구에 상세한 해제까지 덧붙임으로써 한국 동요의 제반 특질을 효과적으로 현시하였다.

특히 랜디스의 동요 해제 자료는 애나 스미스의 자장가 관련 논의와 더불어 『미국민속학보』에 잇달아 수록되었기 때문에, 서구 지식인 독자들의 뇌리에 한국시가의 주요 부면을 각인하는 데에도 큰 영향을 끼치게 된다.

엘리 랜디스의 한국민속 연구와 동요 채록

1. 의사 출신 한국학자 랜디스

이 글은 19세기 말 영국 성공회(聖公會) 소속의 미국인 의료 선교사 엘리 B. 랜디스(Eli Barr Landis, 남득시(南得時), 1865~1898)의 한국민속 관련 연구 성과들을 개관하고, 그 가운데에서도 가장 주목되는 「한국 어린이들의 노래(Rhymes of Korean Children)」(1898)의 자료적·연구사적 가치를 부각하는 데 목적을 둔다.

랜디스는 1890년에야 한국 선교를 시작했던 영국 성공회 파송단의 선발대로 입국하였기 때문에 가톨릭이나 장로교, 감리교 선교사들에 비해 그 인적, 물적 기반이 상대적으로 미비했을 뿐만 아니라, 의사 신분으로 의료 봉사에 전념해야 했던 탓에 한국에 대한 연구를 집중적, 본격적으로 수행해 갈 만한 시간적 여유를 확보하기도 어려웠던 것이 사실이다.

그럼에도 불구하고 랜디스는 특유의 열정과 역량을 발휘하여 한국의 민속과 문학에 대한 여러 편의 글을 남겼음은 물론, 그 고찰 방식 역시도 이 시기의 여느 서구인들과는 확연히 다른 양상을 띠고 있다는 점에서 주목된다.[1] 더구나 랜디스가 생전에 거의 마지막으로 발표한 「한국 어린이들의 노래」는 한국의 시나 노래를 다룬 것으로는 그의 글 가운데 유일한 데다, 이 글을 통해서 랜디스의 한국학 연구 방식을 핵심적으로 가늠해 볼 수도 있기 때문에 그 가치가 더욱 현저하다.[2]

랜디스 흉상(인천시 내동 소재)

1 설화 및 고소설의 영역이나 역대 속담집의 분포 등을 다룬 논의에서 랜디스의 몇몇 글이 하나의 사례로 더러 언급된 바가 있기는 하나(이복규 · 박정규, 「영역본 『임경업전』에 대하여」, 서정범 외, 『국어국문학연구의 새로운 모색』, 집문당, 1993, 267～277면; 이복규, 『임경업전 연구』, 집문당, 1993, 98～109면; 오윤선, 「19C 말～20C 초 영역 작업을 통해 본 외국인의 한국 고전문학 인식」, 이형대 편, 『정전 형성의 논리』, 소명출판, 2013, 262～264면; 김동언, 「초기 한글 속담에 대하여－속담집을 중심으로」, 『한글』 270호, 한글학회, 2005, 121면 등), 랜디스의 생애 및 성향과 연관 지어 그의 저작을 집중적으로 검토한 연구는 별반 발견되지 않는다.

2 「한국 어린이들의 노래」는 그 내용뿐만 아니라 수록 지면 역시도 예사롭지 않다. 이 글은 미국민속학회(the American Folklore Society)의 공식 학술지인 『미국민속학보(*The Journal of American Folklore*)』에 발표되었던바, 그 유포 범위와 영향력이 국내 잡지에 수록된 여타 논의들에 비해 현저했을 것으로 짐작된다. 『미국민속학보』는 민속학, 문화인류학, 문학 등 인문학 분야 전반의 지식인들을 주요 독자로 삼아 발간되던 미국내의 유력 학술지이었기 때문이다. 한편, 랜디스가 「한국 어린이들의 노래」를 발표하기 정확히 1년 전에는 같은 학술지에 애나 T. 스미스(Anna Tolman Smith, 1840～1917)의 「몇 편의 한국 자장가(Some Nursery Rhymes of Korea)」(1897)가 수록되기도 하였다. 19세기 말～20세기 초 한국문학에 대한 서구인들의 관심이 설화나 고소설과 같은 산문 자료에 좀 더 치중되었던 데 비해 두 글은 모두 시가를 분석과 소개의 대상으로 삼았다는 점에서 우선 그 희소가치가 발견된다. 더구나 두 논자가 한국의 여러 노래들 가운데 공교롭게도 '자장가'와 '동요'라는 유사 범주의 자료를 선택하여 한국시가의 특징을 언급하는 단계로까지 나아갔다는 점에서도 양자는 또 하나의 흥미로운 공통점을 지닌다. 19세기 말 『미국민속학보』에 수록된 한국 관련 에세이들의 분포와 스미스의 「몇 편의 한국 자장가」에 대한 구체적인 검토는 본서의 6장을 참조.

이에 본장에서는 다음의 두 가지 방향으로 랜디스의 논의를 검토해 가고자 한다. 먼저 2절에서는 한국의 민속과 문학에 관한 랜디스의 글을 전체적으로 조망한다. 이들 저작에서 발견되는 방법론상의 특질을 도출하고, 그러한 연구 편향 속에서 동요 관련 논의가 차지하는 위상을 점검하게 될 것이다. 다음으로 3절에서는 「한국 어린이들의 노래」를 수록 작품, 표기, 번역과 해설 등의 측면으로 나누어 구체적으로 분석하면서 그 연구사적 의의를 평가한다. 이때 랜디스의 고찰을 모리스 쿠랑(Maurice Courant, 1865~1935), 제임스 S. 게일(James Scarth Gale, 기일(奇一), 1863~1937), 호머 B. 헐버트(Homer Bezaleel Hulbert, 흘법(訖法), 할보(轄甫), 1863~1949), 애나 T. 스미스, 프레데릭 S. 밀러(Frederick Scheibler Miller, 민로아(閔老雅), 1866~1937) 등 같은 시기 서구인들의 한국시가 관련 논의와 견주어 보는 작업도 병행하게 될 것이다.

2. 한국의 민속과 문학에 대한 랜디스의 탐색

1) 한국에 대한 학구적 관심

스위스 취리히 출신 이주민의 7대손으로 1865년 미국 펜실베니아주 랭커스터(Lancaster)에서 태어난 랜디스는, 대대로 농사만을 지어 오던 집안에서 유일하게 대학 교육을 받고 의사가 된 보기 드문 인재였다.[3]

3 랜디스의 생애는 Richard Rutt, "An Early Koreanologist : Eli Barr Landis 1865~1898", *Transactions of the Korea Branch of the Royal Asiatic Society*, vol.54, Seoul : Royal Asiatic Society

펜실베니아대학(University of Pennsylvania) 재학 중에 미국에서 활동하던 영국인 성공회 신부에게 감화되어 세례를 받았으며, 1888년 20대 중반의 나이에 의학박사 학위를 받은 직후 고향으로 돌아와 공립병원에서 내과의로 근무하였다.

1870년대에 개원한 펜실베니아대학 부속 병원(펜실베니아주 필라델피아 소재)

한편, 1849년부터 중국에서, 1873년부터 일본에서 선교 활동을 펼치고 있었던 영국 성공회에서는 1880년을 전후하여 한국에서도 선교를 개시하기로 의견을 모았던바, 그 책임을 영국 해군의 종군사제였던 찰스 J. 코프(Charles John Corfe, 고요한(高要翰), 1843~1921) 주교가 맡게 되면서 랜디스의 한국행이 구체화된다. 1889년 겨울 영국을 떠난 코프 주교는 한국으로 향하는 길에 미국과 캐나다 등지에 들러 사제와 의사를 모집하였는데, 1880년대 북미 지역 대학에서는 선교 활동에 자원하려는 젊은이들의 열정이 팽배해 있던 데다, 랜디스 또한 그러한 열정에 공감하고 있던 터라 선뜻 한국 선교단에 참여하기로 결정하였던 것이다.

이듬해 9월 26일 코프 주교와 함께 일본을 거쳐 부산에 들어온 랜디스는 29일 제물포(濟物浦)에 도착하였으며, 수일 후 임시 진료소에서 곧바로 내외국인들을 대상으로 진료를 시작하였고, 1891년 10월 성누가병원(St. Luke's Hospital)이 준공된 이후에는 의료 활동을 더욱 본격화하여 안팎의 큰 호응을 얻었다고 전한다.

Korea Branch, 1979, pp.59~100에서 상세히 정리된 바 있다. 랜디스의 생애와 활동에 관해서는 이 글에서 많은 부분을 참고하였다.

찰스 J. 코프

하지만 랜디스의 관심과 활동이 의료 분야에만 국한되었던 것은 아니다. 그는 한국 선교를 결정한 직후부터 미국 내 도서관에서 한국어와 중국어에 관한 정보를 찾는 데 열중하는 한편, 입국 후에는 한국어와 한문을 익히는 데 더욱 잠심하여 입국 1년여 만인 1891년 12월에 이르면 한국어를 매우 유창하게 구사할 수 있게 된다. 코프 주교의 다음과 같은 언술은 랜디스의 한국어 학습 능력을 집약적으로 보여준다.

> 언어를 학습하는 데 있어서 우리가 성취한 진전에 대해 말씀드리자면, 랜디스 박사가 우리들 중 가장 뛰어납니다. 그는 하루종일 한국인들과 접촉할 뿐만 아니라 탁월한 기억력도 가지고 있기 때문에 한국어를 유창하고도 정확하게 구사할 수 있게 되었습니다. 랜디스 박사는 중국어에도 흥미를 느끼고 있으며, 한자를 대략 천 자 정도 숙지하고 있습니다.[4]

초기 성공회 교단이 주력했던 두 지역인 제물포와 한성(漢城)을 도보로 오가며 각종 교육 사업과 전도 활동을 펼쳤던 다른 선교단원들에 비해 랜디스는 입국 후 줄곧 제물포에 머물면서 주로 한국인 환자들과 접했기 때문에 한국어를 보다 집중적으로 학습할 수 있었고, 그의 언어적 역량 역시 탁월했던 탓에 한국어는 물론 중국어와 한문을 습득하는 데에도 큰 진전을 이룰 수 있었던 것으로 파악된다.

4 Ibid., pp.72~73에서 번역하여 재인용.

물론, 한국 및 한국문화에 대한 관심과 애정이 전제되지 않고서는 1년여 만에 그처럼 뛰어난 성과를 거두기란 쉽지 않았을 터이다. 랜디스는 한때 전국 각지에서 몰려드는 하루 70명 이상의 외래 환자를 홀로 진료할 정도로 과중한 업무에 시달렸으나,[5] 틈틈이 시간을 내어 한국문화와 학술을 진지하게 탐구하였다. 이는 한국과 한국인을 존중하고 이해하려는 태도가 반영된 것으로서, 한국인을 흔히 교화의 대상으로 간주하거나 한국을 오리엔탈리즘적 시각으로 바라보고는 하였던 여느 선교사들에게서는 좀처럼 찾아보기 어려운 자세이기도 하다.

예컨대, 1891년 10월 18일, 성누가첨례일(St. Luke's Day)에 개원하였다고 하여 명명한 '성누가병원'이라는 이름이 '한국인에게는 전혀 무의미하다(absolutely meaningless to a Corean)'라고 주장하면서 '선행을 함으로써 기쁨을 주는 병원(hospital of joy in good deeds)'이라는 뜻의 '낙선시의원(樂善施醫院)'이라는 현판을 그가 병원 앞에 따로 걸어 붙였던 일은 이미 널리 알려져 있다. 아울러 서구인에게, 특히 랜디스와 같은 의사에게는 더욱 미개하게 느껴질 수 있는 한국의 전통 의학에 대해서도 그는 학구적인 관심을 보였거니와, 『동의보감(東醫寶鑑)』 「탕액편(湯液篇)」 충부(蟲部)의 내용을 발췌하여 '한국의 약전(藥典)(The Korean pharmacopoea)'이라는 제목으로 번역하여 소개하는가 하면, 그 임상적 효능을 밝히기

성누가병원 전경

5 이재정 편, 『대한성공회 백년사(1890~1990)』, 대한성공회출판부, 1990, 46면.

위해 직접 달팽이와 같은 연체동물을 연안에서 채취하여 살피기도 하였다.[6]

이렇듯 랜디스는 한국어와 한문을 익숙하게 구사하고 읽을 수 있었던 데다, 한국의 문화와 학술을 존중하는 태도까지 갖추고 있었기 때문에, 의사 신분이었음에도 불구하고 한국의 종교, 역사, 풍습, 의학, 문학에 이르기까지 광범한 고찰을 시도할 수 있었던 것으로 파악된다. 다만, 그가 그토록 퇴치하려고 분투했던 '임병(Imbyong)'(염병(染病), 장티푸스)으로 자신이 도리어 만 32세의 나이에 요절해 버린 탓에 더 많은 편수의 저작이 남겨지지 못한 것은 초기 한국학 연구의 중대한 손실이라 아니할 수 없을 것이다.

2) 한국의 민속과 문학에 대한 랜디스의 특징적 고찰 방식

랜디스의 한국 관련 저작은 1931년 호러스 H. 언더우드(Horace Horton Underwood, 원한경(元漢慶), 1890~1951)에 의해 일차적으로 그 서지 사항이 정리되었으며,[7] 1979년 리처드 러트(Richard Rutt, 노대영(盧大榮), 1925~2011)가 랜디스의 전기적 생애를 상세히 재구하면서 누락된 내역을 보

6 Eli B. Landis, "Notes from the Korean Pharmacopoea", *The China Review, or Notes and Queries on the Far East*, vol.22, no.3, Hong Kong : "China Mail" Office, 1896, pp.578~588(재수록 : "The Korean pharmacopoea", *The Korean Repository*, vol.5, Seoul : Trilingual Press, Dec. 1898, pp.448~464). 랜디스의 『동의보감』 영역에 관해서는 여인석, 「한말과 일제시기 선교의사들의 전통의학 인식과 연구」, 『醫史學』 28호, 대한의사학회, 2006, 8~12면에서 논의된 바 있다.

7 Horace H. Underwood, "A Partial Bibliography of Occidental Literature on Korea, from Early Times to 1930", *Transactions of the Korea Branch of the Royal Asiatic Society*, vol.20, Seoul : Royal Asiatic Society Korea Branch, 1931.

완하여 모두 22편으로 산정한 바 있다. 러트는 랜디스의 글을 다섯 범주로 나누어 각각 '불교 텍스트' 4편, '민속학' 9편, '유교 의례' 3편, '역사' 4편, '과학' 2편으로 대별하였다.[8]

이 가운데 특히 주목되는 영역은 민속학 분야로서 그 수량으로 보아도 랜디스가 남긴 글의 절반 가까이를 차지할 정도로 비중이 높다는 사실을 확인할 수 있다. 그러나 아홉 편의 글 중 풍수지리(風水地理)와 관련된 두 편은 통상적 의미의 민속학(folklore) 영역으로 분류하기가 어려울 듯 보인다.[9] 둘 모두 재래의 풍수지리 서적을 고찰하고 소개하는 내용으로 이루어져 있어서 일반 백성보다는 식자층의 사상이나 지향과 보다 직접적으로 연계되는 특성을 띠기 때문이다. 반대로 러트가 '역사' 분야로 포함시킨 글 가운데 랜디스의 사후에 출판된 「한국 독립의 선구자(A Pioneer of Korean Independence)」는 경판본(京板本) 27장본 계열 『님쟝군젼(林將軍傳)』을 영역한 것이므로 역사학적으로는 물론 문학적으로도 가치를 지니는 글이다.[10] 한편, 랜디스가 1897년 10월호 『미국민속학보』에 수록한 설화 영역이 러트의 목록에는 누락되었으므로 응당 보충해야 할 필요가 있다.[11] 따라서 민속학 또는 문학 분야에 해당하는 랜디스의 저술을 다시 산정하여 그 내역을 출판 일자순으로 제시하면 아래와 같다.

---

8 Rutt, "An Early Koreanologist : Eli Barr Landis 1865～1898", pp.92～100.

9 Eli B. Landis, "Geomancy in Korea", *The Korean Repository*, vol.5, Seoul : Trilingual Press, Feb. 1898, pp.41～46; "Korean Geomancy", *The China Review, or Notes and Queries on the Far East*, vol.23, no.1, Hong Kong : "China Mail" Office, 1898, pp.37～45.

10 랜디스의 『임장군전』 영역에 대해서는 이복규, 앞의 책, 98～109면에서 자세히 검토되었다.

11 제시하는 목록의 ⑥. 러트는 ⑥을 아예 발견하지 못하였거나, ⑤ 또는 ⑦과 동일한 글로 파악했던 듯한데, 저자가 확인한 결과 ⑤ · ⑥ · ⑦에 수록된 설화는 서로 다르다.

① "Notes on the Exorcism of Spirits in Korea", *The China Review, or Notes and Queries on the Far East*, vol.21, no.6, Hong Kong : "China Mail" Office, 1895, pp.399～404.[12]

② "Rules for Choosing a Name", *The Korean Repository*, vol.3, Seoul : Trilingual Press, Feb. 1896, pp.54～58.

③ "Some Korean Proverbs", *The Korean Repository*, vol.3, Seoul : Trilingual Press, Aug. 1896, pp.312～316; "Some Korean Proverbs : Continued", *The Korean Repository*, vol.3, Seoul : Trilingual Press, Oct. 1896, pp.396～403.

④ "Numerical Categories of Korea", *The Korean Repository*, vol.3, Seoul : Trilingual Press, Nov. 1896, pp.431～438; "Numerical Categories of Korea : Continued", *The Korean Repository*, vol.3, Seoul : Trilingual Press, Dec. 1896, pp.463～468.

⑤ "Korean Folk Tales", *The China Review, or Notes and Queries on the Far East*, vol.22 no.5, Hong Kong : "China Mail" Office, 1897, pp.693～697.

⑥ "Korean Folk-tales", *The Journal of American Folklore,* no.39, Boston : the American Folklore Society, Oct. 1897, pp.282～292.

⑦ "Folk Tales of Korean Children", *Journal of the Buddhist Text Society of India*, vol.4, Calcutta : the Buddhist Text Society, 1897, pp.1～6.

⑧ "Rhymes of Korean Children", *The Journal of American Folklore*, no.42, Boston : the American Folklore Society, Jul.～Sep. 1898, pp.203～209.[13]

⑨ "A Pioneer of Korean Independence", *The Imperial and Asiatic Quarterly Review and*

---

12 재수록 : "Notes on the Exorcism of Spirits in Corea", *The Morning Calm*, no.75, London : Corean Mission Office, Feb. 1898, pp.16～25.

13 재수록 : "Rhymes of Corean Children", *The Morning Calm*, no.81, London : Corean Mission Office, Aug. 1899, pp.87～91; "Rhymes of Corean Children : Continued", *The Morning Calm*, no.82, London : Corean Mission Office, Nov. 1899, pp.126～128.

Oriental and Colonial Record, vol.6, Woking : the Oriental Institute, 1898, pp.396～408.

위 글들 사이에서도 논의의 재료나 방식에 따라 또 다시 소분류가 가능하다. ①은 굿과 무당 등 한국의 무속을 분석한 보기 드문 에세이이고, ②·③·④는 각각 작명법, 속담, 숫자 범주를 다룬 글로서 모두 한국인들의 언어 관습을 재료로 삼고 있다.[14] 또한 ⑤·⑥·⑦은 설화를 채록·영역한 자료이고, ⑧은 여러 편의 한국 동요를 해제한 글이며, 앞서 언급한 ⑨는 임경업(林慶業, 1594～1646)의 생애와 업적을 고소설 『임장군전』에서 초록하여 재편한 결과물이다.

비록 3년이라는 비교적 짧은 기간 동안 발표된 글들이기는 하지만, 그 안에서도 랜디스의 주된 관심 분야가 일정 정도 변천된 궤적을 읽어낼 수 있다. 즉, 입국 후 얼마 지나지 않은 시점에서는 무속과 같은 한국 고유의 신앙에 대해 탐문하다가 이내 작명법, 속담, 숫자 개념 등 한국인의 언어 관습을 관심 있게 고찰하였으며, 그 같은 관심을 보다 심화하여 설화를 채록하는 단계에 이르고, 종국에는 시가와 소설에까지 시각이 확대되었던 과정을 도출해 낼 수 있는 것이다. 랜디스가 좀 더 생존하였다면 위와 같은 안목이 한층 심화·확대되었으리라 짐작할 수 있으나, 지금으로서는 현전하는 저작만으로 그의 탐구 방식이 지니는 특색을 가늠할 수밖에 없다.

이 경우, 적어도 한국의 민속과 문학에 관련된 랜디스의 글들은 어느 것이든 대개 자료 제시와 해설을 위주로 구성되어 있다는 점에 유념할

14 특히 ④에서는 '삼가(三家)'·'삼성(三姓)'·'오현(五賢)' 등과 같이 특정 집단이나 현상을 숫자로 범주화 하여 부르는 한국인의 관습을 다루었다.

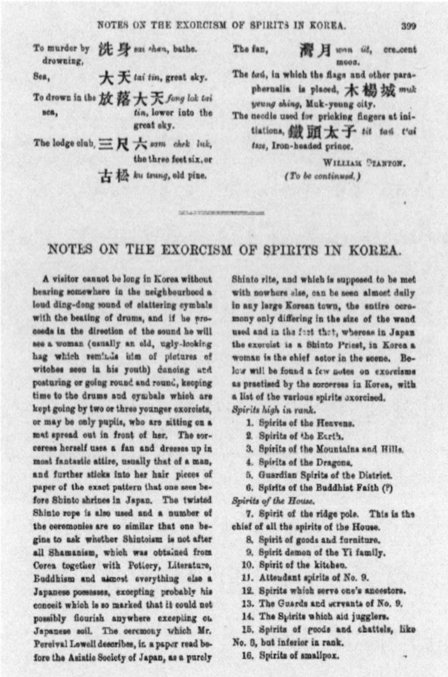

NOTES ON THE EXORCISM OF SPIRITS IN KOREA. 399

To murder by drowning, 洗身 *sai shan*, bathe.

Sea, 大天 *tai tin*, great sky.

To drown in the sea, 放落大天 *fong lok tai tin*, lower into the great sky.

The lodge club, 三尺六 *sam chek luk*, the three feet six, or 古松 *ku tsung*, old pine.

The fan, 濟月 *won üt*, crescent moon.

The *tań*, in which the flags and other paraphernalia is placed, 木楊城 *muk yeung shing*, Muk-young city.

The needle used for pricking fingers at initiations, 鐵頭太子 *tit tań t'ai tsze*, Iron-headed prince.

WILLIAM STANTON.

(To be continued.)

NOTES ON THE EXORCISM OF SPIRITS IN KOREA.

A visitor cannot be long in Korea without hearing somewhere in the neighbourhood a loud ding-dong sound of clattering cymbals with the beating of drums, and if he proceeds in the direction of the sound he will see a woman (usually an old, ugly-looking hag which reminds him of pictures of witches seen in his youth) dancing and posturing or going round and round, keeping time to the drums and cymbals which are kept going by two or three younger exorcists, or may be only pupils, who are sitting on a mat spread out in front of her. The sorceress herself uses a fan and dresses up in most fantastic attire, usually that of a man, and further sticks into her hair pieces of paper of the exact pattern that one sees before Shinto shrines in Japan. The twisted Shinto rope is also used and a number of the ceremonies are so similar that one begins to ask whether Shintoism is not after all Shamanism, which was obtained from Corea together with Pottery, Literature, Buddhism and almost everything else a Japanese possesses, excepting probably his conceit which is so marked that it could not possibly flourish anywhere excepting on Japanese soil. The ceremony which Mr. Percival Lowell describes, in a paper read before the Asiatic Society of Japan, as a purely Shinto rite, and which is supposed to be met with nowhere else, can be seen almost daily in any large Korean town, the entire ceremony only differing in the size of the wand used and in the fact that, whereas in Japan the exorcist is a Shinto Priest, in Korea a woman is the chief actor in the scene. Below will be found a few notes on exorcisms as practised by the sorceress in Korea, with a list of the various spirits exorcised.

Spirits high in rank.

1. Spirits of the Heavens.
2. Spirits of the Earth.
3. Spirits of the Mountains and Hills.
4. Spirits of the Dragons.
5. Guardian Spirits of the District.
6. Spirits of the Buddhist Faith (?)

Spirits of the House.

7. Spirit of the ridge pole. This is the chief of all the spirits of the House.
8. Spirit of goods and furniture.
9. Spirit demon of the Yi family.
10. Spirit of the kitchen.
11. Attendant spirits of No. 9.
12. Spirits which serve one's ancestors.
13. The Guards and servants of No. 9.
14. The Spirits which aid jugglers.
15. Spirits of goods and chattels, like No. 8, but inferior in rank.
16. Spirits of smallpox.

「한국의 귀신 쫓기 의식에 대한 고찰(Notes on the Exorcism of Spirits in Korea)」 부분

필요가 있다. 즉, 19세기 말 당시 게일과 헐버트 등 여타의 서구인 관찰자들이 자신의 견해를 다수 섞어 가면서 고찰 대상을 논평하는 형식으로 에세이를 작성하였던 반면, 랜디스는 자료를 정확히 제시하고 풀이하는 데 중점을 둔 탓에 그의 글에서는 별다른 수사나 논평이 발견되지 않는다는 것이다. 때로는 해당 글을 어떠한 목적으로 썼는지, 그것을 집필하기 위해 어떠한 조사를 실시하였는지 등과 같은 기본적인 정보조차 언급되지 않은 경우가 많아서 랜디스의 논지나 의도를 정확히 파악하기가 어려운 사례도 흔하다.

예컨대, 한국의 속담이라는 같은 제재를 다룬 랜디스의 글(③)을 헐버트의 것과 견주어 보면, 이들이 한국의 문화적 요소에 접근하는 시각과 방식의 차이가 확연하게 드러난다.

대중들이 일반적으로 읽을 수 있는 문예물이 부족함에도 불구하고 한국인들은 날카로운 심미감(審美感)과 간결한 표현력을 갖추고 있다는 사실은 놀랍기만 하다. 서적이 부족함에 따라서 화술이 세련되었고, 그 결과로 서양의 격언이나 경구에 해당되는 간결하고도 기지가 넘치는 속담들이 많이

나왔다. 한국인들은 서양인들보다 더 흔히 속담을 사용하며 그것으로써 대화의 양념을 삼는데 이러한 현상은 서양에서는 부족하다. 우리가 그저 평범하게 "더욱 꼼꼼하게 하라(Make assurance doubly sure)"라고 말할 경우에 그들은 "아무리 게가 잘 익었어도 다리부터 떼고 먹어라(Even though the crab is boiled, you must pull its legs off first and eat them)"라고 말한다.[15]

ᄯᅡ리ᄂᆞᆫ 셔방 뮙지 아니ᄒᆞ여도 말리ᄂᆞᆫ 시어미 뮙다.

"아내를 때리는 남편은 밉지 않으나, 때리는 것을 말리는 시어머니는 혐오스럽다."

이 속담은 남편과 아내 사이에 시어머니를 두고 벌어진 다툼으로부터 비롯된다. 남편은 아내를 때리고 시어머니는 때리는 것을 말리려고 하나, 며느리 입장에서는 때리는 남편보다 시어머니가 더 밉다. 당초부터 [남편과의] 다툼이 시어머니 때문에 벌어진 것이라고 며느리는 느끼기 때문이다.[16]

헐버트의 경우, 한국 속담의 전반적 특질과 속담이 한국의 언어 관습 및 문화에서 차지하는 위상을 서술한 후 그 이하에서 개별 속담을 순차적으로 제시하였던 반면, 랜디스는 한국의 속담 일반에 대한 별도의 언급이나 논평 없이 곧바로 속담의 사례를 보여주고 그에 대한 자세한 해설을 덧붙이는 데 중점을 두었다. 또한 헐버트가 영미권 독자들을 의식하여 한국의 속담을 흔히 서구의 것과 대비하면서 서술을 이끌어 간 데

15 Homer B. Hulbert, *The Passing of Korea*, New York : Doubleday, 1906, p.399; H. B. 헐버트, 신복룡 역, 『대한제국멸망사』, 집문당, 1999, 465면.

16 Eli B. Landis, "Some Korean Proverbs", *The Korean Repository*, vol.3, Seoul : Trilingual Press, Aug. 1896, p.314.

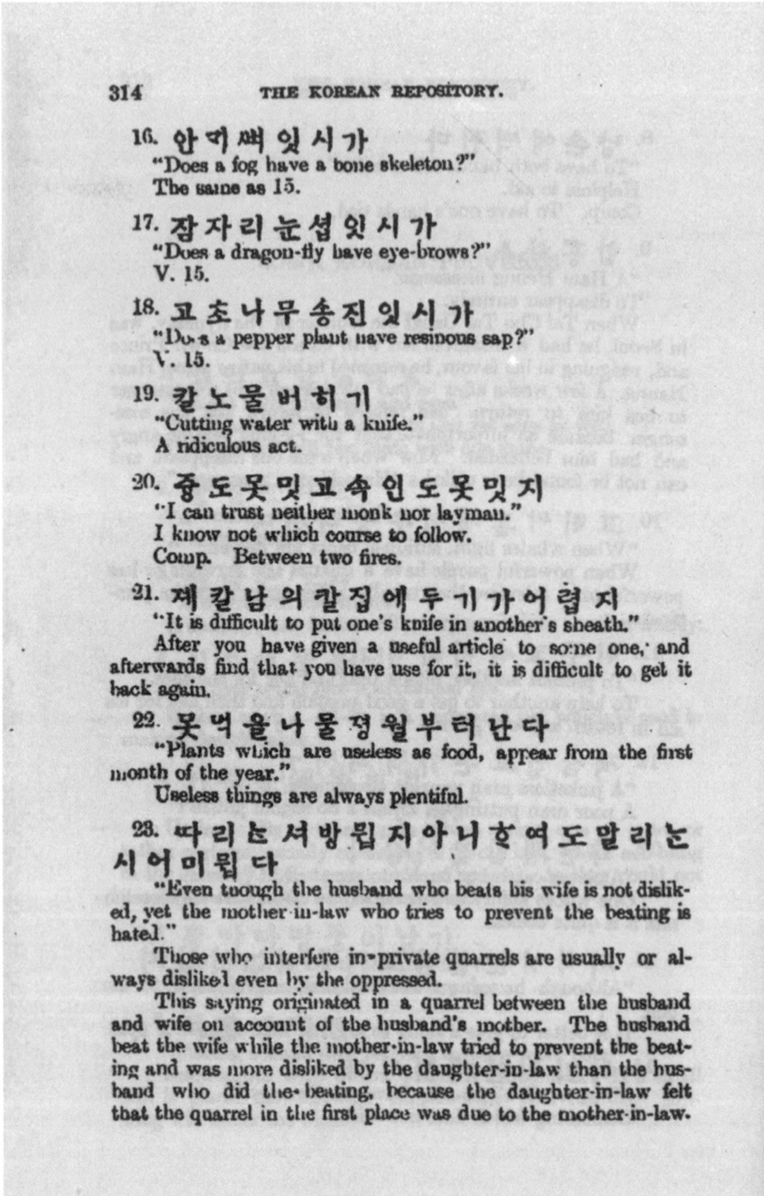

314 THE KOREAN REPOSITORY.

16. 안ᄀᆡ뼈잇시가
"Does a fog have a bone skeleton?"
The same as 15.

17. 잠자리눈섭잇시가
"Does a dragon-fly have eye-brows?"
V. 15.

18. 고초나무송진잇시가
"Does a pepper plant have resinous sap?"
V. 15.

19. 칼노물버히기
"Cutting water with a knife."
A ridiculous act.

20. 즁도못밋고쇽인도못밋지
"I can trust neither monk nor layman."
I know not which course to follow.
Comp. Between two fires.

21. 제칼남의칼집에두기가어렵지
"It is difficult to put one's knife in another's sheath."
After you have given a useful article to some one, and afterwards find that you have use for it, it is difficult to get it back again.

22. 못먹을나물정월부터난다
"Plants which are useless as food, appear from the first month of the year."
Useless things are always plentiful.

23. 따리ᄂᆞᆫ서방밉지아니ᄒᆞ여도말리ᄂᆞᆫ시어미밉다
"Even though the husband who beats his wife is not disliked, yet the mother-in-law who tries to prevent the beating is hated."
Those who interfere in private quarrels are usually or always disliked even by the oppressed.
This saying originated in a quarrel between the husband and wife on account of the husband's mother. The husband beat the wife while the mother-in-law tried to prevent the beating and was more disliked by the daughter-in-law than the husband who did the beating, because the daughter-in-law felt that the quarrel in the first place was due to the mother-in-law.

「몇 가지 한국 속담(Some Korean Proverbs)」 부분

비해, 랜디스는 오직 한국 속담에만 집중하여 그 정확한 의미와 문맥을 전달하기 위해 노력하였음을 확인할 수 있다.

그간 랜디스의 한국 관련 저작 가운데 가장 주목을 받아 왔던 ⑨, 즉 『임장군전』 영역의 경우에도 상황은 유사하다. 랜디스는 임경업의 생애와 업적을 정확히 드러내는 데 제일의 원칙을 두었으며, 모본(母本)의 많은 부분을 영역 과정에서 삭제 또는 축약하였다. 간혹 새로운 내용을 첨가하거나 변형한 대목도 발견되지만, 그 빈도에 있어서는 삭제・축약한 내역에 비하기 어렵다.[17] 이는 후대인의 '가필(colouring)'에 의한 왜곡을 막기 위한 것으로서 그 같은 방침을 랜디스 자신이 다음과 같이 직접 밝히고 있기도 하다.

> 나는 동양적 상상력을 감안했고, [후대에] 가필되었을 가능성이 높은 몇몇 세부적인 부분들은 옮기지 않았다. 그러나 [그 같은 축역(縮譯)만으로도] 비록 무모했지만 여러 모로 숭배 받을 만큼 강건했던 [임경업과 같은] 인물을 보여주기에는 충분하다.[18]

이를테면 랜디스는 역사군담소설(歷史軍談小說)에 반영된 역사적 정황을 고증하고 보완함으로써 역사 기술물로서의 『임장군전』의 특질을 보다 현시하고자 하였다. 소설적 상상력과 문채(文彩)를 일부 희생할망정, 임경업이라는 역사적 인물의 전기적 생애만큼은 신뢰도 높게 재구

17 이복규, 앞의 책, 98~109면.

18 Eli B. Landis, "A Pioneer of Korean Independence", *The Imperial and Asiatic Quarterly Review and Oriental and Colonial Record*, vol.6, Woking : the Oriental Institute, 1898, p.408.

해 내려 의도하였던 것이다.

이와 같은 랜디스의 접근 방식은 19세기 말에서 20세기 초에 한국의 문화를 고찰하였던 여느 서구인들에게서는 찾아보기 어려운 것으로서, 무미건조한 듯 보이는 랜디스의 글이 무척 특이한 사례라 여겨질 정도이다. 그가 이러한 접근법을 시종 고집한 이유가 무엇인지 뚜렷이 가늠하기는 어려우나, 그 한 가지 가설로 러트는 랜디스의 학문적 배경을 거론한다. 즉, 의학도로서 자연과학적 실험과 탐구에 익숙해 있던 랜디스의 성향이 한국문화를 고찰하는 과정에도 적용되어 자료의 수집 및 분류와 사실의 제시에 치중하는 태도로 귀결되었다는 것이다.[19] 실제로 다른 서구인 관찰자들이 대개 신학, 문학, 교육학 등 인문학적 교양을 쌓았던 데 반해 랜디스는 보기 드물게 자연과학 분야의 수련을 거친 인물이었다는 점을 감안하면, 이 같은 추정은 상당한 설득력을 지닌다.

그러한 개인적 성향과 더불어, 랜디스는 초기 한국학 연구에서 불거질 수 있는 각종 오류와 편견을 극히 경계했던 것 같기도 하다. 같은 시기 활동했던 게일과 헐버트 등은 하나의 현상이나 작품을 가지고도 매우 다채로운 수사를 섞어가면서 논의하는 것을 선호하였으며, 딱딱한 논문보다는 수기나 비평과도 같은 형식의 글을 주로 작성하여 발표하였기 때문에 적어도 서구권 독자들은 쉽고도 흥미롭게

랜디스와 인천의 성공회 신도들

19 Rutt, "An Early Koreanologist : Eli Barr Landis 1865～1898", p.91.

그들의 글을 읽어 내려갈 수 있었다.[20] 이렇듯 독자 배려적이고 시각이 뚜렷한 글들은 낯설기만 한 한국의 문화적 요소에 서구인들이 보다 친근감 있게 접근해 가도록 인도하는 데 분명 중요한 기여를 할 수 있었으나, 또 다른 측면에서는 개별 논자의 주관과 평가에 따라 특정 현상이 축소 · 과장 · 훼절된 형태로 전달될 위험 역시 필연적으로 수반하게 마련이었다. 이 경우, 한국에 문외한인 독자들은 자신이 접한 글의 논리에 이끌려 한국문화에 대한 모종의 고정관념을 갖게 되기 쉬웠던 것이다. 랜디스는 그 같은 위험과 폐단을 충분히 인지하고 있었던 것으로 보이며, 때문에 한국의 문화적 현상에 대해 이런 저런 논평을 붙이기를 꺼려했으리라 추정된다.

물론, 상기의 사정을 십분 감안한다 해도 랜디스가 자신의 분석적 견해를 배제한 채 언제까지나 자료를 수집하고 제시하는 것에만 만족하였으리라 단정 짓기는 어렵다. 가치 있는 자료를 발굴하여 적합한 방식으로 분류하고 소개하는 것이 학적 고찰의 시발인 데다, 때로 그러한 성과만으로도 독립된 연구로 인정받을 수 있기는 하지만, 자료를 충분히 섭렵한 후에는 그에 대한 심도 있는 분석을 진행해 보고자 의도하는 것이야말로 학자 내지 학도로서의 인지상정이기 때문이다.

따라서 랜디스가 분석과 논평보다 자료 발굴에 치중하였던 이유는 그의 생애와 연관 지어 좀 더 폭넓은 시각으로 가늠해 보아야 할 필요가 있다. 즉, 1890년 9월에 입국하여 1898년 4월에 만 32세의 나이로 영

20 예컨대, 이저벨라 B. 비숍(Isabella Bird Bishop, 1832~1904)은 한국의 시와 음악을 논의하는 문맥에 헐버트와 게일의 글을 폭넓게 전재하면서 이들의 글을 꼭 읽어볼 것을 독자들에게 권장하기도 하였다(Isabella B. Bishop, *Korea and Her Neighbors*, New York : Fleming H. Revell Company, 1897, pp.165~168).

면할 때까지 약 7년 6개월 동안 활동했고,[21] 1895년에 들어서야 한국에 관한 글을 발표하기 시작했으며, 20여 편의 한국 관련 논문이 모두 생애의 마지막 3년 동안 집중적으로 발표된 것임을 감안한다면, 랜디스의 한국학 연구는 이제 차츰 자리를 잡아가던 시점에서 불행히도 중단되었던 것이다.[22] 적어도 초기의 연구에서는 자료를 수집·정리하면서 한국의 문화 및 학술에 대해 전반적인 이해를 갖추어야 할 필요가 있고, 실제로 그가 발표한 글들은 더 자세한 고찰로 나아가기 위한 사전 작업과도 같은 성격을 띠는 경우가 많다. 요컨대, 랜디스는 우선 자료를 충분히 확보하여 추후의 연구를 위한 밑바탕으로 삼는 한편, 다른 논자들도 연구에 활용할 수 있도록 자신의 자료를 계기별로 지상에 공개하였을 가능성이 크다는 것이다.

여하한 이유에서든 랜디스가 한국학 연구의 기초가 될 만한 여러 자료를 충실히 정리해 놓음으로써 이 시기 다른 기록들에서는 쉽게 찾아볼 수 없는 중요한 정보들이 남겨질 수 있게 되었다. '초기 한국학자'라는 러트의 규정에서도 드러나듯, 그는 이러한 기여만으로도 19세기 후반 영미권 선교사들 사이에서 본격화된 한국학 연구 분야의 주요 논자로 평가되기에 충분하다. 그 가운데에서도 한국의 동요를 채록·해설한 「한국 어린이들의 노래」는 랜디스의 한국학 연구가 지니는 주요 특질들을 응축하고 있다는 점에서 더욱 특기할 만하다.

21 이 가운데 1896년 1월 말부터 5월 초까지 133일 동안 랜디스는 휴가차 영국과 미국을 방문하였으므로, 실질적으로 그가 한국에 머문 기간은 7년 남짓이다.

22 헐버트 또한 자신이 발행하던 잡지에 랜디스의 유고를 실으면서 별도로 '편집자의 말(Editor's Note)'을 달아 랜디스의 연구가 중단된 데 대한 애석함을 표출하였다(Eli B. Landis, "Biographical Notes of Ancient Korea", *The Korea Review*, vol.6, Seoul : Methodist Publishing House, Nov. 1906, pp.412~413).

3. 랜디스의 한국 동요 채록

유고(遺稿)로 간행된 「한국 독립의 선구자」와 몇몇 재수록 원고를 제외하면 「한국 어린이들의 노래」는 민속 및 문학에 관한 랜디스의 글 가운데 시기상 가장 마지막에 발표된 것이다. 여기에는 19세기 말 당시의 한국 동요가 여러 편 수록되어 있을 뿐만 아니라, 각 작품에 내재된 문화적 요소에 대해서도 깊이 있는 고찰이 이루어지고 있어서 그 가치가 남다르다.[23] 먼저, 랜디스의 동요 채록 및 주석 방식을 원문 그대로 예시하면 아래와 같다.

Syeng natta, pyet natta	Oh, how angry; oh, how red!
Yen chi mouneul yerera	Open wide the yen chi② door,
Ho pak koukeul kourira	Make a dish of pumpkins③
Kouen talkal pourera	And mixing it with wine④
Houral masera.①	Swallow all at a draught.⑤

① This rhyme is sung to a child who is crying.
② A yen chi door is a large one, and here the mouth is implied, which is opened in crying.
③ By "pumpkins" are meant the puffed cheeks.
④ By wine is meant the tears.
⑤ By this is meant the swallowing of the sobs.

랜디스의 동요 채록 및 주석 사례

23 일례로 러트는 이 글이 한국의 동요를 채록한 자료로서는 19세기까지의 출판물 가운데 유일하다고 언급하면서 랜디스의 저작 22편 중 「한국 어린이들의 노래」가 여러 측면에서 가장 흥미롭다고 논평한 바 있다(Rutt, "An Early Koreanologist : Eli Barr Landis 1865~1898", p.98). 물론, 19세기까지의 한국 동요가 전혀 기록으로 남겨지지 않았던 것은 아니다. 전근대 시기에는 동요가 흔히 참요(讖謠)의 성격을 지닌다고 인식되었기 때문에 상당량의 동요가 특정 정치적 사건과 연계 지어져 「용천담적기(龍泉談寂記)」, 『증보문헌비고(增補文獻備考)』, 『연려실기술(練藜室記述)』 등 여러 문헌에 차자표기(借字表記)나 한역(漢譯)의 형태로 수록되어 전해 오고 있다(심경호, 『참요—시대의 징후를 노래하다』, 한얼미디어, 2012; 김승우, 「참요(讖謠)의 원의(原義)에 대한 고찰」, 『Journal of Korean Culture』 23권, 한국어문학국제학술포럼, 2013, 5~37면 등 참조). 아울러 일반 동요들도 더러 사대부 문인들의 문집에 한역되어 전래되고 있으므로(최재남 · 정한기 · 성기각, 『문집소재 조선 후기 민요자료 정리와 분류』, 보고사, 2008, 379~381면), 랜디스의 채록이 19세기까지의 것으로서 유일하다는 평가에는 다소 무리가 따른다.

로마자로 노랫말을 음사(音寫)하고, 잇달아서 그에 대한 번역문을 수록해 놓았다. 이후 음사된 노랫말 또는 번역문의 주요 어구에 표지하여 주석을 붙임으로써 노랫말 전체의 의미나 문맥을 해설하였다. 랜디스가 이처럼 한국의 동요에 착목하게 되었던 계기가 무엇인지, 그리고 동요를 채록 및 주석하는 방식에는 어떠한 특징이 있는지 등에 대해 항목별로 자세히 살피고자 한다.

1) 동요 채록의 계기

랜디스는 한국의 민속에 꾸준히 관심을 두고서 1895년 이래 관련 에세이를 발표해 왔기 때문에 「한국 어린이들의 노래」 역시 그러한 연구 편력 속에서 과히 새삼스러울 것은 없다. 다만, 그가 여러 민속학 영역 가운데 굳이 유년들의 자료에 착목했던 계기에 대해서는 조금 더 면밀하게 그 배경을 가늠해 보아야 할 필요가 있겠는데, 이때 떠올릴 수 있는 또 하나의 대상이 바로 ⑦ 「한국 어린이들의 민담(Folk Tales of Korean Children)」(1897)이다. 한국 아동들 사이에 전승되던 민담 다섯 편을 다룬 이 글에 잇달아서 이듬해에 「한국 어린이들의 노래」를 발표한 것으로 미루어, 적어도 1897년 이전부터 랜디스는 '아동들의 구비전승(children's lore)'에 예사 이상의 관심을 가지고 있었음을 알 수 있다.

그가 한국에서 펼친 활동과 연계 지어 보면, 이 같은 관심이 표출된 계기가 드러난다. 1893년 봄 무렵 입원 중이던 한 과부가 사망하면서 랜디스에게 여섯 살 난 아들을 맡아 길러 달라는 유언을 남기는데, '곰새

끼(Koum Saik I)'라는 애칭으로 불리던 이 아이를 거두면서 랜디스는 고아 구호 활동을 시작하였고, 1896년에 이르면 별도의 거처를 마련해야 할 정도로 고아들의 수가 많아진다.[24] 후일 랜디스는 이 가운데 한 명을 양자로 삼기까지 했을 만큼 고아들에게 각별한 애정을 지니고 있었던바, 이렇듯 고아들을 돌보는 과정에서 그는 한국 아동들의 생활과 언어 및 문화에 대해 깊이 관찰할 수 있는 계기를 얻게 되었을 것이다. 일전부터 한국의 민속을 탐문해 오던 랜디스의 시각이 유년기 전승 자료로까지 확대될 여지는 다분했거니와, 그 첫 결실이 설화 자료의 채록 및 영역으로 구체화되었고, 이 글이 작성되던 중에 또는 마무리된 직후에 동요를 채록 · 해설하는 작업이 이루어졌으리라 파악된다. 따라서 랜디스에게 동요를 구술해 준 주체는 주로 인천과 그 일대에서 출생하고 성장한 아이들이며, 랜디스의 글에 수록된 동요들 역시 경기 서부 지역의 전승을 반영하는 것으로 추정할 수 있다.

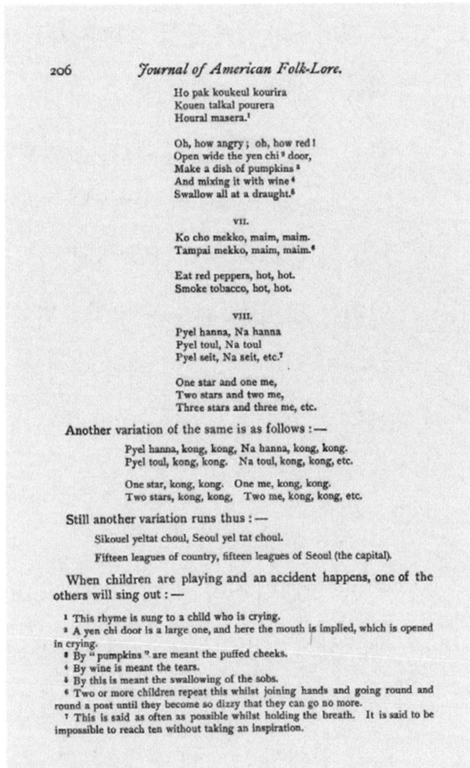

206 *Journal of American Folk-Lore.*

Ho pak koukeul kourira
Kouen talkal pourera
Houral masera.[1]

Oh, how angry ; oh, how red !
Open wide the yen chi[2] door,
Make a dish of pumpkins[3]
And mixing it with wine[4]
Swallow all at a draught.[5]

VII.

Ko cho mekko, maim, maim.
Tampai mekko, maim, maim.[6]

Eat red peppers, hot, hot.
Smoke tobacco, hot, hot.

VIII.

Pyel hanna, Na hanna
Pyel toul, Na toul
Pyel seit, Na seit, etc.[7]

One star and one me,
Two stars and two me,
Three stars and three me, etc.

Another variation of the same is as follows :—

Pyel hanna, kong, kong, Na hanna, kong, kong.
Pyel toul, kong, kong. Na toul, kong, kong, etc.

One star, kong, kong. One me, kong, kong.
Two stars, kong, kong, Two me, kong, kong, etc.

Still another variation runs thus :—

Sikouel yeltat choul, Seoul yel tat choul.

Fifteen leagues of country, fifteen leagues of Seoul (the capital).

When children are playing and an accident happens, one of the others will sing out :—

1 This rhyme is sung to a child who is crying.
2 A yen chi door is a large one, and here the mouth is implied, which is opened in crying.
3 By "pumpkins" are meant the puffed cheeks.
4 By wine is meant the tears.
5 By this is meant the swallowing of the sobs.
6 Two or more children repeat this whilst joining hands and going round and round a post until they become so dizzy that they can go no more.
7 This is said as often as possible whilst holding the breath. It is said to be impossible to reach ten without taking an inspiration.

「한국 어린이들의 노래(Rhymes of Korean Children)」 부분

24 Ibid., pp.75~76 · 83.

랜디스가 채록한 동요 18편 가운데 12편은 특별히 범주를 나눌 수 없을 만큼 다채로운 노래들이고, 나머지 여섯 편은 어떤 놀이를 할 때 술래를 뽑기 위한 유희요(遊戱謠)로 영미권 민속학에서 이른바 '술래 뽑기 노래(counting-out rhyme)'라 지칭하는 부류이다.[25] 후일 김소운(金素雲, 1907～1981)이 출간한 민요집 속에서 그와 유사한 작품들을 대부분 찾아볼 수 있기는 하지만, 김소운의 자료집이 1920, 30년대에야 이루어진 것임을 감안한다면 랜디스의 채록은 이보다 약 30년 앞설 뿐만 아니라, 김소운과 달리 랜디스는 자신이 직접 노래를 전해 듣고 채록하였기 때문에 채록 곡목에도 당시 한국 아동들의 기호가 보다 직접적으로 투영되어 있다고 판단할 수 있다.[26]

한편, 랜디스의 글 대부분이 국내나 아시아권의 잡지에 실렸던 데 비해, 「한국 어린이들의 노래」는 보스턴에서 발행되던 『미국민속학보』에 투고되었다. 때문에 랜디스는 한국의 문화에 익숙지 않은 영미권 독자들을 위해서 논제에 대해 약간의 설명을 덧붙일 필요를 느꼈던 듯하다. 별다른 언급 없이 곧장 자료가 제시되고는 하는 여느 글과 달리 「한국 어린이들의 노래」 초두에는 한국 동요의 통상적 특질에 대해 짤막하나마 논평이 이루어지고 있어서 주목된다.

25 이 가운데 여덟 번째로 수록한 노래에는 두 종의 이형(異形, variations)을 부기하였으므로, 실질적으로는 모두 20편의 노래를 수록한 셈이다. 한편, 술래 뽑기 노래에 대해서는 한국의 놀이 문화를 비교민속학적으로 다룬 스튜어트 컬린(Stewart Culin, 1958～1929)의 책에서도 간략하나마 소개된 바가 있다(Stewart Culin, *Korean Games with Notes on the Corresponding Games of China and Japan*, Philadelphia : Univ. of Pennsylvania, 1895, pp.53～54).

26 김소운, 『朝鮮口傳民謠集』, 東京 : 第一書房, 1933. 본장의 부록 '랜디스의 동요 채록 자료'에 유사한 작품들의 내역을 함께 정리하여 제시한다.

여기 한국 아이들의 노래 거의 모두가 느긋하고 단조로운 형식을 지니고 있는데, 그러한 형식은 [미국] 탁아소(nursery)에서 불리는 저 고전적인 작품 〈마더 구스(Mother Goose)〉와 유사하므로 이 노래들을 한국의 〈마더 구스〉라 칭할 수 있을 듯하다.[27]

랜디스가 한국 동요를 접한 인상은 '느긋하고 단조로운 형식(easy-going sing-song style)'이라는 어구에 집약되어 있다. '느림(andante, slow)', '단순함(eintönig)', '구슬픔(melancholisch, melancholy)', '(목소리의) 떨림(tremuloso, trill)' 등과 같은 형용어는 19세기 말의 서구인들이 한국 노래에 대한 전반적인 느낌을 술회할 때 흔히 사용해 왔던 어휘이기도 하다. 동요를 특화하여 다룬 랜디스 역시 이들과 자못 유사한 반응을 보였던 것이다.

그는 이어서 한국 동요를 서구의 노래와 견주었는데, 그 대상은 18세기 중후반 이래 영미권에서 꾸준히 인기를 얻어 왔던 〈마더 구스〉로서,[28] 이 노래는 아이들이 부르는 노래라는 뜻의 '동요(children's rhymes)'와는 달리 어른들이 아이에게 불러주는 '자장가(nursery rhymes)'에 해당한다. 영미권에서는 양자를 뚜렷이 구분하여 다루거니와,[29] 랜디스는 한국의 동요가 지닌 유장하고도 단순한 특징이 영미권의 일반적 동요보다는 자장가의 특성에 좀 더 잇닿아 있다고 판단했던 것으로 보인다.

27 Eli B. Landis, "Rhymes of Korean Children", *The Journal of American Folklore*, no.42, Boston : the American Folklore Society, Jul. ~Sep. 1898, p.203.

28 〈마더 구스〉에 대해서는 본서의 5장 「호머 헐버트의 〈아리랑〉론」의 주31 참조.

29 본서의 6장 주17 참조.

2) 음사 자료

간략한 논평과 비교를 통해 한국 동요에 대한 전반적 인상을 내비친 후 랜디스는 역시 자료를 제시하는 데 집중한다. 일종의 범례와도 같은 다음의 언술 속에서 랜디스가 동요를 채집하고 정리했던 특징적 방식을 살펴볼 수 있다.

> [나는] 먼저 『한불ᄌ뎐(*Dictionnaire coréen-français*)』의 편찬자들이 활용했던 [로마자표기] 체계를 수정한 스콧 씨(Mr. Scott)의 방식에 의거하여 [한국어] 노랫말을 음사한 후 주석과 함께 번역문을 제시할 것이다. [본래 가사에 포함되어 있던] 소리의 울림(jingle)은 불행하게도 음사 과정에서 많은 부분 사라지게 된다. 또한 가능한 한 원의에 가깝게 노랫말을 옮기려다 보니 번역하는 과정에서 율격이 희생되고 말았다. [본래 가사에는] 특정한 관용구와 표현법이 들어 있으나, 번역문에서는 그 효과가 크게 감소되었다. [음사나 번역 과정에서 일어나는] 이러한 현상은 어떤 언어에서든 마찬가지이지만, 특히 동양의 언어(Oriental tongue)에서 [더욱] 현저하다.[30]

여기에서 랜디스는 한국의 동요를 다루는 원칙에 대해 언급하는데, 그 핵심은 채록과 번역 과정에서 발생하는 필연적인 왜곡을 안타까워하는 마음과 왜곡의 폭을 최소화 하려는 의도로 집약된다. 이때의 왜곡이란 단지 의미상의 변화만을 뜻하지는 않으며, 한국어 고유의 관용구

---

30 Landis, "Rhymes of Korean Children", p.203.

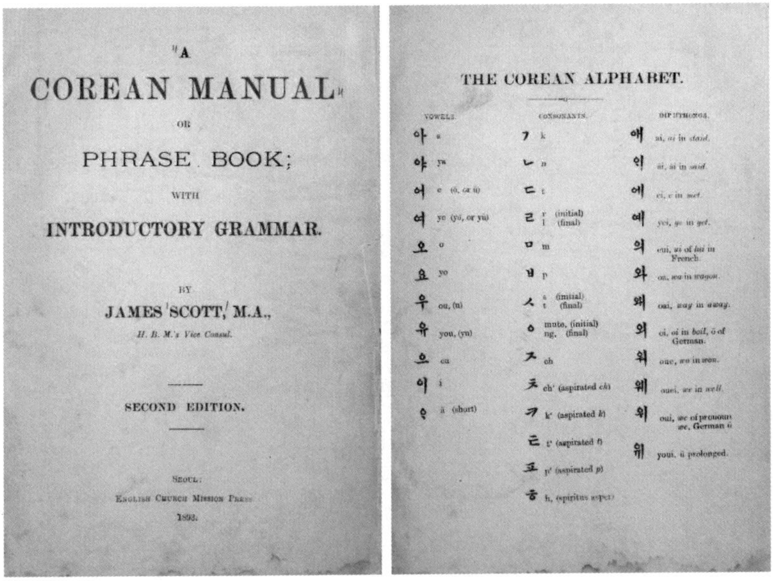

A COREAN MANUAL OR PHRASE BOOK; WITH INTRODUCTORY GRAMMAR.

BY JAMES SCOTT, M.A., H. B. M.'s Vice Consul.

SECOND EDITION.

SEOUL: ENGLISH CHURCH MISSION PRESS 1893.

THE COREAN ALPHABET.

VOWELS.		CONSONANTS.		DIPHTHONGS.	
아	a	ㄱ	k	애	ai, *ai* in *staid*.
야	ya	ㄴ	n	인	ai, ai in *said*.
어	e (ŏ, or ŭ)	ㄷ	t	에	ei, e in *met*.
여	ye (yŏ, or yŭ)	ㄹ	r (initial) l (final)	예	yei, *ye* in *yet*.
오	o	ㅁ	m	의	eui, *ui* of *lui* in French.
요	yo	ㅂ	p	와	oa, *wa* in *wagon*.
우	ou, (u)	ㅅ	s (initial) t (final)	왜	oai, *way* in *away*.
유	you, (yu)	ㅇ	mute, (initial) ng, (final)	외	oi, *oi* in *boil*, ö of German.
으	eu	ㅈ	ch	워	oue, *wo* in *won*.
이	i	ㅊ	ch' (aspirated *ch*)	웨	ouei, *we* in *well*.
ᄋᆞ	ă (short)	ㅋ	k' (aspirated *k*)	위	oui, *we* of pronoun *we*, German ü
		ㅌ	t' (aspirated *t*)	위	youi, ü prolonged.
		ㅍ	p' (aspirated *p*)		
		ㅎ	h, (spiritus asper)		

『한국어 입문서 혹은 회화집(*A Corean Manual or Phrase Book*)』 재판(1893)의 표지와 한글 자모 일람

나 독특한 표현을 온전히 옮겨 오지 못하는 점, 율격이 희생되거나 음상(音像)이 사장되는 점에 이르기까지 여러 층위에 걸쳐 있다. 때문에 랜디스는 동요의 의미는 물론 표현까지도 가급적 원형에 가깝게 되살려 내려는 시도를 하게 되는데, 특히 후자를 위해 채택한 방안이 곧 한국어 노랫말의 로마자 음사이다.

랜디스의 음사 자료는 대단히 중요한 가치를 지니는 것으로 파악된다. 랜디스 전후에 한국시가에 관한 글을 발표했던 게일, 헐버트, 스미스, 밀러 등도 더러 한두 작품을 음사하거나 아예 한글로 노랫말을 적어 예시한 경우가 있기는 하나, 랜디스는 주요 작품을 모두 음사하여 자료로 보존하려 하였다는 점에서 이들과 확연한 차이를 보이기 때문이다.[31]

31 물론, 본래 작품의 형태를 가장 정확하게 표기할 수 있는 방법은 한글로 노랫말을 적는

더 나아가 채록의 정확도에 있어서도 랜디스의 작업은 신뢰할 만하다. 1939년에 맥큔-라이샤워체계(the McCune-Reischauer System for the Romanization of Korean)가 제안되기 전까지 한국어의 로마자표기는 이렇다 할 통일된 원칙 없이 대개 자의적으로 이루어져 왔거니와,[32] 랜디스는 그 같은 혼란을 피하기 위해 '스콧 씨의 방식'이라는 단일한 원칙에 따라 작품을 기록하였던 것이다. 여기에서 '스콧 씨'란 영국의 재한 외교관이었던 제임스 스콧(James Scott, 1850~1920)을 말하는 듯한데, 그는 영어권 화자를 위해 『한국어 입문서 혹은 회화집(*A Corean Manual or Phrase Book*)』이라는 학습서를 지은 것으로 잘 알려져 있다.

스콧의 학습서는 1887년에 상하이[上海]에서 초판이 출간된 후 1893년에 한성에서 재판이 나올 정도로 효용이 높았던 것으로 보인다.[33] 재판에는 동사의 활용(活用)이나 체언의 곡용(曲用)을 비롯하여 여러 부분이 보충되었으며, 로마자표기 체계도 다소 수정되었다. 랜디스는 아무래도 재판을 참고하였을 가능성이 높으므로 재판의 설명에 의거하여 로마자와 한글 자모를 짝지어 정리해 보면 아래와 같다.[34]

것이다. 그러나 랜디스는 『미국민속학보』에 투고했던 만큼, 한국과 한국어에 문외한인 서구 학자들을 대상으로 원고를 작성해야 했으며, 한글 자모를 인쇄하기 어려운 조판상의 문제까지도 고려할 필요가 있었을 것이다. 그 같은 상황에서 랜디스가 선택할 수 있었던 최선의 방법은 역시 정확한 로마자 음사였던 것이다. 랜디스 또한 국내 잡지에 글을 실을 때에는 한글과 한자를 다수 섞어 가며 원고를 작성하였다.

32 김민수, 『국어정책론』(재판), 탑출판사, 1984, 289~293면.

33 James Scott, *A Corean Manual or Phrase Book with Introductory Grammar*, Shanghai : Statistical Department of the Inspectorate General of Customs, 1887; James Scott, *A Corean Manual or Phrase Book with Introductory Grammar*, 2nd ed., Seoul : English Church Mission Press, 1893. 스콧의 책은 파리외방전교회 소속 펠릭스 클레르 리델(Félix Clair Ridel, 이복명(李福明), 1830~1884) 신부의 한국어 문법 체계를 바탕으로 지은 학습서이다(이유경, 「외국인의 한국어 학습서 분석-영어권 학습서를 중심으로」, 최호철 외, 『외국인의 한국어 연구』, 경진문화사, 2005, 233~238면).

제임스 스콧의 로마자표기 체계(1893)

모음			자음			이중모음		
한글	로마자	설명	한글	로마자	설명	한글	로마자	설명
아	a		ㄱ	k		애	ai	*staid*의 *ai*
야	ya		ㄴ	n		이	ăi	*said*의 *ăi*
어	e	(ŏ 또는 ŭ)	ㄷ	t		에	ei	*met*의 *e*
여	ye	(yŏ 또는 yŭ)	ㄹ	r / l	(초성) / (종성)	예	yei	*yet*의 *ye*
오	o		ㅁ	m		의	eui	불어 *lui*의 *ui*
요	yo		ㅂ	p		와	oa	*wagon*의 *wa*
우	ou	(u)	ㅅ	s / t	(초성) / (종성)	왜	oai	*away*의 *way*
유	you	(yu)	ㅇ	묵음 / ng	(초성) / (종성)	외	oi	*boil*의 *oi* / 독어의 *ö*
으	eu		ㅈ	ch		워	oue	*won*의 *wo*
이	i		ㅊ	ch'	(격음화된 ch)	웨	ouei	*well*의 *we*
ᄋᆞ	ă	(짧게)	ㅋ	k'	(격음화된 k)	위	oui	대명사 *we* / 독어의 *ü*
			ㅌ	t'	(격음화된 t)	위	youi	*ü*를 길게
			ㅍ	p'	(격음화된 p)			
			ㅎ	h	기식음			
			ㄲ	kk	(g)			
			ㄸ	tt	(d)			
			ㅃ	pp	(b)			
			ㅆ	ss	(z)			
			ㅉ	chch	(j)			

스콧의 표기 체계는 이후의 맥큔-라이샤워체계와 비교해 보면 많은 부분에서 차이가 나고, 특히 경음(硬音)과 이중모음의 표기는 가독성이 크게 떨어지는 듯 느껴지지만, 한국어 음운과 로마자를 대개 일대일로 짝지어 놓았다는 점에서는 그 체계성과 효용성이 충분히 드러난다. 즉,

34 스콧은 재판 서문 바로 뒷부분에 '한국어 알파벳(the Corean Alphabet)'이라는 제하로 개별 한글 음운과 그에 대응하는 로마자를 정리하여 놓았으나, 여기에는 경음과 격음 표기가 빠져 있다. 따라서 본문 「알파벳(Alphabet)」 장(pp.1~17)에 수록된 설명들까지 반영하여 그 내용을 다시 표로 정리한다.

개개의 로마자가 한국어의 음상을 합리적으로 반영하고 있지는 않으나, 로마자를 한글로 다시 옮겨 오는 과정에서는 일관성이 유지될 수 있다는 것이다. 가령, 랜디스가 제시한 동요 음사 자료를 스콧의 체계에 따라 역으로 변환하면 다음과 같은 결과를 얻는다.

(달아, 달아, 발근 달아)	Tara, tara, palkeun tara
(이 태 백이 놀든 달아)	I Tai Paiki nolteun tara
(져기, 져기 져 달 속희)	Chyeki, chyeki chye tal sokheui
(계 슈 나무 백거시니)(…중략…)	Kyei Syou namou paikkesini
(한 놈, 두 놈, 삼 사, 넷 놈)	Han nom, Tou nom, sam sa, neit nom
(동 개 망 개 비둘기 삿기)	Tong Kai mang Kai pitulki satki

이처럼 표기 문자만 한글에서 로마자로 바뀌었을 뿐 노랫말 자체는 당대의 형태 그대로 정확하게 재구된다는 사실을 확인할 수 있다. 더 나아가 일부 작품에서는 방언적(方言的) 특성이나 아동어적(兒童語的) 특성까지도 위의 표기 체계를 통해 적실하게 구현되기도 하였다.

(벨 한나, 나 한나)	Pyel hanna, Na hanna
(벨 둘, 나 둘)	Pyel toul, Na toul
(벨 셋, 나 셋,) (등등)	Pyel seit, Na seit, (etc.)

'별'이 '벨'로, '하나'가 '한나'로 적힌 것은 이 노래를 구연해 준 아동의

독특한 발음이 반영되었기 때문일 수도 있고, 재미를 더하기 위해 음운이 그와 같이 변개된 채로 노래가 전승되어 왔던 때문일 수도 있겠는데, 어떤 이유에서건 랜디스는 일면 사소해 보이는 부분들까지도 이처럼 빠짐없이 로마자로 음사해 놓았던 것이다.

따라서 스콧의 표기 원칙에 따라 18편의 작품을 한글로 옮기면 19세기 말 당시 동요 가사의 원 형태를 정확하게 재현해 낼 수 있다. 같은 시기 영미권 선교사들에 의해 이루어진 음사 자료와는 물론, 전근대시기 문헌에 차자표기나 한역의 형태로 전하는 동요 텍스트와 비교하더라도 랜디스의 채록은 그 수량에 있어서나 정확도에 있어서나 대단히 중요한 자료적 가치를 지니는 것이다.

3) 번역과 주석 자료

랜디스의 글에서 또 하나 주목되는 사항은 번역과 주석이다. 노랫말을 정확히 음사하려 노력했던 랜디스는 번역을 함에 있어서도 가사의 원의를 그대로 옮기는 데 중점을 두었다.

19세기 말에서 20세기 초 사이에 시조, 가사(歌辭), 잡가(雜歌), 민요 등 한국시가의 몇몇 작품이 쿠랑, 게일, 헐버트, 스미스, 밀러 등에 의해 영역 또는 불역(佛譯)된 바 있고, 이 가운데 특히 게일과 헐버트에 의해 이루어진 영역 시조는 그 자체로 독립된 영시 작품이라 평가될 수 있을 만큼 율격이나 각운, 시행 배분 등의 측면에서 여러 세련된 요소를 구비하고 있을 뿐만 아니라, 때로는 시상마저도 본래 시조 작품에서 벗어나 자못

창의적으로 전개되기까지 한다.

이에 견줄 때 랜디스의 영역은 같은 시기의 그 어떤 사례보다도 원문에 밀착되어 있다. 애초부터 그는 한국시가를 영시의 율격이나 문법에 의거하여 번역하거나 번역문을 독립된 문예물로 구성해 보려는 의도 자체를 지니고 있지 않았던 것이다.[35]

Karang Meri ch'ing, ch'ing.	Your plaited hair is torn, is torn.
Oumoul apheui kachi mara	Do not go near the fountain,
Pounge satki nollasinta	For all the minnows will be frightened.
Pap hananta kachi mara	Do not go near the dinner table
Choukkekoura p'aim maichille.	For the spoons will rise up and slap your cheek.

예컨대, "가랑 머리 칭, 칭. / 우물 압희 가지 마라 / 붕어 삿기 놀라신다 / 밥 하난다 가지 마라 / 죽걱우라 팸 매질러"로 재구되는 위 작품에서 랜디스는 본래 노래의 행수를 그대로 유지하면서 각 행의 의미를 축자적으로 번역하는 데 치중한다. 게일과 헐버트가 시조를 영역할 때 흔히 도입했던 약강격(iambic)의 율격이 나타나지 않고, 각운(rhyme) 역시 고려되지 않았다. 번역문은 오직 원문의 의미를 최대한 가깝게 되살려

35 물론, 3장으로 정형화된 평시조에 비해 동요는 형식이나 길이가 다양한 탓에 모종의 일관된 번역 방식을 고안해 내기가 어려웠으리라는 점도 감안해야 할 것이다. 그러나 게일이나 헐버트가 사설시조를 영역하는 과정에서조차 나름의 형식을 안출해 내었다는 점을 상기한다면, 랜디스가 번역문에 독립된 가치를 부여하지 않았다는 점이 뚜렷이 드러난다(게일과 헐버트의 시조 영역 방식 및 특성에 대해서는 본서의 4장 2절과 5장 「호머 헐버트의 한국시가 연구」의 2절, 그리고 강혜정, 「20세기 전반기 고시조 영역의 전개양상」, 고려대 박사논문, 2014, 35~63 · 94~114면 등을 참조).

내는 데 시종할 따름이다.

더 나아가 한국어 노랫말의 인상적인 표현을 번역에서도 재현하기 위해 랜디스가 고심했던 흔적 또한 역력하게 드러난다. 가령 "가랑머리 칭칭"이라고 한 첫 행은 작품 속 청자를 호명하는 부분이면서 '칭칭'이라는 의성어를 재치 있게 개재한 부분이기도 한데, 랜디스는 양 갈래로 땋은 머리카락이 드리워져 있다는 이 부분의 의미를 새기면서도 그 특유의 음상과 표현까지 옮기기 위해 '톤(torn)'이라는 단음절 어휘를 두 번 반복하여 '칭칭'에 대응시켰던 것이다.

Mirera, Mirera, seul, seul, mi re ra. Push, Push, Gently, Gently, Pu-u-sh.

"미러라, 미러라, 슬, 슬, 미 러 라"라는 매우 간략한 어구로 이루어진 위 작품의 번역 역시 눈여겨 볼 만하다. 여기에서도 개개 어휘를 그 반복 횟수까지 맞추어 축자적으로 옮겼을 뿐만 아니라, 길게 늘여 부르도록 되어 있는 '미 러 라'를 표현하기 위해 그에 대당하는 'Push'를 'Pu-u-sh'의 형태로 모음을 덧나게 적음으로써 한국어 노랫말 본래의 특징을 번역문에도 어떻게든 나타내고자 하였다.

한편, 랜디스의 이 같은 객관적 방침은 노랫말의 주요 구절에 주석을 다는 데에도 적용된다. 그는 한국 동요 일반에 대해서는 거의 논평을 하지 않은 대신, 개별 작품의 의미나 쓰임에 대해서는 대단히 자세한 설명을 덧붙였던 것이다. 이때의 설명은 랜디스 자신이 한국에 체류하는 동안 습득한 견문을 바탕으로 한 것도 있고, 노래를 구술해 준 아동들의 풀이를 정리하여 옮겨 온 것도 있는 듯하다. 어느 쪽이든 그 정확도가 높을 뿐만 아니라, 특히 아동들의 풀이가 반영되었을 법한 부분에서는 동요의 실제 연행 상황이 매우 구체적으로 드러나기도 한다.

Sang Chyei, Sang Chyei, etai ka	Mourner,[①] mourner, where are you going?
Hoi, Hoi, etera ka	Lime,[②] Lime, I am going for lime.
Chang sa nali enchyei o	When is the day of the funeral?
Il, Il, irhei nal io.	Il,[③] Il, on the seventh[④] day.

① 이 노래는 [아이들이] 상제(喪制)를 보았을 때 부르는데, 노랫말 전체가 매우 모욕적이다.

② 석회(石灰)는 한국에서 시신을 매장하는 데 항상 사용된다. 무덤을 메울 때 생석회를 흙과 섞고 그 위에 물을 붓는다. 이것이 굳어져 시멘트처럼 덩어리를 이루게 되는 것이다. 석회를 뜻하는 한국어 단어 '회(hoi)'는 또한 어떤 한국 악기의 소리를 흉내 내는 말이기도 하기 때문에 [그 속에는] 익살이 담겨 있다. 한국의 관습에서는 음악과 악기는 물론 음악과 관련된 대화를 나누는 것조차 상제에게는 금지되어 있다. 이 점을 상기한다면, '회 회(Hoi Hoi)'가 [상제에게] 대단히 모욕적인 말이라는 사실을 알 수 있다.

③ '일(Il)'도 악기 소리를 흉내 낸 것이기 때문에 [상제에게] 모욕적인 말이다. '일'은 또한 '이르헤(이레)'의 첫 음절이기도 한데, 'l'과 'r' 문자는 [한국어에서] 상호 교체가 가능하다.

④ 한국에서는 시신을 사후 닷새, 이레, 아흐레째 되는 날 매장한다. 동양의 신앙에서는 자연계의 만물이 양(male)과 음(female)으로 나뉜다. 그

같은 이중체계(dual system)의 사례로는 천지, 일월, 암명 등을 들 수 있을 것이다. 이러한 [음양] 원리의 어느 한쪽이 다른 쪽보다 우세해질 경우 재앙과 혼란이 야기된다. 그런데 시신은 음의 원리에, 홀수는 양의 원리에 각각 배속된다. 위와 같은 논의에 따른다면, 당연히 장례는 홀숫날에만 치러야 하는 것이다.

"상 졔, 상 졔, 어대 가 / 회, 회, 어더라 가 / 장 사 날이 언졔이 오 / 일, 일, 이르헤 날 이오"라는 가사를 지닌 이 노래의 경우, 김소운의 자료에서도 유사한 각편(各篇)이 더러 발견되지만, 노래에 대한 설명은 랜디스 쪽이 훨씬 정교하고 분석적이다.[36] 석회를 사용하여 무덤을 메우거나 사후 홀숫날에만 시신을 매장하는 한국의 장례 문화에 대해 언급함으로써 노래의 전반적인 문맥을 풀이해 주는가 하면, '회 회'나 '일 일'과 같은 첩어(疊語)를 악기의 구음(口音)과 연계지음으로써 모욕적 언사가 노랫말 속에 잠재되어 있다는 해석을 제시하기도 하였다. 특히 후자의 경우, 단지 노랫말의 표면적 어의를 다루는 데 그치지 않고 그 이면적 의미까지 짚어 내고 있다는 점에서 여느 논자들에게서는 찾아보기 어려운 랜디스만의 분석력이 잘 드러난다.

Syeoul nomi toumyel ka	*A Syeoul fellow to the country went.*
Cho pap mekko meki mye	*Eating millet it stuck fast;*

36 김소운은 이와 유사한 노래에 다음과 같은 주석을 달았을 뿐이다.
"지나가는 상제 보고"; "길가에 지나가는 상제를 보고"(김소운, 앞의 책, 4 · 19면). 한편, 랜디스는 '이레'를 '이르헤(irhei)'라고 독특하게 음사하였는데, 이는 '이레'의 옛말인 '닐웨'의 음상을 고려했기 때문으로 보인다.

Kil Kai. He said Kil Kai.

이탤릭체로 표시한 어휘들은 한국어 텍스트를 [어순 그대로 축자적으로] 번역한 것이다. '셔울(Syeoul)'은 수도를 뜻하는 한국어인데, 시골 사람들이 종종 조밥을 먹어야만 하는 데 비해서 서울 사람들은 쌀밥만을 먹는다. 따라서 이 노래는 거들먹거리고 점잔 빼는 도시 사람들을 조롱하는 뜻을 지니고 있다. '길 개'는 목을 가다듬는 소리를 흉내 낸 말이다.

"셔울 놈이 두멸 가 / 조 밥 먹고 먹이 며 / 길 개"로 재구되는 이 노래는 김소운의 자료에서는 유사한 각 편을 찾을 수 없는 사례이다. 랜디스는 한국어 텍스트를 어순 그대로 번역하여 원의를 최대한 보존하는 한편, 이 노래가 서울 사람들의 오만함을 풍자할 때 불린다는 구체적인 문맥까지 제시하였다. 즉, 쌀밥을 먹는 데 익숙한 서울 사람이 시골에 내려 와 조밥을 먹은 후 목을 가다듬으며 거들먹거리는 모습을 우스꽝스럽게 표현한 노래라는 것이다. 일견 별다른 뜻이 없는 듯한 노랫말에서도 어떻게든 그 함의를 도출해 내고자 했던 랜디스의 면밀함이 엿보이는 대목이다.

그 밖에 불승(佛僧)을 조롱하면서 부르는 노래, 달 속의 계수나무를 상상하며 부르는 노래, 네댓 살 난 아이를 밀고 당기면서 부르는 노래[37] 등에도 개개 동요의 소통 방식과 짜임에 대한 랜디스의 정교한 설명이 부기되어 있거니와, 여기에는 19세기 말 한국의 사회적・문화적 분위

---

37 각각 2, 5, 10번째 채록 동요. 원문과 주석 등은 본장의 부록 참조.

기를 짐작게 하는 여러 중요한 증언들이 포함되어 있기도 하기 때문에 그 자료적 가치에 더욱 주목할 필요가 있다.

4. 초기 한국학자 랜디스의 발자취

이상에서 19세기 말 미국인 의료 선교사 엘리 랜디스의 한국민속 관련 연구의 분포와 특징을 개관하고, 그 가운데에서도 가장 주목되는 「한국 어린이들의 노래」의 자료적 · 연구사적 가치에 대해 검토하였다.

탁월한 언어 학습 능력과 특유의 학구열, 그리고 한국에 대한 남다른 애정을 바탕으로 랜디스는 입국 후 7, 8년이 지난 1895년 무렵부터 1898년 영면할 때까지 약 3년간 한국의 민속과 문학에 관해 여러 편의 글을 작성하여 발표하였다. 그 궤적을 살펴보면, 처음에는 무속과 같은 한국 고유의 신앙을 탐문하다가 이내 작명법, 속담, 숫자 개념 등 한국인의 언어 관습을 관심 있게 고찰하였으며, 이후 설화를 채록하는 단계에 이르고, 종국에는 시가와 소설에까지 시각이 확대되었던 과정을 도출해 낼 수 있다.

제물포에 개설한 야간 영어 학교 학생들과 랜디스
(중간에 검은 옷 입은 남성)

현상에 대한 분석과 논평을 폭넓게 섞어 가며 에세이를 작성하였던 이 시기

여느 서구인들과 달리, 랜디스는 견해를 최대한 배제한 채 자료 제시와 해제에 집중하였다는 점에서 그 방법론상의 특징이 잘 드러난다. 이는, 자료를 충분히 확보하지 않은 상태에서 한국의 문화적 요소를 섣불리 분석할 경우 그릇된 결론에 도달할 수도 있다는 신중한 태도가 반영된 결과이면서, 자연과학적 탐구에 익숙한 그의 학문적 경향이 적용된 결과이기도 하고, 또 한편으로는 추후의 분석적 연구를 준비하기 위한 자료 수집의 단계에서 일부 중간 성과물을 글로 작성하여 소개했던 때문이기도 하다. 어떤 경위이든 랜디스가 만 32세의 나이에 요절함으로써 더 이상의 고찰이 진행되지 못한 것은 초기 한국학 연구의 중대한 손실이라 아니할 수 없다.

「한국 어린이들의 노래」는 한국의 민속과 문학에 대한 랜디스의 저술 가운데 거의 마지막에 나온 것으로, 이보다 앞서 그는 아동들 사이에 전승되던 민담을 채록하여 소개하기도 하였다. 이 무렵 고아원 운영을 시작하면서 한국 아동들과 대면할 기회가 많아졌고 자연스레 유년기의 구비전승에도 관심을 갖게 되었던 것으로 짐작된다. 랜디스는 동요의 노랫말을 원형 그대로 보존하기 위해 고심하였으며, 그 방안으로 제임스 스콧의 로마자표기안을 활용하여 한국어 음운을 로마자와 일대일로 대응시켜 음사하였다. 때문에 그의 채록 자료는 한국어로 무리 없이 재구될 뿐만 아니라 이로부터 19세기 말 한국 동요의 형식과 음상을 정확하게 파악할 수 있다.

작품을 영역할 때에도 랜디스는 한국 동요 본연의 특성을 최대한 되살리는 방향으로 작업을 진행하였다. 게일과 헐버트 등이 영시의 율격 및 형식에 맞추어 한국시가를 영역했던 데 반해, 랜디스는 오직 가사의

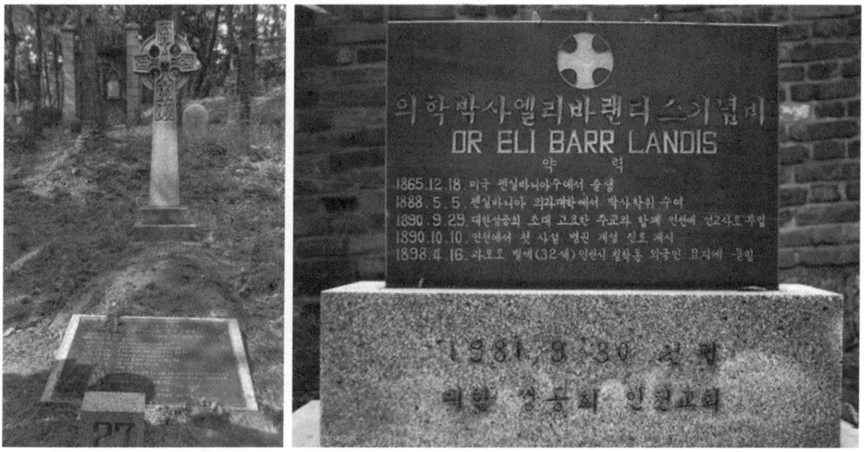

(좌) 랜디스의 묘 (인천시 청학동 소재), (우) 랜디스 기념비 (인천시 내동 소재)

뜻과 구성을 왜곡 없이 전달하는 데 중점을 두었을 뿐 번역 작품 자체에 독자적인 가치를 부여하지 않았다. 이러한 지향은 노랫말에 주석을 붙인 부분에서도 드러난다. 그는 개개 동요의 소통 방식과 함의를 다각도로 탐문하여 풀이하였으며, 한국의 문화적 특질이나 관습에 대해서도 깊이 있는 설명을 전개하였다. 특히 주석 중에는 19세기 말 한국의 사회적·문화적 분위기를 짐작게 하는 여러 중요한 증언들이 포함되어 있기도 하다.

한국의 민속과 문학에 대한 랜디스의 고찰은 19세기 말~20세기 초의 다른 서구 논자들에 비할 때 그 분량이나 지속성 면에서 얼마간 뒤처지는 것이 사실이다. 하지만 랜디스의 한국 체류 기간이 7년여에 불과한 데다 그마저도 대부분의 시간이 의료 봉사에 할애되었다는 점을 감안한다면, 이들과의 통상적인 비교는 무의미하다. 랜디스의 기여는 오히려 연구의 양적 측면보다는 내용적 특성에서 찾아야 할 것이다. 그는 각종 자료를 풍부하게 확보하고 이를 분류 및 해제하는 부문에서 각별한 역량을 발휘하였으며, 수집 자료의 정확도 역시 신뢰할 만하다.

그러한 특장을 가장 극명하게 보여주는 사례가 「한국 어린이들의 노래」인바, 이 글은 랜디스의 한국학 연구가 지니는 주요 특질들을 응축하고 있다는 점에서 초기 한국학자로서의 그의 위상을 정당하게 재평가하는 데 핵심적인 지표로써 활용될 수 있다. 더불어 「한국 어린이들의 노래」는 한국시가가 19세기 말~20세기 초의 서구인들 사이에서 어떠한 방식으로 논의되었는지 그 궤적을 보여주기도 하므로 동시기 쿠랑, 게일, 헐버트, 스미스, 밀러 등의 소론과 견주어 볼 수 있는 상보적 자료로서도 중요한 의미를 지닌다.

부록 – 랜디스의 동요 채록 자료

일러두기

- 로마자표기 자료는 별도로 제시하지 않고 한글로 재구한 노랫말만 수록하되, 재구한 노랫말의 띄어쓰기와 행갈이는 로마자로 표기된 형태를 그대로 따른다.
- 영문 주석은 우리말로 번역하여 수록한다. 랜디스가 노랫말의 구절에 번호를 붙여 설명을 한 경우에는 해당 부분에 '①, ②, ③'으로 표시하면서 주석을 옮기고, 별도의 번호 부여 없이 노랫말 전체에 대해 설명을 한 경우에는 '※'으로 표시한 후 주석을 싣는다. 한편, 저자가 추가로 설명을 붙인 곳은 '*'으로 표시한다.
- 랜디스의 채록 동요 가운데 유사한 작품이 김소운의 『조선구전민요집』, 동경 : 제일서방, 1933에서도 발견될 경우 작품의 일련번호를 가로줄 마지막 난에 표기한다.
- 13~18번 노래는 랜디스가 '술래 뽑기 노래(counting-out rhyme)'라 따로 범주화한 것들이다.

<table>
<tr><th>번호</th><th>한글 원문</th><th>영문 번역</th><th>유사</th></tr>
<tr><td rowspan="3">1</td><td>상 졔, 상 졔, 어대 가
회, 회, 어더라 가
장 사 날이 언졔이 오
일, 일, 이르헤 날 이오.</td><td>Mourner,① mourner, where are you going?
Lime,② Lime, I am going for lime.
When is the day of the funeral?
Il,③ Il, on the seventh④ day.</td><td rowspan="3">8 55
1391 2057</td></tr>
<tr><td colspan="2">주석</td></tr>
<tr><td colspan="2">① 이 노래는 [아이들이] 상제(喪制)를 보았을 때 부르는데, 노랫말 전체가 매우 모욕적이다.
② 석회(石灰)는 한국에서 시신을 매장하는 데 항상 사용된다. 무덤을 메울 때 생석회를 흙과 섞고 그 위에 물을 붓는다. 이것이 굳어져 시멘트처럼 덩어리를 이루게 되는 것이다. 석회를 뜻하는 한국어 단어 '회(hoi)'는 또한 어떤 한국 악기의 소리를 흉내 내는 말이기도 하기 때문에 [그 속에는] 익살이 담겨 있다. 한국의 관습에서는 음악과 악기는 물론 음악과 관련된 대화를 나누는 것조차 상제에게는 금지되어 있다. 이 점을 상기한다면, '회 회(HoiHoi)'가 [상제에게] 대단히 모욕적인 말이라는 사실을 알 수 있다.
③ '일(Il)'도 악기 소리를 흉내 낸 것이기 때문에 [상제에게] 모욕적인 말이다. '일'은 또한 '이르헤(이레)'의 첫 음절이기도 한데, 'l'과 'r' 문자는 [한국어에서] 상호 교체가 가능하다.
④ 한국에서는 시신을 사후 닷새, 이레, 아흐레째 되는 날 매장한다. 동양의 신앙에서는 자연계의 만물이 양(male)과 음(female)으로 나뉜다. 그 같은 이중체계(dual system)의 사례로</td></tr>
</table>

<table>
<tr><td></td><td colspan="2">는 천지, 일월, 암명 등을 들 수 있을 것이다. 이러한 [음양] 원리의 어느 한쪽이 다른 쪽보다 우세해질 경우 재앙과 혼란이 야기된다. 그런데 시신은 음의 원리에, 홀수는 양의 원리에 각각 배속된다. 위와 같은 논의에 따른다면, 당연히 장례는 홀수 날에만 치러야 하는 것이다.</td><td></td></tr>
<tr><td rowspan="2">2</td><td>즁, 즁, 각거 즁
울 너무 뱅어 즁
졉시 밋헤 할태 즁
돌 밋헤 가재 즁.</td><td>Monk,① monk, shaven② monk,
Pitch him over the garden fence
Monk who licks the platter③ clean,
Monk who hunts for shrimps④ beneath the stones.</td><td rowspan="2">23 56
152 491
1815 1907</td></tr>
<tr><td colspan="2">① 이 노래는 불승(佛僧)들을 조롱하면서 부른다. 오늘날 불교는 한국에서 사회적으로 매우 낮은 지위에 놓여 있으며, 승려들은 종종 온갖 모욕을 당하고는 한다. [그렇다고 해서] 이러한 처우가 부당하다고는 말할 수 없을 것이다. [한국에서 불승들보다] 더 게으르고 쓸모없는 계급을 상상하기는 어렵기 때문이다.
② 불승은 모두 머리를 깎는다.
③ 이 구절은 불승들이 집집마다 돌아다니며 음식을 구걸하는 것을 표현하고 있다.
④ 불교 신자들은 육식을 하지 않겠다고 서약한다. 하지만 사원들마다 인근의 우물에서는 많은 양의 새우가 잡힌다. 승려들은 물을 맑게 하기 위해서 새우를 키운다고 우기나, [불교에] 좀 더 회의적인 세속인들은 승려들이 별미로 즐기기 위해서 새우를 기른다고들 말한다. 불승이 어떠한 형태로든 살생을 하면 무수한 불교의 지옥 가운데에서도 가장 밑바닥으로 떨어지게 되지만, 이러한 [불살생의] 계율을 지키는 한국의 승려는 거의 없다.</td></tr>
<tr><td rowspan="2">3</td><td>가랑 머리 칭, 칭.
우물 압회 가지 마라
붕어 샷기 놀라신다
밥 하난다 가지 마라
죽걱우라 팸 매질러.</td><td>Your plaited hair is torn, is torn.①
Do not go near the fountain,
For all the minnows will be frightened.②
Do not go near the dinner table
For the spoons will rise up and slap your cheek.</td><td rowspan="2">36 63
145 151
206 319
499 615
805 989
1344 1370
1672 1729
1730 1768
1780 1876
1911 1944
1961 1981
2025 2059</td></tr>
<tr><td colspan="2">① 두피 질환은 한국에서 매우 흔한데, 그 대부분은 이[蝨] 때문에 발생한다. 보다 손쉽게 약을 바르기 위해 보통 한 갈래로 땋는 머리를 [두피 질환을 앓는 아이는] 두 갈래로 땋아 내린다. 이 노래는 그 같은 두 갈래 머리[를 한 아이]를 조롱할 때 부른다.
② Comp. "너는 흉측하다(You're a fright)."</td></tr>
<tr><td rowspan="2">4</td><td>돈 한* 분 주케 우러라
돈 둬 분 주케 우러라
돈 세 분 주케 우러라</td><td>Cry① and I'll give you a penny,
Cry and I'll give you two pence,
Cry and I'll give you three pence.</td><td rowspan="2">748</td></tr>
<tr><td colspan="2">* 원문에는 'hau'로 표기되어 있으나, 문맥상 'han'일 가능성이 높고, The Morning Calm의 재수록본에도 'han'으로 되어 있어서 '한'으로 재구한다.
① 웃음 띤 어조로 우는 아이에게 불러 준다. 그렇게 하면 거의 예외 없이 울음은 웃음으로 바뀐다.</td></tr>
<tr><td>5</td><td>달아, 달아, 발근 달아
이 태 백이 놀든 달아
져기, 져기 져 달 속희
계 슈 나무 백거시니
옥 돗기로 직어 내고
금 돗기로 닷더미 내고</td><td>Oh moon,① oh moon, oh bright moon,
Oh moon, which amused I Tai Paik②
There, there, in the moon
Is the print of a Cinnamon-tree
Which a white rabbit③ is cutting down,
Cutting it down with a golden axe.</td><td>69 129
246 2055</td></tr>
</table>

	조가 삼간 집을 지여 양 젼 부모 모시다가 젼 년, 만 년 살고지고 우리 형 졔 죽거든 압 동 산에 뭇지 말고 뒤 동 산에 뭇지 말고 곡개, 곡개* 너무 가사 갓지 밧헤 뭇허 즘세 갓지 한 상 열리거든 먹지 말고, 발지 말고 대 궐 안에 진상 밧쳐.	We'll build a three-roomed thatched house And live together with our parents For a thousand myriad years. If our brother should die Do not bury him in front of the hill, Do not bury him back of the hill, But go beyond the mountain pass And bury him in the egg-plant field. When a pair of egg-plants ripen Do not eat them, do not sell them, But present them to the king.④	
	* *The Morning Calm*의 재수록본에는 'kokai, kokai', 즉 '고개 고개'로 음사되어 있다. ① 이 노래는 아이들이 달 밝은 밤에 부른다. ② 기원후 699년부터 762년 사이에 생존했던 이태백은 대단히 추앙 받았던 중국 시인 가운데 한 명이다. 그는 애주가로도 명망이 높았는데, 어느날 밤 술에 취해 강둑에 누워 있다가 물 위에 비친 보름달을 보았다. 그는 하늘에서 달이 떨어졌다면서 그것을 건지겠다고 손을 뻗었다가 균형을 잃어 물에 빠져 죽고 말았다. 극동에서 가장 위대한 시인의 생애는 그렇게 끝이 났다. 그의 시는 작시법을 익히는 데 포부를 둔 이들에게 오늘날까지도 최상의 전범으로 평가받고 있다. 이태백은 자연을 무척이나 애호했으며, 몽상에 잠겨 시를 지으면서 일생을 보냈다. ③ 한국인들은 달 속에 계수나무가 있고 그 아래에는 흰 토끼 한 마리가 앉아서 절구에 선약(仙藥, drugs)을 찧거나 나무를 잘라 쓰러뜨리려 애쓴다고 상상한다. 이러한 믿음은 본래 인도에 기원을 두고 있으며, 불교와 함께 [한국에] 전래되었다. ④ 종결부는 간혹 다음과 같이 되어 있기도 하다. "가지 한 쌍 열리거든 / 그가 돌아온 줄 여기라(When a pair of egg-plants ripen / Know that he returns again)."		
6	셩 낫다, 볏 낫다 연 지 문을 여러라 호 박 국을 구리라 고은 달갈 부러라 후랄 마서라.①	Oh, how angry; oh, how red! Open wide the yen chi② door, Make a dish of pumpkins③ And mixing it with wine④ Swallow all at a draught.⑤	22 122 254 345 1731 1875 1901
	① 우는 아이에게 이 노래를 불러 준다. ② '연지문'은 큰 문인데, 여기에서는 [아이가] 울 때 벌리고 있는 입을 암시한다. ③ '호박'은 부풀어 오른 뺨을 뜻한다. ④ '술(wine)'은 눈물을 뜻한다. ⑤ 이 말은 울음을 삼키는 것을 뜻한다.		
7	고 초 먹고, 맴, 맴. 담배 먹고, 맴, 맴.	Eat red peppers, hot, hot. Smoke tobacco, hot, hot.①	10 386 802 826 978 1006 1838 1888
	① 둘 이상의 아이가 서로 손을 잡고 말뚝 주위를 빙글 빙글 돌면서 이 노래를 부르는데, 어지러워 더 이상 돌 수 없을 때까지 계속한다.		
8	벨 한나, 나 한나 벨 둘, 나 둘 벨 셋, 나 셋, …	One star and one me, Two stars and two me, Three stars and three me, …①	1469 1748
	① 이 노래는 숨을 참은 상태에서 기회 될 때마다 자주 부른다. 숨을 쉬지 않고 열까지 세는		

	것은 불가능하다고 한다.		
	벨 한나, 공, 공, 나 한나, 공, 공. 벨 둘, 공, 공. 나 둘, 공, 공, …	One star, kong, kong. One me, kong, kong. Two stars, kong, kong, Two me, kong, kong, …	749
	※ 위 노래의 다른 형태이다.		
	시궐 열닷 줄, 서울 열 닷 줄.	Fifteen leagues of country, fifteen leagues of Seoul(the capital).	
	※ 위 노래의 또 다른 형태이다.		
9	일러지 말자, 공 지다 질레 걱거 밥 하자 개고리 자바 당 지 자 배암 자바 회지자.	Let us play and do not tell, Taking thorns and cooking food, Catching frogs to make some food, Catching snakes to stir it with.	91 96 733 853 990
	※ 아이들끼리 놀다가 사고가 일어났을 때 [사고를 당하지 않은] 아이들 가운데 한 명이 이 노래를 부른다. ※ 이 노래에 깃든 착상은 무척이나 우스꽝스러워서 아이들은 이내 문제점을 잊어버리고 [다시] 유쾌해진다.		
10	시 상, 시 상 하라바미 마당 실다가, 돈 한 분 어더싸 장에 가셔, 밤 한 말 삿다가 시 롱 우희 언젓더니 사 양 쥐 다 가 먹고 서근 밤 한 둘 나믄 거살 가마 솟헤 살마써 조리로 건저써 함박에 싯저써 대 갑 갈로 벗겨써 겁질을 아밤 주고 보미 어뭄 주고 사를 네고, 내고 달궁, 달궁 먹고 살자.①	Grandfather, grandfather! I swept the garden and found a penny; I went to market and bought a measure of chestnuts And placed them on the kitchen shelf; A mouse came and ate them all, Leaving only a few. These we'll put in a pot And boil until they are soft; We'll wash them in a bottle gourd And pare them with a bamboo knife. The outer shell we'll give to father, The inner shell we'll give to mother, The kernel you and I will eat and live.	46 215 241 635 836 1671 1915 1976
	① 이 노래는 너댓 살 난 어린 아이를 즐겁게 하기 위해 반복하여 부른다. 두 명이 마주보고 마룻바닥에 앉은 후 그중 연장자가 연소자의 손을 잡고 이 노래를 반복하여 부르면서 [연소자의] 몸을 뒤로 앞으로 흔든다.		
11	달 도, 달 도 밝다 명 경 도 밝다 죽고 슐라 조거리 은 웅 나무 길 소매 상 다니 것 옷 고름 부 처니 안 옷 고름 동모 집을 가니깐 약산 젹을 오목 조목 먹으며 날 한 졈을 안져고	The moon, the moon is very bright, Very bright and glorious; Put on your pearl embroidered jacket With sleeves like apricot leaves, With outer strings of purple silk And inner strings of crimson; And let us go to a playmate's home, Where many cakes have been baked to-day, And there we'll sit and eat our fill. If they do not give us any,	37 52 112 428 1644 1677

	우리 집에 왓다 봐라 슈 슈 바덕 쥬나 봐라 거가지거 쥬거나 말거나 시구 대라.	Wait until they come to our house And see if they get raisin cake. What do we care whether they give us cakes or not.(?)[①]	
	① 이 노래는 달 밝은 밤에 소년들이 반복하여 부른다.		
12	근 솔 밧 작은 솔 밧 감죽이 홀죽이 염염이 나목 신 틔 더가리.	The great fir grove,[①] The small fir grove,[②] Winkers,[③] Holchăki.[④] Yemyemi,[⑤] Namok sin teui tekari.[⑥⑦]	
	① 오른쪽 눈썹을 가리키면서 [이 구절을 부른다]. ② 왼쪽 눈썹을 가리키면서 [이 구절을 부른다]. ③ 두 눈을 가리키면서 [이 구절을 부른다]. 윙크를 한국어로는 '감죽 감죽'이라고 한다. ④ 코를 가리키면서 [이 구절을 부른다]. ⑤ 입을 가리키면서 [이 구절을 부른다]. ⑥ 턱을 가리키면서 [이 구절을 부른다]. '나목 신'은 나무로 만든 신이고, '틔 더가리'는 발뒤꿈치인데, 여기에서는 턱을 지칭한다. 턱이 나막신의 뒤축과 비슷하게 생겼기 때문이다. ⑦ 이 노래는 어린 아이들을 즐겁게 하기 위해 부르는데, 노래가 다 끝난 후에는 아이의 가슴을 간질여서 웃게 만든다. ※ 이 노래를 [그 내용과 발상이] 매우 유사한 "Eye winker, Tom tinker, nose smeller" 등과 같은 [서구의] 노래와 비교해 보라.		
⑬	우 중 장.	Superior middle elder.	
	※ 소년들이 한 줄로 늘어선 후 매 세 번째 아이를 제외시켜 나간다. 제일 마지막에 남겨진 아이가 술래가 된다.		
⑭	옥 족 세 발.	(The) jade tripod (has) three legs.	
	※ 이 노래는 [놀이할 때] 편을 가르는 데 쓰인다.		
⑮	미러라, 미러라, 슬, 슬, 미 러 라.	Push, Push, Gently, Gently, Pu-u-sh.	484
⑯	하날 대, 도왈 대, 사마쥬, 날대, 잉낭, 거 지 발 대, 장 군, 고두래, 뻬윙.		21 64 86 140 171 279 524 1375 1434 1501 1547 1548 1549 1602 1640 1697 1698 1806 1971 2004
	※ 마지막 단어는 강한 'ㅂ(p)' 음으로 발음되는데, 이 노래는 번역할 수가 없다. 이 노래는 하나, 둘 등으로 이어가는 단순한 말장난이다. 이 노래와 다음에 제시하는 [두] 노래는 장님놀이(blind man's buff)를 할 때 쓰이며, 열 번째 아이가 장님[술래]이 된다.		
⑰	셔울 놈이 두멸 가 조 밥 먹고 먹이 며 길 개.	A *Syeoul fellow to the country went.* *Eating millet it stuck fast;* He said Kil Kai.	

	※ [번역문에] 이탤릭체로 표시한 어휘들은 한국어 텍스트를 [어순 그대로 축자적으로] 번역한 것이다. '셔울(Syeoul)'은 수도를 뜻하는 한국어인데, 시골 사람들이 종종 조밥을 먹어야만 하는 데 비해서 서울 사람들은 쌀밥만을 먹는다. 따라서 이 노래는 거들먹거리고 점잔 빼는 도시 사람들을 조롱하는 뜻을 지니고 있다. '길 개'는 목을 가다듬는 소리를 흉내 낸 말이다.		
⑱	한 놈, 두 놈, 삼 사, 넷 놈 동 개 망 개 비둘기 삿기 잠 나무 고 야 덜 놈 나 덜 거 라.	*One fellow, two fellows, three four, four fellows.* At *Tong Ferry* and *Mang Ferry* there are *young doves* in an *Oak Tree. You low* *born kitten* I *dare you to come out.*	171 173 174 259 279 465 610 863 2161

8장

프레더릭 S. 밀러

한국시가의 양식과 율격을 탐구하다

프레더릭 S. 밀러(Frederick Scheibler Miller)
한국명 : 민로아(閔老雅)
생몰연대 : 1866~1937
출생지 : 미국 펜실베니아주 피츠버그(Pittsburgh)
주요 직책 : 미국 북장로교 소속 선교사
한국 체류 기간 : 1892~1937
한국 관련 주요 저술 : 「한 편의 한국시(A Korean Poem)」(1903),
「초기 한국의 찬송가(Early Korean Hymnology)」(1930) 등

개관

1890년대 중반 이래 쿠랑, 게일, 헐버트, 스미스, 랜디스 등이 여러 측면으로 검토해 왔던 한국시가는 1900년대 들어 미국인 선교사 프레더릭 밀러에 의해 또 다른 계기에서 주목을 받게 된다.

청주 일대에서 주로 활동했던 밀러는 한국어 찬송가를 보급하는 일에 비상한 관심을 가졌으며, 한국인의 정서와 율격 의식에 맞는 찬송가 가사를 새로 지어 내기 위해 노력하였다. 그 기초 작업의 일환으로 그는 한국시가의 특징과 양식을 진지하게 고찰하기에 이른다.

밀러가 가사를 한국시가의 대표적 갈래로 부각해 낸 점이나, 한국시가의 구성 원리와 요소를 정교하게 탐구한 점, 강약율 모형을 바탕으로 한국시가의 율격을 진단한 점 등은 이전 시기 논자들에게서는 발견하기 어려운 새로운 시도로서 눈여겨볼 만하다.

프레데릭 밀러의 한국시가 양식론

1. 찬송가 작사가 밀러

이 글은 19세기 후반~20세기 초반 한국에서 활동했던 미국인 선교사 프레데릭 S. 밀러(Frederick Scheibler Miller, 민로아(閔老雅), 1866~1937)의 한국시가 관련 논의를 분석하는 데 목적을 둔다.

이 시기의 서구인, 특히 선교사들의 한국문학 관련 저작에 대해서는 근래 여러 방면에서 연구가 진행되고 있을 뿐만 아니라, 그간 알려지지 않았던 자료들도 속속 소개되고 있는 상황이다. 특히, 한국시가와 관련된 이들의 고찰은 흔히 한국문학 전반에 대한 평가나 인식으로 직결되곤 하였기 때문에 시가 영역의 글들을 발굴하고 분석하는 작업은 더욱 긴요하다고 할 수 있다.

바로 그 같은 측면에서 주목되는 또 한 명의 선교사가 바로 프레데릭 밀러이다. 밀러는 비록 한국문학에 대한 연구를 본격적으로 수행하지는 않았고 해당 분야로 특화된 글들도 그다지 남기지 않았으나, 다음의 두 가지 측면에서 주요하게 거론될 만한 인물이다.

우선, 밀러는 실무적인 차원에서 한국문학, 특히 한국시가의 본체를 탐구하였다는 점이다. 한국에 체류하던 수십 년 기간 동안 밀러가 비상한 관심을 두었던 분야는 한국어 찬송가를 짓고 보급하는 일이었다. 더구나 그는 영어로 된 찬송가를 단지 축자적으로 번역하거나 번안해 오는 데 그치지 않고 한국인의 정서와 율격 의식에 맞는 노랫말을 새로 지어 내기 위해 노력하였다. 그 기초 작업의 일환으로 시도된 밀러의 한국시가론은 특히 형태적 측면에서 매우 세부적인 분석으로까지 진전되므로, 그 결과물을 살핌으로써 여러 시사점을 발견할 수 있을 것이다.

다음으로, 한국 고유의 시가 또는 율문을 찾아보려는 노력은 밀러 이전에 이미 모리스 쿠랑(Maurice Courant, 1865~1935), 제임스 S. 게일(James Scarth Gale, 기일(奇一), 1863~1937), 호머 B. 헐버트(Homer Bezaleel Hulbert, 흘법(訖法), 할보(轄甫), 1863~1949) 등에 의해 이루어진 바 있었으되, 그들이 천착했던 양식은 대개 시조(時調)였고 거기에 간혹 잡가(雜歌)나 민요(民謠)를 섞어서 분석 대상으로 삼았던 데 반해, 밀러가 한국시가의 전범으로 포착했던 양식은 가사(歌辭)였다는 점이다. 이렇듯 한국시가의 주요 양식을 다르게 잡아 나갔던 이유가 무엇인지, 즉 밀러가 굳이 가사에 주목했던 배경이 무엇인지 분석할 필요가 있다.

위에서 언급한 내역들을 '한국시가 연구의 목적과 대상' 및 '밀러의 한국시가 양식론'의 두 단계로 나누어 이하에서 상론하고자 한다.

2. 한국시가 연구의 목적과 대상

펜실베니아주 피츠버그 출신인 밀러는 1892년 20대 중반의 나이에 장로교 해외 선교사 자격으로 한국에 들어와 한성(漢城)에서 약 5년간 교육 사업에, 이후 10년간 전도 사업에 종사한 후 1905년 이래 청주(淸州)에 거주하면서 각종 선교 활동을 펼쳤다.[1] 그는 한국인 신도들의 상황이나 처지를 이해하고자 항상 노력하였고, 특히 문서를 통한 선교에 집중하였기 때문에 흔히 '소책자의 사도(Apostle of the Sheet Tract)'로 불리었다고 전한다. 다수의 전도 책자를 한국어로 번역하여 보급하였을 뿐 아니라, 자신의 선교 경험이 담긴 글들을 여럿 작성하여 발표하고 후일 몇 권의 책으로 묶어 내기도 했을 만큼 그는 저술가로서도 왕성하게 활동하였던 것이다.[2]

밀러가 한국시가에 관심을 가지게 되었던 배경은, 그가 세상을 떠난 직후 작성된 해리 A. 로즈(Harry Andrew Rhodes, 노해리(魯解理), 1875~1965)의 다음 언술을 바탕으로 되짚어 볼 수 있다.

[한국에 들어온] 초기에 밀러는 한국 교회가 지금까지도 부르고 있는 다

1 밀러의 생애에 대해서는 이용민, 「선교사 Frederick S. Miller(閔老雅, 1866~1937) 연구－*The Korea Mission Field*를 중심으로」, 『교회사학』 5권 1호, 한국기독교회사학회, 2006, 239~263면에서 자세히 검토되었으며, 본장에서도 밀러의 활동에 관한 연대기적 서술은 주로 이 논문을 참고하여 작성하였다.

2 밀러의 글은 세 권의 책으로 묶여 미국에서 출간되었다고 알려져 있다(위의 글, 24면). 이 가운데 두 권의 서지는 다음과 같다 : Frederick S. Miller, *Our Korean Friends*, New York : Fleming H. Revell Company, 1935; *The Gospel in Korea*, New York : Fleming H. Revell Company, 1939. 그 밖에 'Korean Young People'이라는 제목의 책이 생전에 한 권 더 출간되었다고 하는데, 이 책의 구체적인 서지 사항은 확인하지 못하였다.

수의 찬송가를 번역하였다. 밀러가 음악가였다고 주장하려는 것은 아니지만, 그는 운율을 이해하고 있었을 뿐 아니라 시인의 재능도 지니고 있었다. 아마도 그는 한국에서 활동한 선교사들 가운데 복음서와 전도서를 가장 많이 번역하고 배포하였을 것이다.[3]

처음 한국에 들어온 후 밀러가 주력했던 사업은 찬송가를 번역하는 것이었으며, 그러한 사업을 감당할 만큼 그는 음악과 시에 깊은 조예를 지니고 있었다는 사실을 위 글로부터 간취할 수 있다. 밀러가 한국시가를 고찰하였다면 그 목적도 역시 찬송가의 번역 내지 제작과 관련되리라는 점을 짐작게 하는 대목이다. 실제로 그는 한국에 체류한 지 약 10년이 흐른 시점인 1903년 10월에 「한 편의 한국시(A Korean Poem)」를 『코리아 리뷰(*The Korea Review*)』에 게재함으로써 한국시가의 면면을 찬송가 제작에 원용하기 위한 방안을 본격적으로 모색하기 시작한다.[4]

이 글이 발표된 시점 역시 예사롭지 않다. 한국어 기독교 찬송가집의 역사는 1892년 북감리교에서 펴낸 『찬미가』와, 1894년 호러스 G. 언더우드(Horace Grant Underwood, 원두우(元杜尤), 1859~1916)가 편찬한 『찬양가』로부터 비롯되며, 이어 1895년에는 북장로교에서 『찬셩시』를 따로 발간해 내기도 한다.[5] 이처럼 수종의 찬송가집을 통해 한국에 본격적

---

3 Harry A. Rhodes, "Rev. Frederick S. Miller : 1866~1937", *The Korea Mission Field*, vol.33, no.11, Seoul : Christian Literature soc. of Korea, Nov. 1937, p.240.

4 Frederick S. Miller, "A Korean Poem", *The Korea Review*, vol.3, Seoul : Methodist Publishing House, Oct. 1903, pp.433~438.

5 초기 찬송가집과 관련된 사항은 민경배, 『한국교회 찬송가사』, 연세대 출판부, 1997, 25~60면; 문옥배, 『한국 찬송가 100년사』, 예솔, 2002, 39~163면에서 조사 및 논의된 바에 의거하여 서술한다.

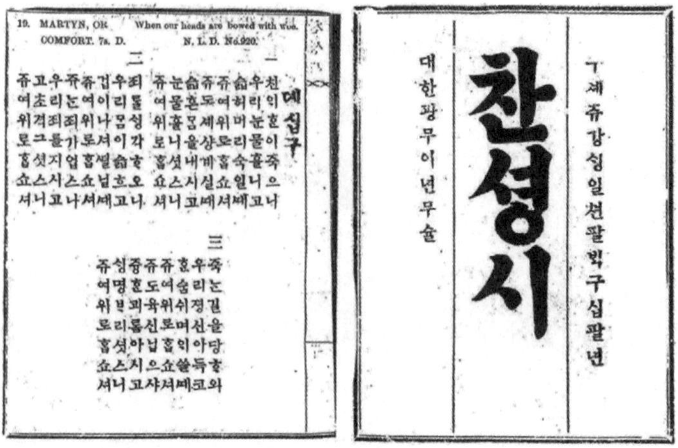

1898년판 『찬셩시』 표지(우)와 밀러가 〈When Our Heads Are Bowed with Woe〉의 곡조에 한국어로 붙인 노랫말 〈친ᄋᆡ훈 이 죽으니〉(좌)

으로 찬송가가 유포되기 시작한 때는 1890년대 중반에 들어서이고, 찬송가를 제작·보급하는 데 선교사들의 관심이 집중되었던 시기도 바로 이 즈음이었던 것이다.

더구나 밀러는 자신이 직접 한국어로 찬송가를 짓기도 하였던 만큼 해당 분야에 더욱 더 천착했던 것으로 보인다. 현재 그의 작으로 전하는 한국어 찬송가는 총 다섯 편으로, 이 가운데 네 편의 제작 시기가 1901, 1902년 사이에 몰려 있다.[6] 그처럼 찬송가 제작자로도 활동하고 있었던 이 무렵에 밀러는 자신이 그간 파악해 온 한국시가의 여러 특징들을 에세이 형식으로 정리하여 지면에 발표함으로써 동료 선교사들이 한국어 찬송가를 짓는 데 도움을 얻을 수 있도록 배려하였으리라 파악된다.

그러한 상황은 밀러가 「한 편의 한국시」를 기고한 지 30년 가까이 지

6 밀러가 지은 찬송가 내역은 다음과 같다: 294장 〈친애한 이 죽으니〉(1898); 307장 〈공중 나는 새를 보라〉(1901); 379장 〈주의 말씀 듣고서〉(1901); 94장 〈예수님은 누구신가〉(1902); 516장 〈맘 가난한 사람〉(1902)(이용민, 앞의 글, 239면).

나 작성했던 또 다른 글 「초기 한국의 찬송가(Early Korean Hymnology)」에서도 확인된다.

> [당시] 찬송가 제작자들 가운데 몇몇은 [찬송가를 짓는 데] 도움을 얻기 위해 한국시가를 연구하기 시작하였다. 수사법(修辭法), 한국시가에서 각운(脚韻) 대신 쓰이는 대구(對句), 두운(頭韻), 후렴구에 대해 기록을 하였는데, [시구에] 각운을 두는 것은 한국어에서는 가능하지가 않다. 찬송가 제작자들은 [기존의 영어나 중국어 찬송가를] 번역하는 것보다는 한국어로 독창적인 찬송가를 짓는 것을 흔히 선호하였다. 그 결과는 성공적이었고, 한국인 교인들이 지은 것들도 그 성공적인 사례에 포함된다.[7]

밀러가 가족과 함께 생활했던 양관(洋館)(청주시 탑동 소재)

밀러와 교인들이 한국어로 찬송가를 짓는 데 시사를 얻고자 한국시가의 제반 특성을 고찰하기 시작하였다는 사실이 위 글 속에 뚜렷이 표명되고 있다. 당시 그들이 연구 대상으로 삼았던 한국시가가 구체적으로 무엇이었는지, 밀

7 Frederick S. Miller, "Early Korean Hymnology", *The Korea Mission Field*, vol.26, no.9, Seoul : Christian Literature soc. of Korea, Sep. 1930, p.190. 1930년 8월과 9월 두 호에 걸쳐 『코리아 미션 필드』지에서는 초기의 한국 선교 활동을 되돌아보는 'Early Days' 기획을 마련하여 선교사들의 한국 적응기, 성경 번역, 찬송가 제작 등의 분야에 걸쳐 여러 인사들이 작성한 원고를 수록하였다. 이 가운데 찬송가와 관련된 회고록은 프레더릭 밀러가 맡아서 기술하였다.

러 이외에 다른 어떤 선교사가 한국시가 연구에 동참하였는지는 확인할 수 없으나, 이들의 이해도가 상당한 수준에 이르렀으리라는 정황은 그 탐구 분야가 수사법(figures of speech), 대구(parallelisms), 두운(alliterations), 후렴구(refrains) 등 매우 세부적인 사항에까지 미치고 있었다는 점으로부터 짐작해 볼 수 있다.

물론, 한국시가를 고찰하고자 했던 그들의 의도가 처음부터 순탄하게 달성되었다고 보기는 어렵다. 비교적 이른 시기부터 서구인들의 주목을 받았던 중국의 한시(漢詩)나 일본의 와카[和歌]에 비해 당시까지도 한국시가는 실체 자체가 불분명하다고 흔히 여겨져 왔기 때문이다.

> 한국시가(Korean poetry)는 그간 혹평을 받아 왔을 뿐만 아니라 "사망으로 기울어진 집(house inclineth unto death)"의 유혹적인 유물(遺物) 가운데 하나로 대개 전락해 버렸기 때문에, 지체 있는 계급의 한국인들(the better class Korean)은 자신이 한국시가에 대해 무언가 알고 있다고 시인하려 들지 않을 것이다. 누군가가 몇 년 동안 [한국에 대해] 스승과 함께 공부한다 해도, 그는 한국시가라고 할 만한 것이 존재한다는 사실조차 발견하지 못할 수도 있다. 하지만 한 권의 노래책에 적힌 다소 어려운 언어를 깊이 파고든다면 그에 해당하는 많은 사례들을 찾아내게 될 것이다.[8]

「한 편의 한국시」 첫 문장에서부터 그 같은 어려움이 토로된다. 한국시가가 혹평을 받아 왔다는 밀러의 언급은 그때까지 한국시가에 대한

8 Miller, "A Korean Poem", p.433.

『한국에서의 복음』에 수록된 교인들의 사진

밀러의 선교 수기집 『한국에서의 복음(*The Gospel in Korea*)』(1939)의 표지

서구인들의 시각을 대략 집약해 놓은 평설이기는 하나, 조금 더 정확히 말한다면 서구인들은 한국시가에 대해 혹평을 했다기보다는 아예 한국에는 고유어로 된 시가가 존재하지 않는다고 인식하였던 것으로 정리하는 편이 보다 합당할지 모른다. 실제로 1880년대에 나온 한국 관련 저작, 예컨대 에른스트 J. 오페르트(Ernst Jacob Oppert, 오배(吳拜), 1832~1903)나 윌리엄 E. 그리피스(William Elliot Griffis, 1843~1928)의 책에서 그러한 인식이 직접적으로 표출되거니와,[9] 1890년대에 들어 보다 진지한 자세로 한국시가를 탐색하였던 게일이나 헐버트 또한 "기존의 부정적 시각과는 달리 한국에도 시조와 같은 고유어 시가 양식이 존재한다"라는 '뜻밖의' 발견으로부터 비로소 관련 논의를 시작해 나갈 수 있었던 것이다.[10]

더욱 큰 난관은, 한국 고유의 시가 양식이 존재한다는 사실을 한국인들조차 인식하지 못하거나, 설령 인식은 하더라도 특히 한문을 위주로

9 본서의 2장 참조.
10 본서의 4장 2절과 5장 「호머 헐버트의 한국시가 연구」의 2절 참조.

문필 활동을 하는 사대부 계층에서 그러한 고유어 시가를 의도적으로 폄하하는 사례가 흔하다는 점이다. 이에 대해서는 앞서 그리피스는 물론 후일 게일도 직접 증언했던 바인데,[11] 바로 그 같은 풍토 때문에 서구인들이 한국시가의 존재를 쉽게 간취하지 못하였던 사정을 밀러의 위 언급을 통해 다시 한 번 확인할 수 있다. 더구나 밀러는 국권이 피탈될 위험에 처한 한국의 정세를 『성경』의 구절을 끌어와 비유적으로 표현하면서,[12] 한국의 시가 역시 패망으로 기운 나라의 유품으로 전락해 버릴 처지에 놓여 있다는 서글픈 현실을 지적하기도 하였다.

여느 서구인들과 마찬가지로 밀러 또한 처음부터 한국시가의 존재를 알고 있었던 것은 아니며, 특정 계기를 거쳐 한국시가를 뒤늦게야 발견해낸 것으로 보인다. 그 계기란 위 글에서 밀러가 언급한 '한 권의 노래책(a book of songs)'을 통해 마련되었으리라 짐작할 수 있다.

뒷부분에서 자세히 다루겠지만, 「한 편의 한국시」에서 밀러가 주요 분석 대상으로 선정한 작품은 가사 양식으로 지어진 〈우미인가(虞美人歌)〉이다. 널리 알려진 바와 같이 〈우미인가〉는 16세의 앳된 나이에 항우(項羽, B.C. 232~B.C. 202)의 애첩(愛妾)이 된 우미인(?~B.C. 202)이 후일 유방(劉邦, B.C. 247?~B.C.195)에 의해 낭군이 패망할 위기에 처하자 장검

---

11 William E. Griffis, *Corea, the Hermit Nation*, London : W. H. Allen & Co., 1882, p.449; Esson Third, "Corean Literature", *The North China Herald and Supreme Court and Consular Gazette*, 11 Jun. 1902.

12 위 인용에서 '사망으로 기울어진 집(house inclineth unto death)'이란 물론 한국을 비유하는 말이며, 이는 『성경』의 다음 구절(「잠언」 2:18)에서 인용해 온 것으로 보인다.
"지혜가 또 너를 음녀에게서, 말로 호리는 이방 계집에게서 구원하리니 / 그는 소시의 짝을 버리며 그 하나님의 언약을 잊어버린 자라 / **그 집은 사망으로, 그 길은 음부로 기울어졌나니** / 누구든지 그에게로 가는 자는 돌아오지 못하며 또 생명 길을 얻지 못하느니라."

으로 자결을 한다는 이야기, 즉 초한고사(楚漢古事)를 주제로 한 작품으로, 현전하는 이본이 14종에 이를 만큼 조선 후기에 널리 향유되었을 것으로 여겨지는 인기작이다.[13]

이로 미루어 보면, 밀러가 언급한 그 '노래책'에는 〈우미인가〉를 비롯한 여러 가사 작품이 수록되어 있었으리라는 추정이 가능하다. 이렇듯 '노래책', 즉 가사집을 발견하면서 한국시가에 대한 논의를 촉발하게 된 것은 게일이 19세기 시조창 가집 『남훈태평가(南薰太平歌)』를 지인으로부터 얻어 보게 되면서 시조를 최초로 영역하여 소개하고 시조의 특색에 관한 논고를 작성하여 발표했던 것과도 유사한 과정으로 파악할 수 있다.[14]

한편, 밀러가 굳이 가사를 한국시가의 대표적 양식으로 인식하고 그에 대한 분석을 시도하였던 이유에 대해서도 주목해야 할 필요가 있다. 이는 밀러 이전에 쿠랑, 게일, 헐버트 등에 의해서 한국시가의 주요 갈래, 또는 '고전적(classical)' 갈래로서 시조가 이미 조명된 바 있었기 때문이다. 「한 편의 한국시」가 발표되었던 1903년에는 밀러가 아직 한성에 머물고 있었으므로 그가 동료 선교사인 게일이나 헐버트와 충분히 교류를 가질 만한데

13 〈우미인가〉의 이본 현황과 그 계열에 대해서는 손대현, 「〈초한가〉와 〈우미인가〉의 『西漢演義』 수용 양상」, 『한국민요학』 31집, 한국민요학회, 2011, 96~102면에서 종합적으로 정리된 바 있다. 그런데 밀러는 「한 편의 한국시」에서 〈우미인가〉의 원문을 한국어 텍스트 그대로 여러 곳에 인용하고 있는바, 그 구절이 모두 일치하는 작품은 현전 이본들에서는 발견되지 않는다. 때문에 그가 확인했던 '노래책'이 어떠한 것인지 확인되지 않으며, 단지 〈우미인가〉의 또 다른 이본이 수록된 실전 가사집이리라 추정될 따름이다. 현전 이본들과 대교해 보면, 밀러가 그의 글에 인용한 〈우미인가〉와 비교적 유사한 현전본은 임기중 편, 『역대가사문학전집』 26, 아세아문화사, 1999에 수록된 제1271번 작품(임기중 소장 필사본)으로 파악된다.

14 본서의 4장 2절 참조.

우희도(虞姬圖)

다, 찬송가 제작자로서 밀러는 한국시가에 대해 비상한 관심을 가지고 있었던 만큼 그들의 논의를 어떠한 경로로든 충분히 접했을 개연성이 높다. 더구나 그가 「한 편의 한국시」를 발표한 지면이 당시 헐버트가 편집을 맡고 있었던 『코리아 리뷰』이었던 것을 감안하면, 밀러가 한국시가에 대한 선행 논의들을 확인하지 못하였을 가능성은 더욱 낮아진다.

그럼에도 불구하고 「한 편의 한국시」에서는 게일이나 헐버트의 논의는 물론, 시조에 대해서도 전혀 언급되지 않았는데, 추정컨대 밀러는 시조 각편을 온전한 의미의 '시(poem)'로 규정하기는 어렵다고 생각했던 듯 하다. 밀러와 같은 서구인의 시각으로는 시조의 형식이 지나치게 압축적이거나 소략하게 느껴질 뿐만 아니라, 작품 속에서 정작 어떠한 내용이 다루어지는지조차 뚜렷이 간취되지 않는 경우도 많았을 터이기 때문이다. 한시와 와카를 비롯한 동아시아의 시가 예사 이상으로 단형이라는 점은 당시에도 서구에 이미 널리 알려진 사실이었지만, 그러한 함축적 성격이 독특하게 느껴질 수는 있을지언정 서구인들의 미감에 익숙하게 부합될 수 있는 요소는 아니었던 것이다. 그 같은 낯선 인상은 서구인이라면 누구나 한 번쯤 가져볼 만한 것이었으며, 앞서 헐버트는 이 문제에 관해 다음과 같이 비교적 자세히 서술한 바도 있다.

한국의 시는 모두 서정적인 특성을 지니고 있으며, [서구의] 서사시에 대응되는 것은 존재하지 않는다. 종달새에게 교향곡 전곡(全曲)을 노래해 달라고 요구할 수 없는 것처럼, 아시아인들에게 역사적이거나 서사적인 이야기를 시구에 담아 표현해 주기를 기대할 수는 없다. 그들의 언어 자체가 그와 같은 표현 형식에 적합하지 않다. 한국의 시는 자연음을 위주로 한 것이어서 순수하고도 단조롭다. 모두가 정열적이고 감정적이며 또한 정서적이다. 개인적이거나 가정적(家庭的)인 것, 때로 사소한 문제들을 다루기 때문에 한국의 시는 그 범위가 좁다고 할 수 있다.[15]

한국시가의 면모를 고찰하는 문맥에서 헐버트는 한국에는 서사시(epic)가 존재하지 않는다고 단언한다. 서정시 위주의 편재가 한국시가는 물론 아시아 시의 일반적 특성이라고 논의하였던 것이다. 역사적 사건이나 구성이 개재된 시를 아시아에서는 기대할 수 없다는 것인데, 헐버트는 이러한 사정을 한국적, 또는 아시아적 특성으로 인정하고 받아들여야 한다는 논리를 펼치고 있다.

반면, 밀러는 서구적 기준의 서사시까지는 아니더라도 작품 안에서 모종의 이야기가 전개되는 한층 장형화된 양식을 찾아내고자 시도하였으며, 그러한 기준에 어느 정도 근접하는 사례로서 가사가 포착되었던 것으로 보인다. 더구나 당초 밀러가 한국시가를 연구하기 시작하였던 이유가 한국어 찬송가를 지어내는 데 참고하기 위함이었다는 점을 상기한다면, 매우 간략하게 시상을 마무리 짓는 시조보다는 비교적 정형화된 짜임새와 틀이 반복되는 가사가 그 같은 목적에 좀 더 부합하는 것이 사실이기

15 Homer B. Hulbert, "Korean Poetry", *The Korean Repository*, vol.3, Seoul : Trilingual Press, May 1896, p.206.

도 하다. 시조 양식을 확대하는 것보다는 가사 양식을 축소하고 변형하여 찬송가를 짓는 데 모형으로 삼는 편이 보다 수월하기 때문이다.

초한고사라는 역사적 사건을 시화(詩化)한 〈우미인가〉에 밀러가 주목한 이유도 그와 같은 배경과 연관 지어 파악해 볼 수 있거니와, 결과적으로 그는 한국에서는 역사적이거나 서사적인 이야기를 시구에 담아 전달하는 방식을 기대할 수 없다고 했던 헐버트의 언급에 반례가 되는 작품을 찾아 제시하였던 셈이다.[16] 그래서인지 「한 편의 한국시」에서 밀러는 〈우미인가〉의 서사적 구성을 단계별로 개관하고 부분부분 간략한 주석을 덧붙이면서 작품 전체의 흐름을 정리해 나간다. 가령 사면초가(四面楚歌)의 상황은 다음과 같이 설명된다.

> 사건은 이렇게 전개된다. 군영 위쪽에서 적이 사향곡(思鄕曲), 즉 우리의 영웅과 그 군대의 고향 노래를 연주하자, 병사들은 "가을바람에 떨어지는 잎사귀"처럼 뿔뿔이 흩어져 버리고 만다. (…중략…)

구중산깁흔밤일	젹막히누엇스니
추풍은소소ᄒᆞ고	야월은침침ᄒᆞᆫ대
계명산츄야월에	옥통소슬피부니
ᄉᆞ향곡슬픈소릐	팔촌뎨ᄌᆞ흣허진다[17]

16 한편, 20세기 벽두인 당시까지만 해도 시조는 대부분 가창의 방식으로 향유되었기 때문에 밀러가 시조 텍스트를 온전한 의미의, 혹은 서구적 의미의 시로 규정하기는 어렵다고 생각하였을 여지도 있으리라 본다.

17 Miller, "A Korean Poem", p.435.

이처럼 밀러가 〈우미인가〉를 한국시가의 예시작으로 선정한 첫 번째 이유는 이 작품이 역사적 소재를 서사적으로 다루고 있다는 점 때문으로 이해되지만, 그 밖의 또 다른 이유, 즉 주제나 내용적 차원의 이유도 추가로 발견된다. 「한 편의 한국시」 초두에서 이를 확인할 수 있다.

> 여성의 헌신과 관련된 한 편의 시로부터 몇몇 사례를 추출하여 검토함으로써 한국시가 가운데 한 가지 양식에 대한 직관을 확보할 수 있을 듯하다. 그 시란 〈우미인가〉, 즉 "우미인의 노래"이다. ('우'는 성이고, '미인'은 [일반명사가 아니라] 이름이다.) [작품의] 배경은 중국풍이다. [따라서] 이 작품은 아마도 [중국시의] 번역인 것 같기는 하지만, [작품의 형태가] 순수하게 한국적인 듯 보이는 시의 모습과 유사하기 때문에 꼭 그렇게만 생각되지도 않는다.[18]

밀러는 〈우미인가〉의 배경이 비록 중국풍일지라도 시가의 형식적 측면에서 볼 때 중국시의 번역이라고만은 단정할 수 없는 한국의 고유성 내지 순수성이 작품 속에 내재되어 있다고 언급한다. 아울러 내용상으로는 〈우미인가〉의 주제를 집약하여 '여성의 헌신(woman's devotion)'이라 적시하면서, 이 작품을 통해 한국시가에 대한 직관(idea)을 확보할 수 있다고 그 의의를 평하기도 하였다.

밀러는 당시 한국 사회에서 여성이 겪고 있던 억압과 폭력에 대해 문제를 제기하고 그러한 폐단을 개선하기 위해 노력했던 것으로 전한다.[19] 때문에 이 작품 속에 한국인이 이상적으로 생각해 왔던 열녀상이

18 Ibid., p.433.

19 예컨대, 밀러는 다음과 같은 해학적인 글을 지어 한국 남성들이 더 이상 아내에게 폭력을

응축되어 있다는 점은 그에게 더욱 주목되었으리라 보인다. 특히 작품의 마지막 부분, 즉 항우가 패망하기 직전 우미인이 자결하는 장면은 응당 작품 전체의 절정이라 할 만하고, 이러한 '여성의 헌신'에 대해 밀러 역시 특기하고 있다.

그리고는 비극적인 절정에 다다른다.

우미인의거동보소　　섬섬옥수뎌손길노
팔쳑장검붓쳐잡고　　연연훈뎌모에다
의심업시찌르면셔　　대왕압헤업더지니
목셕인들아니울며　　일월이무광터라

(…중략…)

만일 한국인에게 왜 대왕이 [자결하려는] 우미인의 목숨을 구하려 시도하지 않았는가 묻는다면, 그는 멍한 표정을 지으며 이렇게 대답할 것이다. "뭐라고! 그렇게 되면 여인의 헌신적인 사랑을 다룬 이 아름다운 사례가 훼

행사하지 못하도록 설득하기도 했다.
"만일 우리가 어떠한 이유에서라도 우리의 아내들을 사랑하지 않는다면, 그들이 우리에게 밥을 준비해 준다고 하는 사실 때문에서라도 우리는 그들을 사랑해야 한다. 거지가 바가지를 사랑하는 까닭은 그 안에 적선물을 담아 모으는 데 사용하기 때문이다. 우리 마을에 바가지를 극진히도 애지중지하는 거지가 있는데, 잠을 잘 때에도 항상 그 옆에 내려놓고 있다. 밤에 잠을 자다가 자신의 손으로 바가지를 치면, 그는 바가지를 그의 품에 끌어안고 "오! 나의 바가지여!"라고 말할 것이다"(Frederick S. Miller, "Notes from the Chong Ju Class Conferences", *The Korea Mission Field*, vol.4, no.2, Seoul : Christian Literature soc. of Korea, Feb. 1908, p.21). 이용민, 앞의 글, 249면에서 재인용.

손되어 버리지 않소?"[20]

밀러는 여인의 자결이나 헌신을 아름답게 여기고 전범화하는 한국인들의 태도가 〈우미인가〉에 집약되어 나타난다는 사실을 강조한다. 그의 관점에 따른다면 우미인은 한국인들의 불합리한 사고 속에서 영웅으로 추앙된 인물이었다. 반대로, 우미인의 사례를 통해 한국인들의 오랜 전통과 지향을 간취해 낼 수 있기도 하다는 점에서 밀러는 〈우미인가〉가 내용상으로도 한국시가를 대표할 만하다고 생각하였던 것으로 추정된다.

3. 밀러의 한국시가 양식론

밀러는 한국어 찬송가를 지어내기 위한 참고 자료로 삼기 위해 한국시가를 검토하였기 때문에 시가의 내용이나 주제적 분포에 대해서는 더 이상 깊이 있게 다루지 않은 반면, 시가의 구성 요소나 형태에 대해서는 매우 진지한 고찰을 이어갔다. 밀러에 앞서 쿠랑, 게일, 헐버트 또한 한국시가의 형태에 관해 일정 정도 관심을 두기는 하였으나, 그들이 좀 더 천착했던 부문은 한국시가의 주제나 표현 방식, 함축미 등 주로 내용적 측면에 관계된 것이었다. 쿠랑이 한국시가의 전반적인 특징으로 자연애, 솜씨 좋은 묘사, 감성적 기조, 연정, 애주, 인생무상 등을 거

20 Miller, "A Korean Poem", pp.437~438.

론한 것이나, 게일이 시조를 처음 영역하면서 '효(filial piety)', '인생(life)', '사랑(love)' 등 주제별로 작품을 선별하여 제시했던 것, 헐버트가 한국시가에 '술 노래(drinking song)'가 특히 많다는 점을 지적했던 것이 그 대표적 사례이다.[21]

반면, 밀러는 한국인들이 어떠한 율조(律調)를 기저로 하여 시가를 짓고 향유해 왔는지 살피려 하였으며, 그 고찰의 결과를 찬송가 제작에 직접 응용할 계획이었으므로, 응당 시가의 형태적 측면에 천착하게 되었던 것이다. 그러한 목적을 달성하기 위해 밀러는 〈우미인가〉의 앞부분을 가져와 형태 분석을 시도한다.

> 공간과 시간적 배경에 대한 간략한 설명에 이어, 여주인공이 소개되고 [외양이] 묘사된다.
>
> 미인얼골고흘시고　　미인틔도비상ᄒᆞ다
> 단쳥어로그려낸닷　　백옥으로싹가낸닷
> 팔ᄌᆞ아미고흔모양　　구름속에면산이오
> 록빈홍안고흔얼골　　츄강상에반월이라
>
> Miin ŭlgol koheulsigo.
> Miin t'ădo pisang hada.
> Tanch'ŭngeuro keuryŭ năndat.

21 본서의 3장 2절, 4장 2절, 5장 「호머 헐버트의 한국시가 연구」의 2절 참조.

Pāgogeuro gokka nāndat.

처음 넉 줄(line)을 로마자로 표기해 놓은 것을 보면, 단어들의 음색(音色)이 이따금 활용되고 조응하는 2행 연구(聯句, couplets) 부분에서 동일 음절이 반복된다는 사실을 간취할 수 있을 것 같다. 이러한 특징이 한국어에서는 불가능해 보이는 운(韻)을 대체한다.[22]

인용 부분에서 우선 주목되는 사항은 밀러가 작품 본문을 가지런히 배열해 놓았다는 점이다. 두 음보(音步)씩 묶인 구(句, line)를 기준으로 시행을 분단하고 두 구를 한 행에 배열하는 방식을 택하였는데, 이러한 분단이 밀러의 판단에 따른 것인지, 아니면 그가 보았던 가사집에 본래 이와 같은 형태로 필사가 이루어졌는지 확인하기는 어려우나, 추정컨대 후자일 가능성이 좀 더 높아 보인다. 한 작품 전체를 대개 줄글로 필사하는 시조와는 달리 가사의 경우 한 행에 두 구씩 필사하는 사례가 흔한 데다, 현전하는 〈우미인가〉 이본 14종 가운데에서도 절반 이상이 이와 같은 형태로 필사되어 있기 때문이다. 더구나 한국 고유의 시가 양식을 탐문했던 밀러의 입장에서는 애초부터 시행 분단이 정연하게 이루어져 있는 텍스트에 보다 관심을 가졌을 여지가 크기도 하다.

그는 한국어에 익숙하지 않은 이들을 위해 작품 원문을 로마자로 음사하여 보였는데, 논의를 간소화하기 위해 이 부분에서는 인용한 여덟 구 가운데 앞의 네 구만을 음사하여 분석 대상으로 삼았다. 밀러가 우

22 Ibid., pp.433～434.

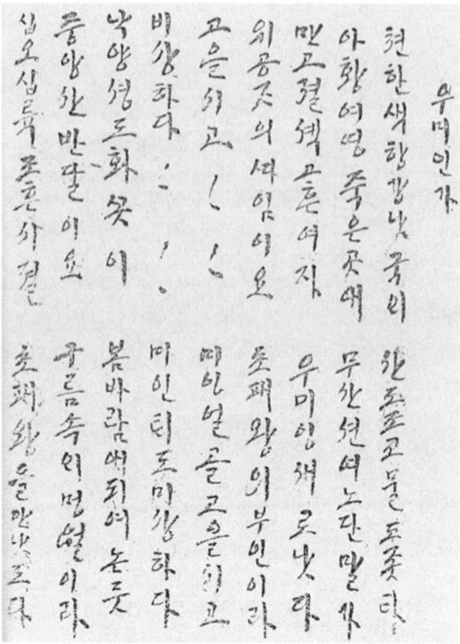

〈우미인가〉 필사본(『역대가사문학전집』 #1271)

선적으로 부각한 특징은 작품 속에서 단어의 음색(the sounds of the words)이 활용되고 동일 음절(syllable)이 반복된다는 점이다. '이따금(occasional)'이라는 말에서도 드러나듯 두 가지 모두 한국어 시구를 구성하는 데 필수적인 사항은 아니지만, 눈에 뜨일 만큼 흔히 발견된다고 판단했던 것이다.

먼저 음색이 활용된다는 말은 '미인', '얼골', '백옥', '어로(으로)' 등 발음하기가 상대적으로 수월하거나 밝은 느낌을 주는 어휘들이 일상어에서보다는 노랫말에서 특히 빈출한다는 지적인 듯하다.

보다 중요한 사항은 동일 음절의 반복이다. 특히, 인용해 놓은 두 구씩을 묶어서 밀러가 '2행 연구(couplets)'라 칭하고 있는 점에 주목할 필요가 있다. 이를 통해 밀러는 그가 생각했던 한국의 대표적 시가 양식, 즉 가사의 구가 둘씩 짝을 이루면서 의미가 확장되어 나간다는 사실을 도출해 내었던 것이다. 좀 더 정확히 말한다면, 인용 부분에서 반복된 요소는 동일 음절이기보다는 동일 어휘인데, 실제로 첫 구와 둘째 구 앞머리에서 '미인'이, 셋째 구와 넷째 구 중간에서 '어로(으로)'가, 그리고 역시 셋째, 넷째 구 마지막에서 '낸닷'이 각각 반복되는 모습이 나타난다.

이처럼 동일 어휘가 하나의 연구 내부에서 처음, 중간, 끝 어디에서든 거듭되면서 리듬(rhythm)을 만들어 내는 현상은 서구인들의 시각에 충분히 중요하게 다루어질 만한 특징이기도 하다. 서구인들이 시작법에서 필수적으로 생각하는 압운(押韻, rhyming)이 한국시가에서는 어떻게 이루어지는지를 보여주는 하나의 사례가 되기 때문이다. 밀러는 그처럼 두 구씩 짝을 이루어 나가는 시상의 전개 방식에 대해 특히 관심을 보이면서 그 음악성(music)을 재삼 높이 평가한다.

다음과 같은 문단들(passages)에 녹아든 음악성에 주목해 보라.

츄풍은쇼쇼ᄒᆞ고
야월은침침ᄒᆞᆫ대

Ch'up'ungeun so-so hago
Ya wuleun ch'im-ch'im handa
While the autumn wind was sighing, sighing.
And the midnight moon shone dimly, dimly.

이 모든 부분으로부터 우리는 통사적 속박에 구애받지 않는 놀랍도록 자유로운 율동을" 발견할 수 있다. 그러한 특성을 우리의 찬송가 제작자들이 모방해 보아도 좋을 듯하다.[23]

23 Ibid., p.438.

위 인용 부분에서도 역시 두 구의 동일 위치에서 '은', 'ᄒᆞᆫ'와 같은 음절이 반복되는 한편 양자의 통사까지도 정연하게 짜인 것을 확인할 수 있다. 거기에 더하여 밀러는 '쇼쇼', '침침'과 같은 의성・의태어가 동일 위치에서 대를 이루고 있는 점을 언급하면서 이를 '놀랍도록 자유로운 율동'이라 평설하고 찬송가 제작자들이 그러한 특성을 모방해 볼 필요가 있다고 결론짓는다.[24]

> 연이 2행 연구들로 이루어져 있으며, 각 행이 네 개의 강약격 율각(律脚, trochaic feet)을 포함한다는 점은 주목된다. 이것이 한국 율문의 일반적 형식이면서 지어 내기에도 가장 쉬운 형식인 것이다. [또 한편으로] 그 같은 특징이란 한국어로 찬송가를 지어 낼 때 무척 큰 장애가 되는 것 가운데 하나이기도 하다. 여기에 대응될 만한 우리의 율문【영어 찬송가】은 모두 약강격(iambic)이기 때문이다.[25]

24 여기에서 한국시가가 "통사적 속박에 구애되지 않는다(a casting off of the bonds of syntax)"라 했던 밀러의 언급이 무슨 뜻인지는 뚜렷이 확인되지 않지만, 추정컨대 2행 연구 사이의 대칭 내지 연관을 현시하기 위해서 그 앞뒤 부분과의 통사적 연계를 일정 정도 희생한다는 의미가 아닌가 한다. 즉, 한국시가에서 보다 중시되는 것은 작품 전체의 논리적・유기적 흐름이기보다는 연구 사이의 결속이라고 밀러는 생각했던 듯하다. 한편, 한국시가에 과연 운이 존재하는지 여부는 김대행에 의해서 진지하게 검토된 바 있다. 시구의 앞이나 뒤에 동일 어휘 또는 동일 형태소를 배치함으로써 리듬감을 생성하는 경우가 더러 발견되기는 하지만, 이는 음운(音韻) 단위에서 이루어지는 본래적 의미의 압운과는 물론 다른 방식이며, 운이라 지칭하기는 어려운 사례이다. 음성의 동일성이 인식되기 전에 의미의 동일성이 먼저 환기되어 음성상의 효과인 압운이 포착되지 않기 때문이다(김대행, 「押韻論」, 김대행 편, 『운율』, 문학과지성사, 1984, 25, 33~35면 참조). 한국시가에서는 동일 음절(syllable)을 반복적으로 배치하여 압운을 한다고 보았던 밀러의 견해 역시 동일 어휘나 동일 형태소의 반복을 동일 음운의 반복으로 치환하여 얻은 결론이라 파악될 수 있을 것이다.

25 Miller, "A Korean Poem", p.434.

이어지는 부분에서 밀러는 한국시가의 율격 구조를 분석하는 단계로 나아간다. 여기에 새로 도입된 단위가 연(聯, stanza)과 율각(foot)이며, 이를 통해 보다 종합적으로 가사의 구조가 개념화되기 시작한다.[26] 밀러는 서구시의 분석 단위에 따라 가사 역시 '연(stanza) → 연구(couplet) → 행(line, verse) → 율각(foot) → 음절(syllable)'의 순서로 분석한 후, 어떠한 단계를 거쳐 한 편의 가사 작품이 구성되는지를 살폈던 것이다.

먼저, 밀러의 글에서 직접 언급되고 있지는 않으나 그가 한국시가의 가장 작은 요소로 파악했던 단위는 강약의 운소(韻素, prosodeme)를 지닌 음절임을 추론해 낼 수 있다. '강약격' 또는 '약강격'이라는 용어를 사용했던 데에서도 확인되듯이 그는 한국시가의 율격이 영시의 율독(律讀, scansion) 방식에 준하여 구성된다고 생각하였다. 개별 음절의 강약이 배타적이고 규칙적으로 교차되면서 율격이 생성되며, 그 순서는 하나의 강음절 뒤에 하나의 약음절이 딸리는 강약격으로 일관된다고 보았던 것이다. 이러한 분석을 그가 제시한 인용문의 첫 구에 적용해 보면 다음과 같다.

/	×	/	×	/	×	/	×
미	인	얼	골	고	흘	시	고

즉, 통사적 분단과는 무관하게 두 음절씩 묶여 율각이 형성되고, 각 율각의 앞 음절, 곧 '미', '얼', '고', '시'에 강세가 놓이는 한편, 그에 뒤이어 '인', '골', '흘', '고'의 무강세 음절이 각각 덧붙으면서 강약율을 완성한다

26 영시의 분석 단위인 'foot'은 '시각(詩脚)', '율각', '음보' 등으로 번역되지만, 혼란을 막기 위해 밀러가 그의 글에서 사용한 'foot'은 모두 '율각'으로 옮긴다. 'foot' 단위가 오늘날 국문학에서 흔히 쓰이는 '음보' 단위와는 다르기 때문이다.

는 것이다. 더불어 밀러는 이러한 강약 율각이 매 구마다 네 번 반복되는 사보격(四步格, tetrameter)의 규칙성까지 확인할 수 있다고 논의한다.

이렇듯 한국시가의 율격을 강세에 의한 것으로 파악하는 방식은 그 적부 여부를 떠나 일단 본격적으로 시도된 한국시가의 첫 율격 모형이라는 점에서 큰 의미를 지닌다. 게일과 헐버트 등 밀러 이전에 한국시가 또는 가악을 논의했던 선교사들 또한 시행의 길이나 시행의 개수 등과 같은 문제를 일부 다루기는 하였으되, 시행 내부에서 모종의 율격이 도출될 수 있다는 데로까지 논의를 확장하지는 못하였기 때문이다. 그들은 다만 한국시가, 특히 시조를 영역하는 과정에서 영역 시에 약강격의 율격을 개재하거나 시행의 마지막 음절에 각운을 배치하는 등의 방식으로 번역 시조를 영시와 유사한 모습으로 만들어 내는 데 주력하였을 뿐, 한국어 시구 자체에서 율격을 산정해 보려 시도하지는 않았던 것이다. 쿠랑과 애나 T. 스미스(Anna Tolman Smith, 1840~1917)의 경우에도 역시 각각 음절의 수와 음절의 장단을 바탕으로 한국시가의 율격을 진단하려 하였으나, 대개 인상적 · 가설적 수준의 소론을 제기하는 정도로 그쳤던 것이 사실이다.

물론, 밀러가 강약의 교차에 따른 율격 모형을 제시한 것이 한국시가의 실상에 부합하는지는 비판적으로 고려해 보아야 할 사항이다. 한국인들이 모국어를 사용하는 데 있어서 강세를 변별 자질로 인식하지 못할 뿐만 아니라 강세의 위치를 바꾼다고 해서 특정 어휘의 의미가 달라지거나 어색한 어감이 필수적으로 나타나지도 않기 때문이다. 이 점은 밀러 자신도 어느 정도 경험적으로 인식하고 있었던 바이었음을 다음 언급을 통해 확인할 수 있다.

[한국어 찬송가를 지어내는 데 있어서 겪었던] 작지 않은 어려움은, [이 작업에 함께 참여한] 한국인 조력자 가운데 실질적으로 단 한 명도 율격에 맞게 작시하는 법에 대해 — [가장 기본적인] 약강격에 대해서조차 — 알고 있지 못했으며, 이들 사항에 대해 우리가 가르쳐 주어야 했다는 점이었다.[27]

찬송가를 짓는 데 참여했던 한국인 조력자들은 밀러가 생각했던 율격 구조, 즉 강약율에 대해 전혀 인식하지 못하였기에 선교사들이 그 원리를 역으로 가르쳐 주어야 했다고 밀러는 회고한다. 이를테면 한국어 모국어 화자들조차 변별해 내지 못했던 강약의 교체 원리를 한국어 찬송가 가사에 새로 도입해 와야 했던 셈이다.

이로 미루어 보면 밀러는 어떤 언어로 된 시에서든 강약, 장단, 고저 등 율격을 생성하는 운소적 특질이 시구에 내재되어 있다는 전제를 지니고 있었던 것으로 보이는데, 그 같은 전제 속에서 그가 익숙하게 떠올렸던 운소는 바로 영시나 독시(獨詩)의 율격 기저가 되는 강약이었으리라 추정할 수 있다. 다수의 전도서를 번역해 낼 만큼 한국어를 능숙하게 구사했던 밀러가 한국어에서는 강세가 영어나 독일어에서만큼 필수적이지는 않다는 사실을 전연 인식하지 못했다고 보기는 어렵지만, 장단이나 고저에 비해 그나마 강약은 비교적 뚜렷하게 간취되기 때문에 율격을 산정하는 데에도 강약율을 도입해 왔으리라는 것이다. 한국어와 한국시가에 강세가 존재한다는 그의 이러한 견해는 찬송가 가사를 짓는 과정에 직접 적용되기도 한다.

27 Miller, "Early Korean Hymnology", p.190.

[한국어 찬송가를 짓는 과정에서 마주치게 되는] 주요한 난관은 한국어가 약강격에 적당하지 않다는 점이다. 2음절에 강세가 오는 한국어 단어는 거의 없으며, 이 때문에 작자들은 거의 모든 행의 첫머리에 [강세가 없는] 한 음절 짜리 단어를 [추가로] 배치해야 했고, [그 결과] 노래가 단조롭게 되었다.[28]

대부분의 작품이 약강격으로 되어 있는 영어 찬송가 가사에 준하여 한국어로 찬송가를 지을 때에도 역시 약강의 율격을 유지하고자 했던 당시 찬송가 제작자들의 고민을 엿볼 수 있다. 밀러는 거의 모든 한국어 단어들이 1음절에 강세를 지니고 있기 때문에 그 같은 작법이 용이치 않다고 판단하였다. 그럼에도 불구하고 약강의 율격을 어떻게든 현시하기 위해서 '이', '그', '저' 등과 같이 1음절로 된 지시어를 노랫말의 앞머리에 배치할 수밖에 없었다는 것이다. 이때 밀러가 한국어 단어를 1음절 강세 위주라 파악했던 이유는 한국어 단어가 실제로 첫 음절에 강세를 포함하고 있기 때문이기보다는 하나의 단어가 통상 한 호흡에 발음되는 과정에서 첫 음절이 2음절 이하 부분에 비해 좀 더 강하게 들리는 듯한 현상을 반복해서 경험했기 때문으로 보인다.[29]

이로써 음절 둘이 묶여 율각으로, 율각 넷이 묶여 사보격을 이루는

---

28 Ibid.

29 이와 관련하여 한국시가의 율격 구조를 여러 방식으로 모색하던 초기 국문학 연구에서도 음절의 강세에 의해서 한국시가의 율격이 생성된다는 강약율론이 제출된 바 있으며, 그때도 역시 한국어의 거의 모든 단어가 1음절에 강세를 지닌다는 음성적 경향이 그 논거로 활용되곤 하였다. 밀러의 견해와 같은 맥락이다. 한국시가의 율격 구조를 강약율로 파악한 이들 1950년대 논의에 대한 소개와 비판은 김흥규, 「한국시가 율격의 이론 I—이론적 기반의 모색」, 『민족문화연구』 13호, 고려대 민족문화연구소, 1978, 104~108면에서 이루어진 바 있다.

시행으로, 시행이 다시 둘씩 묶여 한 쌍의 연구로, 그리고 연구가 다시 묶여 하나의 연으로, 끝으로 연이 중첩되어 하나의 작품으로 확대된다는 밀러의 분석이 마무리된다.[30] 이상과 같은 밀러의 용어와 분석을 종합하여 그가 예시한 〈우미인가〉의 일부에 적용해 보면 다음과 같다.

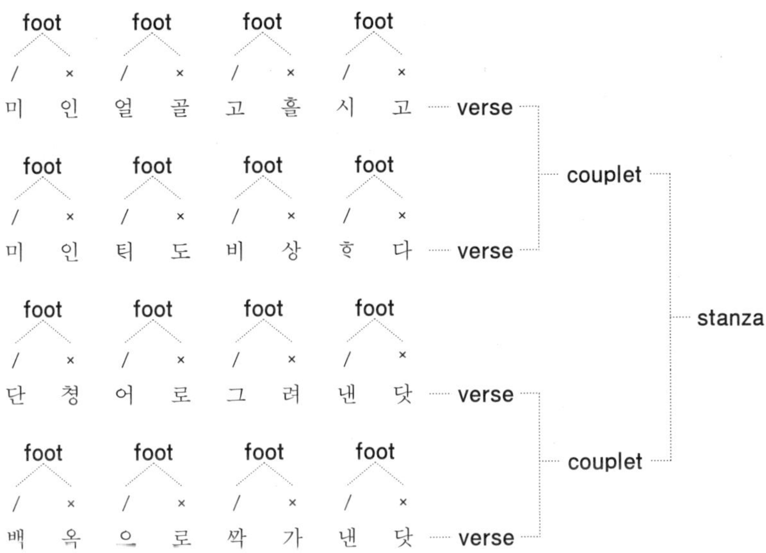

가사만을 대상으로, 그것도 〈우미인가〉라는 특정 작품의 일부분만을 바탕으로 진행한 고찰인 탓에 이와 같은 방식의 양식론이 한국시가 전체를 포괄하기는 애초부터 어려웠던 것이 사실이다. 하지만 한국에

30 이때 연구가 몇 개 묶여서 하나의 연이 되는지에 관해서는 뚜렷하게 밝히지 않았으나, 그가 〈우미인가〉 원문 가운데 네 개의 행(verse)을 가지고 분석을 한 것을 보면 통상 두 쌍의 연구, 즉 네 개의 행이 모여 한 연을 이루게 된다고 생각했던 것으로 짐작된다. 한편, 연보다 상위 단위는 물론 한 편의 시(poem)이다. 다만, 가사가 연속체(連續體)로서 그 길이가 제각각인 만큼 몇 개의 연이 시를 구성하는지에 대해서는 밀러가 굳이 언급하지 않았던 것으로 보인다.

고유의 정형 시가 갈래가 존재하는지조차 아직 의문시되던 당시에 영시의 문법과 용어를 차용해서나마 그처럼 한국시가의 표준적 양식을 도출해 보고자 시도하였다는 점은 십분 그 의의를 인정받아야 할 것이다. 물론, 다수의 연구 성과가 축적된 근래의 국문학적 견지에서 밀러의 한국시가 양식론은 초보적 수준의 논의로 비추어질 수밖에 없으나, 그렇다고 해서 그의 분석이 무의미하거나 오류로 점철되어 있다고 말할 수만은 없는 부분도 많다. 〈우미인가〉의 같은 부분을 오늘날의 국문학 연구에서 흔히 통용되는 용어와 방식으로 표지한 후 양자를 비교해 보면, 밀러의 분석이 상당히 적확하게 이루어졌다는 사실을 발견할 수 있기 때문이다.[31]

31 김문기, 「가사」, 김학동・박노준・성기옥 외, 『한국문학개론』, 새문사, 1992, 153~156면에 제시된 설명과 그림을 〈우미인가〉에 적용하여 도시한다.

먼저, 시가의 각 요소를 지칭하는 용어에 있어서 행(verse)은 구, 연구(couplet)는 행, 연(stanza)은 의절(義節)에 각각 대응된다. 이러한 용어상의 차이만 있을 뿐 지시하는 대상은 모두 동일하다는 점에 우선 주목할 필요가 있다. 다만, 밀러가 산정한 율각(foot) 단위와 그에 대응되는 음보 단위는 서로 다른데, 이러한 차이는 실상 한국시가의 율격을 생성하는 기저 요소가 무엇인지에 대한 시각차를 반영한다.

위의 도시에서 확인되듯이, 근래의 연구에서 한국시가의 율격을 논의하기 위해 적용하고 있는 일반적 기준은 통사적 분단 단위에 간섭을 받는 단순음보이고, 음보 내에서의 운소적 자질, 예컨대 강약, 장단, 고저의 교차는 인식되지 않거나 규칙성을 지니지 않는 것으로 본다. 세계 각국 시가의 율격 모형을 크게 음량율격(quantitative metric relevancy)과 운소율격(prosodic metric relevancy)으로 분단할 때 한국시가의 율격은 기본적으로 음량에 의해서 결정될 뿐, 운소와는 별반 관련되지 않는다고 파악하기 때문이다.[32]

이처럼 영시를 기준으로 산정된 강약율 율각은 한국어나 한국시가에 적절히 부합하지 않는 것이 사실이고, 이 점에 있어서 밀러의 분석에 무리가 발견되기는 하지만, 율각 이상의 단위에서 그가 도출해 낸 규칙성은 오늘날에도 충분히 인정될 수 있을 만큼 정확하다.

앞서 밀러는 연접하는 두 행, 즉 두 구를 '2행 연구(couplets)'라 지칭하면서 이들 사이에서 발견되는 연관성에 주목한 바 있다. 두 구 사이의 연관을 현시하는 요소로서 밀러가 언급한 것은 각 구의 동일 부분에서

32 김흥규, "A Perspective on Metric Typology and the Metric Type of Korean Verse", 『욕망과 형식의 시학』, 태학사, 1999, 297~300면.

같은 음절, 또는 어휘가 반복된다는 점이었는데, 그 같은 사례가 실제 가사 작품에서 자주 발견될 뿐 아니라, 반드시 동일 어휘가 중첩되지는 않더라도 두 구의 통사구조가 동일하거나 시상이 서로 연결되는 경우 역시 흔하다. 이러한 특성을 반영하여 두 개의 구를 묶어 흔히 '행' 또는 '구문(句文)'이라 지칭하거니와, 밀러는 그와 같은 가사의 특성을 간파하고서 이를 영시의 용어인 '2행 연구'로 풀이해 냈던 것이다.

한편, 그의 분석은 여기에 머물지 않고 연을 상정하는 단계로까지 나아가게 되는데, 연에 상당하는 분단 단위를 지적한 것은 매우 눈여겨 볼만한 성과로 평가된다. 그가 '행'이나 '연구'라 지칭했던 단위들은 띄어쓰기와 행갈이의 방식을 통해 애초 필사본 자체에서 구분이 이루어져 있었을 가능성이 높은 반면, 복수의 연구가 묶여 구성된다고 언급했던 연의 개념은 필사본의 형태만으로는 도출되지 않으며, 오로지 작품의 내용과 시상의 전개를 따져 가면서 귀납해 내야만 하기 요소이기 때문이다. 연과 연 사이에 빈 줄을 두는 서구시와 달리 가사에는 별도의 공행이 없으므로 연의 분단 단위가 표면화되지 않는 것이다.

그러나 실제 가사 작품에서는 한 쌍의 행, 밀러의 지칭으로는 한 쌍의 2행 연구가 묶여 의미상의 분단을 이루는 사례가 많으며, 이는 작품의 내용을 이루는 기본 단위, 즉 가소(歌素)의 기본이 되기도 한다.[33] 밀러는 그처럼 가사의 시상이 확장 또는 연쇄되는 기작을 도출하여 이를 영시의 연에 대응되는 단위로 개념화했던 것이다.[34]

---

33 김문기, 앞의 글, 154면. 두 행을 묶어 '의절'이라 지칭하는 것도 바로 그 같은 특성을 현시하기 위해서이다.

34 가령, 정철(鄭澈, 1536~1593)의 「〈사미인곡(思美人曲)〉」(이선본(李選本)) 앞부분은 다음과 같은 방식에 따라 음보 '/', 구 '//', 행 '[ ]', 의절 '【 】'의 순서로 분단할 수 있다.

결국, 밀러는 구(행, verse)가 연첩되어 행(연구, couplet)으로, 행이 다시 연첩되어 의절(연, stanza)로 확대되면서 전개되는 가사의 구성 원리를 정확하게 이해하고 있었고, 그처럼 2배수로 단위를 늘려 가는 정연한 양식적 특성을 별도의 참고 자료 없이 직관적으로 파악해 내었다. 비록 단편적인 서술로 표출되기는 하였으나, 한국시가의 양식이나 율격에 대한 초기 연구 자료로서 밀러의 언급이 주목되는 이유가 여기에 있다.

밀러의 묘비(청주시 탑동 소재)

4. 밀러의 관점 – 전망과 과제

이상에서 19세기 말~20세기 초에 걸쳐 활동했던 선교사 프레더릭 S. 밀러가 한국시가에 관심을 가지게 되었던 배경과 그가 주로 다루었던 작품의 영역, 그리고 가사를 대상으로 이루어진 한국시가 양식론에 대하여 단계적으로 검토하였다.

밀러의 한국시가 연구는 작품 전반의 특성이나 갈래, 분포 등을 분석하려는 연구적 목적보다는 한국어 찬송가를 지어내는 데 도움이 될 수 있는 자료를 모색하려는 실무적 차원의 목적에서 이루어졌기 때문에 지속적인 고찰을 진행해 나갈 만한 추동력을 당초부터 갖추고 있지 못

"【[이몸 / 삼기실제 // 님을조차 / 삼기시니]-[ᄒᆞᆫᄉᆡᆼ / 緣分이며 // ᄒᆞᄂᆞᆯ모ᄅᆞᆯ / 일이런가]】-【[나ᄒᆞ나 / 졈어잇고 // 님ᄒᆞ나 / 날괴시니]-[이ᄆᆞ음 / 이ᄉᆞ랑 // 견졸ᄃᆡ / 노여업다]】".

하였다. 소기의 목적에 소용될 만한 작품의 사례를 발견하고 이를 통해 한국시가의 양식과 성립 기반을 나름대로 일반화해 낼 수 있는 단계에 이르게 되면, 더 이상 해당 영역에 관심을 둘 필요가 없었던 것이다. 때문에 한국시가와 관련된 글은 밀러가 한창 한국어 찬송가를 번역하고 새로 지어 내던 시기를 지나서는 좀처럼 발견되지 않는다. 이를테면, 선교 대상국의 문화를 파악하여 효율적인 전도를 가능케 하려는 목적의 일환이기는 하되 게일이나 헐버트가 한국문학 자체에 대해서도 지속적이고 깊이 있는 관찰과 연구를 진행해 나갔던 데 비해, 밀러는 선교사의 임무에 보다 충실하였으며, 한국시가에 대한 탐구 역시 선교 사업 본연의 목적을 벗어날 수 없었던 것이다.

그럼에도 불구하고 밀러가 가사를 한국시가의 대표적 갈래로 부각해 낸 점이나, 한국시가의 구성 원리와 요소를 정교하게 탐구하였던 점 등은 이 시기 여타 서구인들의 저술에서는 간취되지 않는 또 다른 측면의 중요성을 지닌다고 할 수 있다. 비록 단편적인 언술과 제약된 사례 제시, 그리고 영시의 문법에 의거한 고찰이기는 하지만, 그의 분석은 현대 연구자들의 견해를 방불케 할 정도로 상당 부분 적확하게 이루어졌기 때문이다. 아울러 한국시가의 율격 구조를 나름의 관점으로 명확하게 논리화하였던 밀러의 시도는 적부 여부를 차치하고서라도 그 연구사적 의의를 마땅히 평가해 주어야 할 것이다.

남은 과제는 밀러의 한국시가론이 그 자신이나 동료 선교사들의 작업에 어떠한 영향을 미쳤는지 확인해 보아야 한다는 점이다. 먼저, 밀러의 논의가 자신의 찬송가 가사에 적용된 궤적을 살필 필요가 있다. 이는 한국시가에 대한 밀러의 이해도가 실제 작품에 적절히 응용되었

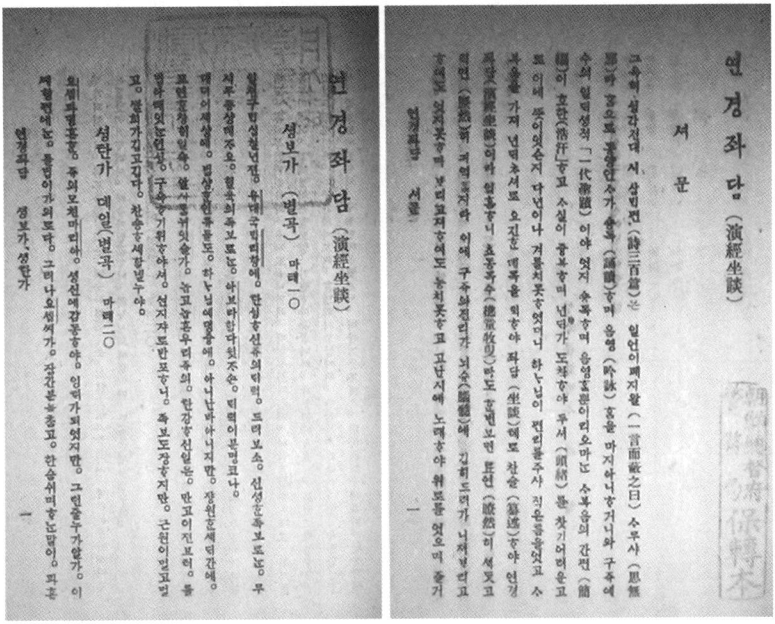

『연경좌담』(1923) 서문과 「마태복음」을 바탕으로 지은 〈셩보가〉, 〈셩탄가〉

는지, 또한 그 결과물이 당대 한국어 화자의 율격 의식에 부합되었을는지 여부를 판단해 볼 수 있는 잣대가 된다.[35]

또한, 가사를 한국시가의 대표적 양식으로 적시했던 밀러의 견해는 후일 게일에 의해서 계승되는 양상이 발견되기도 하는데, 이 역시 흥미로운 탐구 주제이다. 애초 시조에 관심을 가지고 이를 영역해 내기도 했던 게일은 한국어 번역 『성경』의 주요 부분을 가사 양식으로 재편하여 따로 『연경좌담(演經坐談)』(1923)이라는 문건을 출간한다.[36] 게일은

35 이와 관련하여 밀러는 한국어 찬송가를 지어내는 데 대단히 많은 공을 들였으며 그 과정이 결코 쉽지 않았다고 술회하고 있다(Miller, "Early Korean Hymnology", p.191). 그의 한국시가론이 어떠한 방식으로든 찬송가 제작에 활용되었을 것임을 시사하는 대목이다.

36 James S. Gale & C. C. Yi, 『演經坐談』, 京城 : 朝鮮耶蘇教書會, 1923. 게일의 『연경좌담』에 대해서는 김혜영, 「『연경좌담』에 대한 연구」, 장로회신학대 석사논문, 2002; 김은아, 「노래 복음서 『연경좌담』에 대한 연구」, 장로회신학대 석사논문, 2003 등에서 주로 음악적

한국인들이 가사의 화법과 율격에 무척 익숙하다는 점을 뒤늦게나마 발견하고서 이를 선교에 적극 활용해 보고자 의도하였던바, 그처럼 가사의 효용을 인식하게 된 계기가 앞서 밀러의 소론과 어떻게 잇닿아 있는지를 검토하는 작업도 필요할 것이다.

으로 검토되어 왔다. 한편, 이복규는 『연경좌담』의 수록 작품이 가사 양식이라는 점을 밝히면서 이를 '개신교가사'라 범주화하고 그 문학사적 의의를 부각하였다(이복규, 「개신교가사에 대하여」, 『온지논총』 28집, 온지학회, 2008).

부록

원문 입력 자료

일러두기(부록)

1. 각 장의 순서에 따라 개개 인물을 차례로 배열하고, 한국문학 및 시가 관련 주요 저술의 원문 입력 자료를 수록한다. 한 인물당 두 편 이상의 글을 수록할 경우에는 발표 연월이 앞서는 것부터 싣는다.

2. 제목, 간행물명, 권수, 호수, 출판지, 출판사, 출판연도, 판차 등 원문의 서지 사항을 먼저 제시한다. 단행본에서 일부를 발췌하여 실을 때에는 해당 부분의 편명을 추가로 '【 】' 속에 밝혀 적는다.

3. 각 저술에 대한 이해를 돕기 위해 간략한 '해제'를 수록한다. '해제'는 저술의 전반적인 내용, 저술의 목적, 저술 당시의 상황, 번역본의 존재 등을 밝히는 정도로 작성하였다. 해당 저술에 대한 자세한 분석은 본서 1~8장을 참조할 것.

4. 번역본이 나와 있는 경우에는 번역본의 서지 사항을 '해제' 말미의 '주요 번역본' 항목에 밝힌다. 번역본은 해당 저술을 국문으로 완역한 것만을 제시하며, 복수의 번역본이 있을 경우 간행연월이 앞서는 것부터 차례대로 나열한다.

5. 원문이 실린 단행본 또는 간행물의 표지와 해당 원문 첫 면의 이미지를 나란히 제시한다.

6. 원전의 면수를 페이지가 시작되는 지점에 '【p.x▶】'와 같은 형태로 표시한다. 로마자 숫자로 면수가 적힌 경우에는 로마자 숫자를 그대로 표시하고 '( )' 안에 아라비아 숫자를 병기한다. 단어 중간에 면이 바뀌면서 하이픈(-)으로 연결된 경우에는 해당 단어 전체를 앞 면에 붙인다.

7. 원문의 띄어쓰기, 들여쓰기, 행갈이, 공행(空行) 등은 가급적 변개하지 않고 되살리

며, 원문 자체에 포함된 오탈자(誤脫字), 오식(誤植) 및 기타 오류도 수정하지 않고 그대로 수록한다. 원문 속의 그림이나 악보는 스캔 또는 촬영하여 해당 부분에 배치한다.

8. 원문에 사용된 기호와 문장부호 및 기타 약물은 컴퓨터 유니코드 문자 가운데 가장 가까운 것을 선택하여 재현한다. 단, ‘’, ‘‘, ‘’ 등 조판에 따라 여러 가지 형태로 나타나는 아포스트로피(apostrophe)는 모두 ‘’으로 통일하여 표시한다.

9. 부록에 수록하는 원문 입력 자료는 세 차례에 걸쳐 교정하였으므로 정확도가 매우 높을 것으로 생각하지만, 입력 오류가 전무하다고 확신할 수는 없다. 학술적 목적으로 원문 자료를 활용할 때에는 가급적 원전을 다시 한 번 확인해 볼 것을 권장한다.

클로드 샤를 달레

『한국천주교회사』의 「서설」 제XIII장

Histoire de l'église de Corée, vol.1, Paris : Librairie V. Palmé, 1874, pp.CLXII~CLXVIII. 【Introduction. XIII】

해제 파리 동남부의 소도시 랑그르에서 출생한 달레는 사제 서품을 받은 이후 주로 인도에서 선교 활동을 하였으며, 말년에는 일본과 중국 동북지방을 방문하였다가 베트남에서 운명하였다. 제5대 조선교구장 마리 니콜라 앙투안 다블뤼(Marie Nicolas Antoine Daveluy, 안돈이(安敦伊), 1818~1866) 주교가 파리외방전교회로 보낸 각종 기록들을 바탕으로 『한국천주교회사』를 집필하여 1874년 파리에서 출간하였다.

달레는 천주교의 전도 과정에서 발생한 박해와 순교자들의 약전(略傳)을 본격적으로 서술하기에 앞서 당시 한국의 전반적인 사정을 「서설(Introduction)」에 항목별로 개관하였다. 그 가운데 바둑과 투전, 연날리기, 활쏘기와 석전, 여러 설풍속, 회갑연 등을 다룬 제XIII장의 내용 속에서 기녀, 사당패, 판소리 광대와 연관된 19세기 한국의 가창 문화를 살펴볼 수 있다.

『한국천주교회사』의 「서설」만은 이능식 · 윤지선과 정기수에 의해 각각 '조선교회사서설' 및 '조선교화사서론'이라는 제목으로 일찍부터 국역되었다. 이후 안응렬 · 최석우가 『한국천주교회사』를 완역하고 본문에 주석을 달아 1979년과 1980년에 걸쳐 상 · 중 · 하 세 권으로 분도출판사에서 간행하였다. 「서설」은 상권에 포함되어 있다.

주요 번역본 C. 다레, 이능식 · 윤지선 역, 『朝鮮敎會史序說』, 대성출판사, 1947.
샤롤르 달래, 정기수 역, 『朝鮮敎會史序論』, 탐구당, 1966.
샤를르 달레, 안응렬 · 최석우 역주, 『한국천주교회사』 상, 분도출판사, 1979.

【p.CLXII(162)▶】

Jeux. — Comédies. — Fêtes du nouvel an. — Le Hoan-kap.

Le jeu d'échecs est très-répandu en Corée, et on prétend qu'il y a des joueurs capables de tenir tête aux Chinois les plus habiles. Ils ont aussi une espèce de jeu de

HISTOIRE

DE

L'ÉGLISE DE CORÉE

PRÉCÉDÉE D'UNE

INTRODUCTION

Sur l'histoire, les institutions, la langue, les mœurs et coutumes coréennes

AVEC CARTE ET PLANCHES

PAR CH. DALLET

Missionnaire apostolique

DE LA SOCIÉTÉ DES MISSIONS-ÉTRANGÈRES

TOME PREMIER

PARIS

LIBRAIRIE VICTOR PALMÉ, ÉDITEUR

Rue de Grenelle-Saint-Germain, 25

—

1874

XIII

Jeux. — Comédies. — Fêtes du nouvel an. — Le Hoan-kap.

Le jeu d'échecs est très-répandu en Corée, et on prétend qu'il y a des joueurs capables de tenir tête aux Chinois les plus habiles. Ils ont aussi une espèce de jeu de dames, beaucoup plus compliqué que le nôtre, le trictrac, le jeu d'oie, et divers autres jeux d'adresse ou de hasard. Mais celui qui a le plus de vogue, est le jeu de cartes, lequel est interdit par la loi. On ne le permet qu'aux soldats qui font la veillée dans un poste quelconque, pour les empêcher de s'endormir, et on prétend qu'en temps de guerre, c'est la plus sûre sauvegarde des camps contre les surprises et les attaques nocturnes. Malgré la prohibition, ce jeu est en grand usage, surtout parmi les gens du peuple, car les nobles le regardent comme au-dessous de leur dignité. On y joue la nuit, en cachette, en dépit des amendes et des punitions que les tribunaux infligent journellement. Il y a des bandes de joueurs qui y passent leur vie, et n'ont pas d'autre métier. Ce sont presque toujours des filous fieffés, qui escroquent à leurs dupes des sommes considérables et mènent grand train sans s'inquiéter de la loi. Les prétoriens et autres agents de l'autorité ferment les yeux sur leurs contraventions, tantôt parce qu'ils sont secrètement payés pour se taire, souvent aussi parce qu'ils redoutent la vengeance de ces individus, qu'ils savent être peu scrupuleux, déterminés et capables de tout.

A la capitale et dans quelques autres grandes villes, beaucoup de gens inoccupés passent leur temps à lancer des cerfs-volants, surtout pendant un ou deux mois d'hiver quand souffle le vent du Nord. La foule se presse à ce spectacle ; chacun examine les soubresauts de ces cerfs-volants, et en tire des pronostics pour le bon ou mauvais succès des affaires dans lesquelles il est alors engagé. Souvent on se porte des défis mutuels, à qui usera ou coupera le plus vite la corde de son voisin, en faisant rencontrer les cerfs-volants dans les airs, et là-dessus s'engagent des paris quelquefois considérables.

Les Coréens, nobles et gens du peuple, s'amusent volontiers à tirer de l'arc. Cet exercice est encouragé par le gouvernement

dames, beaucoup plus compliqué que le nôtre, le trictrac, le jeu d'oie, et divers autres jeux d'adresse ou de hasard. Mais celui qui a le plus de vogue, est le jeu de cartes, lequel est interdit par la loi. On ne le permet qu'aux soldats qui font la veillée dans un poste quelconque, pour les empêcher de s'endormir, et on prétend qu'en temps de guerre, c'est la plus sûre sauvegarde des camps contre les surprises et les attaques nocturnes. Malgré la prohibition, ce jeu est en grand usage, surtout parmi les gens du peuple, car les nobles le regardent comme au-dessous de leur dignité. On y joue la nuit, en cachette, en dépit des amendes et des punitions que les tribunaux infligent journellement. Il y a des bandes de joueurs qui y passent leur vie, et n'ont pas d'autre métier. Ce sont presque toujours des filous fieffés, qui escroquent à leurs dupes des sommes considérables et mènent grand train sans s'inquiéter de la loi. Les prétoriens et autres agents de l'autorité ferment les yeux sur leurs contraventions, tantôt parce qu'ils sont secrètement payés pour se taire, souvent aussi parce qu'ils redoutent la vengeance de ces individus, qu'ils savent être peu scrupuleux, déterminés et capables de tout.

A la capitale et dans quelques autres grandes villes, beaucoup de gens inoccupés passent leur temps à lancer des cerfs-volants, surtout pendant un ou deux mois d'hiver quand souffle le vent du Nord. La foule se presse á ce spectacle; chacun examine les soubresauts de ces cerfs-volants, et en tire des pronostics pour le bon ou mauvais succès des affaires dans lesquelles il est alors engagé. Souvent on se porte des défis mutuels, à qui usera ou coupera le plus vite la corde de son voisin, en faisant rencontrer les cerfs-volants dans les airs, et là-dessus s'engagent des paris quelquefois considérables.

Les Coréens, nobles et gens du peuple, s'amusent volontiers à tirer de l'arc. Cet exercice est encouragé par le gouvernement 【p.CLXIII(163)▶】 qui y voit un moyen de former de bons archers. A certaines époques de l'année, les villes et les villages un peu considérables donnent des prix au concours pour les plus habiles tireurs, et quelquefois les mandarins en envoient d'autres aux frais du trésor public. Souvent aussi il y a des boxes ou luttes à coups de poing, entre des champions choisis, de village contre village, ou de certains quartiers d'une ville contre les autres. Chaque année, à Séoul, pendant la première lune, on a le spectacle d'une de ces luttes, qui ordinairement dégénère en un combat acharné. On commence à coups de poing, mais l'on continue à coups de bâton et de pierres, et cela dure plusieurs jours, pendant lesquels il est impossible de circuler sans danger dans les rues. D'habitude, il reste quatre ou cinq morts sur le terrain, les blessés et les estropiés ne se comptent pas; mais le gouvernement n'intervient jamais, et laisse les choses suivre leur cours, sous prétexte qu'il s'agit d'un jeu.

On trouve dans toutes les villes des chœurs de musiciens et de chanteuses. La capitale en est remplie. Ces chanteuses, élégamment vêtues, exécutent des chants et des danses pour l'amusement des spectateurs, dans les parties de plaisir que donnent les mandarins ou les gens haut placés. Ce sont ou des esclaves de préfectures, ou des femmes que la misère a jetées dans la débauche; et toutes joignent le métier de prostituées à celui de musiciennes. On dit cependant que leurs danses publiques n'ont rien de trop indécent.

Il n'est pas rare non plus de rencontrer des saltimbanques ou comédiens ambulants qui vont par bandes, de côté et d'autre, donnant des représentations dans les maisons de ceux qui les payent, à l'occasion d'un mariage, d'un anniversaire heureux, ou d'une fête quelconque. Ils sont acrobates, musiciens, joueurs de marionnettes, escamoteurs, font mille tours de force et d'adresse, et passent pour être souvent d'une habileté merveilleuse. A défaut d'amateurs bénévoles, ils s'imposent aux villages, et comme ils ont la réputation d'être des bandits, capables de toutes sortes de crimes et d'actes de violence, on les subit par crainte, et on les paye sur les fonds communs pendant leur séjour.

Le théâtre proprement dit n'existe pas en Corée. Ce qui se rapproche le plus de nos pièces dramatiques est la récitation mimée de certaines histoires, par un seul individu qui en représente successivement tous les rôles. Si, par exemple, il est question dans son récit d'un mandarin, d'un homme qui reçoit la 【p.CLXIV(164)▶】 bastonnade, d'un mari qui se dispute avec sa femme, etc., il imitera alternativement le ton grave et solennel du magistrat, les plaintes, les cris de celui qui est battu, la voix du mari, le fausset de la femme, les rires de celui-ci, les gestes étranges de celui-là, la stupéfaction d'un autre, assaisonnant le tout de compliments, de bons mots, de lazzis et de pasquinades de toute espèce. Il y a beaucoup de livres ou recueils d'anecdotes que ces artistes étudient continuellement, mais ceux qui ont du talent ne s'astreignent point aux scènes ainsi préparées; ils les changent et les entremêlent avec adresse, y introduisent, séance tenante, des pointes, des allusions, des plaisanteries appropriées à l'auditoire, et conquièrent ainsi une réputation qui peut les conduire à la fortune. On les invite aux réunions d'amis, aux fêtes de famille; ils ne manquent jamais d'accompagner dans leurs visites officielles les nouveaux dignitaires, ainsi que les candidats heureux des examens publics, et dans chaque maison on leur donne quelque argent. Les hommes seuls font ainsi le métier de comédien.

Le jour de l'an est une des plus grandes fêtes pour toutes les classes de la société coréenne, et la manière de le célébrer offre une certaine analogie avec nos usages d'Europe. La plupart des travaux sont interrompus dès le troisième jour qui précède la tin de l'année, afin de donner à tous le temps de regagner le toit paternel ou de rejoindre leur famille. Très-peu de personnes passent cette époque hors de leurs maisons, et si quelque pauvre portefaix ou commissionnaire est forcé par des retards malencontreux de séjourner dans une auberge le jour de l'an, presque toujours l'aubergiste lui donne la nourriture gratis. A cette époque les mandarins évitent de faire des arrestations, et leurs tribunaux sont fermés. Il y a plus : beaucoup de prisonniers, détenus pour des affaires de peu d'importance, obtiennent un congé plus ou moins long, afin d'aller rendre leurs devoirs à leurs parents vivants et morts. Les fêtes passées, ils doivent d'eux-mêmes revenir, et reviennent en effet, se constituer prisonniers.

Habituellement, d'après les règles de l'étiquette, on se fait deux salutations : la première, le soir du dernier jour de l'an, ce qu'ils appellent le salut de l'année qui finit; la seconde, le matin du premier jour, c'est le salut de l'année qui commence. Cette dernière salutation seule est absolument de rigueur, et personne ne s'en dispense. Elle se fait à tous les parents, supérieurs, amis et connaissances. Y manquer serait provoquer infailliblement une rupture, ou un refroidissement marqué dans 【p.CLXV(165)▶】 les relations. La principale cérémonie du jour de l'an, est le sacrifice aux tablettes des ancêtres. Chacun y déploie toute la pompe que lui permet sa position, et c'est, dans l'opinion commune, le sacrifice le plus indispensable de toute l'année. Si les tombeaux des parents se trouvent près de la maison, on s'y rend de suite pour faire les prostrations et cérémonies voulues; sinon, on est tenu de les visiter dans le courant de la première lune. Après le sacrifice vient la distribution des étrennes, qui généralement sont peu considérables. Elles consistent en quelques vêtements qu'on donne aux enfants ou aux inférieurs, en pâtisseries que l'on envoie aux supérieurs, amis, et connaissances. A la capitale, les parents font assez souvent cadeau à leurs enfants de quelques joujoux de peu de valeur. Les jours suivants se passent en échange de civilités, visites, réunions, soirées. Les travaux, les transactions commerciales, les séances des tribunaux, etc., ne peuvent recommencer que le cinquième jour de la lune, ce qui fait, en tout, huit jours de repos légal. En fait, ce repos est beaucoup plus prolongé, et quinze ou vingt jours se dépensent en jeux et en parties de plaisir, sans que personne y trouve à redire.

Les familles riches célèbrent aussi l'anniversaire de la naissance de chacun de leurs membres par une réunion et un festin; chez les pauvres on ne tient compte que du jour de naissance du chef de la maison. Ce jour-là, on invite les voisins à un petit régal. Entre tous ces anniversaires, le plus célèbre est celui de la soixante et unième année. Les Coréens suivent le cycle chinois de soixante ans, et chacune des années porte un nom particulier, comme chez nous les noms des jours de la semaine ou des mois de l'année. Cette période de soixante ans une fois écoulée, les années de même nom recommencent dans le même ordre, et l'année de la naissance se présente après une révolution entière du cycle. Cet anniversaire appelé Hoan-kap, est en ce pays l'époque la plus solennelle de la vie. Riches et pauvres, nobles et gens du peuple, tous ont à cœur de fêter dignement ce jour ou l'âge mûr finit, où commence la vieillesse. Celui qui atteint cet âge est censé avoir rempli sa tâche, achevé sa carrière; il a bu à longs traits la coupe de l'existence, il ne lui reste qu'à se souvenir et à se reposer.

Longtemps d'avance on fait les préparatifs de la fête. Quelle plus belle occasion de montrer de la piété filiale! de prouver publiquement combien on apprécie l'inestimable bonheur d'avoir conservé ses parents jusqu'à un âge aussi respectable! Les riches [p.CLXVI(166)▶] prodiguent leurs ressources pour faire venir, même des provinces éloignées, tout ce qui peut orner un festin; les pauvres s'ingénient à ramasser quelques épargnes. De leur côté, les lettrés composent des pièces de vers, pour chanter cet heureux jour. Le bruit s'en répand dans les environs, et c'est un événement, non-seulement pour le village, mais pour tout le canton. A l'intérieur de la maison, on est continuellement affairé. Tous les habits devront être blancs comme la neige, les jupes bleues comme l'azur; un nouvel habit de soie sera l'ornement du sexagénaire. Il faut ramasser du vin et de la viande en abondance pour rassasier et enivrer parents, amis, voisins, connaissances, étrangers, etc... Les femmes de la maison sont surchargées de besogne, mais alors, comme du reste dans les autres grandes circonstances, leurs voisines, leurs amies s'empressent de venir à leur secours. S'il est nécessaire, les voisins contribuent généreusement aux frais par des présents en argent ou en nature. Ils sont tous invités de droit, et ce qu'ils font aujourd'hui pour un autre, on le fera demain pour eux.

L'heureux jour arrivé, on conduit le héros de la fête, en grande cérémonie, à la place d'honneur. Il s'assied, et reçoit d'abord les saluts et félicitations de tous les membres de la famille, puis on place devant lui une table surchargée des meilleurs mets qu'il a été possible de trouver. Viennent ensuite les amis, les voisins, les connaissances, les parasites, etc.. tous avec les plus beaux compliments dans la bouche, et un appétit féroce dans l'estomac. Personne n'est repoussé, personne ne s'en retourne à jeun; les passants, les voyageurs profitent de la bonne aubaine, et si on oublie de les inviter, ils s'invitent eux-mêmes sans plus de formalités. Bien plus, quand les ressources le permettent, on envoie chez tous les voisins des tables abondamment servies. La musique la plus étourdissante vient réjouir les convives; on appelle des chœurs de musiciens et de danseuses, des comédiens, tout ce qui peut embellir la fête, et rehausser l'éclat de la solennité. C'est pour des enfants bien élevés la plus rigoureuse des obligations, et devraient-ils se saigner à blanc, se condamner à mourir de faim le reste de l'année, dépenser leur dernière sapèque, il leur faut faire les choses avec une profusion extravagante, sous peine d'être à jamais déshonorés.

Si les particuliers doivent ainsi déployer toute la prodigalité possible, on peut imaginer avec quelle pompe, quel appareil, quelles folles dépenses, les grands personnages célèbrent le Hoan-kap. 【p.CLXVII(167)▶】 Lorsque la reine mère, la reine, et surtout le roi atteignent la soixantaine, le royaume entier doit prendre part à la fête. Toutes les prisons s'ouvrent par la proclamation d'une amnistie générale, et il y a une session extraordinaire d'examens pour conférer les grades littéraires. Tous les dignitaires de la capitale vont en personne présenter au roi leurs hommages et leur vœux. Dans chaque district, le mandarin précédé de la musique, escorté de ses prétoriens et satellites, suivi de toute la population, se rend au chef-lieu, à l'endroit où est exposée en grand apparat la tablette qui représente le roi, et se prosterne humblement pour lui offrir ses congratulations personnelles, et celles de ses subordonnés. Ce jour est, pour tous, une fête chômée de premier ordre. Tous les soldats de la capitale reçoivent quelque marque de la munificence royale. Des tables richement servies, des cadeaux de prix, sont envoyés aux ministres, aux fonctionnaires du palais, aux grandes familles nobles, à tous ceux qui ont quelque crédit à la cour.

Malheureusement pour le peuple, ces grandes fêtes se donnent à ses dépens. Le plus souvent, c'est au moyen de rapines, de concussions, d'extorsions de toute espèce, que les parents du roi, les ministres et autres grands personnages se procurent les ressources nécessaires. Un de ces Hoan-kap a été, sous ce rapport, scandaleux entre tous : c'est celui de Kim Moun keun i, beau père du roi Tchiel-tsong, célébré à la fin de 1861. Dès les premiers jours de l'automne, toutes les productions rares des provinces affluèrent à sa maison. On y expédia des centaines de bœufs, des milliers de faisans, des fruits en quantité énorme. Les mandarins, tant pour obéir à l'usage que pour s'attirer les bonnes grâces d'un homme aussi influent, luttaient à qui ferait les plus riches offrandes, en argent et en produits de leurs districts ou préfectures. Le gouverneur de la province de Tsiong-tsieng fut destitué, quelques jours après la fête, pour n'avoir envoyé que la misérable somme de mille nhiangs (environ deux mille francs), tandis que les autres, plus généreux, avaient expédié huit, dix, quelquesuns même vingt mille francs. M.

Pourthié raconte qu'un vieux mandarin de sa connaissance, criblé de dettes et sans le sou, ne put absolument rien envoyer. Kim Moun-keun-i voulait le punir sévèrement. «Ne touchez pas à cet homme, lui dirent les ministres; pour avoir osé vous insulter ainsi, il faut certainement qu'il soit bien déterminé, et qu'il ait des moyens secrets de braver votre colère; il est plus prudent de le laisser tranquille.» Le pauvre mandarin conserva sa place. Les gens du peuple, même 【p.CLXVIII(168)▶】 les plus pauvres, furent forcés, par insinuations et par menaces, de payer sous forme d'offrandes volontaires un impôt considérable. On rapporte qu'un malheureux en haillons, aux traits hâves et décharnés, dut apporter lui-même quelques pelotons de fil de soie, sa dernière ressource. Le grand personnage eut la bassesse de les recevoir de sa propre main, et la cruauté de remercier en souriant.

La soixante et unième année du mariage donne également occasion à des rejouissances extraordinaires, à peu près de même genre que celles du Hoan-kap; mais ces fêtes sont, naturellement, beaucoup plus rares.

에른스트 J. 오페르트

『금단의 나라 조선』(독문판)의 제4장 「풍속 및 관습, 종교 등」 중 '음악과 춤'

Ein Verschlossenes Land : Reisen nach Corea, Leipzig : Brockhaus, 1880, pp.128～130. 【Viertes Kapitel. Sitten und Gebräuche, Religion etc. －Musik und Tanz】

해제 　프로이센 함부르크 출신으로 19세 때 이미 중국에 들어와 무역업을 시작했던 오페르트가 1866년 2월과 6월, 1868년 4월, 세 차례 걸쳐 한국을 둘러본 후 중국으로 돌아가 저술한 책이다. 제4장 「풍속 및 관습, 종교 등(Sitten und Gebräuche, Religion etc.)」의 내용 가운데 '음악과 춤(Musik und Tanz)' 대목에서 한국의 가무에 대한 오페르트의 견문과 평가를 살펴볼 수 있다.

오페르트의 책은 독문판 *Ein Verschlossenes Land*와 영문판 *A Forbidden Land* 두 종류로 전하는데, 이 가운데 독문판을 한우근이 '금단의 나라 조선기행'이라는 제목으로 번역하여 1959년에 출간하였다.

주요 번역본 　에른스트 옵펠트, 한우근 역, 『금단의 나라 조선기행』, 한국번역도서주식회사, 1959.

【p.128▶】 Wol keine der asiatischen Völkerschaften zeichnet sich mehr durch leidenschaftliche Vorliebe für Musik aus wie die Coreer. Ihre sehr primitiven Kenntnisse derselben übersteigen allerdings kaum die ihrer Nachbarn, wie auch ihre Istrumente nur von sehr roher Construction sind. Die Hauptrolle unter denselben spielt auch hier die metallene Pauke oder Gong, deren hirnbetäubender Lärm vielleicht nur dadurch erträglicher wird, dass sie die schreienden Dissonanzen der zweisträngigen Guitarren und der Flöten übertönt, die ohne Rücksicht auf Takt die Melodie angeben. Der Gesang, wie bei den Chinesen immer im Falsett vorgetragen, ist eintönig und melancholisch, selten schreiend oder lauttönend, und Fertigkeit darin wird sehr geschätzt. Worin sich die Coreer indess vortheilhaft vor den Chinesen auszeichnen, ist, dass sie europäische Musik sehr schätzen und derselben

EIN VERSCHLOSSENES LAND.

REISEN NACH COREA.

NEBST DARSTELLUNG DER GEOGRAPHIE, GESCHICHTE, PRODUCTE UND HANDELSVERHÄLTNISSE DES LANDES, DER SPRACHE UND SITTEN SEINER BEWOHNER.

VON

ERNST OPPERT.

DEUTSCHE ORIGINALAUSGABE.

MIT 38 ABBILDUNGEN IN HOLZSCHNITT UND 2 KARTEN.

LEIPZIG:
F. A. BROCKHAUS.
1880.

128 Viertes Kapitel.

so gehobene Stimmung, dass sie sich auf eine Weise über die Gewaltthaten des Regenten und seiner Minister ausliessen, wie sie es in nüchternem Zustande schwerlich gethan haben würden.

Die Coreer sind keine Theetrinker wie die Chinesen, und im allgemeinen scheint man nicht viel auf Thee zu geben, obschon derselbe für die bessern Stände importirt und auch benutzt wird. Es mag daran wol hauptsächlich liegen, dass die Theecultur in Corea so sehr vernachlässigt wird, obschon die Staude wild wächst, und bei dem günstigen Terrain in jeder Hinsicht sowol in Qualität als in Quantität selbst bei nur geringer Cultivation ein gutes Ergebniss liefern würde. Da herrliches Quellwasser im ganzen Lande vorhanden ist und die Coreer gern Wasser trinken, so mag dies wol das Bedürfniss nach Thee weniger haben aufkommen lassen.

Wol keine der asiatischen Völkerschaften zeichnet sich mehr durch leidenschaftliche Vorliebe für Musik aus wie die Coreer. Ihre sehr primitiven Kenntnisse derselben übersteigen allerdings kaum die ihrer Nachbarn, wie auch ihre Instrumente nur von sehr roher Construction sind. Die Hauptrolle unter denselben spielt auch hier die metallene Pauke oder Gong, deren hirnbetäubender Lärm vielleicht nur dadurch erträglicher wird, dass sie die schreienden Dissonanzen der zweisträngigen Guitarren und der Flöten übertönt, die ohne Rücksicht auf Takt die Melodie angeben. Der Gesang, wie bei den Chinesen immer im Falsett vorgetragen, ist eintönig und melancholisch, selten schreiend oder lauttönend, und Fertigkeit darin wird sehr geschätzt. Worin sich die Coreer indess vortheilhaft vor den Chinesen auszeichnen, ist, dass sie europäische Musik sehr schätzen und derselben vielen Beifall schenken —

vielen Beifall schenken — 【p.129▶】 während diese mit einem mitleidigen Achselzucken auf unsere Musik herabsehen und sie weit unter ihre Kunst stellen. Allerdings kann man den Chinesen alles musikalische Gehör absprechen, wogegen die Coreer ohne Zweifel durchgängig damit begabt sind. Alt und jung lauschte mit wahrer Andacht den Melodien der Spielorgeln, und einer der Schiffsmannschaft, der ein wenig Violine spielen konnte, erregte durch seinen Vortrag grossen Jubel und wurde nicht eher wieder losgelassen, bis er nicht mehr spielen konnte. Bei einer andern Gelegenheit wurde ein höherer Militärmandarin, dem Range nach ein Oberst, so hingerissen von dem Spiel einer gewöhnlichen Ziehharmonica, dass er, sein ernstes und würdevolles Benehmen ganz beiseitesetzend, sich tanzend und singend nach dem Takt derselben bewegte. Bei feierlichen Processionen, Mandarinzügen und andern festlichen Gelegenheiten bedient man sich vorzugsweise einer Art Trompete und Hörner von Metall, die weithin hörbar, einen Ton ähnlich dem des schweizer Kuhhorns erschallen lassen.

Ein sehr beliebtes Vergnügen der Coreer ist der Tanz, bei welchem man sich indess etwas ganz anderes als den unserigen vorstellen muss. Ein Zusammentanzen von Männern und Frauen findet natürlich, als gegen die Sitten des Landes verstossend, nicht statt, und für gewöhnlich tanzt auch nur eine Person zur Zeit, während die andern zusehen. Die Motionen desselben beschränken sich hauptsächlich auf eine langsame Bewegung der Füsse mit leichtem Hin—und Herwiegen des Oberkörpers, wobei der Tänzer sich fast immer selbst mit Gesang begleitet. Eine grosse Abwechselung kann bei einem solchen Tanz selbstverständlich nicht stattfinden, die Geschicklichkeit des Tänzers wird eben nach dem mehr oder minder grossen Ausdruck beurtheilt, welchen er den verschiedenen Stellungen zu verleihen weiss.

【p.130▶】 Schauspiele und Theatervorstellungen, wie sie bei den Chinesen und Japanesen aufgeführt und so sehr geschätzt werden, scheinen in Corea etwas ganz Unbekanntes zu sein. Einestheils mag dies durch die Armseligkeit der Landesliteratur erklärt werden, ein anderer Grund liegt wol in der niedrigen Culturstufe des Volkes, dem das Bedürfniss derartiger geistiger Anregungen ganz abgeht. Ebenso wenig ist mir etwas von der Existenz von Gauklern und Jongleuren bekannt geworden, und wenn, wie ich bezweifle, es wirklich deren gibt, so wird ihnen jedenfalls die bewundernswerthe Geschicklichkeit ihrer Collegen der Nachbarländer fehlen.

『금단의 나라 조선』(영문판)의 제IV장 「풍속 및 관습, 종교 등」 중 '음악과 춤'

A Forbidden Land : Voyages to the Corea, London : Gilbert & Rivingston, 1880, pp.143～145.

【Chapter IV. Manners and Customs, Castes, Religion, etc. —Music und dancing】

해제 　같은 내용을 다룬 영문판의 원문이다. 19세기 말에 나온 독일의 백과사전에는 『금단의 나라 조선』의 영문판이 1879년, 독문판이 1880년에 각각 출간된 것으로 기록되어 있다. 즉, 영문판이 독문판에 선행한다는 것이다(F. A. Brockhaus, Ed., *Brockhaus' Konversations-Lexikon*, vol.12, Leipzig : F. A. Brockhaus, 1894, p.609). 그러나 1879년간 영문판은 저자가 확인하지 못하였고, 런던 Gilbert & Rivingston사에서 1880년에 펴낸 판만을 찾을 수 있을 뿐이었다.

아울러 신복룡에 따르면, 영문판이 독문판의 번역이며 독문판을 영역하는 과정에서 원고가 보완되고 오류가 바로잡힌 부분이 많이 발견된다고 한다(신복룡, 「역주자 머리말」, E. J. 오페르트, 신복룡・장우영 역주, 『금단의 나라 조선』, 집문당, 2000, 9면). 독문판과 영문판 가운데 어느 것이 선행하는지는 확정짓기 어려우나, 두 판의 내용과 체재에는 큰 차이가 없어 보인다.

영문판은 신복룡・장우영에 의해 '금단의 나라 조선'이라는 제목으로 번역되었다. 이 번역서의 부록에는 오페르트의 다른 글들도 함께 수록되어 있다.

주요 번역본 　E. J. 오페르트, 신복룡・장우영 역주, 『금단의 나라 조선』, 집문당, 2000.

【p.143▶】 In passionate fondness for music the Coreans decidedly surpass any other Asiatic nation. Their knowledge of the same is indeed a very primitive one, not superior to that of their neighbours, and their instruments are of rude workmanship and construction; the principal amongst them here also is the gong, with its deafening noise over-dinning the squeaking tunes of the flutes and the two-stringed guitars, combining together in making a music anything but harmonious. They always sing in falsetto, like the Chinese, in a monotonous and melancholy manner, rarely crying or high sounding. The Coreans, however, decidedly possess a musical ear, and they know how to appreciate, and like to listen to foreign music very much,

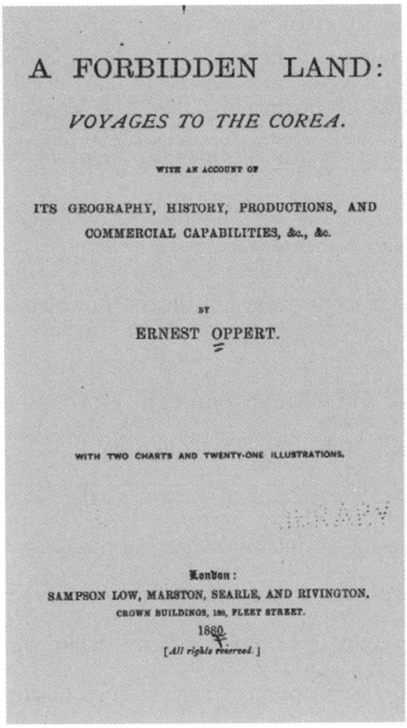
A FORBIDDEN LAND:

VOYAGES TO THE COREA.

WITH AN ACCOUNT OF

ITS GEOGRAPHY, HISTORY, PRODUCTIONS, AND COMMERCIAL CAPABILITIES, &c., &c.

BY

ERNEST OPPERT.

WITH TWO CHARTS AND TWENTY-ONE ILLUSTRATIONS.

London:
SAMPSON LOW, MARSTON, SEARLE, AND RIVINGTON,
CROWN BUILDINGS, 188, FLEET STREET.
1880.

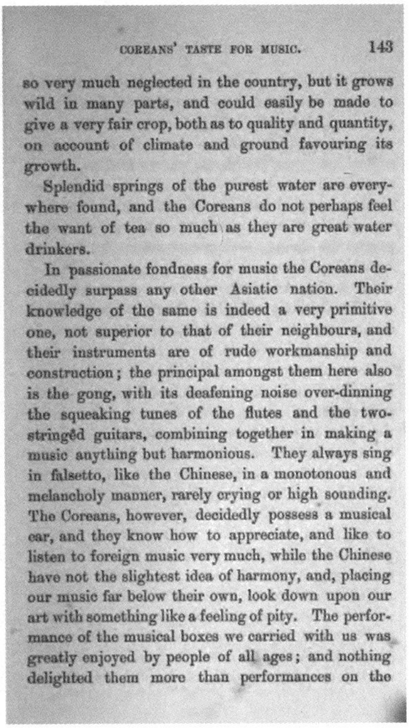
COREANS' TASTE FOR MUSIC. 143

so very much neglected in the country, but it grows wild in many parts, and could easily be made to give a very fair crop, both as to quality and quantity, on account of climate and ground favouring its growth.

Splendid springs of the purest water are everywhere found, and the Coreans do not perhaps feel the want of tea so much as they are great water drinkers.

In passionate fondness for music the Coreans decidedly surpass any other Asiatic nation. Their knowledge of the same is indeed a very primitive one, not superior to that of their neighbours, and their instruments are of rude workmanship and construction; the principal amongst them here also is the gong, with its deafening noise over-dinning the squeaking tunes of the flutes and the two-stringed guitars, combining together in making a music anything but harmonious. They always sing in falsetto, like the Chinese, in a monotonous and melancholy manner, rarely crying or high sounding. The Coreans, however, decidedly possess a musical ear, and they know how to appreciate, and like to listen to foreign music very much, while the Chinese have not the slightest idea of harmony, and, placing our music far below their own, look down upon our art with something like a feeling of pity. The performance of the musical boxes we carried with us was greatly enjoyed by people of all ages; and nothing delighted them more than performances on the

while the Chinese have not the slightest idea of harmony, and, placing our music far below their own, look down upon our art with something like a feeling of pity. The performance of the musical boxes we carried with us was greatly enjoyed by people of all ages; and nothing delighted them more than performances on the 【p.144▶】 violin, which always were received with immense applause, nor were they satisfied to listen until the performer was obliged to stop from exhaustion. A high military mandarin felt so much pleased once at the tunes of an ordinary hand accordion, that, setting aside all his gravity and dignity, he could not resist the temptation to get up, and greatly to our amusement and surprise, accompanied the music, dancing and singing all the time it was played.

On festive occasions, mandarin processions and the like, they use a kind of metal trumpet or horn, which sounds a long way off, resembling much in tone the Swiss cow-horn.

Great pleasure is taken in dancing, which is performed in a style altogether different to ours. Men and women of course never dance together, as it would be contrary to custom; generally one person dances at a time, while the others look on. The dance is confined to a slow movement of the feet, with slight backward and forward motion of the body, the dancer always accompanying himself with a song; the more or less great proficiency of the performer is judged by the way in which he is able to give expression to his various motions.

Public entertainments, such as theatrical and other performances, which are so much appreciated in China and Japan, appear to be completely unknown in Corea. This may be partly ascribed to the lack of a literature of their own; partly also to 【p.145▶】 the low grade of culture of the people, which does not feel the want of entertainments of this kind. Nor have I met with, or even heard of the existence of jugglers, &c.; and if there are any in the country to be found, which I doubt, they will hardly come up to their comrades in the neighbouring countries in proficiency and dexterity.

윌리엄 E. 그리피스

『은자의 나라 한국』의 「부록」 중 '한국문학'

Corea, the Hermit Nation, London : W. H. Allen & Co., 1882, pp.449~451. 【Appendix－Corean Literature】

해제 미국 필라델피아 출신인 그리피스는 일본 한슈[藩主]의 초청으로 1870년 도쿄에 들어와 도쿄제국대학(東京帝國大學)의 전신인 가이세이학교(開成學校)에서 학생들을 가르쳤다. 그리피스는 일본에 대한 연구를 심화해 갈수록 일본과 여러 측면에서 밀접한 관계를 맺어 왔던 한국에 대해서도 점차 관심을 갖게 되는데, 그러한 관심이 이 책을 쓴 직접적인 계기가 되었다.

내용은 총 3부로 이루어져 있다 : 1부 「고대・중세사(Ancient and Mediaeval History)」 1~22장, 2부 「정치와 사회(Political and Social Corea)」 23~38장, 3부 「근대・현대사(Modern and Recent History)」 39~48장. 한편, 그리피스는 책의 말미에 「부록(Appendix)」을 따로 두어 본문에서 충분히 다루지 못했던 한국어(Corean Language), 유럽인들의 한국 연구(Study by Europeans), 한국문학(Corean Literature), 도량형과 화폐 단위(Measures, Weights, Money, Time, Calculation), 한국 지도(Cartography) 등의 주제에 걸쳐 항목별로 서술을 이어가기도 하였다. 이 가운데 '한국문학' 항목에서 그는 한국문학의 전반적인 특질을 나름의 관점으로 개관하였다. 물론, 이때의 '문학(literature)'이란 '글이나 문헌 또는 저술 일반'이라는 의미에 좀 더 가깝다.

『은자의 나라 한국』은 1882년 런던과 뉴욕에서 초판이 간행된 이래 무려 29년 후인 1911년에 뉴욕에서 다시 제9판까지 나올 정도로 영어권 독자들에게 꾸준히 읽혔던 책인데, 「부록」 부분은 초판, 재판(1885), 3판(1888), 4판(1894), 6판(1897)에서는 모두 발견되나, 제7판(1904), 8판(1907), 9판(1911)에는 빠져 있다. 그리피스 스스로 「부록」 부분의 서술이 부정확하거나 시대에 뒤떨어진다고 여겨 7판부터는 더 이상 싣지 않기로 결정했으리라 추정된다. (제5판은 저자가 직접 확인하지 못하였다.)

이 책의 번역은 신복룡에 의해서 이루어졌다(W. E. 그리피스, 신복룡 역주, 『은자의 나라 한국』, 집문당, 1999). 그러나 1907년에 나온 제8판을 번역대본으로 삼았기 때문에 「부록」 부분은 번역본에 포함되어 있지 않다.

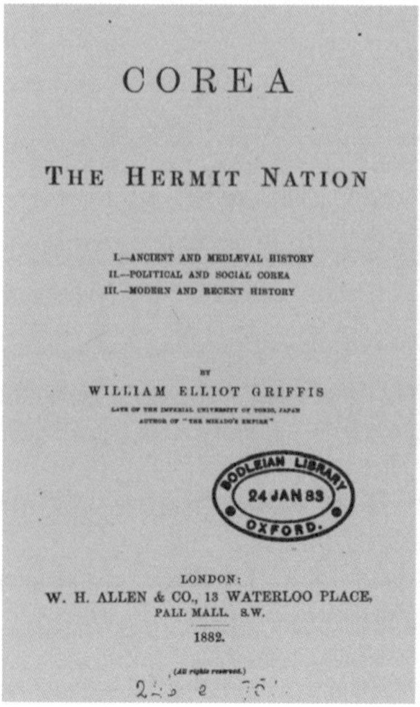

COREA

THE HERMIT NATION

I.—ANCIENT AND MEDIÆVAL HISTORY
II.—POLITICAL AND SOCIAL COREA
III.—MODERN AND RECENT HISTORY

BY

WILLIAM ELLIOT GRIFFIS

LATE OF THE IMPERIAL UNIVERSITY OF TOKIO, JAPAN
AUTHOR OF "THE MIKADO'S EMPIRE"

LONDON:
W. H. ALLEN & CO., 13 WATERLOO PLACE,
PALL MALL. S.W.

1882.

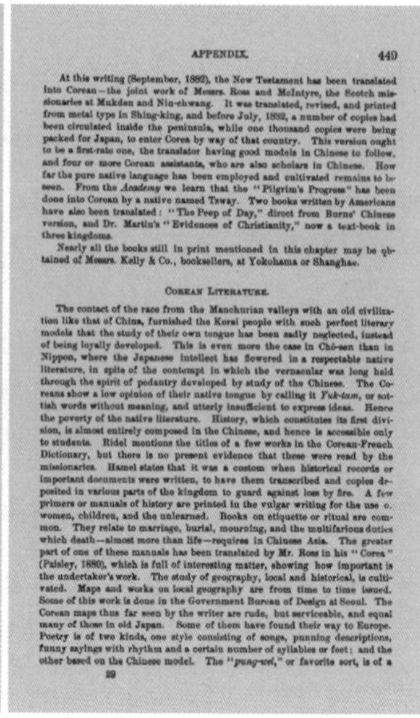

APPENDIX. 449

At this writing (September, 1882), the New Testament has been translated into Corean—the joint work of Messrs. Ross and McIntyre, the Scotch missionaries at Mukden and Niu-chwang. It was translated, revised, and printed from metal type in Shing-king, and before July, 1882, a number of copies had been circulated inside the peninsula, while one thousand copies were being packed for Japan, to enter Corea by way of that country. This version ought to be a first-rate one, the translator having good models in Chinese to follow, and four or more Corean assistants, who are also scholars in Chinese. How far the pure native language has been employed and cultivated remains to be seen. From the *Academy* we learn that the "Pilgrim's Progress" has been done into Corean by a native named Tsway. Two books written by Americans have also been translated: "The Peep of Day," direct from Burns' Chinese version, and Dr. Martin's "Evidences of Christianity," now a text-book in three kingdoms.

Nearly all the books still in print mentioned in this chapter may be obtained of Messrs. Kelly & Co., booksellers, at Yokohama or Shanghae.

COREAN LITERATURE.

The contact of the race from the Manchurian valleys with an old civilization like that of China, furnished the Korai people with such perfect literary models that the study of their own tongue has been sadly neglected, instead of being loyally developed. This is even more the case in Chō-sen than in Nippon, where the Japanese intellect has flowered in a respectable native literature, in spite of the contempt in which the vernacular was long held through the spirit of pedantry developed by study of the Chinese. The Coreans show a low opinion of their native tongue by calling it *Yuk-tam*, or sottish words without meaning, and utterly insufficient to express ideas. Hence the poverty of the native literature. History, which constitutes its first division, is almost entirely composed in the Chinese, and hence is accessible only to students. Ridel mentions the titles of a few works in the Corean-French Dictionary, but there is no present evidence that these were read by the missionaries. Hamel states that it was a custom when historical records or important documents were written, to have them transcribed and copies deposited in various parts of the kingdom to guard against loss by fire. A few primers or manuals of history are printed in the vulgar writing for the use o. women, children, and the unlearned. Books on etiquette or ritual are common. They relate to marriage, burial, mourning, and the multifarious duties which death—almost more than life—requires in Chinese Asia. The greater part of one of these manuals has been translated by Mr. Ross in his "Corea" (Paisley, 1880), which is full of interesting matter, showing how important is the undertaker's work. The study of geography, local and historical, is cultivated. Maps and works on local geography are from time to time issued. Some of this work is done in the Government Bureau of Design at Seoul. The Corean maps thus far seen by the writer are rude, but serviceable, and equal many of those in old Japan. Some of them have found their way to Europe. Poetry is of two kinds, one style consisting of songs, punning descriptions, funny sayings with rhythm and a certain number of syllables or feet; and the other based on the Chinese model. The "*pung-wol*," or favorite sort, is of a

29

【p.449▶】 The contact of the race from the Manchurian valleys with an old civilization like that of China, furnished the Korai people with such perfect literary models that the study of their own tongue has been sadly neglected, instead of being loyally developed. This is even more the case in Chō-sen than in Nippon, where the Japanese intellect has flowered in a respectable native literature, in spite of the contempt in which the vernacular was long held through the spirit of pedantry developed by study of the Chinese. The Coreans show a low opinion of their native tongue by calling it *Yuk-tam*, or sottish words without meaning, and utterly insufficient to express ideas. Hence the poverty of the native literature. History, which constitutes its first division, is almost entirely composed in the Chinese, and hence is accessible only to students. Ridel mentions the titles of a few works in the Corean-French Dictionary, but there is no present evidence that these were read by the missionaries. Hamel states that it was a custom when historical records or important documents were written, to have them transcribed and copies deposited in various parts of the kingdom to guard against loss by fire. A few primers or manuals of history are printed in the vulgar writing for the use of women, children, and the unlearned. Books on etiquette or ritual are common. They relate to marriage, burial, mourning, and the multifarious duties which death — almost more than life — requires in Chinese Asia. The greater part of one of these manuals has been translated by Mr. Ross in his "Corea"(Paisley, 1880), which is full of interesting matter, showing how important is the undertaker's work. The study of geography, local and historical, is cultivated. Maps and works on local geography are from time to time issued. Some of this work is done in the Government Bureau of Design at Seoul. The Corean maps thus far seen by the writer are rude, but serviceable, and equal many of those in old Japan. Some of them have found their way to Europe. Poetry is of two kinds, one style consisting of songs, punning descriptions, funny sayings with rhythm and a certain number of syllables or feet; and the other based on the Chinese model. The "*pung-wel*", or favorite sort, is of a 【p.450▶】 light, idyllic character, and, as its name indicates, deals largely with wind and moon. The bamboo swaying gracefully in the breeze, the moonlit sea, or landscape, and the varying phases of nature are treated of in verse. "Poetry parties" go out to look at fine scenery, or meet, writing materials in hand, and wine-cups close by. This writing stanzas for diversion is among the standard means of literary and social enjoyment. The Chinese authors do not enjoy exclusive monopoly of the Corean world of readers, for some of the Japanese writers, notably Arai Hakuseki, and the Yedo scholars of the eighteenth century, who wrote mainly in classic Chinese, are also held in high repute. The Corean language has never, except in rare instances, been studied in Japan except by interpreters at Fusan, or in Kiōtō, Yedo, or Nagasaki; and the library of Japanese works treating of the language or people is a small one. Since the treaty of 1876 some attention has been paid to its acquisition, at which the Coreans must feel flattered. It is now studied by Japanese at Nagasaki, Kiōtō, and Tōkiō, under the auspices of the government, and of the Buddhists, and as a means of culture, since in addition to private students the Society for Promoting Oriental Literature in 1881 engaged a Corean named Konseioi to teach a class of twenty Japanese gentlemen. In Corea some of the best modern treatises on the various arts and sciences have been translated, or are in process of translation, from Japanese and Chinese versions.

Japanese believers in Shintō have long waged a controversy with Buddhist writers concerning the origin of an alphabet found not in books or literature, but on scrolls kept in temples. These characters are called *Shin-ji*, "god-letters", or *Shin-dai-ji*, "letters of the age of the gods", and great antiquity is claimed for them by the Shintōists. They are in their various forms identical, or nearly so, with the Corean alphabet. The Buddhists claim that the so-called god-letters were brought over from Corea at a period much later than is held by Shintō scholars. No inscriptions or literary monuments in the Shin-ji can be discovered in Japan, and foreign critics — Hepburn, Aston, and many others — agree with the Buddhist opinion that the Shin-ji are late importations from Chō-sen. Mr. Satow in his paper on "Pure Shintō" speaks of the "unmistakable identity" of the two syllabaries, referring the origin of the Corean alphabet to the fifteenth century. Mr. P. Kempermann, in the *Mittheilungen der Deutschen Gesselleschaft für Natur-und Völkerkunde Ostasien's*, November, 1877, takes a somewhat different view, believing that these characters (which are printed with his paper) were the common property of the race which inhabited Southern Japan and Corea in very ancient times. Dr. D. B. McCartee takes the view that "the kata-kana syllabic symbols were adopted as a substitute for the Jin-dai-ji [or Shin-ji] as simpler and much easier to be learned." Until some literary fragments composed in the Shin-ji be discovered in Japan, the question has no practical importance. The opening of the Corean peninsula to foreign scholars may, however, result in discoveries in literary archæology that will throw light upon the settling of the Japanese archipelago, and the prehistoric condition of Corea. The critical and analytical study of the *Kojiki* and other ancient monuments of Japanese literature, by

Messrs. Satow and Chamberlain, seems already scattering the darkness that has hitherto hung over the history of the two countries east of China, before it was known to the writers of the Middle Kingdom. It may be mentioned as a curious fact that a Shintō writer, as late as 1871, published the whole of the 【p.451▶】 *Kojiki*, in “that clumsy variety of the Korean alphabetic writing which some Japanese authors … have supposed to be characters of a peculiar age and sanctity used by the ancient gods and heroes of their country.”

모리스 쿠랑

『한국서지』 1권의 「서설」 제VI장

Bibliographie coréenne : Tableau littéraire de la Corée, vol.1, Paris : E. Leroux, 1894, pp.CLXXVIII ~CLXXXIX. 【Introduction VI.】

해제

파리 출신의 동양학자이자 서지학자인 모리스 쿠랑은 1890년 5월 한성 주재 프랑스 공사관의 통역 서기관으로 부임하여 1892년 2월까지 약 1년 10개월간 체류하였다. 당시 제8대 조선교구장 귀스타브-샤를-마리 뮈텔(Gustave-Charles-Marie Mütel, 민덕효(閔德孝), 1854~1933) 주교와 초대 프랑스 공사 콜랭 드 플랑시(Collin de Plancy, 갈림덕(葛林德), 1853~1922)의 지원을 받아 한국의 각종 서책을 탐문하기 시작하였다.

한성을 떠나 요코하마[橫濱], 도쿄[東京], 베이징[北京]에 머물던 동안에도 연구를 지속하여 1894년 마침내 『한국서지』 제1권을 파리에서 출간하였으며, 이후 1895년과 1896년에 각각 제2권과 제3권을, 그리고 1901년에 보유편(補遺篇)까지 출간함으로써 『한국서지』 전4권을 완성하였다.

서책을 본격적으로 해제하기에 앞서 쿠랑은 제1권 앞머리에 「서설(Introduction)」을 달아 한국의 학술과 문화 전반을 개관하였다. 그 가운데 제VI장의 두 번째 절에서 한국시가의 서지를 검토한 후, 빈출 주제를 분석하여 자연애, 솜씨 좋은 묘사, 감성적 기조, 연정, 애주, 인생무상, 중국적 소재와 시작법에 대한 기호 등의 특질을 도출해 내었다. 또한 당대 한국시가의 종류를 대별하는가 하면, 한국시가의 율격에 대해 간략하나마 견해를 밝히기도 하였다.

『한국서지』 「서설」은 일종의 한국문화론에 해당하기 때문에 일찍부터 국내외의 여러 인사들에게 주목을 받아 왔다. 1897년과 1901년에 각각 A. H. 켄뮤어(A. H. Kenmure, ?~?)와 제임스 게일에 의해 「서설」 일부가 영역된 바 있고, 1912년에는 아사미 린타로(淺見倫太郎, 1869~1943)가 「서설」을 일역하고 일부 내용을 보충하여 '조선예문지(朝鮮藝文志)'라는 제목의 단행본으로 출간하였다. 이후 1936년에는 W. 매시 로이즈(W. Massy Royds, ?~?)가 「서설」을 직역의 방식으로 모두 영역하였으며, 이 영역을 오구라 오야오(小倉親雄, 1913~1991)가 일어로 중역(重譯)하여 '조선서지서론(朝鮮書誌序論)'이라는 제목으로 1940~1941년 사이에 연재하였다. (이상의 영역 및 일역에 대한 자세한 정보는 본서의 3장 2절 및 본서 말미의 '참고문헌' 목록 참조.)

『한국서지』 「서설」은 해방 직후부터 국문으로도 꾸준히 번역되었다. 김수경은 '조선문화사서설(朝鮮文化史序說)'이라는 제명으로 「서설」을 번역한 후 쿠랑의 생애, 『한국서지』의 전체 구성, 기존 번역본의 존재 등을 다룬 해제를 덧붙여 1946년에 출간하였다. 이 책은 1995년 범우사에서 판형을 달리하고 현대어로 문장을 바꾸어 문고본으로 다시 내놓았다. 1974년에는 박상규가 '한국의 서지와 문화-한국서지서설'이라는 제목으로 또 한 권의 번역본을 출간하면서 말미에 '한국서지목록(韓國書誌目錄, 1~3821)'을 정리하기도 하였다.

한편, 1994년에는 프랑스에서 서지학을 전공한 이희재가 『한국서지』 1권부터 4권까지 전편을 '한국서지'라는 제목으로 비로소 완역하고 행간에 주석을 달아 한 권의 거질로 출판하였다.

주요 번역본 모리스 쿠랑, 김수경 역, 『朝鮮文化史序說』, 凡章閣, 1946.
모리스 쿠랑, 박상규 역, 『한국의 서지와 문화-한국서지서설』, 신구문화사, 1974.
모리스 꾸랑, 이희재 역, 『한국서지』(수정번역판), 일조각, 1994.
모리스 쿠랑, 김수경 역, 『조선문화사서설』, 범우사, 1995.

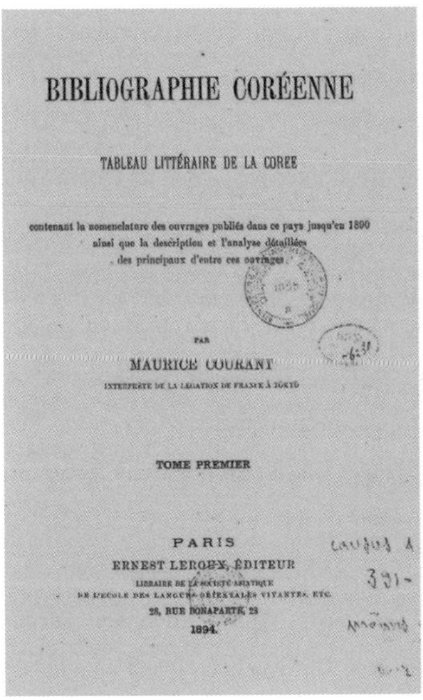

BIBLIOGRAPHIE CORÉENNE

TABLEAU LITTÉRAIRE DE LA CORÉE

contenant la nomenclature des ouvrages publiés dans ce pays jusqu'en 1890
ainsi que la description et l'analyse détaillées
des principaux d'entre ces ouvrages

PAR

MAURICE COURANT

INTERPRÈTE DE LA LÉGATION DE FRANCE À TÔKYÔ

TOME PREMIER

PARIS
ERNEST LEROUX, ÉDITEUR
LIBRAIRE DE LA SOCIÉTÉ ASIATIQUE
DE L'ÉCOLE DES LANGUES ORIENTALES VIVANTES, ETC.
28, RUE BONAPARTE, 28
1894.

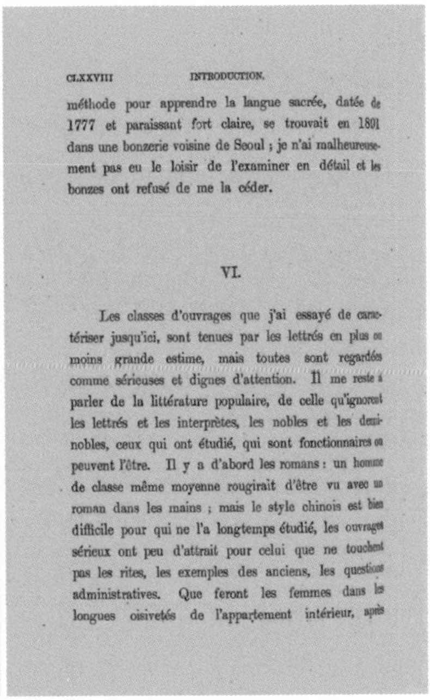

CLXXVIII INTRODUCTION.

méthode pour apprendre la langue sacrée, datée de 1777 et paraissant fort claire, se trouvait en 1891 dans une bonzerie voisine de Seoul ; je n'ai malheureusement pas eu le loisir de l'examiner en détail et les bonzes ont refusé de me la céder.

VI.

Les classes d'ouvrages que j'ai essayé de caractériser jusqu'ici, sont tenues par les lettrés en plus ou moins grande estime, mais toutes sont regardées comme sérieuses et dignes d'attention. Il me reste à parler de la littérature populaire, de celle qu'ignorent les lettrés et les interprètes, les nobles et les demi-nobles, ceux qui ont étudié, qui sont fonctionnaires ou peuvent l'être. Il y a d'abord les romans : un homme de classe même moyenne rougirait d'être vu avec un roman dans les mains ; mais le style chinois est bien difficile pour qui ne l'a longtemps étudié, les ouvrages sérieux ont peu d'attrait pour celui que ne touchent pas les rites, les exemples des anciens, les questions administratives. Que feront les femmes dans les longues oisivetés de l'appartement intérieur, après

【p.CLXXVIII(178)▶】 Les classes d'ouvrages que j'ai essayé de caractériser jusqu'ici, sont tenues par les lettrés en plus ou moins grande estime, mais toutes sont regardées comme sérieuses et dignes d'attention. Il me reste à parler de la littérature populaire, de celle qu'ignorent les lettrés et les interprètes, les nobles et les deminobles, ceux qui ont étudié, qui sont fonctionnaires ou peuvent l'être. Il y a d'abord les romans : un homme de classe même moyenne rougirait d'être vu avec un roman dans les mains; mais le style chinois est bien difficile pour qui ne l'a longtemps étudié, les ouvrages sérieux ont peu d'attrait pour celui que ne touchent pas les rites, les exemples des anciens, les questions administratives. Que feront les femmes dans les longues oisivetés de l'appartement intérieur, après 【p.CLXXIX(179)▶】 qu'elles ont pris leur soûl de bavardages avec les voisines? que fera le marchand dans l'attente du chaland? le travailleur, dans les fréquents jours de repos qu'il s'octroie? bien peu de ces gens-là connaissent les caractères chinois, pas un peut-être n'est capable de lire un texte suivi. Mais il en est peu qui ne connaissent les caractères vulgaires, et les romans les ont pour lecteurs assidus.

Aussi le roman en langue chinoise est-il rare, n'étant pas compris des uns, étant dédaigné des autres; il ne trouve sans doute pas d'autre public que les femmes du Palais, les femmes et les jeunes gens des classes élevées; il existe une édition illustrée du *San koe tchi*(n° 755), on trouve aussi quelques autres romans chinois; un fonctionnaire du XVIIe siècle, *Kim Tchyoun tchăik*[1] a écrit deux romans en langue chinoise, l'un est une allégorie transparente destinée à ramener le roi *Syouk tjong*[2] à de meilleurs sentiments à l'égard de la reine qu'il voulait répudier.

La plus grande partie des romans sont en langue vulgaire, ils ne portent jamais un nom d'auteur et rarement une date, les uns sont traduits ou imités du chinois, les autres sont originaux et se rapportent à 【p.CLXXX(180)▶】 des faits connus de l'histoire chinoise et coréenne, ou sont des œuvres d'imagination sans aucun fondement historique : même parmi ces derniers, l'intrigue d'un grand nombre se

1 金春澤.
2 肅宗.

passe en Chine, tant est bien établi l'ascendant de ce pays sur les esprits coréens; d'ailleurs cette Chine des romans est toujours peu réelle, les anachronismes abondent et les personnages expriment sans cesse des idées coréennes nullement déguisées. Quel que soit le lieu de la scène, les traits communs de ces ouvrages sont nombreux et manifestes : les études de caractères sont nulles; les personnages sont toujours les mêmes, étudiant qui devient docteur ou jeune guerrier qui repousse les ennemis, jeune fille douée de toutes les perfections physiques et morales, père qui s'oppose au bonheur des jeunes gens, méchant mandarin qui convoite la jeune fille et dont les calomnies sont démasquées, grand fonctionnaire bienfaisant, bonze versé dans l'art de la guerre et dans les sciences occultes : les mêmes types se retrouvent partout et deviennent vite de vieilles connaissances. L'intrigue est monotone : il s'agit d'arriver au mariage des jeunes gens, ou à la reconnaissance d'un fils longtemps perdu; les évènements s'accumulent, guerres, rapts, naufrages, songes, signes miraculeux, calomnies, exils se succèdent sans trêve; le seul intérêt est celui de la 【p.CLXXXI(181)▶】 curiosité tenue en éveil, qui se demande comment pourra se débrouiller un écheveau aussi compliqué, et qui est souvent déçue par la maladresse du dénouement. Quand on a lu deux ou trois de ces productions, on les connaît toutes. On trouve parfois quelques descriptions de paysage assez fraîches, ou des traits de caractère heureusement saisis et qui ne sont pas dépourvus d'intentions satiriques : mais les descriptions sont toujours les mêmes et deviennent vite fastidieuses, et les traits de caractère s'amassent de façon exagérée, tournent à la grimace. Parfois l'intrigue prend une allure fantastique et a des péripéties assez imprévues; mais de temps en temps les invraisemblances sont tellement grandes, le fil qui relie les personnages est si ténu, que l'ouvrage devient inférieur en intérêt aux plus faibles de nos contes moraux à l'usage des enfants.

Après les romans, la littérature populaire nous offre des chansons assez nombreuses, quelques-unes sont imprimées, la plupart se trouvent dans des volumes manuscrits, beaucoup ne sont écrites nulle part; de noms d'auteur et de dates, il n'est pas question. Ces poésies se font remarquer par un vif sentiment de la nature, un réel talent de description, une teinte tantôt sentimentale, tantôt légèrement ironique; l'amour [p.CLXXXII(182)▶] et ses joies, le plaisir de l'ivresse, la fuite du temps, la brièveté de la vie sont les thèmes qui reviennent le plus souvent; dans toutes ces pièces, même dans les plus vulgaires, les allusions aux choses de Chine, les réminiscences des formules de la poésie chinoise se rencontrent à chaque instant. J'ai essayé plusieurs fois de me faire expliquer les règles de la prosodie coréenne, mais tous ceux à qui je me suis adressé, n'avaient sur ce sujet que des idées fort vagues. Les chansons coréennes, m'ont-ils dit, sont de trois genres : les unes, courtes, sont divisées en strophes à peu près de longueur égale, souvent elles décrivent un petit tableau poétique et y ajoutent quelques réflexions morales; d'autres, beaucoup plus longues, et sans divisions rhythmiques, renferment une suite de scènes reliées entre elles; les unes et les autres sont toujours chantées par une personne seule, avec accompagnement de musique. Les complaintes, comportant un développement d'action, forment le troisième genre; elles sont chantées avec accompagnement et mimées par deux ou trois baladins. Quant à la nature du vers coréen, elle est peu déterminée, puisqu'il n'y a ni quantité, ni rime, ni assonance, ni nombre fixe de syllabes : ce qui le distingue de la prose, c'est une certaine recherche d'expressions poétiques et d'images, c'est aussi que [p.CLXXXIII(183)▶] chaque vers forme une phrase, forcément courte, ne dépassant pas une vingtaine de syllabes, alors qu'en prose la phrase s'étend souvent sur plusieurs pages.[3]

Tout le reste de la littérature indigène en langue vulgaire se compose de traductions

3 Parmi les anciennes poésies dont je donne la liste au chap.I du liv.IV, plusieurs ont dû être écrites dans la langue du pays, mais elles ne se sont pas conservées. Dans les fêtes du Palais, on exécute une ou deux danses d'origine populaire, qui sont accompagnées de chansons en coréen : je n'ai pu trouver le texte de ces chansons.

: les trois livres canoniques reconnus en Corée, *Yi king* (n° 174), *Chou king* (n° 182) et *Chi king* (n° 188), existent, pour l'usage des étudiants, avec traduction coréenne; des manuels populaires pour la correspondance, les rites funéraires, la divination, la médecine, des ouvrages plus importants, médicaux, taoïstes, bouddhistes, relatifs aux langues, à l'agriculture, à la morale, à l'éducation, contiennent aussi une partie coréenne : tantôt la prononciation des caractères difficiles est seule donnée en coréen, tantôt tout le texte est transcrit en *en moun*, parfois une traduction complète est jointe à la transcription, soit à la fin de chaque phrase, soit disposée côte à côte avec le chinois; quelques-uns de ces volumes enfin sont uniquement en langue vulgaire. L'époque de ces différentes 【p.CLXXXIV(184)▶】 traductions est rarement indiquée; celles qui sont datées, sont presque toutes du XVe, du XVIe et du XIXe siècles.

L'introduction du catholicisme a donné naissance à une branche nouvelle de la littérature vulgaire; la religion s'adressant à tous, les ouvrages religieux doivent être à la portée de tous, et c'est la langue vulgaire seule qui peut répondre à ces besoins nouveaux. Quelques ouvrages sont antérieurs à la persécution de 1839 : l'un existe en manuscrit à la Mission de Seoul, il porte la date de 1837; un autre est dû au noble chrétien Paul *Tyeng* qui périt dans la persécution de cette époque. L'ouvrage de Paul *Tyeng*, après avoir longtemps circulé en manuscrit, a été imprimé vers 1864 par les soins de Mgr. Daveluy : c'est dans cette seconde période que les ouvrages chrétiens commencent à devenir nombreux; Mgr. Daveluy prépara des traductions de livres catholiques chinois et les fit imprimer; ces travaux furent interrompus par la persécution de 1866, les planches gravées et la plupart des exemplaires tirés furent perdus. A partir de 1884, Mgr. Blanc put reprendre l'œuvre de son prédécesseur; un peu plus tard, la Mission installa une imprimerie avec types mobiles qui a fonctionné sans arrêt jusqu'à ce 【p.CLXXXV(185)▶】 jour. Quelques ouvrages ont aussi été imprimés par la Maison des Missions Étrangères qui est à Hong kong. Tous les livres catholiques, à une ou deux exceptions près, sont traduits ou abrégés du chinois; la langue employée est le coréen vulgaire; mais les termes techniques sont des expressions chinoises, simplement transcrites au moyen de lettres coréennes.

Les Missionnaires protestants américains, arrivés en Corée depuis l'ouverture du pays par les traités, ont publié un livre de cantiques, quelques traités religieux et quelques traductions des évangiles et des épîtres. Les missionnaires anglais ne sont venus qu'en 1890; j'ignore si, depuis mon départ de Seoul, ils ont imprimé quelques livres coréens.

Cette longue revue de la littérature coréenne nous a montré des œuvres peu originales, toujours imbues de l'esprit chinois, souvent de simples imitations; encore, dans les richesses déconcertantes de la littérature chinoise, les Coréens ont fait un choix : la philosophie, qui a été lente à les conquérir, a su se les attacher et, avec les théories confucianistes, sont venus naturellement tous les genres qui se rattachent à cette conception sociale et morale, rites et administration, histoire, poésie savante et raffinée. En dehors du 【p.CLXXXVI(186)▶】 confucianisme, les Coréens n'ont cultivé des sciences que celles qui ont une utilité immédiate, médecine, astrologie, art de la guerre, langues des peuples voisins. Si des ouvrages chinois étrangers aux genres que je viens d'énumérer, ont été reproduits, ce sont des œuvres dont le but est pratique; la littérature religieuse même, taoïste et bouddhiste, n'a pas d'autre raison d'être que le motif tout pratique de mettre en règle avec les esprits ceux auxquels le confucianisme, trop froid, ne suffit pas. Les œuvres d'imagination sont peu importantes par le nombre et la valeur, moins encore par l'estime qu'en font les lettrés. Le rôle de cette littérature a été surtout social et moral, conforme à l'idée confucianiste qui a peu à peu dominé tout le reste; toute influence étrangère a donc été lentement éliminée, surtout dans ces derniers siècles, où la Corée s'est tenue enfermée en elle-même; la notion de ce qui est extérieur aux frontières, s'est presque totalement perdue, tout le monde s'est réduit, pour le Coréen, à ce que contient son étroite péninsule; de la Chine classique, il a conservé un grand souvenir accompagné d'une reconnaissance attendrie, mais il a oublié, dédaigné dans son for intérieur, la Chine actuellement existante. Le territoire resserré de la Corée est devenu, pour le 【p.CLXXXVII(187)▶】 lettré coréen, le centre du monde et lui-même se tient pour l'unique dépositaire de la doctrine; l'ignorance et la vanité qui en résultent, dépassent l'attente : à entendre parler un Coréen, il semble parfois qu'on entende un de ces Grecs antiques, seuls civilisés au milieu des barbares et pour qui le monde commençait à la mer Égée et allait à peine jusqu'à la mer Ionienne; mais la Grèce a joué un bien autre rôle dans le monde.

Telle qu'elle est cependant, bien inférieure à la littérature chinoise, à la littérature japonaise aussi qui a su conserver une part d'originalité malgré les emprunts faits à l'étranger, la littérature coréenne l'emporte de beaucoup sur ce qu'ont produit les Mongols, les Mantchous et les autres élèves de la Chine. Mieux qu'aucun d'eux, la Corée s'est assimilé les leçons reçues, a fait siennes les idées apprises, les a mises en pratique avec une rigueur, en a tiré des conclusions avec une logique que la Chine n'a pas connues; le dévouement des sages coréens à leur théories, à leur foi, peut bien leur mériter une place d'honneur à côté des sages chinois : ils ont, en somme, créé une religion confucianiste qui n'existait pas en Chine, et plusieurs sont morts pour elle. Et dans l'histoire, les écrivains ont porté assez de simplicité, d'honnêteté, de critique impartiale pour avoir droit à un haut rang.

【p.CLXXXVIII(188)▶】 La clarté de l'esprit coréen apparaît dans la belle impression des livres, dans la perfection de l'alphabet, le plus simple qui existe, dans la conception des caractères mobiles où il a atteint le premier; et je ne veux pas parler ici de toutes les connaissances, de tous les arts reçus de la Chine, développés et transmis aux Japonais. Le rôle de la Corée a été considérable dans la civilisation de l'Extrême Orient : si la situation y avait été analogue à celle de l'Europe, les idées et les inventions coréennes auraient remué tous les pays d'alentour; mais les barrières élevées par l'orgueil de race et la conception de l'état, étaient plus hautes, le respect du passé imposait l'immobilité. Resserrée entre deux puissants voisins, remarquablement doués, l'un pour l'art et la guerre et l'organisation, l'autre pour toutes les branches de la littérature et pour les luttes de la vie pratique; pays pauvre, à communications difficiles, la Corée, surtout depuis quelques siècles, n'a eu de rapports avec l'étranger que pour être pillée et asservie; elle a vécu en elle-même, ses forces d'invention n'ont pas dépassé ses frontières, ses idées élevées, à l'étroit dans le royaume, se sont changées en ferments de discordes, elle a été déchirée par des partis, ces divisions ont arrêté tout progrès social : c'est ainsi que s'explique la triste [p.CLXXXIX(189) ▶] situation actuelle. Les dons que ce peuple avait reçus, ont ainsi tourné contre lui-même et il n'a pu remplir son mérite et son génie, entravé par l'inclémence de la destinée.

Danse de *Tchye yong*, 處容舞.[4]

4 Tiré du *Tjin tchan eui kouei*.

『한국서지』 1권, 제IV부 「언어부」, 제I장 '시가', 제3절 '한국의 시가'

Bibliographie coréenne : Tableau littéraire de la Corée, vol.1, Paris : E. Leroux, 1894, pp.238~254. 【Liv.IV : Littérature → Chap.I : Poésie → 3e Partie : Poésies coréennes】

해제 『한국서지』 본문은 총 아홉 개의 부(部, livre)로 이루어져 있는데, 각 부의 제목을 쿠랑은 불문, 한글, 한자, 히라가나로 함께 표기하였다: I. 교회부(敎誨部, Enseignement), II. 언어부(言語部, Étude des langues), III. 유교부(儒敎部, Confucianisme), IV. 문묵부(文墨都, Littérature), V. 의범부(儀範部, Moeurs et coutumes), VI. 사서부(史書部, Histoire et géographie), VII. 기예부(技藝部, Sciences et arts), VIII. 교문부(教門部, Religions), IX. 교통부(交通部, Relations internationales). 이 가운데 IV. 문묵부의 제I장(chapitre)이 시가(詩歌, Poésie)이다. 시가는 다시 세 개의 절(partie)로 나뉜다: 1. 한시(Poésies chinoises), 2. 한국에서 작성된 한시(Poésies chinoises composées en Corée), 3. 한국의 시가(Poésies coréennes).

'한국의 시가' 절에서 쿠랑은 앞서 「서설」에서 개관하였던 한국시가를 구체적인 문헌과 작품을 들어가며 자세히 논의하였다. 여기에서 가장 주요하게 거론된 문헌은 『가곡원류(歌曲源流)』(불란서본)인데, 특히 이 『가곡원류』를 해제하는 문맥에서 쿠랑은 한국시가의 세 가지 부류를 '시조(詩調, *si tyo*)', '가사(歌詞, *ka să*)', '잡가(雜歌, *tjap ka*)'로 명확히 규정한 후 개개의 특징과 담당층, 향유 양상 등을 설명하는 한편, 시조를 중심으로 한국시가 일반의 양식과 율격에 대해 언급하기도 하였다. 쿠랑의 학자적인 식견과 분석력이 잘 드러나는 부분이다.

'한국의 시가' 절에는 여러 한국시가 작품이 불역되어 있기도 하다. 그 가운데 243면에 불역된 시조 작품 네 수는 『가곡원류』(불란서본)의 #265~#268인 것으로 파악된다. 그 원문을 아래에 차례로 제시한다.

우는 거시 벅국신가 푸른 거슨 버들숩가
漁村 두세 집이 暮煙에 줌겨세라
夕陽에 짝 일흔 갈멱이는 오락가락 ᄒᆞ더라.

萬頃滄波慾暮天에 穿魚換酒柳橋邊을
客來問我興亡事여늘 笑指蘆花月一船이로다
술 醉코 江湖에 져 잇시니 節 가는 쥴 몰닉라.

故人無復洛城東이요 今人還對落花風을
年年歲歲花相似여늘 歲歲年年人不同이로다
花相似 人不同ᄒᆞ니 글을 슬허ᄒᆞ노라.

春風和煦好時節에 범나뷔 몸이 되여
百花叢裏에 香氣 졋져 노닐거니
世上에 이러흔 豪興을 긔 무허로 比헐소냐.

『한국서지』「서설」이 일찍부터 여러 인사들에 의해 영역, 일역, 국역되었던 것과는 달리, 본문은 별반 번역된 바가 없다. 1994년에 이루어진 이희재의 국문 완역본이 유일하다. 1912년에 아사미 린타로(淺見倫太郎, 1869~1943)가 「서설」을 일역한 후 말미에 '미용가(米春歌)', '토축가(土築歌)', '춘면곡(春眠曲)'이라는 제목으로 세 편의 작품을 일역해 놓았는데, 이는 『한국서지』 1권 '한국의 시가' 절에 수록된 불역 작품(문헌번호 428, 427, 425번 소재 작품)을 중역한 것이라고 아사미 스스로 밝히고 있다(モーリスクーラン, 淺見倫太郎 譯, 『朝鮮藝文志』, 京城 : 朝鮮總督府, 1912, 108~119면).

주요 번역본 모리스 꾸랑, 이희재 역, 『한국서지』(수정번역판), 일조각, 1994.

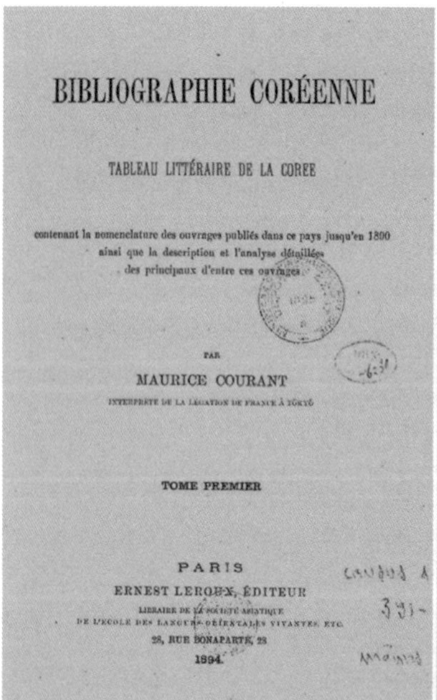
BIBLIOGRAPHIE CORÉENNE

TABLEAU LITTÉRAIRE DE LA COREE

contenant la nomenclature des ouvrages publiés dans ce pays jusqu'en 1890
ainsi que la description et l'analyse détaillées
des principaux d'entre ces ouvrages

PAR

MAURICE COURANT

INTERPRÈTE DE LA LÉGATION DE FRANCE À TÔKYÔ

TOME PREMIER

PARIS
ERNEST LEROUX, ÉDITEUR
LIBRAIRE DE LA SOCIÉTÉ ASIATIQUE
DE L'ECOLE DES LANGUES ORIENTALES VIVANTES, ETC.
28, RUE BONAPARTE, 28
1894.

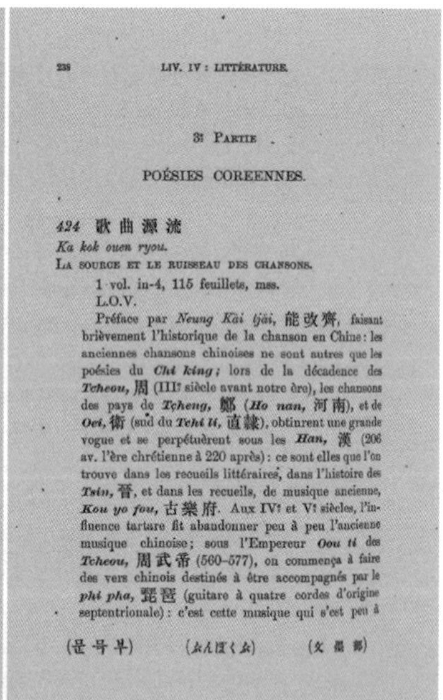
238 LIV. IV : LITTÉRATURE.

3e PARTIE

POÉSIES COREENNES.

424 歌曲源流
Ka kok ouen ryou.
LA SOURCE ET LE RUISSEAU DES CHANSONS.

1 vol. in-4, 115 feuillets, mss.

L.O.V.

Préface par *Neung Kăi tjăi*, 能改齊, faisant brièvement l'historique de la chanson en Chine : les anciennes chansons chinoises ne sont autres que les poésies du ***Chi king***; lors de la décadence des ***Tcheou***, 周 (IIIe siècle avant notre ère), les chansons des pays de ***Tcheng***, 鄭 (***Ho nan***, 河南), et de ***Oei***, 衛 (sud du ***Tchi li***, 直隸), obtinrent une grande vogue et se perpétuèrent sous les ***Han***, 漢 (206 av. l'ère chrétienne à 220 après) : ce sont elles que l'on trouve dans les recueils littéraires, dans l'histoire des ***Tsin***, 晉, et dans les recueils, de musique ancienne, ***Kou yo fou***, 古樂府. Aux IVe et Ve siècles, l'influence tartare fit abandonner peu à peu l'ancienne musique chinoise; sous l'Empereur ***Oou ti*** des ***Tcheou***, 周武帝 (560-577), on commença à faire des vers chinois destinés à être accompagnés par le ***phi pha***, 琵琶 (guitare à quatre cordes d'origine septentrionale) : c'est cette musique qui s'est peu à

(문 묵 부) (ぶんぼくぶ) (文 墨 部)

【p.238▶】

424. 歌曲源流

Ka kok ouen ryou.

LA SOURCE ET LE RUISSEAU DES CHANSONS.

1 vol. in-4, 115 feuillets, mss.

L.O.V.

Préface par *Neung Kăi tjăi*, 能改齊, faisant brièvement l'historique de la chanson en Chine : les anciennes chansons chinoises ne sont autres que les poésies du *Chi king*; lors de la décadence des *Tcheou*, 周(IIIe siècle avant notre ère), les chansons des pays de *Tcheng*, 鄭(*Ho nan*, 河南), et de Oei, 衛(sud du *Tchi li*, 直隷), obtinrent une grande vogue et se perpétuèrent sous les *Han*, 漢(206 av. l'ère chrétienne à 220 après) : ce sont elles que l'on trouve dans les recueils littéraires, dans l'histoire des *Tsin*, 晉, et dans les recueils, de musique ancienne, *Kou yo fou*, 古樂府. Aux IVe et Ve siècles, l'influence tartare fit abandonner peu à peu l'ancienne musique chinoise; sous l'Empereur *Oou ti* des Tcheou, 周武帝(560～577), on commença à faire des vers chinois destinés à être accompagnés par le *phi pha*, 琵琶(guitare à quatre cordes d'origine septentrionale) : c'est cette musique qui s'est peu à 【p.239▶】 peu répandue et a presque fait oublier l'ancienne musique chinoise.

Indications sur la direction de la voix, la prononciation des mots, l'attitude du corps pour celui qui chante.

Liste des chansons contenues dans l'ouvrage.

Règles à suivre pour frapper le tambour d'accompagnement.

Ces chansons sont écrites en caractères coréens, les expressions sino-coréennes étant notées en caractères chinois : c'est, à ma connaissance, le seul ouvrage où l'on ait employé ce mélange des deux écritures. Ces chansons sont, pour la plupart, dues à de hauts fonctionnaires coréens, quelques-unes remontent à la dynastie de Ko rye, d'autres sont du siècle dernier.

Toutes ces chansons sont du genre appelé *si tyo*, 詩調, elles sont assez brèves, formées parfois de trois ou quatre vers; les plus longues sont divisées, par le sens et par la musique, en strophes de trois vers. Le vers coréen n'a ni rime ni quantité, le nombre des syllabes varie approximativement; entre douze et vingt, chaque phrase ou membre de phrase forme un vers : la recherche des expressions poétiques, la brièveté de la phrase, qui n'a qu'une vingtaine de syllabes, au lieu de plusieurs pages, et une certaine cadence sont les seules différences entre la prose et la poésie. Les chansons de ce genre s'accompagnent avec la flûte, les instruments à cordes et le tambour.

Les chansons dites *ka sǎ*, 歌詞, sont beaucoup plus longues et ne sont pas divisées en strophes, l'accompagnement 【p.240▶】 est analogne à celui des précédentes. Il y a encore les *tjap ka*, 雜歌, sortes de complaintes chantées, parfois mimées par un ou même deux personnages : la mesure est marquée par le tambour. Les chansons des deux derniers genres ne sont chantées que par des bateleurs.

425. 남훈태평가

南薰太平歌

Nam houn htai hpyeng ka.

LES CHANSONS DE LA PAIX À *Nam houn.*[1]

1 vol. in-4, 28 feuillets.

L.O.V.-Coll. v, d. Gabelentz.

Gravé à *Syek tong*, 石洞(quartier de Seoul) en 1863(?) 癸亥.

Les caractères coréens sont employés dans ce volume pour les expressions sino-coréennes, ce qui rend l'intelligence du texte difficile, même pour les Coréens.

Un certain nombre de ces chansons sont tirées du recueil précédent; d'autres sont du genre *ka sǎ*, 歌詞. Je citerai la suivante :

1 *Nan hiun*, en sino-coréen *Nam houn*, est le nom d'un palais de l'Empereur *Choen*, 舜(2255～2205); l'auteur anonyme compare la paix qui règne en Corée, à la tranquillité du palais impérial.

春眠曲

Tchyoun myen kok (feuillet 24).

Le sommeil au printemps.

"Je me suis éveillé très tard en un jour de prin-
"temps et j'ai ouvert ma fenêtre de bambou : au dehors,

【p.241▶】

"les fleurs épanouies retiennent les papillons, qui ne
"les quittent qu'à regret; les saules de la montagne,
"rangés le long du ruisseau, se penchent au-dessus de
"ses méandres. J'ai bu deux ou trois tasses de vin
"non fermenté, et ma rêverie m'emporte aux jardins
"des saules en fleurs : je vais sur un cheval blanc
"harnaché d'or, les fleurs parfumées tombent sur mes
"vêtements, et la lumière de la lune baigne la cam —
"pagne; parfois je me repose, et parfois je me pro —
"mène : mes pas sont ceux d'un homme ivre.

"Dans une maison aux tuiles bleues et aux colon —
"nes rouges, je vois une jeune femme au corsage rouge,
"avec une jupe bleue . je pousse à demi la fenêtre et
"la charmante enfant lève vers moi son visage en
"riant, j'entre auprès d'elle et, assis sur un tapis de
"soie, je chante :

"Je sens un vif amour pour toi : si tu meurs, tu
"deviendras une fleur et je serai un papillon; même
"après le printemps, nous ne nous séparerons pas.
"Mais ce souhait se réalisera-t-il? L'amour n'est
"pas épuisé que déjà il faut se quitter : l'oiseau se
"baigne dans le fleuve et n'y laisse pas de trace, le

"papillon est emporté par la tempête."

"Je veux partir, et je reviens près d'elle : déjà le "soleil est au-dessous de l'horizon, mon cheval hennit "d'impatience; faut-il donc la laisser?

"Hélas! la femme est une ennemie : mon cœur est "pris par elle, je ne saurais plus vivre; mon âme est "abattue et le courage me manque. En vain, je ferme "solidement ma fenêtre et je cherche le sommeil : tou- "jours, son visage, délicat comme une fleur, brillant

【p.242▶】

"comme la lune, se forme devant mes yeux; je crois "voir le mur de sa maison et sa fenêtre de soie. "Maintenant l'aube paraît : la rosée, sur la feuille de "nénuphar, est pareille à la larme tombée de ses "yeux, quand nous nous sommes quittés.

"Pendant trois veilles, le sommeil me fuit; à la "quatrième veille, je m'endors et je revois en rêve "celle à qui je pense : je veux lui dire la peine qui "m'accable; mais, avant d'avoir parlé, je me suis "réveillé; je croyais voir encore près de moi son "visage rose et ses tempes de jade : mais mon œil ne "découvre que les nuages et les montagnes qui me "barrent l'horizon. La lune qui brille, éclaire nos "deux cœurs : mais la mer qui nous sépare, refuse de "porter les bateaux.

"Je ne puis la voir et le temps fuit comme le cours "d'un ruisseau; hier, les fleurs de la deuxième lune "étaient encore rouges, les voilà tombées sur le sol,

"et l'automne est proche. Voici des oies sauvages
"qui passent en criant, peut-être m'apportent-elles
"des nou velles de la bien-aimée; mais je n'entends
"plus que la pluie qui tombe des nuages.

"Séparation douloureuse dont le terme est ignoré!
"Combien je voudrais être la lune qui, du haut de
"la montagne, éclaire sa maison! ou le bois de sa
"guitare, pour reposer sur son sein! Quand la mer
"deviendrait la terre, quand mon cœur serait desséché
"et n'aurait plus de larmes, aurais-je jamais assez dit
"la désolation de ma vie?

"Allons, j'ai repris courage : désormais, je ne veux
"chercher que la renommée et les fonctions".

【p.243▶】 Comme exemple du genre *si tyo*, 詩調, je citerai les strophes suivantes tirées du recueil *Ka kok ouen ryou*, feuillet 36 :

"Quel est le chanteur, sinon le coucou? Quelle est
"la verdure, sinon le bosquet de saules? Au village
"des pêcheurs, quelques maisons se cachent dans la
"fumée du soir. Une cigogne blanche, qui a perdu
"sa compagne, est errante sous les derniers rayons.

"Le ciel s'obscurcit sur la plaine immense des
"vagues : je vais au pont des saules échanger pour du
"vin les poissons que je tiens enfilés à une corde. Un
"étranger vient me parler des destins de l'humanité;
"mais je lui montre en riant la lune qui vogue au-
"dessus des roseaux empanachés : je m'enivre au bord

"de l'eau et je ne songe pas au temps qui s'écoule.

"Les hommes d'autrefois ne reviennent plus à *Lo*
"*yang*, 洛陽,[2] et ce sont d'autres hommes qui res-
"pirent la brise parfumée; chaque année les fleurs
"sont semblables, chaque année les hommes sont
"différents : si les fleurs sont toujours semblables,
"pleurons sur la fragilité des hommes!

"Au temps où le vent printanier est tiède, je veux
"me transformer en papillon tigre(papilio machao),
"je veux rechercher les parfums de toutes les fleurs :
"il n'est au monde rien de comparable à ces délices".

L'auteur de cette petite pièce est *Pak Hyo koan*, surnom *Kyeng hoa*, nom littéraire *Oun să*, 朴孝寬字景華號雲史.

【p.244▶】 On peut voir par ces deux exemples combien la poésie coréenne s'inspire de la poésie chinoise.

426. 奇詞總錄

Keui să tchong rok.

RECUEIL DE POÉSIES MERVEILLEUSES.

1 vol. in-4, 42 feuillets, mss.

L.O.V.

Poésies coréennes en vers de huit syllabes non rimés; elles ne sont pas destinées à être chantées. L'auteur est un habitant de *Yong ho*, 蓉湖, qui les a écrites en l'année 1883.(?) 癸未.

2 Ancienne capitale de la Chine.

427. 원달고가

Ouen tal ko ka.

CHANSON DES OUVRIERS QUI TASSENT LA TERRE (POUR LES FONDATIONS D'UNE MAISON).

1 vol. petit in-8, 14 feuillets, mss.

L.O.V.

Cette chanson populaire est naturellement en coréen et contient cependant beaucoup d'allusions aux choses chinoises; elle est formée de strophes irrégulières, comprenant chacune une phrase plus ou moins longue et séparées par huit ou dix syllabes dépourvues de sens, qui sont une sorte d'harmonie imitative : elle a été écrite sous la dictée d'ouvriers qui ont travaillé, en 1890, au Commissariat de France, à Seoul.

【p.245▶】

"Camarades, le temps est beau aujourd'hui; nous
"tasserons bien la terre.

"Heï, heï y ri; heï, heï ya.

"Nous allons en montant et en descendant, aux
"endroits trop bas, nous frapperons doucement; nous
"aplanirons les endroits trop hauts en frappant très
"fort.

"Heï, heï y ri; heï, heï ya.

"Nous ne gagnons que deux ligatures et demie[3]
"par jour : pourrons-nous avec cette somme nourrir
"notre famille? o o, heï, heï ya.

"Lorsque nos parents nous ont élevés, heï, heï y
"ri, ils nous ont fait apprendre les caractères chinois,

3 Deux ligatures et demie se composent de cinquante sapèques.

"avec l'espoir que nous deviendrions plus tard des
"fonctionnaires; même, ils nous les ont enseignés tous
"les jours; mais nous n'avions pas d'aptitudes et nous
"n'avons pas profité de ces leçons; heï, heï y ri; de
"sorte que nous sommes devenus des ouvriers et que
"nous vendons nos chansons pour cinquante grosses
"sapèques, heï, heï y ri, heï ya;

"Si aujourd'hui nous tassons bien la terre, demain
"nous la tasserons encore mieux (parce que nous
"serons plus habitués à ce travail), heï, heï y ri;

"Si demain nous travaillons mieux, peut-être le
"maître nous donnera-t-il une récompense. Mais
"qu'il nous la donne ou non, il faut soulever haut
"les bâtons et frapper très fort, o o, y ri, heï ya.

"Le jour est long et il fait très chaud; le temps

【p.246▶】

"du repos est encore éloigné, nous ne nous sentons
"plus aucune force, nous avons faim. Comment
"pourrons-nous terminer notre journée?

"Frappons vite et soulevons rapidement nos bâtons
"pour tasser le sol, o o, y ri; heï, heï ya; ha ha,
"heï yo, heï heï.

"Après avoir reçu ce soir cinquante grosses sapè-
"ques, nous achèterons du riz, du bois, de l'huile et du"tabac; après quoi, il ne nous restera pas même une
"sapèque pour acheter les accessoires qu'on mange
"avec le riz. Comment ferons-nous? quoi qu'il en
"soit, il faut soulever les bâtons et frapper fort.

"Quand les feuilles de bambous sont agitées par le "vent, on croirait entendre la rumeur de cent mille "hommes.

"Les fleurs de nénuphar, mouillées par la pluie, "sont aussi jolies que les trois mille servantes royales "lorsqu'elles se baignent.

"Dans la montagne de *Kou-ouel*, l'herbe reverdit "au printemps.[4]

"Du pavillon de *O kyeng*, la lumière du soleil "paraît rouge, le soir.[5]

"La pierre qui est là-bas, c'est l'endroit où *Kang* "*Htai kong*[6] pêchait le poisson. Pendant les quatre-"vingts premières années de sa vie, il vivait dans la "pauvreté : chaque jour, il portait son chapeau de jonc "penché sur la tête et il plaçait dans l'eau sa ligne qui "n'avait ni fil ni hameçon; il attendait ainsi la venue

【p.247▶】

"de l'Empereur *Moun oang*[7] Quant à nous, il nous "faut travailler encore et attendre (comme *Kang* "attendait *Moun oang*).

"L'an dernier, le temps a été favorable, la récolte "abondante; la pluie est tombée à propos et le vent "a été propice. Cette année sera également bonne: "si la moisson est belle, nous pourrons nous rassassier

---

4 九月山, province de *Hoang hăi*, 黃海.

5 五更樓, pavillon célèbre situé en Chine.

6 姜太公.

7 *Oen oang* des *Tcheou*, 周文王.

"et nos ventres se rempliront, notre dos aura chaud
"(nous aurons de bons vêtements), et nous serons très
"heureux.

"Réunissons tous nos efforts, tassons et soulevons
"nos bâtons, tassons fort et vite.

"Lorsqu'on a bâti la terrasse de *Kîm hpo tăi*[8] dans "le district de *Kang syeng*,[9] le pavillon de *Sam* "*il hpo*[10] dans le district de *Ko syeng*,[11] la bonzerie "de *Nak sang*[12] dans district de *Yeng yang*,[13] le kios-"que de *Yen koang*[14] dans la ville de *Hpyeng yang*,[15] "il aurait été curieux d'aller là-bas, pour voir si les "ouvriers de ces époques-là tassaient le sol de la "même façon que nous. Soulevons les bâtons, tassons "fortement les endroits hauts.

"Puisque manger des légumes, boire de l'eau fraîche
【p.248▶】
"et se coucher les bras sous la tête, sont les priviléges "des grands personnages (c'est-à-dire des gens heu-"reux, qui ne travaillent pas et peuvent manger, boire "et dormir à leur goût), alors mangeons des légumes, "buvons de l'eau et tassons le sol (ce qui nous pro-

8 Pour *Kyeng hpo tăi*, 景浦臺(?) au *Kang ouen*, 江原.
9 江陵; vulgaire pour *Kang reung*.
10 三日浦 au *Kang ouen*.
11 高城.
12 Vulgaire pour *Rak san*, 洛山寺.
13 英陽.
14 Vulgaire pour *Ryen koang*, 練光亭.
15 平壤.

"curera de l'argent et nous permettra de devenir aussi "de grands personnages). Soulevons nos bâtons et "frappons fortement.

"Si nous évitons de niveler les endroits hauts, nous "serons comme le vieux tigre de la montagne aux "dix mille sommets. Il avait pris un chien très gros "et l'avait emporté dans son repaire; mais comme il "n'avait plus de dents, il ne put le manger et dut "se contenter de le lécher (couvrir son corps de sa "salive). Frappons fortement.

"Où vont donc toutes les sapèques? Certes, elles ne "viennent pas chez nous; peut-être ont-elles oublié "le chemin de nos maisons.

"Ce soir, cinquante grosses sapèques tomberont dans "notre escarcelle, avec la rapidité de la foudre. Soule- "vons nos bâtons, frappons et aplanissons les endroits "hauts.

"Là-bas, où se trouve un pavillon au milieu des "saules, les archers et les danseuses s'amusent et font "de la musique.

"Pendant ce temps-là, il nous faut mettre nos "mouchoirs sur nos têtes,[16] soulever de lourds bâtons, "secouer nos reins et tasser les endroits hauts. Tas- "sons, tassons!

【p.249▶】

"On dit que *I Htai păik*,[17] qui aimait beaucoup

16 Pour nous protéger du soleil.

"boire, monta, quand il fut devenu vieux, sur le dos
"d'une baleine et partit pour le ciel.

"*Han Sin*,[18] qui fut l'homme le plus célèbre du
"monde entier, était très pauvre dans sa jeunesse et
"demandait l'aumône aux passants.

"Comment de petites gens comme nous pourraient-
"elles chanter leurs louanges? y o tcha, y o tcha.
"Tassons fortement, ol ha; heï, heï y ri; heï, heï
"ya; ha ha, heï yo; heï eï, heï; heï, heï you; heï,
"heï o ya.

"Bien, bien, nous travaillons tous les jours, c'est
"pourquoi nous ne nous sommes pas aperçus que le
"temps passe : n'est-ce pas aujourd'hui le 8 de la 4^e^
"lune (fête de Bouddha)? Comme nous ne pouvons
"pas gravir la montagne aux dix mille pics, aller à
"l'ombre des arbres qui reverdissent pour nous
"amuser à la balançoire, et que nous n'avons pas
"même encore bu une tasse de mauvais vin, ne
"sommes-nous pas vraiment malheureux?

"Ce soir, quand nous aurons reçu deux ligatures et
"demie, irons-nous ou non chez le marchand de vin?

"Ce serait là une vraie prodigalité : il ne faut donc
"pas y songer et nous garderons notre argent pour
"notre ménage.

"Heï, heï you; heï, heï ya, ya; heï, heï you.

---

17 Vulgaire pour *Ri Htai păik*, 李太白, ou *Li Pe*, 李白.

18 韓信, général et homme d'État, mort en 196 avant l'ère chrétienne (Mayers, I, 156).

"Papillons! papillons! allons dans la montagne

【p.250▶】

"bleue! Papillons tigrés (machaons)! venez avec nous!

"Si la nuit nous surprend en route, nous nous repose-

"rons dans les bosquets fleuris.

"Allons! si les fleurs sont tombées, nous nous

"coucherons à l'ombre des arbres.

"Nous sommes passés avec nos chevaux sur un

"tapis de fleurs; chaque pas de nos montures, foulant

"les fleurs, en dégageait les parfums.

"Heï you, heï you, eï, heï ya ya; ha ha, heï yo.

"Camarades, o y tcha, ha tcha, ha, heï you, heï

"ya, o ho, tcho yo tcha, tcho yo tcha, soulevons,

"soulevons nos bâtons".

(La chanson se termine par une longue série d'exclamations du même genre, répétées en chœur par tous les ouvriers).

428. CHANSON POUR DÉCORTIQUER LE RIZ.

(Cette chanson a été recueillie à Seoul comme la précédente).

Le ciel bleu découpe, comme des boutons de nénuphar d'or, le pic, haut de dix milles coudées, qui domine tout le pays.[19]

Si vous partez maintenant, quand reviendrez-vous? Reviendrez-vous quand la montagne de *Keum kang*,[20] sera devenue une plaine?

Reviendrez-vous, quand la mer de l'est[21] se sera desséchée et sera plantée de mûriers?

---

19 Mont de *Sam kak*, 三角山, au nord de la capitale.

20 金剛山, au *Kang ouen*, 江原.

21 La mer du Japon.

【p.251▶】 Reviendrez-vous quand les poules jaunes, sur le paravent, battront des ailes, allongeront le cou et chanteront?[22]

Quand je mourrai, on ensevelira mon corps, on l'entourera de cordes de chanvre du nord,[23] on préparera des brancards en bois de sapin pour porter le cercueil orné de draperies et on y placera une banderolle rouge (sur laquelle seront écrits en blanc le nom et les qualités du défunt) : derrière la bière, marchera ma famille en habits de deuil.

Eh! porteurs de catafalque, marchez avec ensemble! eh! porteurs de lanternes, allumez les chandelles! *Ouo heng, ouo heng,*[24] allons au pied de la montagne célèbre qui est là-bas!

Les feuilles des arbres s'agitent, sans doute le vent va souffler.

Sur le pic de *Man hai*, le brouillard est épais; certainement le ciel va se couvrir.

Les nuages commencent à se former sur la montagne de *Man sou*, probablement il va pleuvoir.

Quand vous serez sortis par la Porte de l'Est et aurez passé par *Moun e mi*,[25] arrêtez-vous à *Ta ra koan*[26] et retournez-vous : vous apercevrez la montagne de *Sam kak*, dont les ramifications dévalent en échelons. La branche de droite (tigre blanc) forme 【p.252▶】 le mont *Malli tji*;[27] la branche de gauche (dragon bleu) s'appelle *Oang simmi*[28] : de là on domine toute la capitale.

Eï eï ya, eï eï heï, eï ya ya, eï ya, heï you.

429. 隱士歌

Eun să ka.

---

22 Allusion à une chanson, où une femme s'adresse à son mari qui l'abandonne.

23 Chanvre de mauvaise qualité.

24 Cri des porteurs de cercueil.

25 文魚未, à 20 *ri* de la porte.

26 樓院, à 30 *ri* de la porte.

27 Vulgaire pour *Man ri tji*, 萬里峴.

28 Vulgaire pour *Oang sip ri*, 往十里.

CHANSON DU LETTRÉ ERMITE *Hoang*, 黃.

430. 楚漢雜歌

Tcho han tjap ka.

CHANSONS DIVERSES DE *Tcho* (PAYS DE *Tchhou*) ET DE *Han* (PAYS DE *Han*).

Chantées dans le *Kang ouen*, 江原.

431. 眞諺唱辭

Tjin en tchyang să.

CHANSONS EN CHINOIS ET EN CORÉEN.

1 vol.

B.R.

432. 眞諺唱詞

Tjin en tchyang să.

CHANSONS EN CHINOIS ET EN CORÉEN

【p.253▶】

1 vol.

B.R.

Sans doute le même que le précédent.

433. 諺文漢樂雜歌

En moun han ak tjap ka.

CHANSONS EN CORÉEN ET EN SINO-CORÉEN.

1 vol. in-4, mss.

L.O.V.

Ce volume renferme :

1° 츙효가, *Tchyoung hyo ka*, 忠孝歌, poésie chrétienne en coréen, sur la piété filiale et la loyauté (9 feuillets);

2° deux feuillets de musique notée (cf. liv. VII, chap. 7);

3° des poésies coréennes employées en sorcellerie (3 feuillets).

433bis. 션지일亽

Syen tji il *să*.

CHANSON DE *Syen tji il* (?)

433ter. 노인가

No in ka.

CHANSON DE *No in*.

Peut-être : Chanson du vieillard, 老人, *ro in*, (vulgaire *no in*).

【p.254▶】

434. 노쳐가

No tchye ka.

CHANSON DE *No tchye*.

C'est la chanson mentionnée dans le *Sam syel keui*, 2e volume, 3e récit.[29]

Tête de dragon, 龍頭.[30]

29 Il faut encore citer la poésie coréenne intitulée *Han yang ka*, (liv.VI, chap.IV, 2e partie).

30 Tiré du *Hoa syeng syeng yek eui kouei*.

「한국의 가극과 무극」, 『아시아학보』 9권 10호

"La Complainte mimée et le ballet en Corée", *Journal asiatique*, 9e sér., t.10, Paris : Société asiatique, Juil. ~Août 1897, pp.74~76.

해제 약 8년간의 동아시아 생활을 마치고 1896년 파리로 돌아간 모리스 쿠랑은 이때부터 본격적으로 학자의 길을 걷게 된다. 그는 저간의 서지 정리 작업을 통해 습득한 여러 지식을 바탕으로 한국의 역사와 문화에 대해 20여 편의 논문을 추가로 작성하여 여러 학술지에 발표하였다. 1897년 7·8월호 『아시아학보(*Journal asiatique*)』에 게재한 「한국의 가극과 무극」 역시 이 시기에 집필한 것이다.

이 글에서 쿠랑은 한국의 극을 가극(歌劇)과 무극(舞劇)으로 대별한 후, 전자의 사례로 잡가(雜歌)의 연행을, 후자의 사례로 정재(呈才)와 탈춤을 각각 지목하면서 그 특징을 요약적으로 제시하였다. 한국의 연희 문화는 대단히 미미하다는 것이 19세기 서구 관찰자들의 중론이었으나, 쿠랑은 개인적인 견문과 문헌적 전거를 모두 동원하여 어떻게든 한국의 극을 발굴하려 분투하였다.

이 글은 파스칼 그러트·조은미에 의해 '마당극과 무극(舞劇)'이라는 제목으로 번역된 바 있다. 다만, 원제의 'la complainte mimée'를 '마당극'으로 번역하는 것은 아무래도 무리인 데다 논문의 내용과도 다소 어긋나는 듯 보이기 때문에, 본서에서는 번역 제목을 어의에 좀 더 가깝게 '한국의 가극과 무극'으로 바꾸었다.

주요 번역본 모리스 쿠랑, 파스칼 그러트·조은미 역, 「마당극과 무극(舞劇)」, 『프랑스 문헌학자 모리스 쿠랑이 본 한국의 역사와 문화』, 살림, 2009, 164~167면.

【p.74▶】 Le théâtre se présente en Corée sous deux formes : l'une est la complainte mimée, l'autre une sorte de ballet. Comme on le sait, la langue coréenne est presque uniquement une langue parlée et le petit nombre de romans et de chansons qui sont écrits en coréen, sont destinés au peuple et aux femmes; la poésie coréenne, la complainte (*tjap ka* 雜歌) comme les autres genres, est donc restée jusqu'ici à l'état rudimentaire; il est très difficile d'en discerner les règles, tout instinctives et jamais formulées; j'ai tâché, avec l'aide d'un lettré coréen, qui se livrait pour la première fois à une semblable étude, d'en préciser les principes et je suis

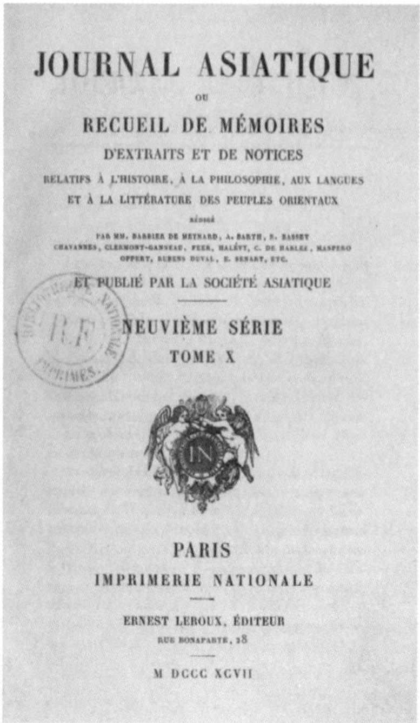

JOURNAL ASIATIQUE

OU

RECUEIL DE MÉMOIRES

D'EXTRAITS ET DE NOTICES

RELATIFS À L'HISTOIRE, À LA PHILOSOPHIE, AUX LANGUES
ET À LA LITTÉRATURE DES PEUPLES ORIENTAUX

RÉDIGÉ

PAR MM. BARBIER DE MEYNARD, A. BARTH, R. BASSET
CHAVANNES, CLERMONT-GANNEAU, FEER, HALÉVY, C. DE HARLEZ, MASPERO
OPPERT, RUBENS DUVAL, E. SENART, ETC.

ET PUBLIÉ PAR LA SOCIÉTÉ ASIATIQUE

NEUVIÈME SÉRIE

TOME X

PARIS

IMPRIMERIE NATIONALE

ERNEST LEROUX, ÉDITEUR

RUE BONAPARTE, 28

M DCCC XCVII

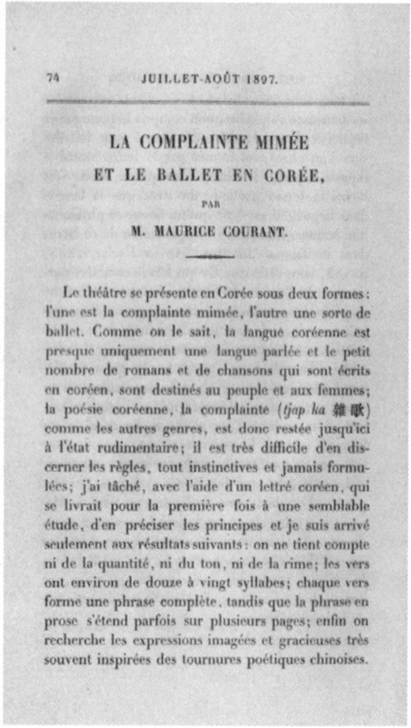

74 JUILLET-AOÛT 1897.

LA COMPLAINTE MIMÉE
ET LE BALLET EN CORÉE,

PAR

M. MAURICE COURANT.

Le théâtre se présente en Corée sous deux formes : l'une est la complainte mimée, l'autre une sorte de ballet. Comme on le sait, la langue coréenne est presque uniquement une langue parlée et le petit nombre de romans et de chansons qui sont écrits en coréen, sont destinés au peuple et aux femmes; la poésie coréenne, la complainte (*tjap ka* 雜歌) comme les autres genres, est donc restée jusqu'ici à l'état rudimentaire; il est très difficile d'en discerner les règles, tout instinctives et jamais formulées; j'ai tâché, avec l'aide d'un lettré coréen, qui se livrait pour la première fois à une semblable étude, d'en préciser les principes et je suis arrivé seulement aux résultats suivants : on ne tient compte ni de la quantité, ni du ton, ni de la rime; les vers ont environ de douze à vingt syllabes; chaque vers forme une phrase complète, tandis que la phrase en prose s'étend parfois sur plusieurs pages; enfin on recherche les expressions imagées et gracieuses très souvent inspirées des tournures poétiques chinoises.

arrivé seulement aux résultats suivants : on ne tient compte ni de la quantité, ni du ton, ni de rime; les vers ont environ de douze à vingt syllabes; chaque vers forme une phrase complète, tandis que la phrase en prose s'étend parfois sur plusieurs pages; enfin on recherche les expressions imagées et gracieuses très souvent inspirées des tournures poétiques chinoises. 【p.75▶】 Les complaintes ont habituellement pour sujet une action légendaire ou anecdotique : elles sont accompagnées par le tambour et la flûte, récitées sur un ton de psalmodie et mimées par un ou deux acteurs, baladins qui mènent une existence nomade et appartiennent aux derniers rangs de la population, à tel point que l'entrée de Seoul leur est interdite.

Les ballets (*mou* 舞) ne sont pas rares au Palais, mais ils sont supprimés en temps de deuil et la plus grande partie de mon séjour à Seoul a coïncidé avec une de ces périodes; ils sont dansés par des femmes qui forment une corporation spéciale presque héréditaire; ils rappellent des légendes nationales ou chinoises; un assez grand nombre ont été introduits de Chine à l'époque des Thang ou à l'époque des Song; quelques-uns, remontant jusqu'à la période du Sin ra, sont accompagnés de chants en langue indigène, mais, pour la plupart, l'accompagnement est une poésie en langue chinoise. Les ballets populaires ne sont autorisés à Seoul que le jour de la fête du Bouddha; quelques gens riches, à cette occasion, louent des baladins, leur donnent des vêtements et des masques. J'ai assisté à une représentation de ce genre : elle avait pour scène un endroit sec du principal égout de la ville; le ruisseau coulant droit jusqu'aux murailles, les montagnes qui ferment à l'est la plaine de Seoul, servaient de décor; les spectateurs étaient groupés sur les berges du ruisseau et sur les toits des maisons; l'orchestre, placé en avant de la scène, se composait d'un instrument à cordes, 【p.76▶】 d'une flûte et d'un tambourin : ce dernier marquait une mesure à quatre temps, deux coups sonores, suivis d'un coup sec, puis d'un silence. L'un des acteurs, avec un manteau bleu clair, un capuchon gris, un masque de nègre, représentait un bonze; deux autres, avec le costume ordinaire, avaient des masques grotesques de vieillard; deux femmes portaient les vêtements coréens, deux autres étaient habillées à la chinoise. L'action, de texture très lâche, était celle d'une farce grossière : un vieillard a une jeune femme; il veut la défendre contre les entreprises d'un jeune homme; il est souffleté par sa femme et cherche à tuer l'amant qui s'empare du poignard. Pas un mot n'était prononcé, tout était exprimé par la pantomime; celle-ci même était très brève et coupée de danses de différents rhythmes ayant un léger rapport avec la situation des personnages. Le public ne paraissait que médiocrement satisfait des acteurs et la représentation se termina par un échange de coups de pierres.

Voilà tout ce que j'ai trouvé de théâtre en Corée : peut-être y a-t-il là le germe du drame ou de la comédie; à coup sûr, ce germe manque de développement. Cette note semblera, sans doute, un peu brève : mais je n'ai prétendu donner aujourd'hui qu'un résumé de la question, réservant pour des travaux ultérieurs les détails que de nouvelles recherches me donneront peut-être l'occasion de compléter.

제임스 S. 게일

「문학에 관한 몇 가지 논의」, 『한국휘보』 2권

"A Few Words on Literature", *The Korean Repository*, vol.2, Seoul : Trilingual Press, Nov. 1895, pp.423~425.

해제 캐나다 온타리오주 출신의 장로교 선교사 제임스 게일이 1888년 이래 한국에 머물면서 한국인의 사고방식과 문학적 상상력에 관해 자신이 보고 느낀 바를 비교적 가벼운 필치로 서술하여 『한국휘보』에 발표한 글이다. 서구인과 한국인의 차이점을 밝히는 데 많은 내용을 할애하였으며, 그 구체적인 내역을 '회화적(pictorial)', '음악적(musical)', '수리적(mathematical)'이라는 세 가지 범주로 나누어 정리하였다.

이 가운데 '회화적' 범주를 다룰 때에는 "군자고향닉ᄒᆞ니 알니로다 고향사를 / 오든 날 긔창젼에 한미화 픠윗드냐 안 픠윗드냐 / 미화가 픠기는 픠윗드라마는 임ᄌᆞ 그려"(『남훈태평가』 #81)라는 시조를 영역하여 하나의 사례로 제시하기도 하였다.

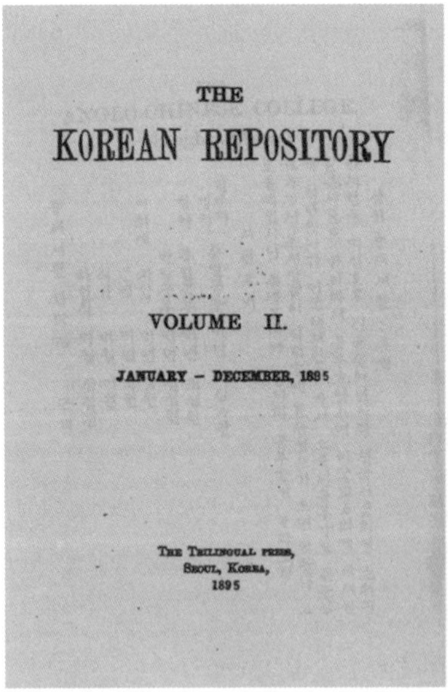

THE

KOREAN REPOSITORY

VOLUME II.

JANUARY – DECEMBER, 1895

THE TRILINGUAL PRESS,
SEOUL, KOREA,
1895

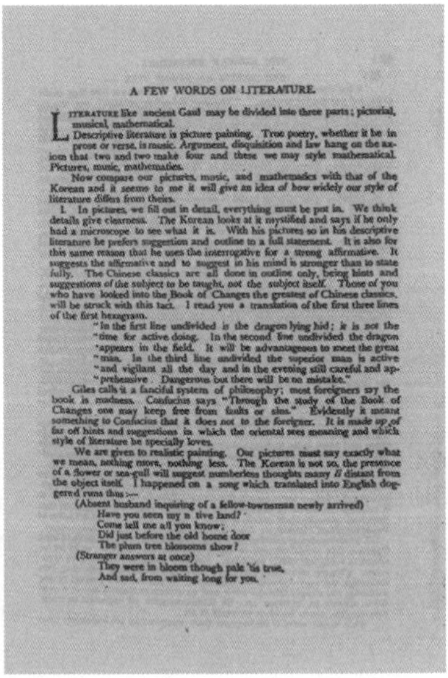

A FEW WORDS ON LITERATURE.

LITERATURE like ancient Gaul may be divided into three parts; pictorial, musical, mathematical.

Descriptive literature is picture painting. True poetry, whether it be in prose or verse, is music. Argument, disquisition and law hang on the axiom that two and two make four and these we may style mathematical. Pictures, music, mathematics.

Now compare our pictures, music, and mathematics with that of the Korean and it seems to me it will give an idea of how widely our style of literature differs from theirs.

1. In pictures, we fill out in detail, everything must be put in. We think details give clearness. The Korean looks at it mystified and says if he only had a microscope to see what it is. With his pictures so in his descriptive literature he prefers suggestion and outline to a full statement. It is also for this same reason that he uses the interrogative for a strong affirmative. It suggests the affirmative and to suggest in his mind is stronger than to state fully. The Chinese classics are all done in outline only, being hints and suggestions of the subject to be taught, not the subject itself. Those of you who have looked into the Book of Changes the greatest of Chinese classics, will be struck with this fact. I read you a translation of the first three lines of the first hexagram.

"In the first line undivided is the dragon lying hid; it is not the "time for active doing. In the second line undivided the dragon "appears in the field. It will be advantageous to meet the great "man. In the third line undivided the superior man is active "and vigilant all the day and in the evening still careful and apprehensive. Dangerous but there will be no mistake."

Giles calls it a fanciful system of philosophy; most foreigners say the book is madness. Confucius says "Through the study of the Book of Changes one may keep free from faults or sins." Evidently it meant something to Confucius that it does not to the foreigner. It is made up of far off hints and suggestions in which the oriental sees meaning and which style of literature he specially loves.

We are given to realistic painting. Our pictures must say exactly what we mean, nothing more, nothing less. The Korean is not so, the presence of a flower or sea-gull will suggest numberless thoughts many li distant from the object itself. I happened on a song which translated into English doggerel runs thus:—

(Absent husband inquiring of a fellow-townsman newly arrived)
Have you seen my native land?
Come tell me all you know;
Did just before the old home door
The plum tree blossoms show?
(Stranger answers at once)
They were in bloom though pale 'tis true,
And sad, from waiting long for you.

【p.423▶】 LITERATURE like ancient Gaul may be divided into three parts : pictorial, musical, mathematical.

Descriptive literature is picture painting. True poetry, whether it be in prose or verse, is music. Argument, disquisition and law hang on the axiom that two make four and these we may style mathematical. Pictures, music, mathematics.

Now compare our pictures, music, and mathematics with that of the Korean and it seems to me it will give an idea of how widely our style of literature differs from theirs.

I. In pictures, we fill out in detail, everything must be put in. We think details give clearness. The Korean looks at it mystified and says if he only had a microscope to see what it is. With his pictures so in his descriptive literature he prefers suggestion and outline to a full statement. It is also for this same reason that he uses the interrogative for a strong affirmative. It suggests the affirmative and to suggest in his mind is stronger than to state fully. The Chinese classics are all done in outline only, being hints and suggestions of the subject to be taught, not the subject itself. Those of you who have looked into the Book of Changes the greatest of Chinese classics, will be struck with the fact. I read you a translation of the first three lines of the first hexagram.

> "In the first line undivided is the dragon lying hid; it is not the time for active doing. In the second line undivided the dragon appears in the field. It will be advantageous to meet the great man. In the third line undivided the superior man is active and vigilant all the day and in the evening still careful and apprehensive. Dangerous but there will be no mistake."

Giles calls it a fanciful system of philosophy; most foreigners say the book is madness. Confucius says "Through the study of the Book of Changes one may keep free from faults or sins." Evidently it meant something to Confucius that it does not to the foreigner. It is made up of far off hints and suggestions in which the oriental sees meaning and which style of literature he specially loves.

We are given to realistic painting. Our pictures must say exactly what we mean, nothing more, nothing less. The Korean is not so, the presence of a flower or sea-gull will suggest numberless thoughts many *li* distant from the object itself. I happened on a song which translated into English doggered runs thus : —

(Absent husband inquiring of a fellow-townsman newly arrived)

Have you seen my n tive land?

Come tell me all you know;

Did just before the old home door

The plum tree blossoms show?

(Stranger answers at once)

They were in bloom though pale 'tis true,

And sad, from waiting long for you.

【p.424▶】 "What does he mean by plum blossoms? I do not see how they could grow sad waiting for anyone." "You poor drivelling creature" was the reply "he does not mean plum blossoms at all; he means", did he see his wife as he passed by? "She was pale and sad from waiting" was the answer. The form and beauty would have all been lost to have asked for his wife straight out.

The oriental mind whether possessed by literati or coolie is cast in the same mould. They all think alike in figures, symbols, pictures. For this reason I believe that allegory and suggestive literature must have a special place with them.

II. Music : — Our style of music is meaningless as yet to the native. As far as sound and expression goes he thinks "Gwine Back to Dixie" a better hymn on the whole than "Rock of Ages." But there is a music that we have, namely the eternal melodies that run through the story of salvation. Truth set to music as the old hymn says. "'Tis music to the sinners ears and life and health and peace." The music of the spheres that touches the hearts of all mankind.

Koreans claim, and I believe them, that true music has rarely heard these last few centuries. Ages of outward form and ceremony have shut and sealed and petrified every heart so that there is no longer a call for p'oongyoo. When men are all born leaf mutes piano makers must turn their hand to something else. To put it in other words, Koreans must have a literature that will touch the heart and awake it to life. They have cudgeled and whetted their intellects over Chinese until now the literati are head without heart, all blade and no handle. They are not fools to whom we can ladle out knowledge that we have acquired in universities at home. In brain-culture they are I believe superior to us for an educated man in Korea has had his mind trained in one thing well while educated men at home have been partially trained in many things. His argumentative two-edged intellect can outstrip the foreigner at every turn, but an honest foreigner in heart is vastly his superior.

What we need in literature are not intellectual abstractions but something to touch the heart. Can we not write in a way that will be music to them and cause them in return to break out into singing like Paul when he wrote! "O the depth of the riches both of the wisdom and power of God; how unsearchable are His judgments and His ways past finding out!"

Confucius said "For improving manners and customs there is nothing like music" also "Hear the music of a state and you can guess its laws and government." Can we not prove this true to them in a way Confucius never dreamed of so that their manners and customs will be Christianized and that they may have in their hearts a knowledge of the laws and government of the kingdom of Heaven.

III. Mathematics : — Deductions, logic, proving that such and such is true; literature that would attempt to argue truth into the native I should be inclined to mark as utterly worthless. Koreans can prove anything by argument. Chinese characters have the habit of conveniently providing two meanings, the very opposite of each other. If you are hard pressed in one meaning, you simply take the other and so reduce matters to zero or a condition suitable to continue on. So Koreans regard all argument as really meaningless, not to be taken seriously at all.

This would seem to be because their mathematics are hopelessly confused. 【p.425

▶] We are in the habit of saying that a mathematical truth holds good anywhere, whether in the earth, or in the waters under the earth, but Korea is an exception to nearly all truth. Here two and two sometimes make four and sometimes again two and two make five. Sixty one years Korean translates into sixty years English. *Sasip* may mean anything from twenty to a hundred. *Yuru* anything from three to thirty thousand.

They, like the Chinese, have a universal talent for inaccurancy and they think everyone else as inaccurate as themselves. A measure of rice in Wonsan is over three measures in Seoul; one *Yang* of cash in the country equals five *Yang* in the capital. Those who travel know how the mapoos speak of the *isoo* as long or short. You maintain however that if a *li* is a *li* there is no long or short about it but you learn in time, especially when the *isoo* are long.

"How much a mat?" I ask a dealer "Five hundred cash" is the answer. "Very well give me twenty", "Never" says he "wo'nt sell so many for less than six hundred apiece." Such a state of things is only conceivable of a country where mathematics have gone to everlasting destruction.

So in relationships. "Well my lad" I say, "Who is the little old man along with you?" "He is my big father." "Why he is not very big; he is not much taller than you" and the lad looks at me in amazement and wonders what I am driving at. I try him again, "If he is your big father have you a little father?" "Yes three of them" "Then how many fathers have you altogether?" "Five." This beats Wordsworth's. "We are seven." "How do you make out five?" You ask "why I've one big father and then my real father and three little fathers." You find at last that he is talking about h s paternal uncles all fathers every one of them on the same principle that we would say that three and five make sixteen, or eight, or twenty four, or three hundred and seventy six. So about brothers; my sixteenth cousin may be my *hyungnim* or my *ao.* (Older brother or younger one.)

Also a man's name is like a bamboo wilderness, all the same thing and yet all different. Boy name, hat name, style name, special name and the good or bad name a man leaves after he is dead and gone. To me this all betokens a state of mathematical, logical, intellectual chaos, that we must keep clear of in our literature. For that reason I have my doubts about the catechism style. It partakes so much of the nature of two and two make four. It is more for the head than the heart. Argumentation is its style to say the least and that is not the literature it seems to me for Koreans.

I ha e tried more then once to write something that would be suitable for my people, but have failed and so can point to no success as a proof of what I say, yet I believe that what we need is a simple, honest literature, constructed on native principles, that will touch the heart. As far as possible keep out the mathematical. Sing to the heart with the pictorial.

Jas. S. Gale

「한국에 끼친 중국의 영향」, 『왕립 아시아학회 한국지부 회보』 1권

"The Influence of China upon Korea", *Transactions of the Korea Branch of the Royal Asiatic Society*, vol.1, Seoul : Royal Asiatic Society Korea Branch, 1900, pp.1~24.

해제 1823년 인도에 첫 지부를 개설했던 영국 왕립 아시아학회(the Royal Asiatic Society)는 홍콩(1847), 스리랑카(1847), 중국(1857), 일본(1877), 말레이시아(1877)에 이어 1900년에는 한국에도 지부를 창립하여 관련 학자들을 모아들이고 연구 기금을 지원하기 시작하였다.

제임스 게일은 한국지부의 초대 명예이사와 대외담당이사(corresponding secretary)로 선출되면서 처음부터 중추적인 역할을 담당했을 뿐만 아니라, 1900년 10월 24일에 열린 정례 모임에서는 「한국에 끼친 중국의 영향」을 발표하여 한국문화 전반에 대한 자신의 견해를 밝히기도 하였다. 이 글은 『왕립 아시아학회 한국지부 회보』 창간호에 권두 논문으로 수록되었다.

제목에서도 드러나듯이 「한국에 끼친 중국의 영향」은 한국문화가 거의 모든 측면에서 중국의 영향을 받아 형성되었다는 골자를 지니고 있다. 그 같은 주지를 게일은 역사, 학술, 사상, 언어 등의 영역으로 나누어 차례로 상술하였다.

한편, 한국지부의 다음 정례 모임일인 11월 29일, 호머 헐버트는 게일의 이 글에 대한 반박 논문인 「한국의 유풍(Korean Survivals)」을 발표하여 게일과의 현격한 견해차를 드러내기도 하였다.

【p.1▶】FOR three thousand years the Great Empire(大國 Tă-guk) has forced its history and teachings upon the little Eastern Kingdom(東國 Tong-guk), with evident desire to annex the same, not so much by force of arms as by appropriating the thoughts and minds of men. How well she has succeeded let us endeavour to see.

Korea, in her relations with China, has ever been called the East Kingdom or Eastern State(東國 Tong-guk or 東方 Tong-bang), while China is none other to her than Tă-guk, the Great Empire, or Chung-guk(中國), the Middle Kingdom. This in itself, by its expression of relationship, will give a hint as to the influences that have been at work through the centuries gone by.

TRANSACTIONS

OF THE

KOREA BRANCH

OF THE

ROYAL ASIATIC SOCIETY

韓 大

VOL. I

1900

THE INFLUENCE OF CHINA UPON KOREA.

By Rev. Jas. S. Gale, B.A.

For three thousand years the Great Empire (大國 Tă-guk) has forced its history and teachings upon the little Eastern Kingdom (東國 Tong-guk), with evident desire to annex the same, not so much by force of arms as by appropriating the thoughts and minds of men. How well she has succeeded let us endeavour to see.

Korea, in her relations with China, has ever been called the East Kingdom or Eastern State (東國 Tong-guk or 東方 Tong-bang), while China is none other to her than Tă-guk, the Great Empire, or Chung-guk (中國), the Middle Kingdom. This in itself, by its expression of relationship, will give a hint as to the influences that have been at work through the centuries gone by.

In a brief survey of this influence it will be necessary to note first just at what periods the Empire has touched the Peninsula.

In 1122 B.C. the Viscount of Keui (箕子), a man great in the history of China, who refused allegiance to the one that let him out of prison because in his mind he was a usurper, and swore unending fcalty to the tyrant that put him there, because in his mind he ruled by the divine right of kings—this Chinaman, Keui-ja (箕子), made his way to the East Kingdom, set up his capital in P'yŭng-yang (平壤), and became, first and foremost, the father of Korea. Being a famous scholar, the author, no less, of the Great Plan (洪範 Hong-pŭm), one of the most important sections of the *Book of History*, it is not surprising that his name has come down to us over a period of three thousand years.

In his train came some five thousand followers, men who were equally faithful to the traditions of the fathers, and who refused allegiance to the usurping Chus (周). [This inter-

In a brief survey of this influence it will be necessary to note first just at what periods the Empire has touched the Peninsula.

In 1122 B.C. the Viscount of Keui(箕子), a man great in the history of China, who refused allegiance to the one that let him out of prison because in his mind he was a usurper, and swore unending fealty to the tyrant that put him there, because in his mind he ruled by the divine right of kings — this Chinaman. Keui-ja(箕子), made his way to the East Kingdom, set up his capital in P'yŭng-yang(平壤), and became, first and foremost, the father of Korea. Being a famous scholar, the author, no less, of the Great Plan(洪範 Hong-pŭm), one of the most important sections of the *Book of History*, it is not surprising that his name has come down to us over a period of three thousand years.

In his train came some five thousand followers, men who were equally faithful to the traditions of the fathers, and who refused allegiance to the usurping Chus(周). [This interpretation 【p.2▶】 of loyalty exists so universally in the minds of Koreans, and is so firmly embedded there, that we are inclined to think it was learned of Keui-ja, or at some distant date very long ago.] But most important of all, were the writings and customs introduced at this time : they are said to be poetry(詩 Si), history(書 Sŭ), ceremony(禮 Ye), music(樂 Ak), medicine(醫 Eui), witchcraft(巫 Mu), the principles of life(陰陽 Eum-yang), divination(卜筮 Pok-sŭ), and various arts(百工 Păk-kong). These embrace most of Korea's present civilization, and certainly they include what has had more to do with Korean thought and custom than any other influence, namely, the *Eum-yang* or the two principles in nature.

Ki-ja also gave his adopted people laws for the protection of society. A note is appended here in the old history, which is interesting in the light of the present day. "He found the character of the people fierce and violent", and so, with the express purpose of influencing them by an object lesson, he planted many willows, the willow being by nature a gentle yielding tree. For this reason P'yŭng-yang was called the "Willow Capital", and to this day letters addressed to that city are marked Yu-kyung(柳京) the Willow Capital.

In 193 B.C. a Chinese general called Wi-man(衛滿), who had made his escape on the fall of the Chin(秦) dynasty, marched into P'yŭng-yang and drove out Keui-jun (箕準), the descendant and successor of Keui-ja, forty-two generations removed. Wi-man, who has no place of honour reserved him in any of Korea's temples of fame, has surely been overlooked, for while he brought nothing of literature to commemorate his invasion, he brought the top-knot, which still stands in the forefront of Korean civilization.

A friend of mine, who loves the ancients, was scandalized one day by his eldest son coming home with top-knot cut. He beat the boy, and then sat for three days in sackcloth and ashes fasting for the son who had been lost to him by the severing of the top-knot. A good Confucianist also who accompanied me to Yokohama, was so pestered by remarks about his head ornamentation that he was obliged to have it cut. The Japanese barber, smiling broadly, asked, "How can you ever repay the favour I do you?" The friend replied, in Korean, under his breath, "To behead you, you wretch, 【p.3▶】 would be the only fit pay." It is one of the great gifts of China — cherished and prized and blessed is the top-knot.

On the entrance of Wi-man, Ki-jun went south to Keum-ma(金馬) or modern Ik-san(益山) of Chulla Province(全羅道), where he set up the kingdom of Ma-han (馬韓), of course carrying with him the Chinese civilization and customs of his forefathers. We are told that the people of these regions were uncivilized; that though they built their walls of mud and thatched their huts, yet they made the door through the roof. [Would this account for the fact that there is no native word for door, and that we have only the Chinese word *mun*(門)?] They valued not gold or silver or silk, but were brave and skilful at handling the bow and the spear.

At this time also, fugitives from the Chin(秦) kingdom, who had made their way across the Yellow Sea to Mahan, were given land to the east, which they called Chin-han(辰韓). They set up their capital at Kyöng-ju(慶州) and became a subject state paying tribute to Mahan.

Thus at the beginning of the second century B.C. we find a Chinaman ruling at P'yŭng-yang, the descendent of another Chinaman at Ik-san, and fugitives from the Chin kingdom of China in authority at Kyöng-ju.

Following this, in 107 B.C., when U kŭ(右渠) the grandson of Wi-man, failed to pay tribute, Mu(武帝) of the Han dynasty took forcible possession of all North Korea, and divided it into four provinces, making Nak-nang(樂浪) of P'yŭng-an(平安), Nim-dun(臨屯) of Kang-wŭn(江原), Hyŭn-t'o(玄菟) of Ham-kyŭng(咸鏡), and Chin-bun(眞番) of Păk-tu-san(白頭山).

In 81 B.C. these were combined by the Chinese Emperor So into two. Thus we see China's hand, at the opening of the Christian era, stretching all the way from the Ever-white Mountain to the far south.

In 246 A.D. there was war between Pē(廢帝) of the Wi(魏) dynasty and Ko-gu-ryŭ(高句麗), in which 60,000 Chinese are said to have perished. Ko-gu-ryŭ, by an act of treachery, assassinated the Chinese general, whose forces were then compelled to retire. This was the first time that Korea seems to have held her own though the fact is, that she was entirely under Chinese leadership.

【p.4▶】 In 296 A.D. an attack was made on Ko-gu-ryŭ by the Yŭn(燕) emperor of China and victory gained, but on digging up the remains of Sŭ-ch'un(西川), the king's father — who had died in 266 — many of the Chinese soldiers were killed by repeated shocks of terror, and finally sounds of music emanated from the grave. This so impressed the general with the fact that great spirits were in possession of the place, that he withdrew from the campaign and led his soldiers home.

Spirit sounds disturb the peace of the people of the Peninsula more than any household cares or anxieties for material things. Many of you, no doubt, have heard it said that on damp cloudy days the spirits of those killed in the Japan war of 1592 still collect in South Whang-hă and terrorize the country with their wailings, and that dragon horses are heard neighing night after night. This spirit thought has come from China and is most deeply rooted in the native's being. I once said to a hunter, who was going into the mountains late at night. "Are you not afraid to venture in the dark?" His reply was, "I wait in attendance on the mountain spirit and so have no need to fear."

The superstitious terror that drove back the Yŭn general still exists. Last December a man of some note in church circles was drowned in the Han River. I am told that his spirit comes out of the water frequently and alarms the people of Hăng-ju,

In 372 A.D., when Ku-bu(丘夫) was king of Ko-gu-ryŭ, Emperor Kan-mun(簡文) of the Chin(晉) dynasty sent over Buddhist *sûtras*(佛經), images and priests, and from that date Buddhism existed in the Eastern Kingdom. Buddhism has has been one of the secondary influences in Korea, though at the present time it is relegated to an entirely obscure place and is of no reputation. At this time also schools were established for the study of the Classics.

In 612 A.D., in the reign of Yung-yang(嬰陽), Yang(楊帝) of the Su(隨) dynasty, who became enraged at the failure of Ko-gu-ryŭ to pay tribute, sent an army of 1,133,800 men, in twenty-four divisions, twelve on each side. The history reads "extending its array like the limitless sea", the object of the invasion being to utterly destroy Ko-gu-ryŭ. 【p.5▶】 After much fighting in which Eul-ji-mun-tŭk(乙支文德) led the soldiers of Korea, the Chinese army, wasted and famished, beat a retreat. They reached the Ch'ung-ch'ung(淸淸) river, and there before them seven Spirit Buddhas walked backwards and forwards in mid stream, in such a way as to allure them to destruction, making them think that the water was shallow. Half and more of them were drowned and the remainder are said to have fled to the Yalu, 450 *li*, in a day and a night. Only 2,700 of the vast army returned home. Korea has erected seven temples outside of An-ju, near the river where deliverance was wrought for her, the seven temples corresponding to the seven Spirit Buddhas.

The Su dynasty of China has but little place in the thought of Korea. The *O-ryun-hăng-sil*(五倫行實) tells only three stories selected from its history, two illustrative of filial piety and one of wifely devotion; but the second emperor of that dynasty, Su-yang, is remembered as the swell emperor of all time, his name to-day being the synonym for overdress and extravagance.

We come now to the time of greatest influence, the period of the Tangs(唐). In the year 627 A.D., the Chinese Emperor Ko-jo(高祖) united all the known world under his sway, and received from the three kingdoms of Ko-gu-ryŭ(高句麗), Păk-che(百濟) and Sil-la(新羅), tribute and ambassadors. He gave to the king of Ko-gu-ryŭ the title Duke of So-tong, to the king of Păk-che Duke of Tă-pang, and to the king of Sil-la Duke of Nak-nang.

In 632 A.D. the Queen of Sil-la, Tŭk-man(德曼), received a present from Tă-jong(代宗), the second emperor of the Tangs, consisting of a picture of the peony and several of the flower seeds. She remarked on seeing it that there were no butterflies in the picture and that she concluded the flower must have no perfume

— a surmise which proved to be correct. From that date the peony became the king of flowers in Korea, which too tells its story of China's influence.

In 651 A.D. the king of Sil-la sent his two sons to wait on the emperor of the Tangs. One was a noted Confucian scholar, acquainted likewise with Buddhism and Taoism, and him the emperor made Minister of the Left. It seems as though the 【p.6▶】 bond that had for a time been loosened during the minor dynasties of China, was once again tightening.

In 660 A.D. T'ă-jong of Sil-la sent to China for help against the kingdom of Păk-che, and Emperor Ko-jong(高宗) sent in response 130,000 soldiers. After a long and hard struggle Păk-che and Ko-gu-ryŭ were wiped out. At the close of the war the Tang general, Sŭ Chung-bang(蘇正方), took as prisoners from Păk-che, King Eui-ja, the crown prince, many courtiers, eighty-eight generals, and 12,807 of the people. From Ko-ku-ryö he took King Po-jang, his three sons and over 200,000 of the people. A great feast of rejoicing was held in the capital of the Tangs and sacrifice was offered to the spirits of the dead.

For 246 years Korea's name was Sil-la, though it was in reality only a province of the Tang kingdom.

Like a small voice comes the single word concerning Japan "In the year 673 A.D. the name of Wă-guk(倭國) was changed to Il-pon(日本).

In 684 A.D. a noted character appears upon the scene, whose name was Sŭl-ch'ong(薛聰). His is the first name mentioned in the *Yu-hyŭl-lok*(儒賢錄) or Record of Noted Men. His father was a famous Buddhist and his mother a Chinese woman of rank. His influence was equal to his attainments, which were entirely of a Chinese order. He taught the Classics(經書 *Kyŭng-sŭ*) and so edited and prepared them that posterity might understand their thought. He invented also the Ni-t'u(吏套), as explained in the *Korean Repository* of February, 1898, by Mr. Hulbert. They are forms for endings and connectives indicated by Chinese characters and they prove that Sŭl-ch'ong was in every way a representative of the influence of Chinese teaching and philosophy.

His is the first Korean name that appears as one of the spirits attendant on Confucius in the Mun Temple(文廟). His stand is number forty-eight on the east side of the Master. See *Cho-tu-rok*(俎豆錄).

Under the gentle hint of a figure he once warned King Sin-mun of Sil-la against the increasing influence of the palace women. Said he, "In days gone by, when His Highness the Peony came to live among us, he was planted in the park, and in spring time bloomed and grew with beautiful 【p.7▶】 stalk and highly coloured flowers. The Peach and Plum came to pay their respects. There came likewise a maiden-flower, the Cinnamon Rose, green-cloaked and red-skirted, tripping nimbly along, to say to the king, 'This humble person has heard in her obscurity of Your Majesty's munificence, and comes to ask if she may share the palace.' Then there entered the Old Man Flower, Păk-tu-ong, wearing sack-cloth and bowing on his staff. He said 'Outside the city on the road-way I hear it said that though Your Majesty has viands of every richness, yet you need medicine. Though you dress in Chinese silk, you need a common knife-string as well. Is it not so?' The peony king replied 'The old man's words are true, I understand them; yet it is hard to dispense with the Cinnamon Rose', 'But remember', said the gray-bearded flower, 'that if you company with the wise and prudent, your reign will prosper; but if with the foolish, Your Majesty will fall. The woman Ha-heui(夏姬) destroyed the Chin dynasty; the woman Sŭ-si(西施), the O(吳) dynasty (both of China); Mencius died without meeting a man that could save the day; P'ung-dang(馮唐) held only a low office till he was white with age. If it was so with the ancients, how will it be now in our day?' King Peony replied 'Peccavi; I shall mend my ways.' When Sin-mun(神門) heard this allegory his countenance coloured and he said 'Your words are full of thought.'"

I mention the story to show you the mind of Sŭl-ch'ong, for he is regarded as the first of Korean scholars, yet the persons, the kingdoms, the pictures that occupy his thoughts are all of China.

At this particular time attention seems to have been drawn suddenly to signs and omens. For example, in 766 A.D., two suns are said to have arisen in one day; three meteors fell into the palace enclosure, and a comet appeared in the west — all boding evil. This is taught by the Confucian classic *Spring and Autumn*, where earthquakes, comets, eclipses, are spoken of as portents of evil, death to kings, etc.

I find in the book *A-heui-wŭl-lam*(兒戲原覽), which is a primer for children and an ideal book from a Korean point of view, a chapter on omens and signs, citing examples of these since the days of Yo and Sun, and there are storms of blood, 【p.8 ▶】 showers of rice, hail stones of rocks, rain squalls of sticks, frosts of white hair, tiger and snake stories that out-do the wildest West. All of which are referred to particular times in China.

When General Kim-nak of Ko-ryŭ(高麗) died on the battle-field, King Tă-jo made an image in his honour and called all the ministers to a feast. When wine was drunk, he passed some to the image, and lo! it opened its mouth, swallowed the spirit and then danced before them. This also was an omen.

At this time the matter of filial piety became so firmly fixed in the Korean's mind, and of such distorted importance, that he began from the year 765 A.D., to cut off fingers, etc., to feed parents on the blood. The practice of blood-feeding seems to be of Korean origin. It certainly shows how the native has attempted to out-do Confucius in his fidelity to this particular teaching of the master. A short time ago I saw a man who had lost a finger of the left hand, and on inquiry he showed me a certificate that he had received from the government expressive of their approval of his filial piety.

The second name mentioned in the Record of Noted Men, is that of Ch'oé Chi-wŭn(崔致遠), who was also a Kyŏng-ju man. His influence ranks next to that of Sŭl-ch ong, and we look for the place that China had in his life. We are told that he made a journey to the Tang kingdom when he was twelve years of age, that he graduated at eighteen and lived in China sixteen years.

He and Sŭl-ch'ong are the two seers of Ancient Korea, and theirs are the only names of Sil-la that appear in the Confucian temple; his being forty-eighth on the west side, corresponding to Sŭl-ch'ong's, forty-eighth on the east. These two show in how far the influence of China had extended toward the minds and thoughts of the people of the Peninsula at that date and what prestige an acquaintance with the Tang kings gave to each one in his own country.

From the accession of Wang-gŭn(王建), King of Ko-ryŭ, in 918 A.D., we read constantly of dragons and of references to dragons. Wang-gŭn was said to be bright in mind, dragon-faced and square-browed. With him came astrology(天時 Ch'un-si) and geography(地理 Chi-ri), handed down from 【p.9▶】 Mencius; military forms(戰法 Chŭn-pŭp), from Kang T'ă-gong(姜太公), and spiritualism(神明 Sin-myung) from all the seers.

Signs and omens, all viewed from the point of and described in the terms of Chinese philosophy, pointed to the call of Wang-gŭn and the establishment of the capital in Song-do.

We read (*Tong-guk T'ong-gam*) that the king chose a day(擇日 Tăk-il) for the opening of the ancient treasure-houses. The term Tăk-il, or Choice of Day, has come down to us from the *Sŭ-jŭn* or Book of History. The most illiterate native in the country, when he says "The attainment of health and blessing(生氣福德 Săng keui pok tŭk) depends on the choice of day(Tăk-il)", bears witness to the universal influence of the most dignified of Chinese Classics — even the Canon of History.

In 933 A.D. the Imperial Calendar first made its way to Korea, and with it came the emperor's sanction of the new name, Ko-ryŭ, for the united kingdom.

In 958 A.D., in the reign of Kwang-jong, another factor entered, showing the influence of China, and serving to bind Korea still closer to her, and that was the Kwa-gŭ(Examination). It dealt with the Confucian Classics only, and was an examination in Si(詩), Pu(賦), Eui(義), Eui-sim(疑心), P'yo(表), Ch'ăk(策) and Kang-gyŭng(講經), as it developed afterwards, though at that time it was called Si,

Pu, Song(頌) and *Ch'ăk*. *Si* is the name of a poetic composition of eighteen couplets, with seven characters to the line; *Pu* consists of twenty couplets of six characters; *Eui* and *Eui-sim* deal with the explanation of set passages; *P'yo* has to do with memorial forms; *Ch'ăk* answers questions, and *Kang-gyŭng* is an oral examination.

This national ceremony, imported from China, has shaken the country from end to end, and every eye since then has seen the influence of the Kwa-gŭ.

In the reign of Sŭng-jong, who came to the throne in 982 A.D., among a set of rules proposed by the scholar Ch'oé Seung-no, the eleventh reads, "In poetry, history, ceremony, music, and the five cardinal relationships(O-ryun) let us follow China, but in riding and dressing let us be Koreans."

At this time war began with the Kŭ-ran(契丹) Tartars, for Korea steadily resisted any advance on the part of these, 【p.10▶】 claiming that she owed allegiance to great China only — then the Songs — and not to barbarian tribes.

In 1022 A.D. we read that Han Cho(韓祚) brought from China literature dealing with subjects which till to-day absorb the minds and fortunes of Koreans. They were the Chi-ga-sŭ(地家書), or Writings Pertaining to Geomancy; the Yang-t'ăk Chip-ch'an(陽宅集撰), the Law of House Selection, and the Sŭk-chŭn(釋典), Rules for the Two Yearly Sacrifices offered to Confucius. We also read of the Keui-u-je(祈雨祭) or Sacrifice for Rain, which His Majesty observed. I believe, in this year of grace 1900.

At this time General Kang Kam-ch'an, a Korean who had defeated the Tartar tribes, was highly complimented by In-jong, the emperor of the Songs. He sent an ambassador to bow to Kam-ch'an and to say to him that he was the *Mun-gok* constellation that had fallen upon Korea. This too is in the language of Chinese astrology.

In the year 1057 A.D., near Whang-ju, a meteor fell that startled the people greatly. The magistrate sent it up to Seoul and the Minister of Ceremony said, "At such and such a time a meteor fell in the Song kingdom, and other stars fell elsewhere in China. There is nothing strange or unusual about it." So they returned the stone to Whang-ju. This constant reference to the Great Empire shows in what measure at that date Korea was under its influence. At this time also a Chinaman called Chang-wan(張琬), made a copy of writings on Tun-gap(遁甲 magic) and Keui-mun(奇文 legerdemain), brought them to Korea and had them placed in the government library.

The more we read the more are we forced to the conclusion that Korea was under a mesmeric spell at the hands of the Great Middle Kingdom. The (*O-hăng*) Five Elements or Primordial Essences, as they appear in the Great Plan to the Book of History, written by the Viscount of Keui, perhaps more than any other teaching, had already taken full possession of Korea. Let me read this to you as a sample from the *Tong-guk Tong-gam*(東國通鑑) : "In the first month of Eul-hă(1095 A.D.) the sun had on each side of it glaring streamers or arrows, with a white bow shot through the centre. Six days later the same phenomena were repeated", and all the 【p.11▶】 people waited to see what the omen meant. "In the second moon when the king desired to muster out the troops, the chief minister said : 'Soldiers are designated by the symbol metal(金), spring by wood(木), Metal cuts wood, so if you move troops in spring time you will oppose the fixed laws of nature(天地生生之理 Ch'ŭn chi săng săng chi ri).' The king did not regard this counsel and so he died in the fifth moon."

In 1106 A.D. we have another example of divining by the Book of Changes before King Ye-jong went out to fight the Lao-tung Tartars.

Little remains to be noted in the history of Korea, as the great period of China's influence closes with the Tangs. It is true that the Song dynasty that followed was greatly honoured, and thirty four stories in the *O-ryun-hăng-sil* are taken from its history. The Mings too have been remembered and revered because they brought to an end the hated barbarian Wŭn dynasty, which had been set up by the descendants of Gengis in 1280 A.D. To quote from a native author, "The Barbarian Wŭn destroyed the Song dynasty, took possession of all the empire and ruled for a hundred years. Such power in the hands of vandals was never seen before, Heaven dislikes the virtue of the barbarian. Then it was that the great Ming empire, from mid-heaven, in communication with sages and spirits of the past, set up its reign of endless ages. But alas! the Doctrine of Duty(三綱 Sam-gang) and the Five Constituents of Worth(五常之道 O-sang-ji-do), along with Heaven and Earth, had seen their first and last. Before the time of the Three Kingdoms(夏 Ha, 殷 Eun, and 周 Chu 1122 B.C.), holy emperors, intelligent kings, honest courtiers and conscientious ministers conferred together; days of peace were many, days of war few; but after the Three Kingdoms, vile rulers, turbulent ministers and traitors together worked ruin; days of war were many, days of peace few. Thus the state rises and falls according as the Great Relationships are emphasized or forgotten. Should we Koreans not be careful?"

"The founder of the Mings(明)", who was a personal friend of Tă-jo, the father of the present dynasty, "gave our 【p.12▶】 country a name, even Cho-sŭn, and placed our rice kettle at Han-yang."

You will notice from this that the Golden Age of Korea existed not in the Peninsula, but in China, and at a date prior to 1122 B.C. or the time of Keui-ja.

Later, in the Japan war, the Mings saved Cho-sŭn, and so to-day the only *tan* or altar in the city of Seoul is called Tă-Bo-tan(大報壇), the Great Altar of Thankfulness erected in their honour, and six times a year sacrifice is offered to the three Ming emperors who had showed Cho-sŭn special favour.

The Ch'ŭngs(淸) of the present day are Manchu Tartars, barbarians of course, and their dynasty has no place of honour whatever in the mind of Korea.

As mentioned before, the great period of influence closes with the Tangs and with the consolidation of the Peninsula into one kingdom under Ko-ryŭ. Until to-day Tang stands *par excellence* for all that is specially noted of China. Tang-yŭn is a Chinese ink-stone; Tang-in, a Chinaman; Tang-wha-geui, Chinese porcelain;

Tang-hong, Chinese red dye; Tang-ko-keum, Chinese ague or intermittant fever; Tang-mŭk, Chinese ink; Tang-myŭn, Chinese vermicelli; Tang-mok, Chinese or foreign cotton goods; Tang-na-gwi, Chinese donkeys; Tang-nyŭ, Chinese women; Tang-p'an, Chinese printed letters; Tang-sa, Chinese thread; Tang-sun, Chinese fans and Chinese junks; Tang-jă, Chinese medicine; Tang-ji, Chinese paper; Tang-ch'im, Chinese needles; Tang-ch'o, Chinese pepper, etc., etc.

The histories that are read in native schools are never of Korea, but of China, and they all close with the Tang dynasty, if we except the short outline in the *Tong-mong-sŭn-seup*(童蒙先習). The *T'ong-gam*(通鑑), a work written by Chu-ja(朱子) of the Song dynasty, which is the regular history read by all scholars, deals with China from the Chus to the fall of the Tang dynasty. The *Sa-ryok*(史略) covers the time between Yo and Sun(堯舜) and the fall of the Tangs. The *Sŭ-jun*(書傳), or Confucian Canon of History, takes us from the days of Yo and Sun to the Three Kingdoms(Ha, Eun, Chu).

The impress of China has been so deep and lasting that Korean native histories are not only not studied, but are exceedingly hard to obtain. The *Tong-guk T'ong-gam* is not 【p.13▶】 sold in any of the book-stores, and yet it is a history of Korea dealing with the period from 2317 B.C. to 1392 A.D.

Korea has no native sages or *Sŏng-in*(聖人). Her sages, who are revered and worshipped high as the heavens, all come from China. Her first-rate sages or holy men are eight in number. Six of them are kings, Yo(堯), Sun(舜), U(禹), T'ang(湯), Mun(文), Mu(武), and two of them scholars, Chu-gong(周公) and Kong-ja(孔子) or Confucius. Her second-rate sages are An-ja(顔子), Cheung-ja(曾子), Cha-sa(子思), and Măng-ja(孟子) Mencius, whose names appear next to that of Confucius in the Mun(文廟) Temple or TăSŭng-jŭn(大成殿).

Of those marked *Ch'ŭl*, (哲) Wise Men, there are ten who have places of honour in the same temple, and they are all Chinamen, six are of No(魯), the native state of Confucius, two of Wi(魏), one of O(吳) and one of Chin(秦).

Those of next rank, marked *Hyŭn-in*(賢人), Superior Men, are six in number, all of the Song dynasty. Below these are the disciples, one hundred and ten in all; ninety-four are Chinese and sixteen are Korean. The two of Sil-la are Sŭl-ch'ong and Ch'oé Chi-wŭn who were mentioned beforer. There are two of Ko-ryŭ, An-yu (安裕), number forty-nine on the east side, and Chöng Mong-ju(鄭夢周), number forty-nine on the west. Why does this man of Ko-ryŭ, An-yu, hold a place among all these holy Chinamen? For this reason : he went to China in 1275 A.D. and brought home pictures of Confucius and of his seventy disciples, also dishes, for sacrifice; musical instruments; the Six Classics — the Book of Changes, Book of History, Book of Poetry, Ceremonies of Chu-gong, the Canon of Rites and the Annals of Confucius. He gave one hundred slaves to serve in the Confucian temple. Up to this time there had been no Confucian colleges. He made his home the first college, and so put into motion a force that was soon to overwhelm Buddhism and all minor native superstitions. He wrote a verse that is preserved still in the paragraph on his life in the Record of Noted Men "All the incense lights burn to Buddha. From house to house they pipe to demons, but the little hut of the teacher has its yard o'ergrown with grass, for no one enters there."

【p.14▶】 The other honoured one is Chöng Mong-ju. We are told that he established schools in the interests of Chinese study, and last of all, like Pi-gan(比干) of China, he died for his master, King Kong-yang. His blood was sprinkled on the stone bridge outside the east gate of Song-do, and the wondering pilgrims gaze still at the marks that five hundred years have not sufficed to obliterate.

Of the one hundred and ten disciples twelve are men of the present Cho-sŭn dynasty, all honoured for their faithfulness to the teachings of Confucius.

Such being the nature of these centuries of Chinese influence Korea has to-day no life, literature or thought that is not of Chinese origin. She has not even had a permanent Manchu occupation to break the hypnotic spell of Confucianism. Even her language, while possessing a basis of form entirely different from that of China, has had the latter language so grafted into it, and the thought of the same so fully made a part of its very essence, that we need the Chinese character to convey it. This will account for the native contempt of the native script. En-mun(諺文) has become the slave of Han-mun(漢文), and does all the coolie work of the sentence, namely, the ending, connecting and inflecting parts, while the Han-mun, in its lordly way, provides the nouns and verbs.

Out of a list of 32,789 words, there proved to be 21,417 Chinese and 11,372 Korean, that is twice as many Chinese as native words. At the present time, too, the language is being flooded by many new terms to represent incoming Western thought, and these are all Chinese.

In the Han-mun dictionary, or *Ok-p'yŭn*(玉篇), there are 10,850 characters. In reading these, the native endeavours as far as possible to mark each character by some native word, which will approximately give the meaning, so he says *Soi-keum* or "metal"-*keum*. In this search for native words that will approximately designate the character he finds himself lacking in the case of more than 3,000 characters. For 7,700 of them native words are found, but for the remainder nothing even approaching the meaning exists in the native speech.

To sit down and write a story in native language, or 【p.15▶】 Anglo-Saxon, so to speak, is, we may say, impossible. Here is a sample of a laboured paragraph in pure Korean :

Ol yŭ-ram-e yŭ-geui wa-sŭ chi-nă-nit-ka a-mo-ri tŭ-un nali-ra-do tŭ-un-jul-do mo-ro-get-ko do i keul chŭ keul nŭl-li po-go keu ka-on-dă deus-sal p'u-rŭ po-ni ŭ-ri-sŭk-ko u-sŭ-un mal-do man-ha na-ra il kwa sa-ram-eui ma-am-eul tŭ-rŭ al-get-to-ta i-je o-nan sa-ram teung u-e do yet sa-ram sseun mal-i it-nan-dă keu gŭt o-sŭ o-myŭn do cha-ja po-ri-ra keu-rŭ-han-dă i nom-i wei a-ni o-nan-go?

"This summer, we have come here to pass the time, and howsoever hot the day may be we do not notice it. We have been looking extensively through this writing and that, and have unravelled the thought therein and there are many stupid and ridiculous things, that let us know somewhat of national affairs and of the minds of men. And now on the back of the man that is coming are other writings written by the ancients. If they come at once we shall resume our search. Why does not the rascal come?"

A glance at a rendering of something the same in pure Chinese, which at the same time is pure Korean colloquial, will show how much more full and rich the language is.

(Keum-nyŭn)-e-nan (chang-chang-ha-il)-eul (Puk-han-san-sŭng)-e-sŭ (sŭ-gyŭn)-ha-ni (chŭng-sin)-i (soai-rak)-ha-yŭ (sin-t'ye)-ka (kang-gŭn)-ha-ta (pi-sŭ)-ha-gi-nan (Puk-han)-i (tye-il)-i-ra (sŭ-ch'ăk)-eul (yŭr-ram)-ha-go (i-wang-yŭk-tă-sa)-ral (sang-go)-ha-ni (ka-so)-rop-ko (u-mă)-han (sa-jŭk)-i (pul-so)-ha-yŭ (kuk-sa)-wa (in-sim)-eul (ka-ji)-ro-ta (si-bang) (ha-in) (pyŭn)-e (ko-in)-eui (keui-rok)-han (sŭ-chăk)-eul (pu-song)-ha-yot-ket-nan-dă (ko-dă)-ha-gi-ga (sim)-hi (chi-ri) ha-to-ta.

"In the present year we passed the long summer days at the mountain fortress of Puk-han, where our minds were freshened and our bodies strengthened. The north fortress is first of all places at which to escape the heat. We have searched widely through books and have examined into the affairs of past generations and there are ridiculous and stupid things not a few by which one can indeed know of the affairs of nations and the minds of men. And now by courier they will have sent other books written by the ancients. We wait with impatience, for their coming seems long indeed."

【p.16▶】 Turning now to the popular literature of the day we find, with scarcely an exception, that books written in the native script deal with Chinese subjects and Chinese localities. Out of thirteen that I picked up of the most common, sold everywhere throughout the city, eleven were Chinese stories and two Korean. Even the *Sim Ch'ŭng Chŭn*(심청전), which is said to make the women of Korea weep, has had to bring its subject down 1500 years from the Song dynasty and over a distance of 5000 *li*.

The popular songs also breathe of China. The first sound that strikes the Korean baby's ear, like "*Ak-a ak-a u-ji-ma-ra*", goes on to speak of the famous ones whom the mother hopes the child may resemble, and they are the two emperors of antiquity, Yo and Sun, who lived 2300 B.C. The song that you hear so frequently when coolies beat the ground for the foundation of a house has in it references to four persons, The first is Kang T'ă-gong(姜太公), a Chinaman of the Chin dynasty, who died 1120 B.C.; the second is Mun-wang(文王), the emperor of that time; the third is Yi T'ă-băk(李太白), the famous Chinese poet who lived A.D. 699～762; the last is Han-sin(韓信), a Chinese soldier, who lived 196 B.C. All of these are Chinese heroes whom even the coolie has deified and made gods of song.

In looking over the first two hundred odes of the *Ch'ŭng Ku Ak Chang*, I find forty-eight names of persons mentioned — all Chinamen, without a single exception. There are forty-four references to Chinese places and literary works, and eight references to Korean localities like the Diamond Mountains or Puk-han. However little the Chinese may seem to have occupied Korean territory, of the language, literature and thought they are in full possession.

Children who go to school learn first to read the *Thousand Character Classic*, a book written by a Chinaman, Chu Heung-sa(周興嗣), who lived about 500 A.D. The next book is the *Tong-mong-sŭn-seup*, by a Korean author. It begins at once with the Five Cardinal Relationships of Mencius. His is the first name mentioned therein, while the whole book is an explanation of the principles illustrated by the *O-ryun-hăng-sil*, to which is attached a short outline of Chinese and Korean History.

【p.17▶】 The history begins with a reference to T'ă-geuk(太極), Eum-yang and O-ryun, and the names mentioned are those of the Heavenly Emperor(天皇氏 Ch'ŭn-whang-ssi), the Earthly Emperor(地皇氏 Chi-whang-ssi), the Human Emperor(人皇氏 In-whang-ssi), the Bird's-Nest Emperor(有巢氏 Yu-so-ssi), and the Fire Emperor(燧人氏 Su-in-ssi) of the fabulous ages of China, antedating Yo and Sun and contemporary with pre-historic man. Tucked in at the end is a short outline of Korean history with fulsome reference to the benefits and blessings received from Great China.

Among works of universal note in Korea, none stand higher than the *So-hak*(小學) and *O-ryun-hăng-sil*, that illustrate the five laws of relationship. In the latter book the laws are emphasized by stories gathered from various times and sources. There are one hundred and forty-four stories in the five volumes. One hundred and twenty-six are taken from China, the Song, Han, and Tang dynasties being most largely represented, and eighteen from Korea.

There are in Korea what are called Sa-myung-il(四明日), Four Great Holidays. The first is the Chinese New Year; the second is Cold-Food Day(寒食 Han-sik) of the third moon, observed in commemoration of a Chinaman, Kă-chi-ch'oi, who lived in the 7th century B.C., and who perished in a burning forest rather than compromise his political integrity—and so they are supposed to honour him by lighting no fires on that day. The third day is Tan-o(端午) of the 5th moon, held sacred in honour of Kul-wŭn(屈原), also a Chinaman, who committed suicide about 314 B.C. The fourth noted day is the 15th of the 8th moon, the Chinese Harvest Home Festival.

Less important holidays are : first, the 15th of the 1st moon, called the People's Day(sa-ram-eui myŭng-il), when bridges are walked. Concerning this day a Chinese poet of the 8th century of our era, who died from overeating, wrote a celebrated verse. The second is Ch'ŭng-myŭng(清明), mentioned by poets of the Yang dynasty; the third is the third day of the third moon, at which time the swallows return to Kang-nam(江南) China. The fourth is Nap-il(臘日), the Day of Winter Sacrifice, which has been handed down under 【p.18▶】 various names from the Han dynasty. The fifth is the eighth day of the fourth moon, or the birthday of Sŭ-ka-mo-ne(釋迦牟尼). Formerly this was held on the 15th day of the 1st moon, but being so prominent, it partook too much of the nature of a national holiday, and so it was changed in the Ko-ryŭ dynasty by Ch'oi-si. Thus the Buddha gave way to Confucius. The sixth is Yu-tu(流頭) of the 6th moon, also a day whose origin is in China. The seventh is the seventh day of the seventh moon, the Crow and Magpie Day(牽牛 Kyŭn-u and 織女 chik-nyŭ), which of course is Chinese also. The eighth is the ninth of the ninth moon, when the swallows leave Kang-nam. The ninth is the winter solstice, called Bean Porridge Day. Kong Kong-ssi(共工氏), a Chinaman, who lived 2852 B.C., and in one of his playful moods broke the pillars of heaven and destroyed the props of earth, had a son that died and became a devil, a malignant and hurtful devil. It was discovered later that there was only one thing that he did fear and that was red bean porridge. For that reason the natives plaster it on the gate walls on this particular day to keep him out — Bean Porridge Day.

In religion Koreans are ancestor worshippers, according to their interpretation of Confucius. They worship also Kwan-u(關羽), the Chinese God of War. Three large temples are erected to his honour, one within and two without the walls of the capital.

In magic and divination they follow the teachings of Wun Chung-kang(袁天綱), a Chinese sorcerer; and so implicitly do they trust in the success of his divining, that his name has become an adverb of certainty in the Korean language, just as we might say that such and such is John-Smith sure to happen, where John Smith had proved himself as infallible a prophet as Wun Chung-gang has proved to the people of the Peninsula.

In domestic relationship, and in rank, office, and territorial division, we can follow the Chinese guide book, and be perfectly at home in Korea. The whole family system remains as handed down from the Flowery Kingdom. The laws at the present day are called (*Tă-myŭng-yul* 大明律), the Code of the Mings. The Ceremonies are those of the Three Kingdoms(三代禮 *Sam-ta-rye*). The six public offices are the same as 【p.19▶】 those of China, the ranks, front and rear, with their nine degrees being identical.

As for proper names, they are not native like many of those of Japan. Original Korean names are lost in antiquity, and we have for persons, and nearly always for places, Chinese names. The name Seoul, which is native and not Chinese, might be considered an exception, but it is not for it is really a common and not a proper noun, meaning simply Capital.

To sum up the great influences under their most prominent heads, they would probably be the T'ă-geuk(太極), the Absolute, which appears on the national flag, as well as on official gates and on the Independence Arch; the P'al-gwă(八卦), Eight Diagrams; the Eum-yang(陰陽), Positive and Negative Principles in Nature; the Yuk-gap(六甲), Cycle Symbols; the O-ryun(五倫) and O-hang(五行), the Five Relationships and the Five Elements.

These have been drawn from the Chinese Classics, and they rule to-day the thoughts and opinions of the most illiterate of Korea quite as much as they do those of the educated.

To illustrate and to conclude I translate from the *A-heui Wŭl-lam*(兒戲原覽). The preface reads, "Creation was not arranged in cosmic order from the first and so, off hand, it is not possible to answer for it. If those who night and day grind at study, fail to give a speedy answer to the question when asked them, how can a child be expected to reply? People like to hear but dislike to look and study. And now there come to me those who despise things distant from them and who are diseased with show of flower and lack of fruit.

"Let us then gather together the deeds and writings of the past and present, and taking the different schools, teachings, inscriptions and current rumours, trim them off, set them in order and make ten chapters out of the different works with their countless heads.

"Amid great difficulty, you will know that it has been selected most carefully. How well it has been boiled down I leave you to judge."

Then the book begins : —

"In the Great Yŭk(太易 T'ă-yŭk), nothing was seen, In the Great First(太初 T'ă-ch'o), life began. In the Great Beginning(太始 T'ă-si), forms appeared. In the

Great Opening 【p.20▶】 Up(太素 T'ă-so), matter took shape. Before this came to pass we call it chaos, but now that it is finished we call it cosmos.

"The Symbols Kŭn(乾), and Kon(坤), denote the changes of the Absolute(T'ă-geuk). Before those two primary forms were divided life had no semblance, but on the division of the clear and the turbid, heaven appeared in form like an egg. Heaven is the greater, Earth the lesser. Without and within there is water filled up to the brim, and the whole revolves like a wheel.

"Heaven is the atmosphere of land and water(Su-t'o), which, being light and clear, flies upward and like a cover encircles the earth.

"Earth is the atmosphere of land and water, which, being turbid, solidifies, rides upon the air, and, with its coolie load of water, floats along.

"Man is the concentrated essence of heaven and earth, evolved from the five elements, and spiritual beyond all other created things.

"The Sun is the essence of the male principle in nature(T'ă-yang), is a king in his bearing, and on his breast are three crows' feet.

"The Moon is the essence of the female principle in nature(T'ă-eum), has a rabbit in her bosom, which has taken shape as her particular spirit.

"The Stars are the glory of the *Yang*, they are composed of the essence of mountains, rivers and other created things.

"Clouds are the atmospheres of mountains and rivers or collections of *Eum* and *Yang*.

"Rain is the concentrated *Eum* of heaven and earth. When it is warm it rains, that is, it takes place when the *Eum* and *Yang* are in harmony.

"Frost occurs when the atmosphere of the *Eum* predominates. It is a change in the dew brought about by the cold.

"Snow is the concentrated *Eum* of heaven and earth, and is the essence of the five grains.

"Wind is the servant of heaven and earth. When the universe is angry we have wind, and wind is the atmosphere of matter blown forth.

【p.21▶】 "Thunder takes place when the *Eum* and *Yang* are at enmity. They give expression to their feelings in thunder, which goes *bung bung* like the beating of a drum, and passes in its course from left to right.

"Lightning occurs when the *Eum* and *Yang* bow down from weight and the *Yang* of the springs and fountains flashes up to heaven. When the *Eum* and *Yang* quarrel with each other we also have lightning.

"The Rainbow is seen when the *Eum* and *Yang* meet in harmony, the bright variety being the male and the dim the female.

"Mist. There are waters of five colours in the mountains of Kol-yun, and mist is the atmosphere of the red water that rises.

"Fog is the result of the hundred noxious vapours when the *Eum* overcomes the *Yang*, and so it fills the space between heaven and earth.

"The Milky Way is the chief of all the star atmospheres. It is the essence of water that rises and floats along.

"There are nine stories to heaven. The highest storey is where the stars travel, the second is where the sun travels and the lowest is where the moon makes its way. The disc of the sun is larger than that of the moon. In the moon there are visible objects, which are shadows of mountains and streams. In the remaining spaces we have the shadow of the sea, and they say there are shadows also of a striped toad and a cinnamon tree."

The Five Elements of which the Korean talks so much and on which he builds so many theories are, metal, wood, water, fire, earth. These take their origin as follows : "When the dark atmosphere solidifies we have water; when the red atmosphere shines forth we have fire; when the green atmosphere floats in mid-heaven we have wood; when the white atmosphere glances off into space we have metal; when the yellow atmosphere bounds the sky we have earth."

We have also an explanation of the objects and articles used in every day life, and, faithful to his spiritual and intellectual fathers, the Korean traces them all back to China, and and in most cases to China of the fabulous ages.

"Cooked food. In olden times men ate fruits and the blood 【p.22▶】 of animals. The Emperor Su-in-ssi made a hole in a tree and by passing a string through caused fire, — from which date men cooked their food.

"Clothes were first invented by Ho-jo [a Minister of the Yellow Emperor].

"Houses. In olden times men lived in holes or slept out on the ground, but the Bird's-Nest Emperor(Yu-so-ssi), taught house framing, and the ancient Emperor Ko-whang-ssi first built houses. The latter had four eyes and could write characters as soon as he was born.

"Ploughs were first made and used by the Spirit-Farmer Emperor, Sil-long-ssi, who had a man's body and an ox's head.

"Marriage was first instituted by the Sky-Emperor(Pok-heui-soi), who had a snake's body and a man's head. [He was the great inventor of the Eight Diagrams].

"Writing was invented by the three brothers of the Ancient Emperor(Ko-whang-ssi). One invented the characters of India, one the characters of heaven, and one the characters of China.

"Books. Before the time of the Chin Kingdom(255 B.C.) there were no books; writings were preserved on slips of bamboo. In the Han dynasty, (206 B.C. to 23 A.D.) they were kept on silk [and so to-day Koreans say, "Il-hom-eul Chuk-păk-e ol-li-ta", "He will have his name inscribed on bamboo and silk" — meaning recorded in history].

"The Calendar was constructed by Yung-sung, who lived 2780 B.C."

The Cycle Symbols, which have had so much to do with Korean thought, were invented by a Chinaman, Tă-yo, under direction of the Yellow Emperor. The basis of their thought was taken from the constellation Great Bear. The monthly cyclical characters were arranged by a combination of the Ten Celestral Stems and the Twelve Earthly Branches, making in all sixty years of the cycle.

Thus the whole list of Korea's customs, usages, and terms, are traced back to China, to the times of the Yellow Emperor and others who lived before the days of Yo and Sun. The list includes besides these, rank, sacrifice, ancestor worship, schools, sacrificial ceremonies, tablets, medicine, fortunetelling, fishing nets, city walls, parks, porcelain, wells, water 【p.23▶】 pestles, sieves, brooms, mill-stones, kettles, boilers, food, sacrificial dishes, wine glasses, grain measures, saws, chisels, axes, bows, arrows, shields, spears, armour, boats, carts, chariots, coffins, head-stones, crowns, robes, head-bands, socks, clothes, shoes, combs, mirrors, spectacles, finger-rings, fans, paper, pens, ink, ink-stones, distilled and fermented liquors, songs, dancing, harps, guitars, violins, pipes, draughts, chess, dice, cards, dominoes, dancing girls, swinging, kite-flying, etc., etc.

Medicine we are told was first discovered by the fabulous emperor called the Spirit-Farmer; his Korean name being Sil-long-ssi. To-day, natives, educated and uneducated alike, speak of medicine as Sil-long-yu-ŭb (the calling handed down by the Spirit-Farmer Emperor).

Nets we are informed were first made by the Sky-Emperor, and were used to catch birds and fish with. So the Korean boys to-day sing —

"Che-bi-ral hu-rŭ-rŭ nā-gan-ta
Che-bi-ral hu-rŭ-rŭ nā-gan-ta
Pok-heui-ssi-eui mă-jan keu-meul-eul kŭ-
tu-ch'ŭ tul-lŭ me-go."

Off we go to catch the swallow,
Off we go to catch the swallow,
Wrapped and rolled and ready is the net of
the Sky-Emperor.

Harps of five strings were first made by the Spirit-Farmer. Mun and Mu of the Chu dynasty, who were men of war, each added a string, making seven in all; and to-day Koreans say "Mun hyŭn Mu hyŭn-eun sal-pŭl-chi-sŭng-i-ra. "The *Mun* and

Mu strings have the sound of death and destruction."

A paragraph follows these lists which shows how precious in the eyes of Korea is every character in the classics. It reminds one of the Jew. "Thy saints take pleasure in her stones, her very dust to them is dear."

The Book of Poetry	(Si-chön)	has	39,124	characters.
The Book of History	(Sö-chön)	〃	25,700	〃
The Book of Changes	(Chu-yök)	〃	24,027	〃
The Ceremony of Chukeng	(Chu-ryè)	〃	45,860	〃
The Canon of Rites	(Yi-keui)	〃	99,027	〃
The Annals of Confucius	(Ch'un-ch'u)	〃	196,845	〃
【p.24▶】				
The Analects	(Non-ö)	〃	12,700	〃
Mencius	(Măng-ja)	〃	34,685	〃
The Great Learning	(Tă-hak)	〃	1,733	〃
The Doctrine of the Mean	(Chung-yong)	〃	3,505	〃
The Book of Filial Piety	(Hyo-gyöng)	〃	1,903	〃

The numerical catagories also lead you at once away from Korea and up and down through China, noting the most unexpected things. Let me take one as a sample. It is the figure eight that we are at, "The Eight Fast Horses of Mok-wang" who lived 1000 B.C. These horses went at the rate of 330 miles a day, or as fast as an ordinary steamer. Their names translated freely read, Earth Breaker, Feather Flapper, Heaven Flyer, Landscape Jumper, Light Clearer, Sunbeam Heaper, Fog Conqueror, Wing Hanger. And so on and so on. The noted mountains, the distinguished men — all Chinese, not a Korean name in the whole long weary list of them.

As for general deportment too the Korean keeps in his mind's eye the nine forms advocated by Confucius which also appear in the numerical category under the figure nine.

1st Stately walk : 2nd Humble hand, 3rd Straight eye, 4th Circumspect mouth, 5th Low voice, 6th Erect head, 7th Dignified manner, 8th Respectful poise, 9th Severe countenance.

I conclude the paper by a quotation from the close of the *Tong-mong Sön-seup* "Our ceremonies, our enjoyments, our laws, our usages, our dress, our literature, our goods have all followed after the models of China. The great relationships shine forth from those above and the teachings pass down to those below, making the grace of our customs like to that of the Flowery Land; so that Chinese themselves praise us saying "Korea is little China."

「한국의 문학」, 『북화첩보』, 1902.6.11

"Corean Literature", *The North China Herald and Supreme Court and Consular Gazette*, 11 Jun. 1902.

해제 제임스 게일이 중국 상하이에서 발행되던 영문 주간지 『북화첩보(北華捷報, *The North China Herald*)』에 기고한 글이다. 게일은 한국에 대한 이해도를 인정받아 1899년부터 이 신문의 통신저자로 위촉된 후 'Esson Third'라는 필명으로 여러 편의 글을 발표하였다.

그 가운데 「한국의 문학」에서는 한국의 문헌과 학술 및 교육을 개관하였다. 이 시기의 여러 다른 글에서와 마찬가지로 여기에서 게일이 사용한 '문학(literature)'이라는 용어 역시 '글이나 문헌 또는 저술 일반'이라는 의미에 가깝다. 전체적으로 보아 한국의 문학과 학술이 수천 년 동안 중국의 전범에 종속되어 있었으며 한국만의 독자성은 미약하다는 주지를 담고 있다. 특히 글의 초두에서 게일은 한국에 이렇다 할 소설도, 정규적인 소설가도 존재하지 않는다는 지적을 하였는데, 이에 대해 호머 헐버트는 바로 다음 달 「한국의 소설(Korean Fiction)」을 발표하여 게일의 소견을 정면으로 반박한 바 있다.

「한국의 문학」 뒷부분에서는 '기러기를 놓아주다(Setting Free the Wild Goose)'라는 제목으로 홍양호(洪良浩, 1724~1802)의 '방안사병서(放鴈辭幷序)'를 영역해 놓았다. 『이계집(耳溪集)』 권1에 수록되어 있는 원문을 옮겨 와 아래에 제시한다.

"季秋之月, 孔【慶興一號孔州】之野人, 生得二鴈, 剪其翮以獻. 余歸其直而畜于庭, 饔人曰 : '是味旨於雉, 請膳之.' 余曰 : '毋. 是鳥也, 羣而有序, 其有禮乎. 侶而不亂, 其有義乎. 飛必隨陽, 是其智也. 至必如期, 是其信也. 嘴不啄生, 爪不攫物, 近於仁矣. 羽蟲之微, 具此五德, 故其居載於書, 具聲詠於詩, 月令紀其來賓, 嘉昏執以成禮, 凡以尙其德而昭其靈也. 如之何其羹之炙之, 雉鶉鷄鴨然? 乃日餽以粟, 盆水濟其渴, 茅薦禦其寒, 夜則密其藩扃其竇, 以遠狸鼠. 旣月翮始長可擧, 於是升高而放之, 送之以辭曰 : '爾之飛兮無北, 白礫林兮氈毳落, 黑水吼怒兮曾氷攢角, 朱鬉綠睛兮熊攫豹食, 大弓長鏃兮捷投遠弋, 爾北徂兮爲彼得. 爾之飛兮無南, 赭墳潟洳兮沸水淫淫, 蝮蛇騰空兮尾豎舌銛, 火山爍日兮揚芒皷炎, 爾南翔兮毛將燖. 爾無東渡幼海兮, 洪濤 潏汩而瀰湃, 巨鯨呑帆兮奔鰌躍噬, 烏齒鏤身兮心巧手銳, 毒丸伺物兮霆擊焱駭, 爾不避兮骨筋碎. 爾無西過鴨水兮, 赤縣蒙穢而幽昧, 左言短衣兮腰絜臂矢, 逐肉充饑兮腥臭是嗜, 搖翟揷幢兮毛羽之不棄, 爾適彼兮爲羇鬼.' 於樂靑丘日初暘兮, 箕張角垂經緯光兮, 山巊水繚適燠凉兮, 膏壤千里足稻粱兮, 有聖涵育澤溥長兮, 不麛不卵物殷昌兮, 爾莫他方之逝, 返舊鄕兮, 携妃兮喚族, 嬉雲兮叫月, 啣蘆兮避矰, 色擧兮遠罼, 春去兮秋來, 終汝天兮愉佚, 亂曰, 奮長翮兮挾浮雲, 超 鬼門兮上磨天, 狃朔野兮跨鐵關, 度金城兮集華巓, 遊漢都之赫戲兮, 舞德輝以翩 躚, 朝刷翼於上林兮, 夕弄影於天津, 揚

THE
North-China Herald
AND
SUPREME COURT & CONSULAR GAZETTE.
THE WEEKLY EDITION OF THE NORTH-CHINA DAILY NEWS.

CONTENTS.

AS THE FRENCHMAN SEES US.

COREAN LITERATURE.

Setting Free the Wild Goose.

ACROSS SIBERIA.

Corea is a land without novels or newspapers. Let anyone who suffers from nervous prostration, brought on by vain efforts to keep pace with the literature of the day, come here and rest. No regular story-writer is known to have lived in these parts for a thousand years. There are no publishing houses, and no laws of copyright. Scholars have written short essays at rare intervals, but literature has never been reduced to the common level of ordinary life. Books in colloquial, sold at ordinary street stalls, would be a thing horrible in the eyes of the literati. Says he, "How could common words such as people use in talk ever be printed in books?" In his attitude he reminds me somewhat of a callow secretary who had been loaned Mark Twain's "More Tramps Abroad." He brought it back, and the friend inquired as to how he liked it. "Oh, I enjoyed it, but don't you think he's "rawther" vulgar?"

Literature in Corea is never vulgar. Education consists in a knowledge of the immortal Chinese Classics. Characters are sacred, and no printed book can be tossed about or trod upon without offending the gods. Children begin with the Thousand

Characters and pass on to a history, that explains the nature of the yang and the yin and other fables of China. Then they read the Tong-gam, a history of the Middle Kingdom from the 4th century B.C. to 959 A.D., written by Sen Ma-koang; then the Great Learning, Mencius, Analects, Doctrine of the Mean, books of poetry and history, and finally the Yi-king. No work dealing with native subjects appears on the curriculum. It has been a law with Corea that a small state should serve a large one, and so in education she has rigidly excluded everything that was not of Chinese origin, lest she should appear to exalt self. The Chinese of Corea is Wenli. Very famous writers have lived, a whole group of them at once about 1400 A.D., who wrote many books on history, ceremony, etc. Some of these scholars were highly honoured at the court in Nanking, but their books were laid aside and forgotten, or lost, or destroyed, or buried, until it is almost impossible to get hold of such native literature, and even scholars know nothing of the literary history of their poor peninsula. Of late, books are coming out of unexpected holes and corners and offering themselves for sale. The other day an encyclopædia, called the Mun-kun-pi-go, written about 1770, was sold to a foreigner for 194 yen. At about the same time I met a man with an armful of books on his way to the Japanese settlement. I inquired as to what they were and found them marked I-kye, someone's nom de plume, though no one seemed to know the possessor of the name. After search I found it was a M'Hong Yang-ho, who was sent as the King's representative to the Court at Peking in 1795. He was also governor of the north of Corea, and is noted in the sacred book of writers as one of the famous literati. The book begins with a composition on the wild goose. It shows us what Corea thought of her neighbours at the time when Napoleon Bonaparte was trying to tell Europe what he thought of his. The composition is partly in prose and partly in verse. As there is no possibility of equalling the elegance of the original, I leave the form to take care of itself and try to interpret faithfully the points noted therein.

Setting Free the Wild Goose.

"In the late Autumn a peasant of Kyang-heung (on the Tumen near Vladivostock) caught who wild geese, cut their wings, and gave them to me. I kept them in the court where the steward looked after them. One day he came to me and said, "These birds are better flavoured than pheasant, I advise Your Excellency to kill and eat." "Tut, man", said I. "Have you never noticed that when these birds fly they preserve the strictest order, that is *yi* (ceremony); when they mate there is no confusion, that is *eui* (loyalty) in their migrations they follow the warmth of the sun, that is *chi* (wisdom); though they go and come you can always count on them at the right season, that is *sin* (trustworthiness); they never make war on other creatures with bill or scratch with claws, that borders on *in* (love). Only a bird with feathers, yet possessing the five virtues! Its ways and habits recorded in the Classics, its note a song! The Book of Yi talks of it, at weddings, too, it is carried along to help out the ceremony, and so its virtues and superior attainments are manifested. It would never do to make soup of, or fry like pheasant, quail or chicken. Feed them every day on grain and give them water to quench their thirst, fix them a coop to keep out the cold; shut them up at night from foxes and rats; let a month or so go by, till their wings lengthen out, then take them to the Peak and let them fly away with this message : —

Keep away from the North-
The long sand woods where your quills will lie,
And the inky Amoor, that goes greedily by,
The cracking ice that will spoil your bill,
And the sneaky old bear to claw and kill,
And the round spot tiger that loves you dear,
And the savage bow and the whistling spear,
Keep away from the North, keep away!

Keep away from the South —
The red-hot earth and the boiling sea,
And snakes in the air that fly,
That stand on their tails and hiss and strike,
Till the geese that are bitten die.
There are fiery hills that scorch the sun,
And flames that glare by day,
If you go to the South, your life is done,
And your feathers are burned away.

Keep away from the East-
There's the Sea of the Child,
With its waters heaving, pitching wild,
And whales that swallow a ship down whole,
With jumping beasts that squirm and roll;
And the black-toothed man with tattoo band,
And a cunning heart and a clever hand,
With a deadly bullet and eye to aim,
And a thunder flash and a burst of flame,
Where you never would get away at all,
And your bows and nerves would be ground up small.

Keep away from the West-
Where the Yaloo flows,
By the land of sin and dirt,
Where the words they talk with nobody knows,
And the coat they wear's a shirt.
Where a spear is hung in the girdle string,

And a deadly blade beside,
Where they hunt the life of each living thing,
To gorge on its flesh and hide;
Where the smell of oil they dote upon,
And the tents are decked with quills.
If you venture there you are dead and gone,
As a ghost among the hills.

"But here in this land of green mountains, where the day first shines; and the silver constellation stretches across; and the Horn Star hangs over; and the warp and woof of heaven glistens with light; and mountains interlace; and waters circle round; where heat and cold are just what they ought to be; and fertile lands stretch three hundred miles; and grain grows plentifully; and the doctrine of the sages is taught; and where grace abounds; where the young of animals and eggs of birds are not molested, and where all things flourish. Fly nowhere else; come back here with your wife and family and call all your relatives; sail in with the clouds and sing out to the moon; dine off the reeds, but watch out for arrows and fish nets; go South in autumn and come back in spring, and live out your life in peace."

ESSON THIRD.

호머 B. 헐버트

「한국의 성악」, 『한국휘보』 3권

"Korean Vocal Music", *The Korean Repository*, vol.3, Seoul : Trilingual Press, Feb. 1896, pp.45~53.

해제 미국 버몬트주 뉴헤이븐 출신인 호머 헐버트는 1886년 육영공원(育英公院)의 영어 교사 자격으로 입국하여 교육과 출판 사업에 매진하였다. 한성에 체류한 지 약 10년이 경과한 시점인 1896년 무렵부터 한국의 역사와 문화에 관해 본격적으로 에세이를 작성하여 발표하기 시작하는데, 「한국의 성악」은 헐버트의 초기 저작 가운데에서도 특히 주목되는 글이다.

이 글에서 헐버트는 한국의 성악을 고전적인 '시조(*Si Jo*)'와 대중적인 '하치(*Ha Ch'i*)', 그리고 중간 등급인 '응접실 형식(the drawing-room style)'으로 나누어 해당 층위의 작품들을 영역하여 소개하고 그 특질을 설명하였다. 한국의 성악 내지 시가의 수준이 서구의 것에 필적할 만하다고 평가한 대목을 여럿 발견할 수 있다. 특히, '하치' 층위의 대표작이라고 언급한 〈아리랑〉에 대해서는 명칭, 유래, 향유 양상, 후렴의 특징, 한국의 성악에서 차지하는 위상 등에 이르기까지 매우 자세하게 서술하기도 하였다. 더불어, 헐버트가 직접 작성한 〈아리랑〉의 서양식 악보는 〈아리랑〉의 19세기적 형태를 알려주는 매우 중요한 자료로서 주목을 받아 왔다.

「한국의 성악」은 *The Passing of Korea*(New York : Doubleday, 1906)의 제24장 「음악과 시(Music and Poetry)」 항목에 축소·개고된 형태로 수록되었는데, 이 책은 '대한제국멸망사'라는 제목으로 신복룡에 의해 번역된 바 있다(H. B. 헐버트, 신복룡 역, 『대한제국멸망사』, 집문당, 1999). 한편, 「한국의 성악」의 상당 부분은 이저벨라 B. 비숍(Isabella Bird Bishop, 1832~1904)의 『한국과 그 이웃나라들(*Korea and Her Neighbors*)』(1897)에 전재되기도 하였다.

【p.45▶】 In spite of the evidence to the contrary borne to our ears on every summer breeze, Korean music is not a myth. The sounds seem peculiar and are far from pleasing, because we do not know or *feel* what they are intended to express and we bring to them not the Korean temperament and training but the more artificial western ear. We say they do not "keep time", which is as just a stricture as it would

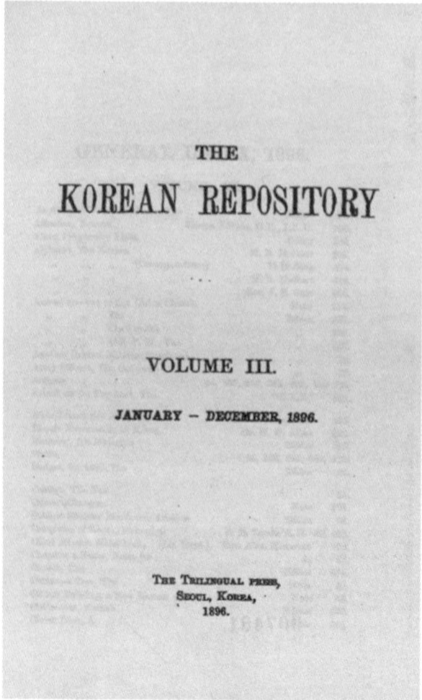

THE

KOREAN REPOSITORY

VOLUME III.

JANUARY – DECEMBER, 1896.

THE TRILINGUAL PRESS,
SEOUL, KOREA,
1896.

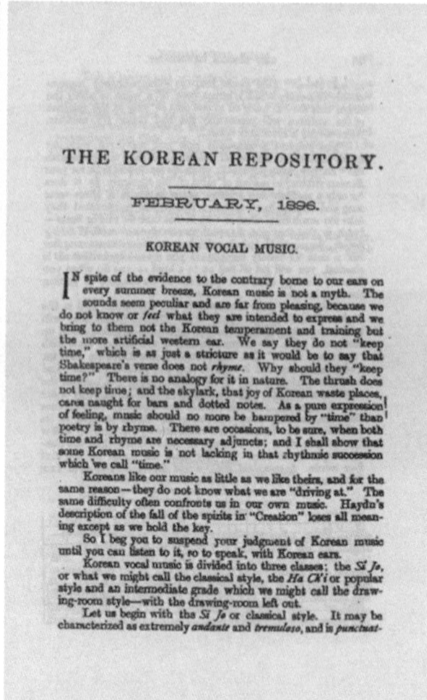

THE KOREAN REPOSITORY.

FEBRUARY, 1896.

KOREAN VOCAL MUSIC.

IN spite of the evidence to the contrary borne to our ears on every summer breeze, Korean music is not a myth. The sounds seem peculiar and are far from pleasing, because we do not know or *feel* what they are intended to express and we bring to them not the Korean temperament and training but the more artificial western ear. We say they do not "keep time," which is as just a stricture as it would be to say that Shakespeare's verse does not *rhyme*. Why should they "keep time?" There is no analogy for it in nature. The thrush does not keep time; and the skylark, that joy of Korean waste places, cares naught for bars and dotted notes. As a pure expression of feeling, music should no more be hampered by "time" than poetry is by rhyme. There are occasions, to be sure, when both time and rhyme are necessary adjuncts; and I shall show that some Korean music is not lacking in that rhythmic succession which we call "time."

Koreans like our music as little as we like theirs, and for the same reason—they do not know what we are "driving at." The same difficulty often confronts us in our own music. Haydn's description of the fall of the spirits in "Creation" loses all meaning except as we hold the key.

So I beg you to suspend your judgment of Korean music until you can listen to it, so to speak, with Korean ears.

Korean vocal music is divided into three classes; the *Si Jo*, or what we might call the classical style, the *Ha Ch'i* or popular style and an intermediate grade which we might call the drawing-room style—with the drawing-room left out.

Let us begin with the *Si Jo* or classical style. It may be characterized as extremely *andante* and *tremuloso*, and is *punctuat-*

be to say that Shakespeare's verse does not *rhyme*. Why should they "keep time?" There is no analogy for it in nature. The thrush does not keep time; and the skylark, that joy of Korean waste places, cares naught for bars and dotted notes. As a pure expression of feeling, music should no more be hampered by "time" than poetry is by rhyme. There are occasions, to be sure, when both time and rhyme are necessary adjuncts; and I shall show that some Korean music is not lacking in that rhythmic succession which we call "time."

Koreans like our music as little as we like theirs, and for the same reason — they do not know what we are "driving at." The same difficulty often confronts us in our own music. Haydn's description of the fall of the spirits in "Creation" loses all meaning except as we hold the key.

So I beg you to suspend your judgment of Korean music until you can listen to it, so to speak, with Korean ears.

Korean vocal music is divided into three classes; the *Si Jo*, or what we might call the classical style, the *Ha Ch'i* or popular style and an intermediate grade which we might call the drawing-room style — with the drawing-room left out.

Let us begin with the *Si Jo* or classical style. It may be characterized as extremely *andante* and *tremuloso*, and is *punctuated* 【p.46▶】 *with drums*. This means that the accompaniment consists mainly of a drum which is struck once in a while to notify the singer that she has hung on to one note as long as the patience of the audience will permit and she had better try another, which advice is invariably taken.

The progress is extremely slow and compares with our music as travel on a spavined Korean pack-pony compares with the "Empire State Express." It takes as much time for your Korean virtuoso to get out of sight of the signature as it does for only a medium fast western singer to render a three-verse song and respond to an encore. The trouble is not that they take too much time about it — we do not care for undue baste — but it is that they put *too much time on one note without taking breath*. So as you lie in bed and listen to some distant songster trill a note for ninety seconds, if you do not know that it is classical, you will get all tied up in a knot as you do when you listen to a croupy child and speculate on its chances of getting the next breath.

This style is often attempted by the uninitiated, and in the days to come when the "funny paper" reaches Korea they will have to substitute this for amateur piano practice in making up their stock jokes. It is this handling of the classical style with "unwashen hands" that has brought it into disrepute with us. The Koreans say that it requires long and patient practice, and is sung to perfection only by the dancing girls, not because the sentiments are more properly expressed by them than by more reputable people, although this is not unusual, but because they are the only ones who have the leisure to give to its cultivation. The following is a crude attempt at scoring a few bars of this style, but it must be remembered that the classical style scorns bars. I only score the music for the first four words. A complete song would fill this number of THE REPOSITORY.

【p.47▶】 This is barren and unprofitable enough and I shall by no means attempt to defend it. It is classical and quite beyond me : but I understand the words that go with it and they must make their own plea for the tune.

Like many songs of this class, it has three stanzas, called respectively the Ch'o jang, Ch'ung jang and Ch'ong jang : in other words, a drama in three acts. The Korean is as follows : —

청산아무러보자고금ᄉᆞ롤네알니라
영웅호걸들이몃몃치지나더냐
일후에뭇ᄂᆞ니잇거든나도함께

If I have caught the spirit of this song as well as the letter, it conveys to the Korean mind a meaning similar to that which the following conveys to a westerner.

I

O Mountain blue,

Be thou my oracle. Thou stumbling-block to clouds,

Years have not marred thee, nor thine eye of memory dimmed,

Past, present, future seem to find eternal throne

Upon thy legend-haunted crest. O Mountain blue,

Be thou my oracle.

II

O Mountain blue,

Deliver up thy lore. Name me, this hour, the name
Of him most worthy — be he child or man or sage —
Who, neath thy summit, hailed to-morrow, wrestled with
To-day or reached out memory's hands toward yesterday.

Deliver up thy lore.

III

O Mountain blue,

Be thou my cenotaph; and when, long ages hence,
Some youth presumptuous shall again thy secret guess
Thy lips unseal, among the names of them who claim
The guerdon of thy praise, I pray let mine appear.

Be thou my cenotaph.

Here we have a purely Korean picture — a youth on his way to attend the government examinations, his life before him. He has stopped to rest upon the slope of one of the grand mountains of Korea, and he thinks of all who must have trodden this same path to honors and success, and as he gazes up at the rock-ribbed giant, the very spirit of poetry seizes him and he demands who those successful ones have been. Between the second and third verses we imagine him fallen asleep and 【p.48▶】 the mountain telling him in his dream the long story of the worthy ones. As the youth wakes from his dream and resumes his pack he turns and asks that his name may be added to the list of those of whom he has heard. In what more delicate or subtle way can he ask the genius of the mountain to follow and give him success, for if his name is already added to the list then surely the mountain must see to it that he becomes worthy of it.

Another song that is unfortunately branded with this same tune may be placed in that much maligned category of "spring songs", whose annual deprecation nets the comic papers another handsome sum. My rendering of this is somewhat more literal than of the last and yet not so close to the original that a college boy could pin his faith to it in the class-room.

이달이삼월인지버들빗프르럿다
꾀고리깃다듬고호졉펄펄셧겨난다
ᄋᆞ희야거문고률골너라춘흥겨워

The willow catkin bears the vernal blush of summer's dawn
When winter's night is done;
The oriole, who preens herself aloft on swaying bough,
Is summer's harbinger;
The butterfly, with noiseless *ful-ful* of her pulsing wing,
Marks off the summer hour.
Quick, boy, thy zither! Do its strings accord? 'Tis well.
Strike up! *I must have song.*

The Korean is your true lover of spring-time. The harshness of his winter is mitigated by no glowing hearth and cozy chimney corner, such as make the howling blast outside a pleasure to you. Winter means to him a dungeon, twelve by eight, dark, dirty, poisonous. Spring means to him emancipation, breathing space, pure pleasure — animal pleasure, if you will — but the very voluptuousness of Spring affects him to the finger-tips and makes his senses "stir with poetry as leaves with summer wind." It shows the imperiousness of music in his nature — "I *must* have song." No surer would the skylark burst with melody than he. In some respects the Korean is nearer nature's heart than we give him credit for. He takes his draughts of nature from the living spring. We get much of ours from the illustrated journals. Take for instance any of those beautiful winter forest pictures. Have you ever compared them with the original? Have you ever learned the delight of sitting in the midst of a snow-laden foreset in mid-winter in utter silence? The Korean has.

【p.49▶】 Another branch of Korean classical music deals with convivial songs. This does not sound classical, but then if Hogarth's paintings are classical surely a convivial song may be.

Here is one taken at random, and while it is a drinking song it is the saddest I ever met.

술먹지마자ᄒᆞ고밍세를지엇더니
술보고안주보니밍세가허ᄉᆞ로다
ᄋᆞ희야청념이어ᄃᆡᄆᆡ니저건너힝화촌

I

'Twas years ago that Kim and I
Struck hands and swore, however dry
The lip might be or sad the heart,
The merry wine should have no part
In mitigating sorrow's blow
Or quenching thirst. Twas long ago.

II

And now I've reached the flood-tide mark
Of life; the ebb begins, and dark
The future lowers. The tide of wine
Will never ebb. 'Twill aye be mine
To mourn the desecrated fane

Where that lost pledge of youth lies slain.

III

Nay, nay, begone! The jocund bowl
Again shall bolster up my soul
Against itself. What, good-man, hold!
Canst tell me where red wine is sold?
Nay, just beyond that peach tree there?
Good luck be thine, I'll thither fare.

We have here first the memory of the lost possibility of youth, then the realization of to-day's slavery and, lastly, the mad rush for that which will bring forgetfulness. Not an exclusively Korean picture, surely.

But I must leave the classical style and venture within the precincts of the popular. And here I must tread carefully, for every word has two meanings and one needs Korean wooden shoes to keep out of the mire.

The first and most conspicuous of this class is that popular ditty of seven hundred and eighty-two verses, more or less, which goes under the euphonious title of A-ra-rŭng. To the average Korean this one song holds the same place in music that rice does in his food—all else is mere appendage. You 【p.50▶】 hear it everywhere and at all times. It stands in the same relation to the Korean of to-day that "Ta-ra-ra boom-di-ay" did to us some five years age. But the *furore* not being so great, the run is longer. To my personal knowledge this piece has had a run of three thousand five hundred and twenty odd nights and is said to have captured the public fancy about the year 1883. Its "positively last appearance" is apparently as far off as ever. I would not have anyone suppose that the above figures accurately represent the number of verses for they are numberless. In fact, this tune is made to do duty for countless improvisations in which the Korean is an adept. The chorus however is invariable and runs as follows : —

아르랑아르랑아라
아르랑얼스비씌어라

License is allowed in substituting, for the last word, 다나간다 or some other equally pregnant phrase.

While in America I was asked to translate this chorus and answered that the meaning was the same as is contained in the opening words of that English classic which begins —

"Hei diddle diddle."

I have asked many Koreans to give me the exact significance of the words, but have always met with the same incredulous smile. If any response was elicited it was of so vague a character as to be unintelligible. One man came very close to me and whispered that the 아르, being the beginning of the Korean word for Russia, was prophetic of the influence of that empire on the destiny of the nation! Another said that the characters were the Korean transliteration of certain Chinese characters which apprently mean "I love my husband, I love my husband. Yes, I love you, I love my husband", and the line finishes with "Good! Let us launch the festive boat." This refers to the Korean custom of feasting in boats on the river, a favorite form of entertainment with them, but dangerous, I should judge, for people of highly convivial tastes.

The verses which are sung in connection with this chorus range through the whole field of legend, folk lore, lullabys, drinking songs, domestic life, travel and love. To the Korean they are lyric, didactic and epic all rolled into one. They are at once Mother Goose and Byron, Uncle Remus and Wordsworth. Here is a very weak attempt to score it. I have left out the trills and quavers, but if you give one or two to each note you will not go wrong.

【p.51▶】

Here we have the chorus first and then the following : —

On Sai Jai's slope in Mun-gyung town
We hew the *pak tal namu* down
To make the smooth and polished clubs
With which the washerwoman drubs.
    Her masters clothes.

And by a swift turn of thought we have an Amazonian stanza : —

I cannot from my good-man part.
To say good-bye will break my heart.
See here, I have him by the wrist.
However he may turn and twist
    I won't let go.

And again a quick forsaking of the realm of the practical and a dash into Titania land : —

I asked the spotted butterfly
To take me on his wing and fly
To yonder mountain's breezy side.
The trixy tiger moth I'll ride
    As home I come.

And finally a sentiment which is all too true to Korean life.

The good-man lingers long away.
My heart is sad. I fear-but nay,
His promise, sure, will hold him fast.
Though long I wait, he'll come at last.
    Back! fruitless tears.

This is all sad doggerel when put into English. The Korean flavor is gone, the aroma dissipated; but you can see, from 【p.52▶】 them, some of the lines along which the Korean fancy sports itself; and if we compare it with much of our own popular music we see that human nature is the same and the same feelings find expression, though clad in different garb.

The following is a sample of the intermediate style. It does not rank with the *Si Jo* but is much in advance of the *Ha ch'i*.

【p.53▶】 We fain would put this in the category of yachting songs; but it would be an insult to the yacht to compare it with the square-ended craft which pass for boats in Korean waters. It consists mainly of the nautical "heigh-o", for which Koreans substitute "é-ya." This, together with the Korean "The wind blows free",

pa - ram - - i - pun - - - da pa - ram - - - i
pun - - - - - da Yŏn - - P'yung . . . .
puu - - da, él - wha kal-pa-ram pun - - - da.
é - ya é - ya é - - - - ya é - -
- - - - - - - - - - - ya . é - - - - - -
- - - - ya é - roa kal-pa-ram pun - - da.

forms the bulk of the song; but a little local coloring is thrown in by the reference to the "Yön-pyŭng pa-da", a particularly nasty stretch of water off the coast of Whang Hă province. This matter of local coloring is characteristic of Korean songs. They seldom speak of the "lofty mountain", the "shady dell", the "breezy upland" or the "wind-swept sea" without telling what particular mountain, dell, upland or sea is referred to. At first thought this would seem to detract from the poetic quality of the song by introducing geographical details which we of the west prefer to leave to the imagination; but on the other hand it seems to me to be the very charm of Korean music. In the first place, these names are euphonious and easily lend themselves to the uses of music. In the second place, Koreans as a people are remarkably well acquainted with the details of their country's geography. Every Korean has been at some time a traveler, and the local references are such as can appeal to him personally. Again, the names themselves are highly poetic — as Păk Tu. "The White Headed;" Kang Wha, "The Glory of the River;" Nak Wha, "The Fall of the Flowers;" Să Jă, "The Bird Pass;" Song Do, "The Pine Tree Capital;" and many others which from a poetic point of view compare favorably with our "Mauch Chunk", "Davil's Dike", "Pike's Peak", "Pilot Knob", "Magillicuddy Reeks" or "Rotten Row." The last, to be sure, is a striking case of alliteration but it would take Shakespearian genius to make poetry with them.

HOMER B. HULBERT.

「한국의 시」, 『한국휘보』 3권

"Korean Poetry", *The Korean Repository*, vol.3, Seoul : Trilingual Press, May 1896, pp.203~207.

해제 「한국의 성악」을 『한국휘보』에 발표한 지 석 달 만에 헐버트가 같은 잡지에 잇달아 기고한 글이다. 여기에서 헐버트는 '압축적(condensed)' 발화를 한국시 전반의 특징으로 지적하면서 한국시를 효과적으로 영역하기 위해서는 보충역과 의역의 방식에 의거해야 한다는 견해를 밝히고 있다. 또한 한국시에 서사시보다는 서정시가 압도적으로 우세한 분포를 보이는 이유에 대해서도 나름의 관점에서 해명을 시도하였다.

헐버트는 한국의 성악과 시에 대해 각각 글을 작성하여 발표하였지만, 가(歌)와 시(詩)를 분명히 나누어 논의하지는 않았고 양자를 명백히 다른 분야로 생각했던 것 같지도 않다. 그가 후일 *The Passing of Korea*(New York : Doubleday, 1906)를 저술하면서 이 두 에세이를 편삭(編削)하여 제24장 「음악과 시(Music and Poetry)」라는 단일 챕터로 묶어 내었던 것 역시 한국의 가와 시가 엄밀히 구분되지 않는다는 사정을 인지하였기 때문으로 보인다. 이 책은 '대한제국멸망사'라는 제목으로 신복룡에 의해 번역되었다(H. B. 헐버트, 신복룡 역, 『대한제국멸망사』, 집문당, 1999). 한편, 송민규는 헐버트의 「한국의 시」를 여러 각도에서 조명한 후, 학위논문의 부록에 이 글을 모두 번역하여 수록하기도 하였다.

주요 번역본 송민규, 「19세기 서양 선교사가 본 한국시 – *The Korean Repository*의 기사 "Korean Poetry"를 중심으로」, 고려대 석사논문, 2008, 66~79면.

【p.203▶】 THERE is nothing more interesting than a good dialect story, but literature contains nothing more really deceptive. The reason is that the raciness of it, due to oddities of idiom and pronunciation, is utterly unfelt by the people of whom it is the ordinary mode of speach. The negro dialect is often irresistably funny or irresistably pathetic, not to the negro himself but to those who are impressed with his peculiarities of accent, idiom or use of illustration.

When a foreigner sees a Korean for the first time he feels like laughing because of the apperent absurdity of certain parts of his costume. Pidgin English affects

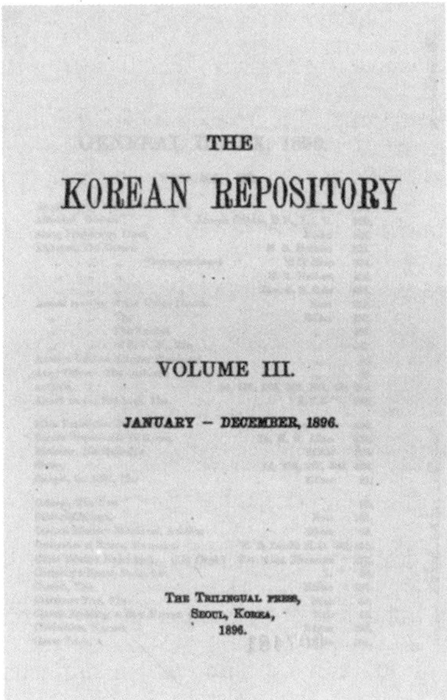

THE

KOREAN REPOSITORY

VOLUME III.

JANUARY – DECEMBER, 1896.

THE TRILINGUAL PRESS,
SEOUL, KOREA,
1896.

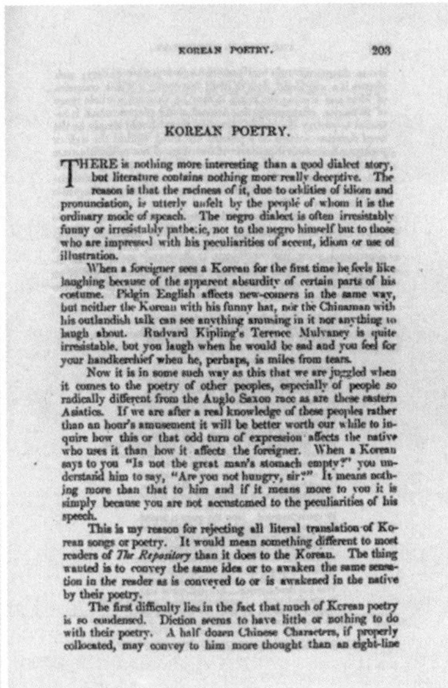

KOREAN POETRY. 203

KOREAN POETRY.

THERE is nothing more interesting than a good dialect story, but literature contains nothing more really deceptive. The reason is that the raciness of it, due to oddities of idiom and pronunciation, is utterly unfelt by the people of whom it is the ordinary mode of speach. The negro dialect is often irresistably funny or irresistably pathetic, not to the negro himself but to those who are impressed with his peculiarities of accent, idiom or use of illustration.

When a foreigner sees a Korean for the first time he feels like laughing because of the apparent absurdity of certain parts of his costume. Pidgin English affects new-comers in the same way, but neither the Korean with his funny hat, nor the Chinaman with his outlandish talk can see anything amusing in it nor anything to laugh about. Rudyard Kipling's Terence Mulvaney is quite irresistable, but you laugh when he would be sad and you feel for your handkerchief when he, perhaps, is miles from tears.

Now it is in some such way as this that we are juggled when it comes to the poetry of other peoples, especially of people so radically different from the Anglo Saxon race as are these eastern Asiatics. If we are after a real knowledge of these peoples rather than an hour's amusement it will be better worth our while to inquire how this or that odd turn of expression affects the native who uses it than how it affects the foreigner. When a Korean says to you "Is not the great man's stomach empty?" you understand him to say, "Are you not hungry, sir?" It means nothing more than that to him and if it means more to you it is simply because you are not accustomed to the peculiarities of his speech.

This is my reason for rejecting all literal translation of Korean songs or poetry. It would mean something different to most readers of *The Repository* than it does to the Korean. The thing wanted is to convey the same idea or to awaken the same sensation in the reader as is conveyed to or is awakened in the native by their poetry.

The first difficulty lies in the fact that much of Korean poetry is so condensed. Diction seems to have little or nothing to do with their poetry. A half dozen Chinese Characters, if properly collocated, may convey to him more thought than an eight-line

new-comers in the same way, but neither the Korean with his funny hat, nor the Chinaman with his outlandish talk can see anything amusing in it nor anything to laugh about. Rudyard Kipling's Terence Mulvaney is quite irresistable, but you laugh when he would be sad and you feel for your handkerchief when he, perhaps, is miles from tears.

Now it is in some such way as this that we are juggled when it comes to the poetry of other peoples, especially of people so radically different from the Anglo Saxon race as are these eastern Asiatics. If we are after a real knowledge of these peoples rather than an hour's amusement it will be better worth our while to inquire how this or that odd turn of expression affects the native who uses it than how it affects the foreigner. When a Korean says to you "Is not the great man's stomach empty?" you understand him to say, "Are you not hungry, sir?" It means nothing more than that to him and if it means more to you it is simply because you are not accustomed to the peculiarities of his speech.

This is my reason for rejecting all literal translation of Korean songs or poetry. It would mean something different to most readers of *The Repository* than it does to the Korean. The thing wanted is to convey the same idea or to awaken the same sensation in the reader as is conveyed to or is awakened in the native by their poetry.

The first difficulty lies in the fact that much of Korean poetry is so condensed. Diction seems to have little or nothing to do with their poetry. A half dozen Chinese Characters, if properly collocated, may convey to him more thought than an eight-line 【p.204▶】 stanza does to us. As you pass through a picture gallery, each picture is a completed unit in itself conveying a whole congeries of ideas and sending the mind, it may be, through a whole range of memories. Supposing that instead of the picture which is intended to portray the idea of devotion there should simply be the word devotion written on a placard and hung against the wall or perhaps a few words illustrative of devotion. That would illustrate in a certain way the difference between Korean and English poetry. In the one case the ear is the medium, in the other case the eye. It is for this reason that there is no such thing in the whole East as oratory. There is no *art* of speech; it is entirely utilitarian. Allow me to illustrate this pregnancy of meaning in single characters as used by Koreans. Take the two characters 洛花. The first of these is called *nak* meaning to fall, and the second is *wha* meaning a flower. In other words *fallen flower*. The allusion is historical and when these characters meet the eye of an educated Korean they convey to his mind something of the meaning of the following lines.

> In Pak Jé's[1] halls is heard a sound of woe.
> The craven King, with prescience of his fate,
> Has fled, by all his warrior knights encinct.
> Nor wizard's art, nor reeking sacrifice,
> Nor martial host can stem the tidal wave

1 One of the ancient kingdom of southerns Korea.

Of Silla's vengeance. Flight, the coward's boon,
Is his; but by his flight his queen is worse
Than widowed; left a prey to war's caprice,
The invader's insult and the conqueror's jest.
Silent she sits among her trembling maids
Whose loud lament and cham'rous grief bespeak
Their anguish less than hers. But lo, she smiles,
And, beckoning with her hand, she leads them forth
Beyond the city's wall, as when, in days of peace,
She held high holiday in nature's haunts.
But now behind them sounds the horrid din
Of ruthless war, and on they speed to where
A beetling precipice frowns ever at
Itself within the mirror of a pool
By spirits haunted. Now the steep is scaled.
With flashing eye and heaving breast she turns
And kindles thus heroic flame where erst
Were ashes of despair. "The insulting foe
Has boasted loud that he will cull the flowers
Of Pak Jé. Let him learn his boast is vain,
For never shall they say that Pak Jé's queen
Was less than queenly. Lo! the spirits wait
In yon dark pool. Though deep the abyss and harsh
Death's summons, we shall fall into their arms
As on a bed of down and pillow there
Our heads in conscious innocence." This said,

【p.205▶】

She calls them to the brink. Hand clasped in hand,

In sisterhood of grief an instant thus they stand,
Then forth into the void they leap, brave hearts!
Dike drifting petals of the plum soft blown
By April's perfumed breath, so fell the flowers
Of Pak Jé, but, in falling, rose aloft
To honor's pinnacle. * * *

The Korean delights in introducing poetical allusions into his folk-tales. It is only a line here and a line there, for his poetry is nothing if not spontaneous. He does not sit down and work out long cantos, but he sings like the bird when he cannot help singing.

One of the best of this style is found in the story of Cho Ung who, after nailing to the palace gate his defiance of the usurper of his master's throne, fled to a monastery in the south and after studying the science of war for several years came, forth to destroy that usurper. The first day he became possessed in a marvellous manner of a sword and steed and at night, still wearing the priest's garments, enjoyed the hospitality of a country gentleman.

As he stood at the window of his chamber looking out upon the moonlit scene he heard the sound of a zither which must have been touched by fairy fingers for though no words were sung the music interpreted itself.

Sad heart, sad heart, thou waitest long,
　　For love's deep fountain thirsting.
Must winter linger in my soul
Tho' April's buds are bursting?

The forest deep, at love's behest,
　　Its heart of oak hath riven,

This lodge to rear, where I might greet
　　My hero, fortune-driven.

But heartless fortune, mocking me,
　　My knight far hence hath banished,
And in his place this cowl-drawn monk
　　From whom love's hope hath vanished.

This throbbing zither I have ta'en
　　To speed my heart's fond message
And call from heaven the *won-ang*[2] bird,
　　Love's sign and joy's sure presage.

But fate, mid-heaven, hath caged the bird
　　That, only, love's note utters;
And in its stead a *ga-chi*[3] foul
　　Into my bosom flutters.

【p.206▶】Piqued at this equivocal praise, Cho Ŭng draws out his flute, his constant companion, and answers his unseen critic in notes that mean.

Ten years among the halls of learning I have shunned
The shrine of love, life's synonym; and dreamt, vain youth.
That having conquored nature's secrets I could wrest
From life its crowning jewel, love. 'Twas not to be.

---

2 A bird which chooses its mate for life and is thus a type of marital love and fidelity.

3 The common magpie.

To-night I hear a voice from some far sphere that bids
The lamp of love to burn, forsooth, but pours no oil
Into its challice. Woe is me; full well I know
There is no bridge that spans the gulf from earth to heaven.
E'en though I deem her queen, in yon fair moon enthroned.
The nearest of her kin, can I breath soft enough
Into this lute to make earth silence hold that she
May hear, or shrill so loud to pierce the firmament
And force the ear of night?

However that way be, he soon solved the difficulty by jump-over the mud wall which separated them, and obtaining her promise to become his wife, which promise she fulfilled after he had led an army against the usurper and had driven him from the throne.

Korean poetry is all of a lyric nature. There is nothing that can be compared with the epic. We do not ask the lark to sing a whole symphony, nor do we ask the Asiatic to give us long historical or narrative accounts in verse. Their language does not lend itself to that form of expression. It is all nature music pure and simple. It is all passion, sensibility, emotion. It deals with personal, domestic, even trivial matters often-times, and in this respect it way be called narrow, but we must not forget that the lives of these people are narrow, their horizen circumscribed. This explains in part why they lavish such a world of passion on such trivial matters. It is because in their small world these things are relatively great. The swaying of a willow bough, the erratic flight of a butterfly, the falling of a petal, the drone of a passing bee means more to him than to one whose life is broader.

Here we have the fisherman's evening song as he returns from work.

As darts the sun his setting rays

Athwart the shimmering mere,
My fishing-line reluctantly
I furl and shoreward steer.

Far out along the foam-tipped waves
The shower-fairies trip,
Where sea-gulls, folding weary wing,
Alternate rise and dip.

A willow withe through silver gills,
My trophies I display.
To yonder wine-shop first I'll hie,
Then homeward wend my way.

【p.207▶】In the following again we find a familiar strain. A Korean setting of our "Oh, for a lodge in some vast wilderness."

Weary of the ceaseless clamor,
Of the false smile and the glamor
Of the place they call the world;
Like the sailor home returning,
For the wave no longer yearning,
I my sail of life have furled.

Deep within this mountain fastness,
Minified by nature's vastness,
Hermit-wise, a lodge I'll build.
Clouds shall form the frescoed cieling,

Heaven's blue depths but half revealing,
    Sun-beam raftered, star-light filled.

In a lakelet deep I'll fetter
    Yon fair moon — Oh who ould better
Nature's self incarcerate?
    Though, for ransom, worlds be offered,
I would scorn the riches proffered;
    Keep her still, and laugh at fate.

And when Autumn's hand shall scatter
    Leaves upon my floor, what matter,
Since I have the wind for broom?
    Cleaning house I will not reckon
Only to the storm-spirits beckon;
    With their floods they'll cleanse each room.

We can not charge the Korean with lack of imagination but rather, at times, with the exuberance of it.

H. B. HULBERT.

「한국의 유풍」, 『왕립 아시아학회 한국지부 회보』 1권

"Korean Survivals", *Transactions of the Korea Branch of the Royal Asiatic Society*, vol.1, Seoul : Royal Asiatic Society Korea Branch, 1900, pp.25～42.

해제 1900년 10월 24일에 열린 영국 왕립 아시아학회 한국지부 정례 모임에서 제임스 게일이 「한국에 끼친 중국의 영향(The Influence of China upon Korea)」을 통해 한국문화가 본질적으로 중국적 요소에 현저하게 편향되어 있다는 견해를 설파하자, 호머 헐버트는 다음 정례 모임일인 11월 29일에 「한국의 유풍(遺風)」을 잇달아 발표하면서 게일의 소견에 반론을 제기하였다.

한국에는 중국과 변별되는 고유의 문화적 전통이 2천 년 이상 이어져 내려오고 있으며, 이러한 유풍을 고려하지 않고서는 한국을 온전히 이해할 수 없다는 주장이 담긴 논문이다. 게일의 견해를 일부 수용하면서도 그가 열거한 논거들을 하나하나 공박하는 방식으로 논문이 구성되어 있다. 때문에 "(게일 목사의 견해가 옳다는 점을) 저는 시인합니다. 그러나"라는 동일한 구절이 논문 중간에 수차 반복된다("I shall grant (the Rev. Jas. S. Gale's view), but").

헐버트의 「한국의 유풍」은 게일의 「한국에 끼친 중국의 영향」 바로 뒤에 실려 전하기 때문에 당시 두 사람의 논쟁을 생생하게 되살려 볼 수 있다. 헐버트는 왕립 아시아학회 한국지부의 초대 명예이사와 서기이사(recording secretary)로 선출되어 활동하였으며, 같은 시기 게일은 명예이사와 대외담당이사직을 수행하고 있었다.

【p.25▶】 WE had the pleasure a short time since of listening to an able presentation of the subject of "China's Influence upon Korea" by the Rev. Jas. S. Gale. It would be difficult if not impossible to bring together a more complete array of the facts which argue the existence of such influence. But the impression left by the paper was that there is nothing in Korean society that is not dominated by Chinese ideas. If this is true, we have in Korea a condition of affairs that must be acknowledged to be unique; for Korea is a nation of over twelve million people who have preserved a distinct national life for more than two thousand years, and it would

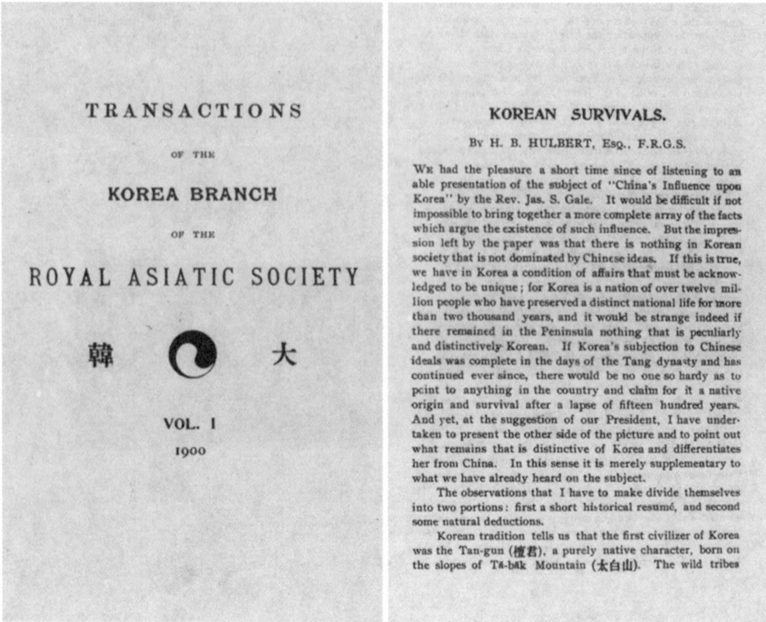
TRANSACTIONS

OF THE

KOREA BRANCH

OF THE

ROYAL ASIATIC SOCIETY

韓 大

VOL. I

1900

KOREAN SURVIVALS.

By H. B. HULBERT, Esq., F.R.G.S.

We had the pleasure a short time since of listening to an able presentation of the subject of "China's Influence upon Korea" by the Rev. Jas. S. Gale. It would be difficult if not impossible to bring together a more complete array of the facts which argue the existence of such influence. But the impression left by the paper was that there is nothing in Korean society that is not dominated by Chinese ideas. If this is true, we have in Korea a condition of affairs that must be acknowledged to be unique; for Korea is a nation of over twelve million people who have preserved a distinct national life for more than two thousand years, and it would be strange indeed if there remained in the Peninsula nothing that is peculiarly and distinctively Korean. If Korea's subjection to Chinese ideals was complete in the days of the Tang dynasty and has continued ever since, there would be no one so hardy as to point to anything in the country and claim for it a native origin and survival after a lapse of fifteen hundred years. And yet, at the suggestion of our President, I have undertaken to present the other side of the picture and to point out what remains that is distinctive of Korea and differentiates her from China. In this sense it is merely supplementary to what we have already heard on the subject.

The observations that I have to make divide themselves into two portions: first a short historical resumé, and second some natural deductions.

Korean tradition tells us that the first civilizer of Korea was the Tan-gun (檀君), a purely native character, born on the slopes of Tă-băk Mountain (太白山). The wild tribes

be strange indeed if there remained in the Peninsula nothing that is peculiarly and distinctively Korean. If Korea's subjection to Chinese ideals was complete in the days of the Tang dynasty and has continued ever since, there would be no one so hardy as to point to anything in the country and claim for it a native origin and survival after a lapse of fifteen hundred years. And yet, at the suggestion of our President, I have undertaken to present the other side of the picture and to point out what remains that is distinctive of Korea and differentiates her from China. In this sense it is merely supplementary to what we have already heard on the subject.

The observations that I have to make divide themselves into two portions : first a short historical resumé, and second some natural deductions.

Korean tradition tells us that the first civilizer of Korea was the Tan-gun(檀君), a purely native character, born on the slopes of Tă-băk Mountain(太白山). The wild tribes 【p.26▶】 made him their king. He taught them the relations of king and subject; he instituted the rite of marriage; he instructed them in the art of cooking and the science of house-building; he taught them to bind up the hair by tying a cloth about the head. This tradition is universally accepted among Koreans as true. They believe his reign to have begun a thousand years before the coming of Keui-ja. We place no confidence in the historical value of the legend, but the Koreans do; and it is significant that according to the general belief in Korea the Tan-gun taught two, at least, of the most important of the Confucian doctrines, namely those concerning the government and the home. And from these two all the others may be readily deduced. The legend also intimates that the much respected top-knot, at least in all its essential features, antedated the coming of Keui-ja.

If the legendary character of this evidence is adduced against it, the very same can be adduced against the story of Keui-ja, at least as regards his coming to Korea. The Chinese histories of the Tang dynasty affirm that Keui-ja's kingdom was in Liao-tung(遼東). The histories of the Kin and Yuan dynasties say that Keui-ja's capital was at Kwang-nyŭng(廣寧) in Liao-tung. A Keui-ja well is shown there to this day and a shrine to him. A picture of this great sage hung there for many years, but it was burned in the days of Emperor Sé-jong of the Ming dynasty. Even a Korean work, entitled *Sok-mun Heun-tong-no*(續文獻通考), states that Keui-ja's capital was at Ham-p'yŭng-no(咸平路) in Liao-tung. The Chinese work *Il-tong-ji* (一統志), of the Ming dynasty, states that the scholars of Liao-tung compiled a book on this subject entitled *Sŭng-gyŭng-ji*(盛京志), in which they said that Cho-sŭn included Sim-yang(瀋陽, i.e. *Mukden*), Pong-ch'ŭn-bu(奉天府), Kwang-nyŭng and Eui-ju(義州), which would throw by far the larger portion of Cho-sŭn beyond the Yalu River and preclude the possibility of Keui-ja's capital being at P'yŭng-yang. I believe that P'yŭng-yang was his capital, but the evidence cited shows that it is still an open question and if the Tan-gun story is excluded because of its legendary character the Keui-ja story must be treated likewise. We have as many remains of the Tan-gun dynasty as of the Keui-ja. The Tan-gun altar on Kang-wha, the fortress of 【p.27▶】 Sam-năng(三郞) on Chŭn-dung Mountain, the Tan-gun shrine at Mun-wha and the grave of the Tan-gun at Kang-dong attest at least the Korean belief in their great progenitor.

When Keui-ja came in 1122 B.C. he brought with him a mass of Chinese material, but we must note the way in which it was introduced. From the first he recognised the necessity of adapting himself and his followers to the language of the people among whom they had come. The Chinese language was not imposed upon the people. He determined to govern through magistrates chosen from the native population; and for this purpose he selected men from the various districts and taught them the science of government.

The Chinese character was not introduced into Korea at this time as a permanency. The square character had not as yet been invented and the ancient seal character was as little known even among the upper classes as the art of writing among the same classes in Europe in the Middle Ages. The total absence of literary remains, even of inscriptions, bears evidence to the fact that the Chinese character played no part in the ancient kingdom of Cho-sŭn.

The Keui-ja dynasty was overthrown by Wi-man in 193 B.C., but neither Wi-man nor his followers were Chinese. We are distinctly told that he was a native of Yŭn(燕), a semibarbarous tribe in Manchuria. His coming, therefore, could have added nothing to the influence of China upon Korea. Only eighty-six years passed before Wi-man's kingdom fell before the Emperor Mu(武帝), of the powerful Han dynasty, and was divided into four provinces. But we must ask what had become of the Keui-ja civilization. The conquering emperor called the Koreans "savages." Mencius himself speaks of a greater and a lesser Măk(貊), meaning by greater Măk the kingdom of Cho-sŭn. This is considered an insult to the Keui-ja kingdom, for Măk was the name of a wholly barbarous tribe on the eastern side of the Peninsula and the reference implies that Cho-sŭn was also savage. The celebrated Chinese work, the *Mun-hon T'ong-go*(文獻通考), almost our only authority on the wild tribes of Korea at the time of which we are speaking, shows that almost the whole of northern Korea was occupied by the tribes of Ye(穢), of Măk(貊), of Nang-nang(樂浪) and Ok-jŭ(沃沮). The kingdom of Wi-man 【p.28▶】 comprised only a portion of the province of P'yŭng-an. The evidence is made still stronger by the fact that the Emperor Mu gave the name of Nang-nang(樂浪), to the whole of north-western Korea, clean to the Yalu River. It seems plain that he considered the trans-Yalu portion of Wi-man's kingdom its most important part.

It was not to be expected that Chinese could long continue to hold any portion of Korea. It was too far from the Chinese base, and the intractability of the semi-barbarous tribes made the task doubly difficult. So we are not surprised to find that within a century the whole of northern Korea fell into the hands of Chu-mong(朱蒙), a refugee from the far northern kingdom of Pu-yŭ(夫餘). Tradition gives him a supernatural origin, but his putative father was a descendant of the oldest son of the Tan-gun. So here again we find no indication of Chinese influence. From almost the very first this new kingdom of Ko-gu-ryŭ was China's natural enemy, and while there were intervals of peace, for the most part a state of war existed between Ko-gu-ryŭ and the various Chinese dynasties which arose and fell between 37 B.C. and 668 A.D. The *Mun-hon T'ong-go* describes the manners and customs of Ko-gu-ryŭ in detail. It says nothing about Confucianism, but describes the native fetichism and shamanism in terms which make it plain that northern Korea had very largely reverted to its semi-barbarism — if indeed it had ever been civilized. Her long wars with China at last came to an end when the latter, with the aid of Sil-la, brought her to bay in 668 A.D.

We must now turn to the south where interesting events were transpiring. In 193 B.C. Wi-man drove Keui-jun out of P'yŭng-yang. He fled by boat with a handful of followers, landing finally at the site of the present town of Ik-san. At that time the southern part of Korea was occupied by three congeries of little states. The western and most powerful of these groups was called Ma-han(馬韓), the southern group was Pyön-han(卞韓) and the eastern group Chin-han(辰韓). These names were already in use in southern Korea long before the coming either of Keui-jun or the Chinese refugees from the Chin empire across the Yellow Sea. Keui-jun undoubtedly brought with him a civilization superior to that of the southern Koreans and so he found little difficulty in setting 【p.29▶】 up a kingdom. This kingdom did not, however, include the whole of Ma-han. At first it probably included only a few of the fifty-four independent communities which composed the Ma-han group. He had with him only a few score of followers and he found in Ma-han a people differing from his own in language, customs, laws and religion. It is inconceivable that during the short period that this kingdom survived it could have exerted any powerful influence upon the general population of the Ma-han group. It was only a few years after Chu-mong founded Ko-gu-ryŭ that his two sons moved southward and settled well within the borders of Keui-jun's little kingdom and within two decades, by a single short campaign, they overthrew Ma-han and set up the kingdom of Păk-je(百濟). Thus we see that Păk-je was founded by people that were in no wise connected with the Chinese or influenced by Chinese traditions.

But some time before this the kingdom of Sil-la had been founded in the south-eastern portion of the Peninsula. We are credibly informed that at the time of the building of the great wall of China large numbers of Chinese fled from China and found asylum in southern Korea. Landing on the coast of Ma-han they were apparently considered unwelcome visitors, for they were immediately deported to the eastern side of the Peninsula and given a place to live among the people of Chin-han. They did not found Chin-han. The names of all the independent settlements of that group are preserved to us and none of them has a Chinese name. Chin-han had existed long before the coming of these Chinese. There is nothing in the records on which to base the belief that these Chinese immigrants had anything to do with the founding of the kingdom of Sil-la. The chiefs of five of the native communities agreed to unite their people under a single government, but the name they gave the kingdom was not Sil-la but Sŭ-ya-bŭl(徐耶伐), a purely native word. The name Sil-la was not applied to the kingdom until some centuries later, that is in 504 A.D., during the reign of King Chi-deung. It was in the same year that the horrible custom was discontinued of burying five boys and five girls alive when the body of a king was interred. The title of the king was Kŭ-sŭ-gan(居西干), a purely native word. The word "wang" was not introduced 【p.30▶】 till the name Sil-la was. The names of all the government offices and all official titles were pure native words. These are also preserved to us in the *Mun-hon T'ong-go* which I have already mentioned. We have now noticed the origin of the three states which divided the Peninsula between them at about the beginning of our era and we find that in none of them was there any considerable Chinese influence manifest. Indeed it was not until five hundred years later that even the barbarous and revolting custom of burying people alive was discontinued, and even then it was discontinued only because a king on his death-bed gave most stringent orders that no children were to be buried alive with him.

There was at the same time a certain admixture of Chinese blood in Korea. In human society as in the vegetable kingdom we find that a wise admixture of the different species of a family produces the very best of results. The admixture of Celtic, Teutonic, Scandinavian and Norman blood produced the powerful combination which we call English. So the slight infusion of Chinese blood in Sil-la helped to produce a civilization that was confessedly far in advance of either Păk-je or Ko-gu-ryŭ.

But the kingdom of Sil-la was without a system of writing, and consequently adopted the system that the Chinese had brought with them. There can be no doubt that these Chinese brought many new ideas, which, being entirely foreign to the Koreans, had no corresponding words in their vocabulary. The Koreans therefore adopted the names along with the ideas. But in borrowing from the Chinese vocabulary the Koreans did it in no slavish way. They attached Korean endings to the Chinese words, compounded them with Korean words and in truth assimilated them to the genius of Korean speech as thoroughly as the Old English did the Romance dialects brought over by the Norman conquerors. Korean etymology and syntax differed so widely from the Chinese that Korean scholars despaired of blending the two, and in order to render a Chinese text intelligible they found it necessary to introduce the Korean endings. This was done by means of a system called the Ni-t'u, which was described some years ago in the *Korean Repository*.

As a medium of writing the Koreans adopted the Chinese 【p.31▶】 character and they still continue to use it. There has never risen a man in Korea to do for his country what Chaucer, Dante and Cervantes did for theirs, namely, write a classic in the native tongue and begin the good work of weaning the people away from a foreign system which restricts the benefits of erudition to the meagrest minority of the people. And yet Korea has not been wanting in men who recognised the need of a change. The first of these was Sŭl-ch'ong(薛聰), to whom reference was made in the paper read last month as being one of Korea's great men. It is true; but the foundation of his greatness lies, it seems to me, in his attempt to make popular education possible in his native land. He it was who invented the Ni-t'u(吏套), which was a half-measure and therefore doomed to failure. But such as it was it was entirely anti-Chinese, at least in this respect that, by weaning the Koreans away from the Chinese grammatical system, the first step would be taken towards weaning them away from the whole system. He labored under far greater difficulties in this matter than did those who took the first steps toward freeing the English people from their bondage to the Latin. This difficulty was the entire lack of any phonetic system of writing in Korea. The highly inflected language of Korea is wholly unfit to be expressed in terms of the rigid, unyielding characters of China. The English on the other hand not only had a phonetic system similar to that of the Continent but they had almost identically the same alphabet. Such being the case it is small wonder that Sŭl-ch'ong failed.

Another great scholar of Sil-la was Ch'oé Ch'i-wun(崔致遠). At an early age he went to China, where he took high honours in the national examinations. He travelled widely — as far as Persia, it is said — and then came back to Korea to give his countrymen the benefit of his experience. But it soon became evident that the jealousy of his fellow-courtiers would let him do nothing. He was forced to flee from the court and find refuge among the mountains, where he wrote an interesting biographical work. It is natural enough that the Chinese mention him with enthusiasm because of his achievements in China. The Koreans owe him little except the lesson which he taught, that a Korean who denationalizes himself can hope to have little influence upon his fellow-countrymen.

【p.32▶】 Down through the history of Sil-la we find a constantly broadening civilization and a constant borrowing of Chinese ideas of dress, laws, religious and social observances. This is freely granted, but what we do not grant is that this borrowing made the Korean any less a Korean or moulded his disposition into any greater likeness to the Chinese than a tiger's fondness for deer moulds him into any likeness to that animal.

It was during the early days of Sil-la that Confucianism and Buddhism were introduced into Korea. Before the beginning of our era Chinese influence had been stamped out of the whole north and west of Korea and it was only with the impetus that Sil-la gave to the study of Chinese that this religion took firm root in Korean soil. I shall take up the matter of Confucianism and Buddhism later, and only mention them here to emphasize the date of their introduction.

Sil-la finally, with the help of the Chinese, gained control of nearly the whole of the Peninsula, but for many years there was a sharp dispute between her and China as to the administration of the northern provinces. It was only when Sil-la assumed control of the whole Peninsula that the people began to be moulded into a homogeneous mass.

In the tenth century Sil-la fell before the Ko-ryŭ(高麗) dynasty and the palmy days of Buddhism were in sight. During the next five hundred years Chinese influence in Korea was almost exclusively along Buddhistic lines. It was during this period that the law was promulgated requiring every third son to become a monk, and that the pagoda was erected in this city. But, as I shall attempt to show later,

Buddhism cannot be cited as Chinese influence in any proper sense.

With the beginning of this dynasty in 1392 happier days were in store for Korea. Sweeping reforms were instituted. King Se-jo(世祖) ordered the casting of metal types in 1406, thus anticipating the achievement of Gutenberg by nearly half a century. These were Chinese characters, but the same king ordered the construction of a phonetic alphabet that would make possible the education of the masses. This command resulted in the composition of an alphabet which for simplicity and phonetic power has not a superior in the 【p.33▶】 world. It was a system capable of conveying every idea that the Korean brain could evolve or that China had to lend. It would be as absurd to say that the Korean requires the Chinese written language with its widely divergent grammar as to say that the Englishman needs the Latin written language with all its grammatical system. But the alphabet never became popular among the upper or educated class. The reason is two-fold. In the first place, this upper class had been so long accustomed to a system that appealed to the eye rather than to the ear that the change was too radical. It would be like asking a painter to stop expressing his ideas on canvas and do it on the piano instead. The whole technique of the art must be relearned. The artistic spirit might enable him to do it, but the effort would be too great a strain on the patience to render his acquiescence probable. In the second place, the use of the Chinese character was an effectual barrier between the upper and the lower classes. The caste spirit, which has always been pronounced in Korea, was fed and strengthened by the use of Chinese; for only a leisure class could hope to learn the "Open Sesame" to learning. The retention of the Chinese character grew out of no love for Chinese ideas, but from intellectual inertia on the one hand and caste prejudice on the other.

Since the beginning of this dynasty there have been no considerable borrowings from China.

This closes the historical part of our theme, and now, in commenting upon it, I shall make use of a comparison which, though not exact in all particulars, is sufficiently so for our purposes. I shall attempt to show that the influence of China upon Korea has been almost identical with that of Continental Europe upon the inhabitants of the British Isles. Not that there is any similarity between Korea and England, any more than there is between China and Continental Europe, but that the law of cause and effect has worked in identically the same way in each case.

I. I have granted that there has been admixture of Chinese blood in Korea. This admixture terminated over a thousand years ago, for the Manchu and Mongol invasions left no traces in the Korean stock. But we find precisely the same process occurring in England at approximately the same 【p.34▶】 time. The admixture of Norman blood in England was indeed far greater than the Chinese admixture in Korea.

II. I have granted that the language of Korea has been modified by Chinese admixture, but the modification has been identical both in kind and in degree with that which the Romance languages exerted upon English. The changes which occurred among the Korean tribes between the years 200 B.C. and 100 A.D. may fitly be compared with the changes which took place in England at the same or a little later period, namely from the beginning of the Roman conquest. The influence of Norman-French upon English did not begin till somewhat later than the influence of Chinese upon Korean, but it was of the same nature. It is necessary then to inquire what was the kind of influence which the Chinese exerted over the Korean.

(a) At the time when this influence commenced Korea already possessed a highly inflected language, which differed radically from the Chinese in its phonetics, etymology and syntax, and this difference is as great to-day as ever. If we turn to the British Isles we find that at the time of the Norman conquest there existed in England a highly inflected language which differed widely from that of the conquerors and that the distinction has been maintained in spite of all glossarial innovations.

(b) The influence of the Chinese upon the Korean, as of the Norman upon the English, consisted almost solely in the borrowing of new terms to express new ideas and of synonyms to add elegance and elasticity to the diction. In both cases the legal, ecclesiastical, scientific and literary terms were borrowed, while the common language of ordinary life remained comparatively free from change. The difficulty of writing in pure Korean without the use of Chinese derivatives is precisely the same as that of writing in pure English without the use of Latin derivatives. Of course there are many Chinese terms that have no Korean equivalent, just as there are many Latin derivatives that have no Anglo-Saxon equivalent. But we must remember that there are thousands of common Korean words that have no Chinese equivalent. The whole range of onomatopoetic or mimetic words, in which Korea is particularly rich, has never been reduced to 【p.35▶】 Chinese nor sought a Chinese synonym. In our English vocabulary there are only 28,000 Anglo-saxon roots. I feel sure that an exhaustive list of Korean words would show a larger proportion of native roots than this.

(c) Ideas come first, words afterwards, and the Korean who has grasped the idea needs only to borrow the phonetic symbol of the idea. No written character is necessary. The fact that the whole New Testament has been intelligibly rendered into Korean and written in the native alphabet is sufficient answer to all who say that the Korean requires the Chinese character to enable him to express even the most recondite ideas.

III. I have granted that Korea has borrowed largely from the religious systems of China. I have shown that the Confucian cult was introduced into Korea a little after the beginning of our era. It was at this same time that Christianity was first introduced into England. But Christianity effected a far more radical change in England than Confucianism did in Korea. The ancient Druidical rites of prehistoric England correspond very well with the fetichism of the wild tribes of Korea, but though Christianity put an end to the whole Druidical system Confucianism never was able to displace the fetichism of Korea. It exists here to-day and forms the basis of Korean religious belief. It exercises an influence upon the Korean masses incalculably greater than Confucianism. The fetichism of Korea is not a Chinese product. It is described by the writers who tell of the ancient tribes of Korea, and what they say corresponds closely with what we know of Korean superstitions to-day. There were the full moon and the new moon feast. There was the worship of animals and of spirits of numberless kinds. The omens which the Koreans dreaded long before the coming of the Chinese were the same as those which frightened the ancient Chaldeans, Persians, Romans, namely, eclipses, meteors, wailings, wild animals in the streets, showers of various articles of a most unexpected nature.

Much stress is naturally laid upon Confucianism, but what is Confucianism? A formulation of those simple laws of conduct which are common to the entire human family. The love of parents is instinctive to the race. It is common 【p.36▶】 even among animals. Conjugal faithfulness, loyalty to rulers, the sacredness of friendship —these are things that all men possess without the suggestion of Confucianism and they existed here before Confucianism was heard of. The Koreans accepted the written Confucian code as naturally as the fledgeling takes to its wings. They had never formulated it before and so they naturally accepted the Chinese code.

But I would ask what influence Confucianism has actually exerted upon Korea. It has dictated the form of ceremonial observances and has overspread the surface of Korean social life with a veneer that appeals wholly to the eye, but which finds little sanction in the judgement. Which one of the Confucian precepts have the Koreans observed with even a reasonable degree of faithfulness? Not one. Their Confucianism is a literary shibboleth —a system of casuistry which is as remote from the field of practical ethics as the system of Machiavelli was remote from the field of genuine diplomacy. In Korea Confucianism has moulded merely the form of things and has left the substance untouched. To prove this I would ask to whom or what does the Korean have recourse when in trouble of any kind? Every one conversant with Korean customs will answer that it is to his primitive and inborn fetichism or to that form of shamanism to which Korean Buddhism has degenerated. And this brings us to the subject of Buddhism.

Korea received Buddhism not *from* China but merely *by way of* China. In origin and philosophy Buddhism is an Indian product and can no more be cited as Chinese influence than Japanese Buddhism can be cited as Korean influence. We must look farther back to trace the genesis of that influence. China was merely the physical medium through which Indian ideas were transmitted to Korea and thence to Japan.

Buddhism flourished in Korea from about 400 A.D. to 1392 A.D. At that time an opposing current set in which pushed it into the background, but it would be a great mistake to think that the principles and philosophy of Buddhism are extinct. They have been pushed to the background, but they still remain in their modified form the background of the Korean temperament, as I shall show later.

IV. I shall grant that Korea has received her scientific 【p.37▶】 ideas from China, but in the same way that the English received their fundamental scientific notions from the Continent. The astronomical system of Copernicus, the medical systems of Galen and Hippocrates, the mathematical systems of Euclid and Archimedes and the philosophical systems of Plato, Spinoza, Descartes and Kant — these form the background of English science. In the same way Korea received her astronomy, astrology, geomancy and necromancy from China.

V. I shall grant that Korea received her artistic ideals from China, but in the same sense that the English have always looked upon Phidias and Praxiteles, Correggio and Raphael, Mendelssohn and Bach as unapproachable in their own spheres.

VI. I shall grant that Korea has borrowed her literary ideals from China. But among all the forms of poetry, whether epic, didactic or lyric, whether ode, sonnet, elegy or ballad, which one of them has originated in the British Isles? It is all merely a matter of form, not of substance.

VII. I shall grant that the Koreans have copied the Chinese in the matter of dress. But is it not a notorious fact that the whole of Christendom has been dictated to in this matter for centuries by a coterie of tailors and modistes in Paris? To-day Korea is more independent of China in the matter of dress than is England of the Continent.

VIII. I shall grant that Korea has acknowledged the suzerainty of China for two thousand years or more. In like manner the English people continued for centuries to pay Peter's pence, but the submission was only a superficial one. Korea had been overawed by the prestige of Chinese literature just as England had been overawed by the papacy, but even as the English people were moved to this more by reverence for authority in the abstract than by the personality of the Roman pontiff so the Koreans were kept bound to China more as a grateful source of intellectual enlightenment than as a political dictator. The Roman pontiff never pressed his temporal claims into the domain of English politics without the people of England becoming restive, and even so the Chinese never pressed their claim to suzerainty over Korea to its logical limits without the people of Korea becoming restive.

【p.38▶】 These are some of the points of similarity between China's influence upon Korea and the influence of Continental Europe upon England, and I beg to submit the proposition that if the mere borrowing of foreign ideas brings the borrower into complete conformity to the lender we have a right to say that England is as subservient to Continental ideas as Korea is to Chinese. But no one would dream of saying that England has shown any such subserviency. With all her adaptation of foreign ideas England is a distinct and separate national unit. The same is true of Korea. Her borrowings have not merged her personality nor the characteristics of her people into any likeness to the Chinese.

The Chinese are utilitarian, phlegmatic, calculating, thrifty, honest through policy, preferring a steady moderate profit to a large but precarious one. The Korean on the other hand, is a man of sanguine temperament, happy-go-lucky, hand-to-mouth, generous when he has the means, unthrifty, honest (when he is honest) not so much from policy as from contempt of dishonesty. This open-handedness of the Korean explains in part the very small amount of mendicancy here as compared with China.

Again, the Korean is passionately fond of nature, and is never so happy as when climbing his native hills or walking beside his streams. There is in him a real poetic vein which I fail to find in the Chinese either through my very slight personal acquaintance with them or through what I read of them in books.

The barrenness of Chinese literature has not got into the bones of the Koreans. Their temperament is such as to throw if off as a healthy mind throws off an attack of melancholy. This is possible because the Korean study of the classics is a matter of custom or habit and not a matter of enthusiasm or love. He studies them because he is ashamed not to know them. Testimony may differ as to the status of Korean scholarship, but it is the belief of some among us that the average grade of that scholarship is exceedingly low. Among the so-called educated class in Korea the vast majority know just enough Chinese to read their notes to each other and to spell out the easy Chinese that the daily paper affords, but I am not prepared to admit that more than the meagrest 【p.39▶】 fraction even of the upper class could take up any ordinary Chinese book and read it with passable fluency at sight.

The Korean temperament is a mean between that of the Chinese and that of the Japanese. He is more a child of impulse that the Chinese but less than the Japanese. He combines the rationalism of the Chinese with the idealism of the Japanese. It is the idealism in the Japanese nature that makes the mysticism of the Buddhistic cult such a tremendous power. The Korean is a less enthusiastic Buddhist, but he has in him enough idealism to make it sure that the philosophy of Buddhism will never lose its hold upon him until he comes in contact with the still deeper mysticism of Christianity. In all this he is at the widest remove from the Chinese. I have been informed by one of the most finished students of Chinese, a European who for twenty-seven years held an important position in Peking, that there was not a single monastery within easy distance from that city where there lived a monk who understood even the rudiments of Buddhism. This is quite what we might have expected, and to a certain extent it is true of Korea. The native demonology of Korea has united with Buddhism and formed a composite religion that can hardly be called either the one or the other, but running through it all we can see the underlying Buddhistic fabric, with its four fundamentals — mysticism, fatalism, pessimism and quietism. That these are inherent in the Korean temperament I will show by quoting four of their commonest expressions. "Moragĕsso" — I don't know — is their mysticism. "Halsu öpso" — It can't be helped — is their fatalism. "Mang hagesso" — going to the dogs — is their pessimism, and "Nopsita" — Let's knock off work — is their quietism.

If we enter the fruitful field of Korean folk-lore we shall find a mixture of Confucian, Buddhistic and purely native material. We should note that the stories of the origin of Korea's heroes are strikingly non-Chinese. Hyŭk-kŭ-sé, the first king of Sil-la, is said to have originated from a luminous egg that was found in the forest on a mountain side. For this reason the kingdom was for many years called Kyé-rim or "Hen Forest" The second king of Sil-la was Sŭk-tŭl-hă, who is said to have originated from an egg among the people 【p.40▶】 of Ta-p'a-ra in northern Japan. The neighbours determined to destroy the egg, but the mother wrapped it in cotton and, placing it in a strong chest, committed it to the waters of the sea. Some months later a fisherman at A-jin harbor in Sil-la saw the chest floating off the shore. He secured it and upon lifting the cover found a handsome boy within. He became the second king of Sil-la and in reality the founder of the line of Sil-la kings. Chu-mong, the founder of Ko-gu-ryŭ, was also born from an egg in far-off North Pu-yŭ. His foster-father wished to destroy the egg, but found it impossible to do so even with a sledge-hammer. The mother wrapped it in silks and in time it burst and disclosed the future hero. Origin from an egg is thus found to be a striking trait of Korean folk-lore. The transformation into human shape of animals that have drunk of water that has lain for twenty years in a human skull is another favourite theme with Korean story-tellers. Buddhistic stories are very common and probably outnumber all others two to one. This is because Buddhism gives a wider field for the play of the Korean imagination. The stories of filial love and other Confucian themes comprise what may be called the Sunday-school literature of the Koreans and while numerous they hold the same relation to other fiction, as regards amount, that religious or ethical stories hold to ordinary fiction at home.

It remains to sum up what I have tried to say.

(1) None of the Korean dynasties, since the beginning of the historical era, has been founded through the intervention of Chinese influence.

(2) The language of Korea, in that particular which all philologists admit to be the most distinctive of any people, namely, in the grammar, has been wholly untouched by the Chinese, and even in the vocabulary the borrowed words have been thoroughly assimilated and form no larger proportion of the whole vocabulary than do borrowed words in English or in many other languages.

(3) In spite of the adoption of so many Chinese customs the temperament and disposition of the Korean remains clearly defined and strikingly distinct from that of the Chinese.

(4) The religion of the vast majority of the Korean 【p.41▶】 people consists of a perfunctory acceptance of Confucian teachings and a vital clinging to their immemorial fetichism, the latter being modified by the Indian Buddhistic philosophy.

(5) The one physical feature that differentiates the Korean from other men in his own eyes and which forms his most cherished heirloom from the past — which in fact is his own badge of Korean citizenship — the top-knot, is, according to his own belief, a purely Korean survival; while the Korean hat, the second most cherished thing, is also confessedly of native origin.

(6) Every story borrowed from China can be matched with two drawn from native sources and the proverbs of Korea are overwhelmingly Korean. Even in borrowing they Koreanized their borrowings, just as the greatest English poet drew the plots for most of his non-historical dramas from European originals. In a country where illiteracy is so profound as here folk-lore exerts a powerful influence upon the people, and the very fact that the Korean resembles the Chinese in nothing except superficial observances shows that Chinese literature has taken no vital hold of him.

(7) When it comes to tabulating those Korean things that are purely native and

which have come down through the centuries untouched by Chinese influences the task is impossible because there are so many such things. They abound in Korean architecture, music, painting, medicine, agriculture, fetichism, marriage and burial customs, sacrifices, exorcism, games, dancing, salutations and jugglery.

The Korean's boats, carts, saddles, yokes, implements, embroidery, cabinets, silver work, paper, *ji-gis*, *po-gyos*, pipes, fans, candle-sticks, pillows, matting, musical instruments, knives, and in fact the whole range of ordinary objects are *sui generis*, and the constant mention of these objects all down the course of Korean history shows that they are Korean and not Chinese.

In closing, I would call attention to the fact that in carefully studying Korean life and customs it is very easy to pick out those things which are of Chinese origin. Mr. Gale, in his valuable paper, pointed out many of them with great distinctness; but this very fact is a refutation of the statement 【p.42▶】 that Korea has been overwhelmed and swallowed up by Chinese ideas. If Korean life were such an exact replica of the Chinese as we have been led to believe, would it not be very difficult thus to pick out the points of resemblance and place them side by side with the points of difference?

I would ask anyone who has travelled both in China and Korea whether, in walking through the streets of Seoul, he is struck with any sort of resemblance between the Koreans and the Chinese. They do not dress like the Chinese, nor look like them, nor talk like them, nor work like them, nor play like them, nor worship like them, nor eat like them, nor bury like them, nor marry like them, nor trade like them. In all the large, the common, the outstanding facts of daily life and conduct the Korean is no more Chinese than he is Japanese. In his literature he courts the Chinese, but the gross illiteracy of Korea as a whole detracts enormously from the importance of this argument.

It must be confessed then that, all things considered, the points of similarity with the Chinese are the exception and that the survivals of things purely native and indigenous are the rule.

「한국의 유풍—토론문」, 『왕립 아시아학회 한국지부 회보』 1권

“Korean Survivals : Discussion”, *Transactions of the Korea Branch of the Royal Asiatic Society*, vol.1, Seoul : Royal Asiatic Society Korea Branch, 1900, pp.42~50.

해제 호머 헐버트의 논문 「한국의 유풍」에 대한 논평문이다. 『왕립 아시아학회 한국지부 회보』 창간호의 말미에 실린 ‘정례회록(Minutes of General Meetings)’에 따르면, 1900년 11월 29일의 정례 모임에서 헐버트가 「한국의 유풍」을 발표한 후 대외담당이사 제임스 게일과 부회장 조지 H. 존스(George Heber Jones, 조원시(趙元時), 1867~1919)가 “해당 주제와 관련된 몇 가지 흥미로운 문안을 읽었다(read some interesting notes on the subject)”라고 하였는데, 이로 미루어 보면 헐버트의 발표 원고를 게일과 존스가 사전에 읽고서 논평문을 준비해 왔던 것으로 보인다.

게일의 논평은 헐버트의 반박에 대한 재반박의 성격을 띤다. 자신의 발표에서 미처 다루지 못했던 논거들을 추가로 가져와 헐버트의 견해를 다시 공박하였다. 존스는 비교적 균형 잡힌 태도로 게일과 헐버트를 중재하면서도 몇 가지 측면에서 헐버트의 논지를 보충하였다. 헐버트의 발표에 좀 더 우호적인 입장을 취한 것으로 파악된다.

『왕립 아시아학회 한국지부 회보』 창간호에서는 논평문을 별도의 목차 구분 없이 「한국의 유풍」에 잇달아 수록하였으나, 발표문과 논평문의 성격이 서로 다르기 때문에 여기에서는 논평문을 분리하여 싣는다.

[p.42▶] MR. GALE : —The writer of this evening’s paper was to point out “what remains that is distinctive of Korea and that differentiates her from China.” I still ask, What are the survivals? The race is here as little like the Chinese ethnologically as is their language philologically, but in their world of thought what survives? I ask.

We are told by the reader that they used to call their king Kŭ-sŭ-gan or Precious One; also Ch’a-ch’a-ong and Ch’a-ch’ŭng, diviner, wizard; also I-sa-geum, the Honourable; also Ma-rip-kan. No other than our mutual friend Ch’oé Chi-wŭn says that these vulgar uncouth names were disliked, that the officials met and had

TRANSACTIONS

OF THE

KOREA BRANCH

OF THE

ROYAL ASIATIC SOCIETY

韓 大

VOL. I

1900

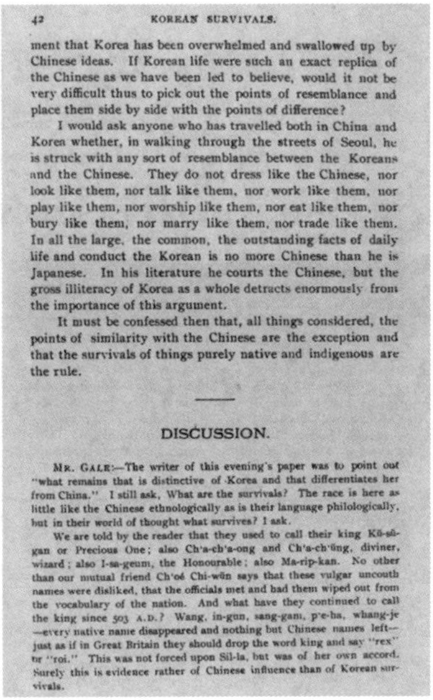

42 KOREAN SURVIVALS.

ment that Korea has been overwhelmed and swallowed up by Chinese ideas. If Korean life were such an exact replica of the Chinese as we have been led to believe, would it not be very difficult thus to pick out the points of resemblance and place them side by side with the points of difference?

I would ask anyone who has travelled both in China and Korea whether, in walking through the streets of Seoul, he is struck with any sort of resemblance between the Koreans and the Chinese. They do not dress like the Chinese, nor look like them, nor talk like them, nor work like them, nor play like them, nor worship like them, nor eat like them, nor bury like them, nor marry like them, nor trade like them. In all the large, the common, the outstanding facts of daily life and conduct the Korean is no more Chinese than he is Japanese. In his literature he courts the Chinese, but the gross illiteracy of Korea as a whole detracts enormously from the importance of this argument.

It must be confessed then that, all things considered, the points of similarity with the Chinese are the exception and that the survivals of things purely native and indigenous are the rule.

DISCUSSION.

MR. GALE:—The writer of this evening's paper was to point out "what remains that is distinctive of Korea and that differentiates her from China." I still ask, What are the survivals? The race is here as little like the Chinese ethnologically as is their language philologically, but in their world of thought what survives? I ask.

We are told by the reader that they used to call their king Kŭ-sŭ-gan or Precious One; also Ch'a-ch'a-ong and Ch'a-ch'ŭng, diviner, wizard; also I-sa-geum, the Honourable; also Ma-rip-kan. No other than our mutual friend Ch'oé Chi-wŭn says that these vulgar uncouth names were disliked, that the officials met and had them wiped out from the vocabulary of the nation. And what have they continued to call the king since 503 A.D.? Wang, in-gun, sang-gam, p'e-ha, whang-je—every native name disappeared and nothing but Chinese names left—just as if in Great Britain they should drop the word king and say "rex" or "roi." This was not forced upon Sil-la, but was of her own accord. Surely this is evidence rather of Chinese influence than of Korean survivals.

them wiped out from the vocabulary of the nation. And what have they continued to call the king since 503 A.D.? Wang, in-gun, sang-gam, p'e-ha, whang-je — every native name disappeared and nothing but Chinese names left — just as if in Great Britain they should drop the word king and say "rex" or "roi." This was not forced upon Sil-la, but was of her own accord. Surely this is evidence rather of Chinese influence than of Korean survivals.

【p.43▶】 The writer in drawing a contrast between Tan-gun and Keui-ja would seem to leave the impression that Tan-gun's influence was considerable, and that Keui-ja was largely mythical or doubtful and his whole influence to be questioned.

Let me read a part of the preface of the *Tong-guk T'ong-gam*, before quoting from it a reference to Tan-gun and Keui-ja. "His Gracious Majesty King Kang-hŭn, in conformity with destiny, opened up the kingdom, collected ancient writings and stored them away in the private library. [This was the founder of the present dynasty, who came to the throne in 1392]. Three kings in succession, increasing in excellent rule, appointed offices, opened up boards and collected histories of Ko-ryŭ, of which there was one called Chŭn-sa and one Chŭl-yo [Complete Chronicle and Important Events], and by degrees the writings of historians were put in order.

"King Se-jo He-jang, the holy heaven-sent scholar whose spirit dwelt in history, said to his courtiers 'Although our Eastern State has many chronicles or outlines (Sa) it is without an extensive book of history (T'ong-gam). Let us make one according to the *Cha-ch'i*,[1] and so he ordered his scribe to prepare it but it was never finished (1455~1468 A.D.).

"His Majesty, our present king, came to the throne, took control (1469), and following the plans of his ancestors commanded Prince Tal-sŭng and nine others, including the writer, Ye Keuk-ton, to prepare the *Tong-guk T'ong-gam*."

They completed their work in the twenty-sixth day of the seventh moon, 1485, seven years before Columbus discovered America, and their work is regarded to-day —yes, I believe I am safe in saying it—as the very highest authority on Korean history. The Educational Department has made it the basis of the *Tong-guk Sa-geui* recently published.

Now that the authority is given let me in two or three paragraphs quote what is said of Tan-gun and Keui-ja. Regarding Tan-gun it reads-

"The last State was without a king when a spirit-man alighted beneath the Sandalwood tree. The people of the country made him king. King Sandalwood (Tan-gun). The name of the state was Cho-sŭn. This took place in Mu-jin year of Tang-jo (2333 B.C.). At first P'yŭng-yang was the site of the capital, but afterwards it was removed to Păk-ak. He continued till the year Eul-mi, the eighth year of the Song monarch Mu-jong (1317 B.C.?). Then he entered A-sa-tal Mountain and became a spirit."

1 A famous history written in the Song dynasty by Sa Ma-giung and used as a model by Chu-ji. See Notes on Chinese Literature by Wylie, page 20.

This is all that is said of Tan-gun. No mention is made of him in Chinese history that I have been able to discover. In fact, he belongs entirely to the mythical age. But with Keui-ja it is different. As long as the "Great Plan" stands in the Book of History we have no doubt of Keui-ja's having once lived. Over 100 pages in Vol. VI. of the Korean edition are filled with notes of Chu-ja and other sages of China, explaining 【p.44▶】 the meaning and purpose of Wisdom as seen in the *Hong-pŭm*. We must admit that he existed in a very different way from Tan-gun. Now as to his having been in Korea, Ch'ă-jim, a Chinese scholar of the 12th century, who annotated the Book of History, says "After Keui-ja wrote the Great Plan, King Mu appointed him to Cho-sŭn and made it an independent state because Keui-ja did not wish to serve King Mu." In the ninth book of the Analects we read that Confucius desired to go east and live among the barbarians, crossing the sea, which certainly proves that Manchuria was out of the question. Some one asked, "Would that not soil you, master?" His reply was "Nothing can defile where the Superior Man is." Hu-ja-pang adds the note "When a man like Keui-ja could take over Cho-sŭn and live among barbarians, what is there about it that is mean?" Mayers, Giles and Legge, all understand that Keui-ja came to Cho-sŭn across the Yalu, and Carles says that the sights and associations around P'yŭng-yang make him as evident there as Shakespeare is in Stratford-on-Avon.

The *T'ong-gam* goes on to say, quoting from the Book of History, Vol. VI., that Keui-ja did not wish to serve a usurper; that King Mu handed him over Cho-sŭn; that he gave the people the Eight Laws and the Nine Field Divisions — in fact, that he endeavoured to carry out the principles so wonderfully stated in the Book of History and so highly praised by the sages of China. The result was — no need to lock the doors; the women were chaste and faithful; fields and meadows were opened up; towns and cities were built [apparently before that time they were the wandering peoples called the "Nine Tribes" in the Book of History]; people ate from sacrificial dishes and there was development of truth and goodness.

A Chinaman, Pŭm-yŭp, who lived about the 5th century A.D. and wrote the Book of the After Han, says Keui-ja made his escape, came to Cho-sŭn, gave the document of the Eight Laws and made the people know what they prohibited, so that there was no unchastity or theft in the cities; they did not lock their doors by night; gentleness became the custom; religion and righteousness abounded; laws for teaching were definitely stated, and faith and virtue were practised so that the source of law as acknowledged by the ancient sages was received.

Ham Ho-ja also says "Keui-ja mustered 5,000 men of the Middle Kingdom, came to Cho-sŭn, and brought with him poetry, history, ceremony, music, medicine, witchcraft, the Eum-yang, divination, fortune telling; also the various kinds of workmanship, skilled labor. When he came to Cho-sŭn he could not communicate by speech and so understood by interpretation. He taught poetry, history — so that the people might know the forms of ceremony and music of the Middle Kingdom — the religion of father and son, king and courtier, the law of the five relationships, also the eight laws, elevating faith and goodness and making much of culture and causing the customs of the Middle Kingdom to ferment in the land. He taught them to esteem lightly military valour, but to repay violence by virtue. The neighbouring states all looked 【p.45▶】 up at his righteousness and made friends. Because his clothing and fashions were all like those of the Middle Kingdom, they called Cho-sŭn the State of Poetry, History, Ceremony and Music, the King of Charity. Keui-ja began these things and who can fail to think so? As a result of the reign of Keui-ja the Han records speak of Korea as the Development of Goodness; the Tang records, "The Superior Man's Nation;" the Song records, as the Country of Ceremony, Music and Literature.

This ends the account regarding Keui-ja and Tan-gun, and to my mind it excludes the possibility of the correctness of the comparison drawn in to-day's paper.

I mention Keui-ja particularly because I believe that his is the most powerful influence that has touched this country in the person of one man, for he has continued till to-day in his writing and laws. Even the formulation of the Five Relationships came from Keui-ja.

Wi-man is spoken of as a semi-barbarian half Manchu. He was a Yŭn-in, which to-day means Pekingese; he helped build the Great Wall against barbarian tribes, so I include his influence in that of China. When he first came to Cho-sŭn Keui-jun made him a Pak-sa or Doctor of Laws. He must have been acquainted with Chinese civilization to merit such a title — unless he purchased his degree — in which case it would show his respect for things Chinese. I connected the top-knot with Wi-man, because the history says "Wi-man flying for his life with 1000 followers and more wearing the 'Ch'u' (top-knot) came to Korea." I would like to get from the reader of the day the anthority that says Tan-gun gave the top-knot and to see the Chinese character that is used to express it.

The writer maintains that the Three Hans were all named years before the Chinese came and that they, the Chinese, did not in any way figure in the founding of these states. The name Han, however, has evidently come from China and it came to stay for the present name is Han once more. The *Tong-guk T'ong-gam* says : "Chin Han (using the Chinese hour character Chin) was to the west of Ma-han. The story is that fugitives from the Chin State of China, in order to escape trouble, came to Han. Han apportioned to them territory to the east, where they set up their city. Their speech was the same as that of the people of Chinese Chin. Some call the country Chin-Han (using the same Chin as the Chinese). They had as king a man from Ma-han, and although they continued from generation to generation it is evident that they did not become independent. They were permanently under the restraint of Ma-han. The land was suitable for the Five Grains. Their custom of agriculture provided sufficient. They skilfully wove silk and cotton; they rode in ox and horse carts. They had marriage laws and the sexes were separated. Those on the road meeting women would stop and ask others to pass before them."

Kwŭn-geun, who was a minister of the Ko-ryŭ dynasty and royal librarian in 1375, says "The language of the Three Hans was not the same. The Cho-sŭn king, Keui-jun, who escaped from the war of Wi-man 【p.46▶】 and came south by sea, united fifty separate states, opened up a kingdom and called it Ma-han. It lasted till the time of On-jo of Păk-je, who united it into one. Ok-ju of to-day is the ancient site and people still call it Keui-jun's city. The founder of Sil-la, Hyŭk-kŭ-se, set up Chin-Han or made it one state." All this would seem to contradict what we have heard and to say that the Chinese and descendants of Chinese had much to do with the gathering together of the small separate states under the names of Ma-Han and Chin-Han.

The reader asks What is Confucianism? Simply a formulation of those simple laws of conduct which are common to the entire human family, the love of parents, etc., etc. I leave a future paper before this Society, whoever it may be written by, to deal with this paragraph. It seems to me it has looked at a detail or two and missed the whole colossal outline of Confucianism.

Sŭl-chŭng invented the Nitu to "wean" the natives from Chinese, we are told, but it seems to me to be a system designed rather to aid and encourage the reading of Chinese.

The simile so well worked out with England as the other quantity is most interesting but I question the correctness of it. If the comparison with England were true and classic and Continental influences were equal to the influence of China upon Korea, I should not expect to find England mother of a republic like the United States or so evident in India, South Africa, Australia and Canada. Since the ancient Britons were, as the reader affirms, much like the ancient Koreans — equal in their manner of life, ignorance and superstition, and if, as the writer also maintains, the influence from the Continent were the same as that of China upon Korea. I should expect to find in England to-day a condition similar to the one here. What would it be? Let us picture it merely in the literary kingdom. I enter a primary school and the boys are singing away at Latin and Greek. There are no girls, I beg you to notice; that is part of the influence. Do they understand what they read? Oh, no! they're studying the sounds now; they'll get the meanings later. No English history is taught; no English literature. English is spoken merely as a means of getting at the classics. "Sing, oh goddess! the destructive wrath of Achilles." In recess time games on the lawn would be between Priam and Agamemnon. They would talk of battering down the walls of Troy, as though it had happened yesterday. The nurse caring for the baby would sing of Diomedes and Hector and the men as they work at the docks would sing of Menelaus, who was a contemporary of Kang-tă-kong that the coolies sing of here; of Agamemnon, who stands for Mo-wang; of the Troubadours of Languedoc, who lived at the time of Yi Ta-păk and of Titus Quintius Flaminius, who was a contemporary of Han-sin. Nine songs out of ten would take you to the Olympian Mountains or the Forum.

I go to a book-store and inquire "Have you a history of the reign of Elizabeth?" — Upso (no-have-got). "Or of George the Third?" — "George the Third? why you must be ignorant!" says the book man. "There can be no official history of George the Third until after this dynasty goes to 【p.47▶】 pieces. There is one written of Elizabeth, however. I haven't any; but there is a Jew down in Whitechapel who had one last year, but whether it is sold or not I can't tell." "What histories have you, pray?" — "This room is filled with the Taking of Troy, Invasion of the Persians, Battle of Marathon, The Messenic War, Philip of Macedon, Punic Wars, Mithridates, Caesar. Of course you know the Goths came in the 5th century and knocked out everything. We've had no history since. I have here a new edition of a book of prayers to Pluto and Venus. Here is a book also that proves that Ovid was superior to Moses; also the History of the Peloponnesian War by Thucydides. By the way, I have a book or two on the Crusades, but it is too modern to be interesting and the style is poor; I advise you to read Thucydides instead." "But I'm after English history. What about the battle of Waterloo?" — "Waterloo? when was that? Oh, yes! I remember now, but it has never been put into Latin; we have not any. Wellington, was that his name? He was great, they say; but yet he was nothing compared with Leonidas. How those Spartans did fight! wonderful, wasn't it?" The books, too, are all in Latin and Greek.

At last I find a modest shop that sells English stories. I open one and it reads "In the Fourth Year of Sextius Pompius" — and drop it. Another "John Smith, a soldier serving under Charles Martel." This is the latest date that figures in the book store. Another "When Alaric invaded Italy." I ask for newspapers and am told that there are none. "Why do you wish newspapers? Can they equal the classics?" — and silence settles over me. People talk in a half conscious way of South Africa but no one knows definitely. Scholars are reading Xenophon in place of Chamberlain. The non-lettered classes are eating, dozing, smoking, sleeping.

"Who are your noted men and what public days do you have?" I ask. "Our noted men, in fact, the only noted men the world has ever seen, are Homerus, Aeschylus, Aristotle, Demosthenes, Themistocles, Epicurus, Hyacinthus, etc., etc." "But what about Chaucer, Spenser, Shakespeare?" — "We do not keep them. They are low class literature, and you'll find them in second-hand shops and old clothes stores. Our noted day are 1st. The Roman New Year, 2nd. The Birthday of Romulus, 3rd. In honour of Alexander, 4th. Thanksgiving Day."

"Whom do you worship?" — "Worship! why Jupiter, Venus, Mars, of course and the rest of them."

If I should find such a state of affairs in the world of literature and thought in England I should not say that Englishmen were Romans or that the English language was Greek, but I should say : "These people have been influenced by the Continent in precisely the same way that Korea has been influenced by China." But as there is no such condition I believe there has been no similar influence. The voice of Greece and Rome says "Forward, march!" the voice of China says "Retreat."

MR. JONES : — In attempting to identify those customs and institutions of the Koreans which are not traceable to China, and which may be said to be original with the Peninsular people, and to have persisted through 【p.48▶】 the centuries of Chinese influence to the present day, we are confronted at the outset by the question of the origin of the Korean people. Without attempting to enter into a discussion of this very interesting phase of the question, I would say that it seems agreed on all sides that the aboriginal Korean did not come from China. That is to say — there was an original stock here upon which Chinese influence came to work, and in relation to that stock Chinese influence was foreign. Mr. Hulbert is therefore correct in contending that there are among the Koreans many customs and institutions which are purely Korean and do not belong to the category of Chinese influence. There was a time when this Chinese influence did not exist here. The Koreans were then simon-pure, as the saying is. They had their own social and political economies, and were developing along the line of forces which were original with themselves. But we must also agree with Mr. Gale that there was a time and a point at which Chinese influence came in, and a period during which it gradually spread itself over the face of Korean society and impressed it with many of its features. We must also agree with Mr. Gale that this period has been a long one and the work very thorough. The Chinese influence had its beginning with the Keui-ja dynasty, but when Keui-ja came to Korea he found here a settled populace existing under the rule of the Tan gun chiefs. Then when Keui-jun, the last of the Keui-jun kings, fled south, he found numerous communities out of which he organized his principality of Ma-han. As history develops we hear of other peoples as inhabiting the Peninsula, such as the Măk, Yé, Ok-chŭ and Eum-yu tribes, all possessing customs and peculiarities of their own. These peoples were confessedly not Chinese, and the customs and habits which they originated have either persisted through the centuries, or have been modified or have been utterly obliterated. Many of them have been obliterated. The *So-do* or "'thieves' city", a place of refuge for criminals among the Han peoples, to which they might flee from the vengeance of those they had wronged, and which is a remarkable reminder of the Cities of Refuge of the Old Testament, has not existed for many centuries. The custom of burying people alive in the tombs of royalty was discontinued in Sil-la in the 6th century A.D. The Ok-chŭ custom of preserving the skeletons of the dead in the trunks of burial-trees has also disappeared. These and many others are the customs of savage tribes, which naturally gave way to the better order Chinese influence introduced.

Among the customs and institutions of to-day which have not come from China, but seem to be entitled to the term "Korean survivals", the spirit or Shaman worship of the Koreans is one of the chief. The traces of Shamanism are to be found in the very dawn of Korean history. Tan-gun, the first worthy mentioned, claimed descent from Ché-sŭk, one of the chief Shaman demons. The early kings of Sil-la took the Shaman title of seers or exorcists for the royal designation. As far as we know this has always been the Korean's religion and while we would not deny that China has its demon worship, yet, at the same time, we would claim that the Koreans did not have to go to China for 【p.49▶】 their system, but that it existed from pre-Keui-ja days and has persisted to the present time.

In this connection I would mention another "survival" of some interest, namely, the fetich system which is a part of Korean Shamanism. The old shoes and battered hats and torn costumes and broken pots which are the emblems of its demons, seem to belong to Korea. This is mentioned as being a special feature, distinguishing the aborigines of South Korea from the Chin emigrants who came to the Peninsula in the days of the Great Wall Builder, and mention is also made at that time of the shrine just inside the door, where, to this day, the Korean keeps the emblems of the gods of luck. Along the same line are the Sŭng-whang-dang, or shrines along the way-side and in mountain defiles, composed of loose stones. These, I am told, are certainly not Chinese.

Turning now to the Korean social system we notice that one of its most prominent features is the caste idea which is firmly held to among the Koreans — a feature which stands them up in direct contrast to the Chinese. The gulf which separates the

Korean *sang-nom* from the *yang-ban* is a wide one. The low-class man may not enter the aristocrat's presence without permission, and then the favour, if granted, must be recompensed with humiliating observances, which would seem to indicate that the yang-ban regards himself as of separate origin and clay from the coolie. We call this Yangbanism, which is another word for Caste. It certainly does not point us to China. It is not to be deduced from the teachings of the Confucian sages, though these have inspired the Korean with such a high estimation of the worth of learning that he has been willing, in order to recognize literary talent, to mitigate some of the severities of the Caste system. The poor, blooded aristocrat, tracing his ancestry back to a superior and conquering family or clan, moves in a circle of society to which the tainted low-class man can never hope to find entrance. No intermarriage is possible among them. Certain of the middle grades of the social scale may furnish the yang-ban with concubines but never with a wife, and there are some grades among the lower classes from which he would not take even a concubine. Men from the lower classes may by sheer merit force themselves high up in official preferment, but under the system which prevailed until 1895, and which was distinctively Korean, there were lines of civil service from which they and their descendants were for ever barred by the accident of their low birth. This certainly is not Chinese. While there is a vast difference between the Caste idea of India and that of Korea, yet its manifestation in the latter country points away from and not to China.

Under this general heading of Caste in Korea we must place the honorifics of the language. These constitute one of the most complicated and knotty problems confronting the student. And yet to the Korean they come as easy as breathing the air. To him they are not simply a habit or frame of mind learned from some outside source, but they constitute an element of personality and the key-note of his entire philosophy of life, which neither Confucius nor Sakyamuni have educated out of him. 【p.50▶】 Another Korean "survival" may be found in connection with the architecture of the country. For instance, in China the chief building material is brick. Brick meets the eye wherever it turns there. Now I suppose that as good brick can be made of Korean clay as of Chinese clay, and yet the Koreans have remained loyal to their native mud. The constituent materials of which the Korean houses are built have survived all the rude shocks of Chinese influence and are to-day, as in ancient times, of unbaked mud. We are told that in the times of Tan-gun the aborigines lived in pits in the ground in winter time and in the trees in the summer. And to-day it would not be difficult to find a score or more of families in Seoul or Chemulpo who have simply dug a pit or hole in the ground, covered it with a thatch-roof with a hole for an entrance, and are living in it unembarrassed to any appreciable extent by this literal return to their original source. Then take the mud hut which is the universal domicile here and contrast it with the pits alongside, and it does not require a very vivid imagination to see in the hut simply the pit or hole in the ground taken out of the ground, set up above the surface, and braced with sticks and straw so that it will stand. The Korean house, as far as the average type is concerned, is not Chinese.

Whether there are any pure Korean "survivals" in the Korean costume I am unable to say, but they themselves claim that the wristlet worn by them is not Chinese. It would be interesting to know whether this claim will stand the test of investigation. While on this point, however, I would say that I am inclined to think that the green cloak worn by the women as a veil over their heads, which has caused some one to liken them to animated Christmas trees, is not Chinese.

From earliest times the Koreans have been noted among the Chinese for their fondness for fermented and distilled drinks. We find this weakness mentioned in the native histories of the aboriginal tribes, and it seems to be in a special sense a Korean custom. The Korean has certainly not gone to China for his beverages, else tea would have come into use here. Neither did the Korean go to China to learn how to make alcoholic drinks. He has certainly possessed that knowledge as long as we find any trace of him.

In this connection the Korean's fondness for hot flavours in his food might be mentioned. Pepper is a favourite condiment with him and in this he stands in direct contrast with the Chinese. Among his foodstuffs investigation would doubtless reveal many interesting and remarkable "survivals." And so with ordinary life. Did we know more about the Korean and his history, and how he regards the customs and institutions which are his, we would find many things of which he alone is the ingenious contriver. In conclusion I would mention the Korean method of ironing, which the Koreans claim is their own or at least did not come from China. How true this is I cannot say, but I mention it as representing the native idea in the matter.

「한국의 소설」, 『코리아 리뷰』 2권

"Korean Fiction", *The Korea Review*, vol.2, Seoul : Methodist Publishing House, Jul. 1902, pp.289~293.

해제 제임스 게일이 1902년 6월 11일자 『북화첩보(北華捷報, *The North China Herald*)』에 「한국의 문학」을 기고하면서 한국에는 소설도, 정규적인 소설가도 존재하지 않는다고 지적하자, 호머 헐버트가 이를 반박하기 위해 작성하여 바로 다음 달 『코리아 리뷰』에 발표한 글이다. 게일의 이름을 직접 밝히지는 않았지만, 「한국의 문학」의 첫 문장인 "한국은 소설이 없는 나라이다(Corea is a land without novels)"를 직접 인용하면서 자신의 글이 게일의 이 같은 소견을 비판하기 위해 작성된 것임을 분명히 하였다.

이 글에서 헐버트는 '소설(novel)'과 '소설가(novelist)'라는 서구적 개념에 대한 재검토를 실시하는 한편, 한국의 서사 작품들을 다수 열거하면서 그 사적 흐름을 드러내고자 하였다. 아울러 '대출도서관(circulating libraries)'이라고 지칭한 한성의 세책가(貰冊家)와 '소설의 구연(口演, reciting a story)'으로 파악한 판소리의 연행에 대해서도 구체적으로 언급하면서 한국문학의 수준을 고평가하기도 하였다.

「한국의 소설」은 *The Passing of Korea*(New York : Doubleday, 1906)의 제23장 「문학(Literature)」 부분 '소설(Fiction)' 항목에 다소 축소·개고된 형태로 전재되었는데, 이 책은 '대한제국멸망사'라는 제목으로 신복룡에 의해 번역된 바 있다(H. B. 헐버트, 신복룡 역, 『대한제국멸망사』, 집문당, 1999). 아울러 이민희는 20세기 초 외국인의 기록에 나타나는 고소설 관련 내역을 검토하면서 헐버트의 「한국의 소설」을 가장 핵심적인 자료로 다루었고, 논문 안에서 이 글을 단락별로 모두 번역하여 분석하였다.

주요 번역본 이민희, 「20세기 초 외국인 기록물을 통해 본 고소설 이해 및 향유의 실제－*The Korea Review* 수록 "Korean Fiction"을 중심으로」, 『인문논총』 68집, 서울대 인문학연구원, 2012, 123~157면.

【p.289▶】 A few weeks ago there appeared in a prominent Shanghai paper an article on Korean Literature, the first sentence of which reads as follows; "Korea is a land without novels;" and further on we read that during the last thousand years

THE

KOREA REVIEW

A MONTHLY MAGAZINE

Homer B. Hulbert A. M., F. R. G. S.,
Editor.

1902

SEOUL:
METHODIST PUBLISHING HOUSE.

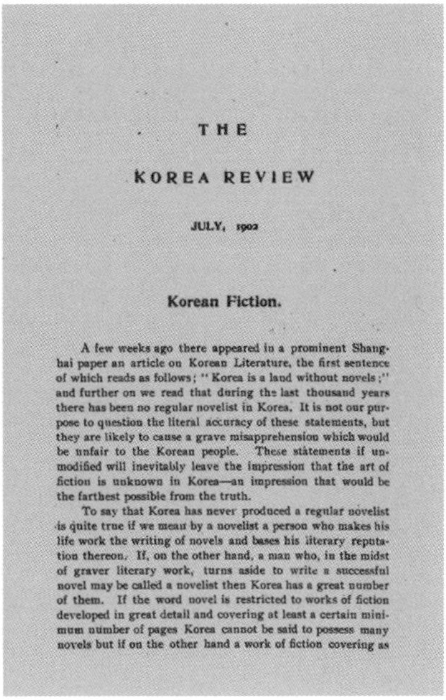

THE

KOREA REVIEW

JULY, 1902

Korean Fiction.

A few weeks ago there appeared in a prominent Shanghai paper an article on Korean Literature, the first sentence of which reads as follows; "Korea is a land without novels;" and further on we read that during the last thousand years there has been no regular novelist in Korea. It is not our purpose to question the literal accuracy of these statements, but they are likely to cause a grave misapprehension which would be unfair to the Korean people. These statements if unmodified will inevitably leave the impression that the art of fiction is unknown in Korea—an impression that would be the farthest possible from the truth.

To say that Korea has never produced a regular novelist is quite true if we mean by a novelist a person who makes his life work the writing of novels and bases his literary reputation thereon. If, on the other hand, a man who, in the midst of graver literary work, turns aside to write a successful novel may be called a novelist then Korea has a great number of them. If the word novel is restricted to works of fiction developed in great detail and covering at least a certain minimum number of pages Korea cannot be said to possess many novels but if on the other hand a work of fiction covering as

there has been no regular novelist in Korea. It is not our purpose to question the literal accuracy of these statements, but they are likely to cause a grave misapprehension which would be unfair to the Korean people. These statements if unmodified will inevitably leave the impression that the art of fiction is unknown in Korea — an impression that would be the farthest possible from the truth.

To say that Korea has never produced a regular novelist is quite true if we mean by a novelist a person who makes his life work the writing of novels and bases his literary reputation thereon. If, on the other hand, a man who, in the midst of graver literary work, turns aside to write a successful novel may be called a novelist then Korea has a great number of them. If the word novel is restricted to works of fiction developed in great detail and covering at least a certain minimum number of pages Korea cannot be said to possess many novels but if on the other hand a work of fiction covering as 【p.290▶】 much ground as, say, Dickens' *Christmas Carol* may be called a novel then Korea has thousands of them.

Let us cite a few of the more celebrated cases and discover if possible whether Korea is greatly lacking in the fictional art.

The literary history of Korea cannot be said to have opened until the days of Ch'oé Ch'i-wŭn(崔致遠) in the seventh century A.D., the brightest light of early Korean literature. He is one of the few Koreans whose literary worth has been recognized widely beyond the confines of the peninsula. But even then at the very dawn of letters we find that he wrote and published a complete novel under the name of "Kon-yun-san Keui"(崑崙山記). This is the fanciful record of the adventures of a Korean among the Kuen-lun Mountains on the borders of Thibet. It forms a complete volume by itself and if translated into English would make a book the size of Defoe's *Robinson Crusoe*. The same man wrote a work in five volumes, entitled Kye-wŭn P'il-gyŭng(桂苑筆耕) which is a collection of stories, poems and miscellaneous writings. Many of the stories are of a length to merit at least the name of novelette.

At about the same time Kim Am(金巖) another of the Silla literati wrote a story of adventure in Japan which he called Ha-do Keui(蝦島記). This is a one-volume story and of a length to warrant its classification as a novel.

Coming down to the days of Koryŭ we find that the well known writer Hong Kwan(洪灌) wrote the Keui-ja jŭn(箕子傳) a collection of stories dealing with the times of Keui-ja. This of course was pure fiction though the fragmentary character of the stories would bar them from the list of novels proper.

Kim Pu-sik(金富軾) the greatest, perhaps, of the Koryŭ writers, to whom we owe the invaluable Sam-guk-sa(三國史) wrote also a complete novel in one volume entitled Puk-chang-sung(北長城) or "The story of the Long North Wall." This may properly be called an historical novel, for Korea once boasted a counterpart to the Great Wall of China and it extended from the Yellow Sea to the Japan Sea across the whole of northern Korea.

About the year 1440 a celebrated monk named Ka-san(枷山) wrote a novel called "The Adventures of Hong Kil-dong." 【p.291▶】 Not long after that the monk

Hă-jong(海宗) wrote another entitled “The Adventures of Im Kyöng-op.”

Coming down to more modern times and selecting only a few out of many, we might mention the novel by Yi Mun-jong(李文宗) written in about 1760 and bearing the Aristophanean title “The Frogs”, or rather to be strictly correct “The Toad.”

Then again in about 1800 Kim Chun-tăk(金春澤) wrote four novels entitled respectively Ch’ang-son Kam-eui Rok(昌善感義錄), Ku-on-mong(九雲夢), Keum-san Sa Mong-hoi-rok(金山寺會夢錄), Sa-si Nam-jŭng Keui(史氏南征記), or by interpretation “The Praise of Virtue and Righteousness”, “Nine Men’s Dreams”, “A Dream at Keum-san Monastary”, “The Sa clan in the Southern wars.” Ten years later we have novel from the pen of Yi U-mun(李宇文) entitled “The Adventures of Yi Hă-ryong.” In this enumeration we have but skimmed the surface. A list of Korean novels would fill many numbers of this magazine. That they are genuine romances may be seen by the names “The Golden Jewel”, “The story of a Clever Woman”, “The Adventures of Sir Rabbit” and the like.

While many of the Korean novels place the scene of the story in Korea others go far afield, China being a favorite setting for Korean tales. In this the Korean writers have but followed a custom common enough in western lands, as the works of Bulwer Lytton, Kingsley, Scott and a host of others bear witness.

Besides novels written in Chinese, Korea is filled with fiction written only in the native character. Nominally these tales are despised by the literary class, which forms a small fraction of the people, but in reality there are very few even of these literary people who are not thoroughly conversant with the contents of these novels. They are on sale everywhere and in Seoul alone there are at least seven circulating libraries where novels both in Chinese and the native character may be found by the hundreds. Many of these novels are anonymous, their character being such that they would not bring credit upon the morals of the writer. And yet however 【p.292▶】 debasing they may be they are a true mirror of the morals of Korea to-day.

The customs which prevail in Korea, as everywhere else in Asia, make it out of the question for anyone to produce a "love story" in our sense of the term, but as the relations of the sexes here as everywhere are of absorbing interest we find some explanation of the salacious character of many Korean novels. And just as the names of Aspasia and other *hetairai* of Greece play such an important part in a certain class of Greek literature, just so, and for the same reason, the ki-săng or dancing-girl trips through the pages of Korean fiction.

So much, in brief, as to written Korean fiction; but we have by no means exhausted the subject of fiction in Korea. There remains here in full force that ancient custom, which antedates the making of books, of handing down stories by word of mouth. If a gentleman of means wants to "read" a novel he does not send out to the book-stall and buy one but he sends for a kwang-dă or professional story-teller who comes with his attendant and drum and recites a story, often consuming a whole day and sometimes two days in the recital. Is this not fiction? Is there any radical difference between this and the novel? In truth, it far excels our novel as an artistic production for the trained action and intonation of the reciter adds an histrionic element that is entirely lacking when one merely reads a novel. This form of recital takes the place of the drama in Korea; for, strange as it may seem, while both Japan and China have cultivated the histrionic art for ages, Koreans have never attempted it.

Fiction in Korea has always taken a lower place than other literary productions, poetiy and history being considered the two great branches of literature. This is true of all countries whose literatures have been largely influenced by China. The use of the Chinese character has always made it impossible to write as people speak. The vernacular and the written speech have always been widely different and it is impossible to write a conversation as it is spoken. This in itself is a serious obstacle to the proper development of fiction as an art for when the possibility of accurately transcribing a conversation is taken away the life and vigor of a story is largely lost. Dialect stories and character sketches are practically 【p.293▶】 barred. And besides, this subserviency of Chinese literary ideals to the historical and poetic forms has made these people cast their fiction also in these forms and so we often find that a genuine romance is hidden under such a title as "The Biography of Cho Sang-geun" or some other equally tame. It is this limitation of the power of written language to transcribe accurately human speech which has resulted in the survival of the professional story-teller and it is the same thing that has made Korean written fiction inferior and secondary to history and poetry. In this as in so many other things Korea shows the evil effects of her subserviency to Chinese ideals.

But the question may be asked. To what extent is fiction read in Korea as compared with other literary productions? There is a certain small fraction of the Korean people who probably confine their reading largely to history and poetry but even among the so-called educated classes the large majority have such a rudimentary knowledge of the Chinese character that they cannot read with any degree of fluency. There is no doubt that these confine their reading to the mixed script of the daily newspaper or read the novels written in the native character. But the great mass of the people, middle and lower classes, among whom a knowledge of the native character is extremely common, read the daily papers which are written in the native character when they can afford to buy them or else read the common story-books in the same character. It is commonly said that women are the greatest readers of these native books. This is said because the men affect to despise the native character, but the truth is that a vast majority even of the supposedly literate can read nothing else with any degree of fluency, and so they and the middle classes are all constant readers of the stories in the native character. By far the greater part of what is read to-day in Korea is fiction in one form or another.

It is a hopeful sign that there is nothing about this native writing which prevents its being used as idiomatically and to as good effect as English is used in fiction to-day and it is to be hoped that the time will soon come when someone will do for Korea what Defoe and other pioneers did for English fiction namely, write a *standard* work of fiction in Korean.

애나 T. 스미스

「몇 편의 한국 자장가」, 『미국민속학보』 38호

"Some Nursery Rhymes of Korea", *The Journal of American Folklore*, no.38, Boston : the American Folklore Society, Jul. ~ Sep. 1897, pp.181 ~ 186.

해제 미국 보스턴 출신인 애나 스미스는 미국 연방정부에서 교육 행정가로 활동한 여성 명사였다. 19세기 말 워싱턴에 체류하던 한국 유학생들을 만나 한국의 자장가(nursery rhymes)를 청해 듣고서 그 특질을 분석한 후 「몇 편의 한국 자장가」를 작성하였다. 이 글은 『미국민속학보』 38호에 실리기에 앞서 워싱턴의 여성문화인류학회(the Woman's Anthropological Society)에서 한 차례 구두 발표된 바 있으며, 논문의 관심사 또한 여성과 육아 및 모성의 문제와 밀접하게 연관되어 있다.

글 중간에 수록된 악보는 추후 미국민속학회의 첫 여성 회장으로 선임되기도 했던 문화인류학자 엘리스 C. 플레처(Alice Cunningham Fletcher, 1838 ~ 1923)에 의해 이루어진 것이다. 스미스는 자신이 만난 한국 유학생들을 플레처에게 소개해 주고 그들의 노래를 녹음하여 남기도록 주선하기도 하였다. 당시 녹음된 자료가 현재 미국 의회도서관에 소장되어 전한다.

【p.181▶】SOME NURSERY RHYMES OF KOREA[1]

AT the outset of this study it should be understood that the word "rhyme" in the title is used in its general sense and not in that of the repetition of sound in successive lines. Moreover, the forms into which these verses are here rendered are not exact reproductions of the originals, but used to preserve their rhythmical effect. The Korean students, from whose lips the songs were taken, assured me that in these versions they sounded familiar. One of them explained, indeed, that the original had "his rhyme also", by which, as the phonetic reproductions indicate, he meant simply

1 A paper presented before the Woman's Anthropological Society, Washington, D.C.

THE JOURNAL OF

AMERICAN FOLK-LORE

VOLUME X

BOSTON AND NEW YORK

Published for The American Folk-Lore Society by

HOUGHTON, MIFFLIN AND COMPANY

LONDON: DAVID NUTT, 270, 271 STRAND

LEIPZIG: OTTO HARRASSOWITZ, QUERSTRASSE, 14

M DCCC XCVII

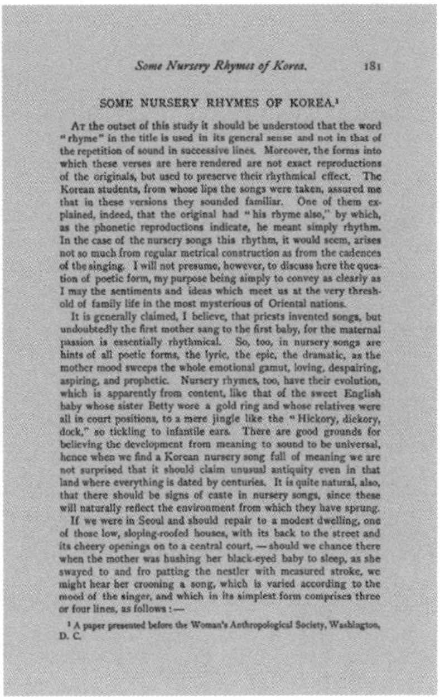

Some Nursery Rhymes of Korea. 181

SOME NURSERY RHYMES OF KOREA.[1]

At the outset of this study it should be understood that the word "rhyme" in the title is used in its general sense and not in that of the repetition of sound in successive lines. Moreover, the forms into which these verses are here rendered are not exact reproductions of the originals, but used to preserve their rhythmical effect. The Korean students, from whose lips the songs were taken, assured me that in these versions they sounded familiar. One of them explained, indeed, that the original had "his rhyme also," by which, as the phonetic reproductions indicate, he meant simply rhythm. In the case of the nursery songs this rhythm, it would seem, arises not so much from regular metrical construction as from the cadences of the singing. I will not presume, however, to discuss here the question of poetic form, my purpose being simply to convey as clearly as I may the sentiments and ideas which meet us at the very threshold of family life in the most mysterious of Oriental nations.

It is generally claimed, I believe, that priests invented songs, but undoubtedly the first mother sang to the first baby, for the maternal passion is essentially rhythmical. So, too, in nursery songs are hints of all poetic forms, the lyric, the epic, the dramatic, as the mother mood sweeps the whole emotional gamut, loving, despairing, aspiring, and prophetic. Nursery rhymes, too, have their evolution, which is apparently from content, like that of the sweet English baby whose sister Betty wore a gold ring and whose relatives were all in court positions, to a mere jingle like the "Hickory, dickory, dock," so tickling to infantile ears. There are good grounds for believing the development from meaning to sound to be universal, hence when we find a Korean nursery song full of meaning we are not surprised that it should claim unusual antiquity even in that land where everything is dated by centuries. It is quite natural, also, that there should be signs of caste in nursery songs, since these will naturally reflect the environment from which they have sprung.

If we were in Seoul and should repair to a modest dwelling, one of those low, sloping-roofed houses, with its back to the street and its cheery openings on to a central court, — should we chance there when the mother was hushing her black-eyed baby to sleep, as she swayed to and fro patting the nestler with measured stroke, we might hear her crooning a song, which is varied according to the mood of the singer, and which in its simplest form comprises three or four lines, as follows: —

[1] A paper presented before the Woman's Anthropological Society, Washington, D. C.

rhythm. In the case of the nursery songs this rhythm, it would seem, arises not so much from regular metrical construction as from the cadences of the singing. I will not presume, however, to discuss here the question of poetic form, my purpose being simply to convey as clearly as I may the sentiments and ideas which meet us at the very thresh — old of family life in the most mysterious of Oriental nations.

It is generally claimed, I believe, that priests invented songs, but undoubtedly the first mother sang to the first baby, for the maternal passion is essentially rhythmical. So, too, in nursery songs are hints of all poetic forms, the lyric, the epic, the dramatic, as the mother mood sweeps the whole emotional gamut, loving, despairing, aspiring, and prophetic. Nursery rhymes, too, have their evolution, which is apparently from content, like that of the sweet English baby whose sister Betty wore a gold ring and whose relatives were all in court positions, to a mere jingle like the "Hickory, dickory, dock", so tickling to infantile ears. There are good grounds for believing the development from meaning to sound to be universal, hence when we find a Korean nursery song full of meaning we are not surprised that it should claim unusual antiquity even in that land where everything is dated by centuries. It is quite natural, also, that there should be signs of caste in nursery songs, since these will naturally reflect the environment from which they have sprung.

If we were in Seoul and should repair to a modest dwelling, one of those low, sloping-roofed houses, with its back to the street and its cheery openings on to a central court, — should we chance there when the mother was hushing her black-eyed baby to sleep, as she swayed to and fro patting the nestler with measured stroke, we might hear her crooning a song, which is varied according to the mood of the singer, and which in its simplest form comprises three or four lines, as follows : —

【p.182▶】

Ha, dog, dog, do not bark,

Sweetly sleeps my golden baby,

Sweetly sleeps my silver baby,

Lullaby, lullaby,

Hush, hush, lullaby, sweet peach blossom.

In phonetic rendering this becomes "Ka ya, Ka ya, chit cha ma ra kum d-ong ag-e chol do jan da. Un dong ag-e. Chol do jan da. Oh ha ya. Oh ha ya oh hoh day yah ra mawha roda." This version is simple enough, and might suit any people, but in the elaborate form given below the song is typical : —

Sleep well, sleep well, my baby, sleep well,

White dog do not bark, black dog do not bark,

My baby is more precious than the king's treasure.

May my baby have riches vast as the sea,

May my baby be old as the mountains,

Hard as stone, tall as the pine-tree.

My baby shall grow like a plant,

He shall be noble as Numki,

My baby shall be wise as Confucius,

He shall be good as Buddha.

An American mother might content herself with the prayer for riches and strength, conscious that most material blessings would follow from these. Not so in Korea; like an exaggerated Washington, official position is here the goal to which every one aspires, but, rich or poor, to secure this he must be versed in Confucius and the classics, hence to be wise as the Oriental sage is to have a pretty sure passport to an enviable career. The song ends with a pious wish that every Korean mother echoes, for, almost without exception, the women are Buddhists. They do not trouble themselves much about the fine philosophical distinctions of the metaphysical priests, but with the reverential trust and practical impulse characteristic of their sex, they seize the inspiring hope that virtue shall have a final reward and that life shall prevail over death, and this hope they impart in song and story to their children.

If, instead of a lowly home, we had sought the mansion of a nobleman, and had listened to a mother of noble birth, the song might have run as follows : —

Let us sleep, let us sleep, now you should sleep, our baby is sleeping so well.

The baby of Unja! the baby of Gunja! you are the Okpodong in the mountain of ten thousand crests.

How can you be bought with gold, or how with silver are you to be purchased?

You are the baby faithful to your parents.

You are the baby patriotic to your nation.

You are the baby kind to your brothers and sisters.

You are the baby harmonious with your relations and friends.

And so on, line being added to line, until the baby sleeps. This 【p.183▶】 song is very old, and its language shows its caste relations. "*Unja*" and "*Gunja*" are ranks of the ancient Korean nobility nearly as high as the king. "*Okpodong*" is the poetical name of an ideal waterfall in the recesses of a vast mountain range. It has the shining sheen of polished green jade or glistens silver white in the sun. Okpodong also preserves traditions of a mythical being appearing in the deepest part of the mountains. It is in the form of a beautiful baby, its face radiant with heavenly wisdom.

I am tempted to introduce here by way of contrast a cradle song[2] from the Tamilians of southern India. Although emanating from a land rich in tradition and poetic fancy, it must yield in these respects to the lullabies of Korea : —

Oh child, who came to save me,
Oh jewel of my eye, who like light
Enlightens our caste, sleep!

My child, why do you cry?
Mother will take care of you,
Who has done anything to you?
Tell their name.
Cease to grieve, sleep!

Don't cry uselessly, my child
Say who beat you.
Say who touched you,
We will punish them.

---

2 Translated from the original by an English woman, inspectress of a girls' school at Madras, and published in the *Indian Magazine* for September, 1896.

The song of the moon, which Korean women teach their children and children repeat to each other, is older than the present dynasty, — that is, more than five hundred years, — and by allusions preserves traditions of a much earlier period. Rendered in English measure it runs as follows : —

Moon, moon, bright moon.
There, there now I see
As Etabae saw, a cinnamon-tree;
With my gold axe I will cut it down.
Trim it smooth with my jade axe.
A house to build all thatched with straw,
Rooms there shall be one, two, three,
One for my father,
One for my mother,
One for me and my wife.
May we live there a thousand years,
Ten thousand years together.

We, too, have rhymes of the moon that we teach our children, — 【p.184▶】 about the man in the moon that lost connection on his way to Norwich, and the antics of the moon-struck cow, — but they are silly things beside this of Korea, which is instinct with tradition, aspiration, and ethical sentiment. Antiquity and wisdom are celebrated by reference to the old sage Etabae; fancy lingers over the precious things, the gold and jade sacred to the uses of royalty and high officials, while the closing exclamation voices the most pious sentiment of the Orient, since it is the continuity of family life, maintained from age to age, through the pious regard for parents, that gives the means of satisfying the instinctive longing for personal identity and immortality which is denied or ignored in the philosophy.

In singing this and other songs peculiar effects are made by the repetition and interpolation of words and syllables which receive varied slur and emphasis, according to the mood of the singer. These modifications do not, however, disguise the air, which can easily be distinguished. The musical notations here presented will serve to indicate the character of these simple melodies.[3]

MOON SONG.

3 These songs, with several others, were recorded by the graphophone and transcribed into our notation by Miss Alice C. Fletcher. It is the first attempt that has been made in this country to render Korean music intelligible.

【p.185▶】

From these glimpses at the baby lore of the "hermit nation", it is easy to see how custom and tradition are instilled into the mind from its earliest moment. Education in Korea is more essentially a family matter than with us, and tends ever to fix and crystallize that which has been. Ethical sentiment is a pervading element, but it is chiefly the sentiment of veneration. The almost passionate rev-erence for elders that has left its impress even upon the rhymes for children is expressed very quaintly and tenderly in a song entitled "A prayer for good people not to grow old."

Although in no sense a nursery song, it is familiar to the young, and is a type of the influences by which their characters are formed during the training period, or, as we should say, the school age. Hence, it may very properly complete a study of the lore of childhood. The song is interesting also because it offers a characteristic example of the favorite lyrical metres. I present here an English paraphrase and a phonetic transcription with the feet and quantities marked : —

The treetops are swinging, Kundung, Kundung,
Wiill the wind blow?
Clouds rise on Mansusan,
Will the rain fall?
【p.186▶】
You years and months do not hasten.
All glorious cities with their heroes and poets,
All good men, alas, will grow old!

PHONETIC TRANSCRIPTION.

Ba rā me | bul yā nyn | g
Na mū | gut chēē | Kun dūng | Kun dūng
Be gâ or | eyā nyn | g
Man sū | san āi | Ku rōōm | in da
Sai wāl ra | sai wāl ra | ka gī rul | ma ra
Chang ān | ho gūl | redā | nyk nūn | da

The underlying thought of this simple poem is the inevitable relation of cause and effect. It is developed in a climax, the movement being from doubt as to processes in nature to absolute affirmation in respect to the effects of time. The interrogative form in the first two couplets preserves the elements of uncertainty plainly expressed in the original. We may note in the first line a striking example of the very common figure, onomatopœia, the untranslatable word "*Kundung, Kundung*", expressing merely the swaying motion of the treetops. The metre indicated in the phonetic copy consists of syllables marked by quantity rather than by stress. In reading the voice is not only held on the long syllables, but a slur is introduced which gives the effect of intoning or chanting. It was noticeable that the slurs of the voice in singing rarely fall upon the long syllables, but generally upon the last of the measure.

MUSICAL NOTATION OF PRAYER FOR GOOD PEOPLE NOT TO GROW OLD.

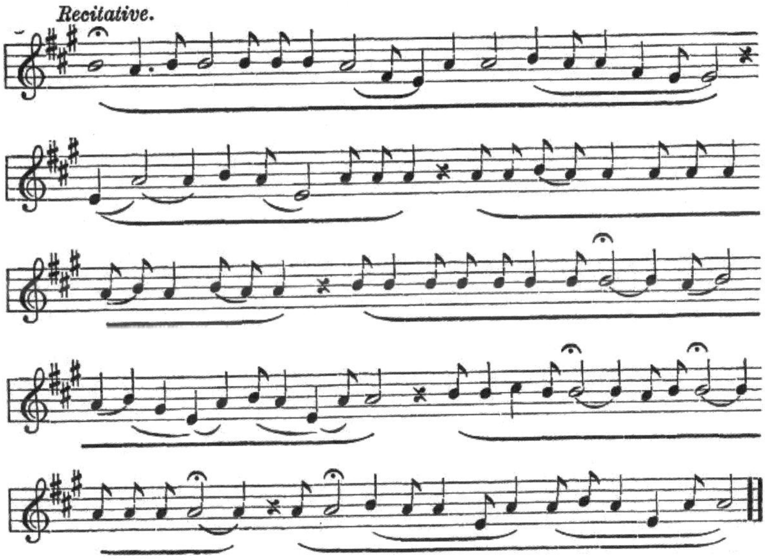

Anna Tolman Smith.

엘리 B. 랜디스

「한국 어린이들의 노래」, 『미국민속학보』 42호

"Rhymes of Korean Children", *The Journal of American Folklore*, no.42, Boston : the American Folklore Society, Jul. ~Sep. 1898, pp.203~209.

해제 미국 펜실베니아주 출신인 엘리 랜디스는 영국 성공회 소속 의료 선교사 자격으로 한국에 들어왔다. 그는 본연의 의료 활동에 매진하면서도 틈틈이 한국의 민속과 문학에 관해 수편의 글을 작성하여 발표하였는데, 「한국 어린이들의 노래」에서는 한국의 여러 동요 작품을 정확히 음사(音寫) 및 영역하는 한편, 주요 어구에 상세한 주석까지 덧붙임으로써 한국 동요의 제반 특질을 효과적으로 현시해 내었다.

이 글은 본래 1898년 『미국민속학보』 제42호에 수록되었다가 이듬해 성공회의 한국 선교 기관지인 『모닝캄(*The Morning Calm*)』에 2회로 나뉘어 재수록되기도 하였다("Rhymes of Corean Children", *The Morning Calm*, no.81, London : Corean Mission Office, Aug. 1899, pp.87~91; "Rhymes of Corean Children : Continued", *The Morning Calm*, no.82, London : Corean Mission Office, Nov. 1899, pp.126~128). 내용은 거의 같지만, 동요의 노랫말을 로마자로 음사한 부분에서 약간의 차이가 발견되기도 한다. 그 내역은 아래와 같다.

The Journal of American Folklore, no.42		*The Morning Calm*, no.81	
204면 20행	Ton **hau** poun chouk'ei ourera	88면 20행	Ton **han** poun chouk'ei ourera
205면 09행	**Kokkai**, **kokkai** nemou kasa	89면 09행	**Kokai**, **kokai** nemou kasa

【p.203▶】 ALMOST all of these have an easy-going sing-song style which, from its resemblance to that classic of the nursery, may be called a Korean "Mother Goose." A transliteration (based on Mr. Scott's modification of the system followed by the compilers of the Dictionnaire Coréen-français) is followed by a translation with notes. In transliterating a good deal of the jingle is unfortunately lost, and in translating metre has been sacrificed in order to give as literal a translation as possible. There are certain

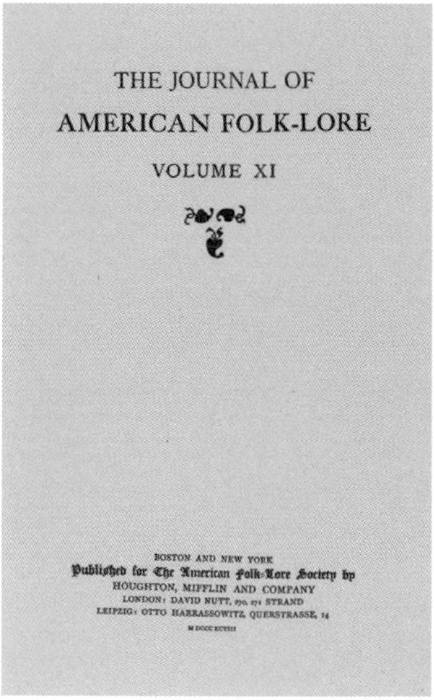

THE JOURNAL OF

AMERICAN FOLK-LORE

VOLUME XI

BOSTON AND NEW YORK

Published for The American Folk-Lore Society by

HOUGHTON, MIFFLIN AND COMPANY

LONDON: DAVID NUTT, 270, 271 STRAND

LEIPZIG: OTTO HARRASSOWITZ, QUERSTRASSE, 14

MDCCCXCVIII

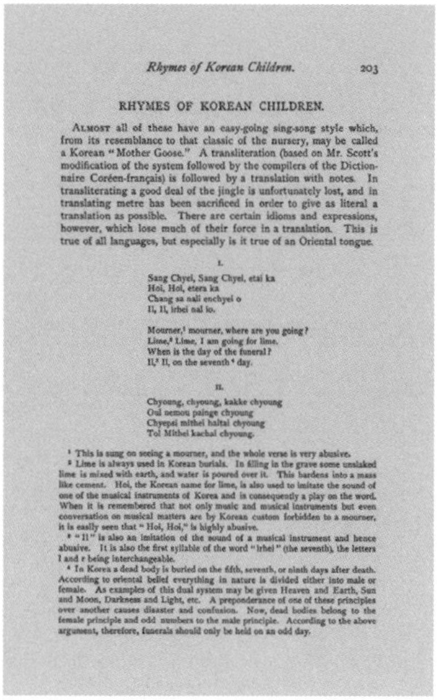

Rhymes of Korean Children. 203

RHYMES OF KOREAN CHILDREN.

Almost all of these have an easy-going sing-song style which, from its resemblance to that classic of the nursery, may be called a Korean "Mother Goose." A transliteration (based on Mr. Scott's modification of the system followed by the compilers of the Dictionnaire Coréen-français) is followed by a translation with notes. In transliterating a good deal of the jingle is unfortunately lost, and in translating metre has been sacrificed in order to give as literal a translation as possible. There are certain idioms and expressions, however, which lose much of their force in a translation. This is true of all languages, but especially is it true of an Oriental tongue.

I.

Sang Chyei, Sang Chyei, etai ka
Hoi, Hoi, etera ka
Chang sa nali enchyei o
Il, Il, irhei nal io.

Mourner,[1] mourner, where are you going?
Lime,[2] Lime, I am going for lime.
When is the day of the funeral?
Il,[3] Il, on the seventh[4] day.

II.

Chyoung, chyoung, kakke chyoung
Oul nemou painge chyoung
Chyepsi mithei haltal chyoung
Tol Mithei kachal chyoung.

[1] This is sung on seeing a mourner, and the whole verse is very abusive.

[2] Lime is always used in Korean burials. In filling in the grave some unslaked lime is mixed with earth, and water is poured over it. This hardens into a mass like cement. Hoi, the Korean name for lime, is also used to imitate the sound of one of the musical instruments of Korea and is consequently a play on the word. When it is remembered that not only music and musical instruments but even conversation on musical matters are by Korean custom forbidden to a mourner, it is easily seen that "Hoi, Hoi," is highly abusive.

[3] "Il" is also an imitation of the sound of a musical instrument and hence abusive. It is also the first syllable of the word "irhei" (the seventh), the letters l and r being interchangeable.

[4] In Korea a dead body is buried on the fifth, seventh, or ninth days after death. According to oriental belief everything in nature is divided either into male or female. As examples of this dual system may be given Heaven and Earth, Sun and Moon, Darkness and Light, etc. A preponderance of one of these principles over another causes disaster and confusion. Now, dead bodies belong to the female principle and odd numbers to the male principle. According to the above argument, therefore, funerals should only be held on an odd day.

idioms and expressions, however, which lose much of their force in a translation. This is true of all languages, but especially is it true of an Oriental tongue.

I.

Sang Chyei, Sang Chyei, etai ka

Hoi, Hoi, etera ka

Chang sa nali enchyei o

Il, Il, irhei nal io.

Mourner,[1] mourner, where are you going?

Lime,[2] Lime, I am going for lime.

1 This is sung on seeing a mourner, and the whole verse is very abusive.

2 Lime is always used in Korean burials. In filling in the grave some unslaked lime is mixed with earth, and water is poured over it. This hardens into a mass like cement. Hoi, the Korean name

When is the day of the funeral?

Il,[3] Il, on the seventh[4] day.

II.

Chyoung, chyoung, kakke chyoung

Oul nemou painge chyoung

Chyepsi mithei haltai chyoung

Tol Mithei kachai chyoung.

【p.204▶】

Monk,[5] monk, shaven[6] monk,

Pitch him over the garden fence

Monk who licks the platter[7] clean,

Monk who hunts for shrimps[8] beneath the stones.

---

for lime, is also used to imitate the sound of one of the musical instruments of Korea and is consequently a play on the word. When it is remembered that not only music and musical instruments but even conversation on musical matters are by Korean custom forbidden to a mourner, it is easily seen that "Hoi, Hoi", is highly abusive.

3 "Il" is also an imitation of the sound of a musical instrument and hence abusive. It is also the first syllable of the word "irhei" (the seventh), the letters l and r being interchangeable.

4 In Korea a dead body is buried on the fifth, seventh, or ninth days after death. According to oriental belief everything in nature is divided either into male or female. As examples of this dual system may be given Heaven and Earth, Sun and Moon, Darkness and Light, etc. A preponderance of one of these principles over another causes disaster and confusion. Now, dead bodies belong to the female principle and odd numbers to the male principle. According to the above argument, therefore, funerals should only be held on an odd day.

5 This is called out in derision of Buddhist monks. Buddhism at the present day occupies a very low position socially in Korea, and the monks are often subject to all sorts of abuse. It can scarcely be said that this is undeserved, for a more lazy, worthless class of people can scarcely be imagined.

6 All Buddhist monks shave the head.

7 This refers to their begging from door to door for food.

8 Buddhist devotees all take a vow to abstain from animal food, but in the springs of water found near all monasteries a large number of shrimps are kept. The monks assert that these are bred for the purpose of keeping the water pure and free from impurities, but the more skeptical

III.

Karang Meri ch'ing, ch'ing.

Oumoul apheui kachi mara

Pounge satki nollasinta

Pap hananta kachi mara

Choukkekoura p'aim maichille.

Your plaited hair is torn, is torn.[9]

Do not go near the fountain,

For all the minnows will be frightened.[10]

Do not go near the dinner table

For the spoons will rise up and slap your cheek.

IV.

Ton hau poun chouk'ei ourera

Ton two poun chouk'ei ourera

Ton sei poun chouk'ei ourera

Cry[11] and I'll give you a penny,

Cry and I'll give you two pence,

Cry and I'll give you three pence.

---

worldlings say that they are bred as a delicacy for the monks themselves. For a Buddhist monk to take life in any form consigns him to the lowest of the innumerable Buddhist hells, but very few of the Korean monks keep this commandment.

9 Disease of the scalp is very common in Korea, chiefly caused by lice. In order to apply medicine more readily, the hair, which usually hangs by a single plait, is divided into two. The above rhyme is called out in derision of such a division of the hair.

10 Comp. "You're a fright."

11 Said in a laughing tone to a child who is crying. It rarely fails to change the crying to laughter.

V.

Tara, tara, palkeun tara

I Tai Paiki nolteun tara

Chyeki, chyeki chye tal sokheui

Kyei Syou namou paikkesini

【p.205▶】

Ok tokkiro chike naiko

Keum tokkiro tattemi naiko

Choka samkan chipeul chiye

Yang chyen poumo mositaka

Chyen nyen, man nyen salkochiko

Ouri hyeng chyei choukketeun

Ap tong sanei moutchi malko

Toui tong sanei moutchi malko

Kokkai, kokkai nemou kasa

Katchi pathei mouthe chyoumsei

Katchi han sang yelliketeun

Mekchi malko, palchi malko

Tai Kouel anei chinsang patchye.

Oh moon,[12] oh moon, oh bright moon,

Oh moon, which amused I Tai Paik[13]

12 This is a rhyme sung by children on a bright moonlight night.

13 I Tai Paik, who lived 699 to 762 A.D., was one of the most celebrated poets of China. He was also celebrated for his excessive indulgence in wine; and one night whilst lying intoxicated along the banks of a stream, he noticed the reflection of the full moon in the water. Declaring that the moon had fallen from the sky, he reached over to get it, and losing his balance fell into the water and was drowned. Thus ended the life of the greatest poet in the far East, whose verses are to this day considered as the best models for those whose ambition lies in the direction of versification. He was

There, there, in the moon
Is the print of a Cinnamon-tree
Which a white rabbit[14] is cutting down,
Cutting it down with a golden axe.
We'll build a three-roomed thatched house
And live together with our parents
For a thousand myriad years.
If our brother should die
Do not bury him in front of the hill,
Do not bury him back of the hill,
But go beyond the mountain pass
And bury him in the egg-plant field.
When a pair of egg-plants ripen
Do not eat them, do not sell them,
But present them to the king.

Sometimes the ending is thus : —

When a pair of egg plants ripen
Know that he returns again.

VI.

Syeng natta, pyet natta
Yen chi mouneul yerera

---

a great lover of nature and led a gypsy-like life, spending his time in day-dreams and writing poetry.

14 The Koreans imagine that they see a cinnamon-tree in the moon, beneath which a white rabbit sits and either mixes drags in a mortar or attempts to cut down the tree. This belief is originally of Indian origin, and was brought over with Buddhism.

【p.206▶】

Ho pak koukeul kourira

Kouen talkal pourera

Houral masera.[15]

Oh, how angry; oh, how red!

Open wide the yen chi[16] door,

Make a dish of pumpkins[17]

And mixing it with wine[18]

Swallow all at a draught.[19]

VII.

Ko cho mekko, maim, maim.

Tampai mekko, maim, maim.[20]

Eat red peppers, hot, hot.

Smoke tobacco, hot, hot.

VIII.

Pyel hanna, Na hanna

Pyel toul, Na toul

Pyel seit, Na seit, etc.[21]

---

15 This rhyme is sung to a child who is crying.

16 A yen chi door is a large one, and here the mouth is implied, which is opened in crying.

17 By "pumpkins" are meant the puffed cheeks.

18 By wine is meant the tears.

19 By this is meant the swallowing of the sobs.

20 Two or more children repeat this whilst joining hands and going round and round a post until they become so dizzy that they can go no more.

21 This is said as often as possible whilst holding the breath. It is said to be impossible to reach ten without taking an inspiration.

One star and one me,

Two stars and two me,

Three stars and three me, etc.

Another variation of the same is as follows : —

Pyel hanna, kong, kong, Na hanna, kong, kong.

Pyel toul, kong, kong. Na toul, kong, kong, etc.

One star, kong, kong. One me, kong, kong.

Two stars, kong, kong, Two me, kong, kong, etc.

Still another variation runs thus : —

Sikouel yeltat choul, Seoul yel tat choul.

Fifteen leagues of country, fifteen leagues of Seoul (the capital).

When children are playing and an accident happens, one of the others will sing out : —

【p.207▶】

IX.

Illechi malcha, kong chita

Chillei kekke pap hacha

Kaikori chapa tang chi cha

Paiam chapa hoichicha.

Let us play and do not tell,

Taking thorns and cooking food,

Catching frogs to make some food,

Catching snakes to stir it with.

The idea of all this is so ridiculous that they soon forget their troubles and become merry.

X.

Si Sang, Si Sang harapami

Matang siltaka, ton han poun etessa

Changei kasye, pam han mal sattaka

Si rong ouheui enchetteni

Sa yang choui ta ka mekko

Sekeun pam han toul nameun kesal

Kama sothei salmassye

Choriro kenchessye

Hampakei sitchessye

Tai kap kallo pekkyessye

Kepchireul Apam chouko

Pomi emum chouko

Sareul neiko, naiko talkoung, talkoung mekko salcha.[22]

Grandfather, grandfather!

I swept the garden and found a penny;

I went to market and bought a measure of chestnuts

And placed them on the kitchen shelf;

22 This is repeated in order to amuse a little child of four or five years. The two sit on the floor facing each other and the elder one grasps the hand of the younger, swaying its body to and fro whilst repeating the above.

A mouse came and ate them all,

Leaving only a few.

These we'll put in a pot

And boil until they are soft;

We'll wash them in a bottle gourd

And pare them with a bamboo knife.

The outer shell we'll give to father,

The inner shell we'll give to mother,

The kernel you and I will eat and live.

XI.

Tal to, tal to palkta

Myeng chyeng to palkta

Chokko syoulla chokeri

Eun ēung namou kil somai

【p.208▶】

Sang tani ket ot koreum

Pou chyeni an ot koreum

Tongmo chipeul kanikkan

Yaksan chyekeul

Omok Chomok mekeumye

Nal han chyemeul anchyeko

Ouri chipei oatta poara

Syou syou patek chyouna poara

Keka chike chyoukena malkena sikou taira.

The moon, the moon is very bright,

Very bright and glorious;

Put on your pearl embroidered jacket
With sleeves like apricot leaves,
With outer strings of purple silk
And inner strings of crimson;
And let us go to a playmate's home,
Where many cakes have been baked to-day,
And there we'll sit and eat our fill.
If they do not give us any,
Wait until they come to our house
And see if they get raisin cake.
What do we care whether they give us cakes or not.[23]

XII.

Keun sol pat
Chakeun sol pat
Kamchăki
Holchăki
Yemyemi
Namok sin teui tekari.[24]

The great fir grove (pointing to the right eyebrow),
The small fir grove (pointing to the left eyebrow),
Winkers (pointing to the eyes. Winking is called in Korean Kamchăk, kamchăk),
Holchăki (pointing to the nose).
Yemyemi (pointing to the mouth),

23 The above is repeated by little boys on a bright moonlight night.

24 The above is said to amuse small children, and after the whole is finished the child is tickled on the chest to make him laugh.

Namok sin teui tekari (pointing to the chin. Namok sin means wooden shoes, and teui tekari means heel. This refers to the chin, which resembles the heel of a wooden shoe).

Compare this with "Eye winker, Tom tinker, nose smeller", etc., to which it bears a close resemblance.

COUNTING-OUT RHYMES.

These are repeated when choosing a leader in sports and games or in playing "blind man's buff", "hide and seek", etc. : —

I.

Ou choung chang.

Superior middle elder.

【p.209▶】 The boys are arranged in a line and every third one is counted out. The last one remaining is chosen leader.

II.

Ok Chok Sei Pal.

(The) jade tripod (has) three legs

This is used in choosing sides : —

III.

Mirera, Mirera, seul, seul, mi re ra.

Push, Push, Gently, Gently, Pu-u-sh.

IV.

Hanal tai, towal tai, sama chyou, naltai, Ing nang, Ke chi pal tai, Chang Koun, Koturai, Ppiong.

The last word is pronounced with the hard sound of p. It is impossible to translate the above, it being simply a play on the words one, two, etc. This and the following ones are used in playing blind man's buff, the tenth one having his eyes blindfolded : —

V.

Syeoul nomi toumyel ka
Cho pap mekko meki mye
Kil Kai.
A Syeoul fellow to the country went.
Eating millet it stuck fast;
He said Kil Kai.

The words in italics are a translation of the Korean text. Syeoul is Korean for capital, and as the people of the capital eat nothing but rice, whilst the countryman is often compelled to be satisfied with millet, it is a rhyme deriding the inhabitants of the city with their pride and airs in general. "Kil kai" is an imitation of the sound made in clearing the throat.

VI.

Han nom, Tou nom, sam sa, neit nom
Tong Kai mang Kai pitulki satki
Cham namou ko ya
tel nom
Na tel ke ra.

One fellow, two fellows, three four, four fellows.

At Tong Ferry and Mang Ferry there are young doves

in an Oak Tree. You low

born kitten

I dare you to come out.

E. B. Landis, M. D.

CHEMULPO, KOREA.

프레더릭 S. 밀러

「한 편의 한국시」, 『코리아 리뷰』 3권

"A Korean Poem", *The Korea Review*, vol.3, Seoul : Methodist Publishing House, Oct. 1903, pp.433~438.

해제 미국 피츠버그 출신인 프레더릭 밀러는 청주 일대에서 선교 활동을 펼치는 동안 다수의 전도 책자를 번역하여 보급하는 한편, 한국인의 정서와 율격 의식에 맞는 찬송가 가사를 새로 지어 내기 위해 노력하였다. 이를 위해 밀러는 한국시가의 특징과 양식을 다각도로 고찰한 후, 그 주요 성과를 「한 편의 한국시」라는 에세이로 작성하여 『코리아 리뷰』 제3권에 소개하였다.

여기에서 '한 편의 한국시'란 가사(歌辭) 〈우미인가(虞美人歌)〉를 말한다. 밀러는 이 작품의 주요 부분을 옮겨 가면서 가사의 구성 원리를 설명하고, 강약율 모형에 의거하여 한국시가의 율격을 진단하였다.

THE

KOREA REVIEW

(1903)

Homer B. Hulbert A.M., F.R.G.S.,

Editor.

PRINTED AT

THE METHODIST PUBLISHING HOUSE,

SEOUL.

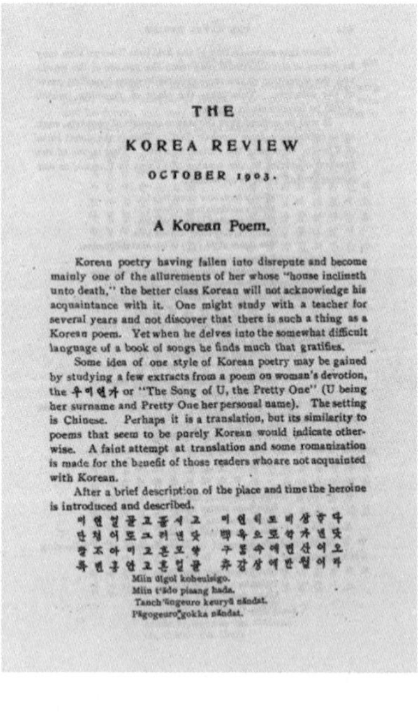

THE

KOREA REVIEW

OCTOBER 1903.

A Korean Poem.

Korean poetry having fallen into disrepute and become mainly one of the allurements of her whose "house inclineth unto death," the better class Korean will not acknowledge his acquaintance with it. One might study with a teacher for several years and not discover that there is such a thing as a Korean poem. Yet when he delves into the somewhat difficult language of a book of songs he finds much that gratifies.

Some idea of one style of Korean poetry may be gained by studying a few extracts from a poem on woman's devotion, the 우미연가 or "The Song of U, the Pretty One" (U being her surname and Pretty One her personal name). The setting is Chinese. Perhaps it is a translation, but its similarity to poems that seem to be purely Korean would indicate otherwise. A faint attempt at translation and some romanization is made for the benefit of those readers who are not acquainted with Korean.

After a brief description of the place and time the heroine is introduced and described.

[illegible]

Miin ölgol kobeulsigo.
Miin t'ădo piang hada.
Tanch'ŭngeuro keuryŭ năndat.
Păgogeuro gokka năndat.

【p.433▶】 Korean poetry having fallen into disrepute and become mainly one of the allurements of her whose "house inclineth unto death", the better class Korean will not acknowledge his acquaintance with it. One might study with a teacher for several years and not discover that there is such a thing as a Korean poem. Yet when he delves into the somewhat difficult language of a book of songs he finds much that gratifies.

Some idea of one style of Korean poetry may be gained by studying a few extracts from a poem on woman's devotion, the 우미인가 or "The Song of U, the Pretty One" (U being her surname and Pretty One her personal name). The setting is Chinese. Perhaps it is a translation, but its similarity to poems that seem to be purely Korean would indicate otherwise. A faint attempt at translation and some romanization is made for the benefit of those readers who are not acquainted with Korean.

After a brief description of the place and time the heroine is introduced and described.

미인얼골고흘시고　　미인ᄐᆡ도비상ᄒᆞ다
난칭어로그려낸닷　　백옥으로싹가낸닷
팔ᄌᆞ아미고흔모양　　구름속에면산이오
록빈홍안고흔얼골　　츄강상에반월이라

Miin ŭlgol koheulsigo.
Miin t'ădo pisang hada.
Tanch'ŭngeuro keuryŭ năndat.
Păgogeuro gokka năndat.

【p.434▶】 From this romanization of the first four lines an idea may be gotten of the occasional play upon the sounds of the words and the repetition of the same syllable in corresponding parts of the couplets. This takes the place of rhyming, which would be impossible in Korean.

It will be noticed that the stanza consists of couplets, each verse containing four trochaic feet. This is the usual form of Korean verse and the easiest to write. This is one of the greatest obstacles to the making of hymns in Korean, as our corresponding verse is all iambic,

"Mi-in's face, how sweet it is!
Mi-in's carriage how refined;
Like a painting in red and blue
Like a carving from whitest jade.
The figure eight(八) of her butterfly brows,
A distant peak above the clouds.
Raven locks, pink cheeks, her pretty face
A half-moon lighting the autumn river.

Her age, at the time the story begin, is referred to as

이팔환갑소년시에

"in the flowery youth of twice eight years."

Again, speaking of her beauty :

쥬슌호치고흔얼골
오색치단그려낸닷

"Red lips, white teeth, her pretty face

A picture painted in many colors."

Then follows a description of the mighty chief and his warlike hosts.

범갓흔우리대왕
함졍에드단말가
잉모갓흔우미인이
그물속에드단말가

Pöm katheun uri Tăwang
Hamjŭnge teudan malga
Angmo Katheun umiini
Keumul soge teudan malga.

Notice the arrangement in these verses. The following is a translation.

"Like a tiger, our great chief,
Fallen in a pit, you say;
Like a parrot, U mi in,
Taken in a net, you say."

【p.435▶】 This is how it happened. The enemy above the camp played "The Thoughts of Home", the national air of our hero and his forces, and they were scattered "like falling leaves in the Autumn wind." Or in the words of the poem,

구중산깁흔밤일　　격막히누엇스니
추풍은소소ᄒᆞ고　　야월은침침ᄒᆞᆫ대
계명산츄야월에　　옥통소슬피부니

ᄉᆞ향곡슬픈소릐 팔촌뎨ᄌᆞ흣허진다
초가성슬픈소릐 대왕님이드르시고
자던잠을놀나씨여 팔척장금손에들고
옥장막에쒸여나와 사면을둘니보니
가련하다우리군ᄉᆞ 츄풍락엽되단말가

Behind nine ridges, in the depths of night
In a lonely place they laid them down.
The Autumn winds were blowing cool
The midnight moon was shining dimly
On the Koe-myŭng Mountain, in the Autumn moon.
They mournfully blew on their flutes of jade;
Sad notes of the tune of "Thoughts of Home."
And the eight thousand followers are scattered abroad.
The mournful song of his native land
Fell on the ears of the chieftain great;
With a start he awakened from his sleep,
Took in his hand his eight-foot sword.
Leaping he left his tent of jade
And looked around on all four sides.
Sad to relate-the mighty hosts
Were fallen leaves in the Autumn wind.

Then, as defeat is inevitable, comes the sorrow at parting.

대왕님의거동보소 앙텬버소ᄒᆞ신후에
탄식ᄒᆞ고ᄒᆞ는말이 우미인아우미인아
오날밤히하셩에 리별이되단말가

가고지고가고지고	대왕짜라가고지고
가련ᄒᆞ다리별이아	리별이엇진말고
젹만ᄒᆞᆫ뷘장막에	내몸혼자잇단말가
오츄마는몰이로대	대왕짜라가것마는
이내몸이사람이대	몰가는대못가는고
날살니오날살니오	대왕님날살니오

Behold the sorrow of our King.
He looks to heaven and cries aloud.
Amidst his sighs he thus exclaims;
Oh, Umiin! Oh, Umiin!
【p.436▶】
Tonight at the lower walls of Hai
Does it mean that we must part?

To which she replies :

I want to go. I want to go.
With my king I want to go.
Oh, how sad! Is it parting?
Parting! What does this word mean?
In the lonely, silent tent,
That I must abide alone?
Your raven steed, though only a horse
Will go along with you, but I —
This my body is a woman's,
Like a horse I cannot speed.
Save my life, Oh, save my life.
Oh, my chieftain, save my life.

The King explains to her how he could escape through the ranks of the enemy if he were alone, but with this frail one, what could he do? She hears his word and as she sits with the candle before her —

Like white jade was her face,
Crystal-like the tears that fell.

She offers him the consolation of the cup and he replies :

우미인아리ᄒᆞ소　　　망종ᄒᆞᆫ번드러보새
우미인아술부어라　　　망종ᄒᆞᆫ번먹어보새
우미인아손목내소　　　망종ᄒᆞᆫ번쥐여보새

Oh, Umiin, sing me a song
For the last time let me hear thee.
Oh, Umiin, pour me a cup,
For the last time let me taste it.
Oh, Umiin, give me thy hand
For the last time let me press it.

As he is about to depart —

그리마소그리마소　　　이내몸이곳죽어도
두장부를섬길소냐　　　원ᄒᆞ니니이내몸이
가막가치화히되여　　　반공즁에소사올나
대왕ᄯᅡ라가고지고　　　원ᄒᆞ나니이내몸이
ᄯᅦᄃᆞᆫ니는구름되야　　　만리풍에놉히올나
대왕ᄯᅡ라가고지고　　　원ᄒᆞ노니이내몸이

팔척샹검칼이되야	칸집속에굽혀드려
대왕ᄯᅡ라가고지고	동히동산돌이되여
쥬류텬하빗최여셔	대왕님계신곳에

【p.437▶】

모모이빗최고져고져	나래돗친학이되여
간곳마다활활나라	대왕것혜안치고져

In a distant village a cock is crowing,
On the tent jade, the moon is shining.
The moon's light is sad and chill.
Mournful the tune of The "Thoughts of Home"

The King tries to console her and advises her to become the wife of his victorious enemy who will be King in his place, but

Even though riches and rank be yours
Let your former love be not forgotten.

And this is her reply :

Say it not. Oh, say it not.
Even though this body die,
Could I ever serve two Chieftains?
How I wish that this my body,
Changed into a crow or magpie,
In mid-air might fly away
And follow thee; Oh, this my longing.
How I wish that this my body

Might become a floating cloud,

On far-flying winds to drift away

And follow thee; Oh, this my longing.

How I wish that this my body

Might become an eight-foot sword

To crouch and hide within thy scabbard

And follow thee; Oh, this my longing.

To be the moon on Eastern sea or mountain

To roam the whole world o'er and o'er,

In whatever place my chief may be.

To shine in every crack and cranny,

To become a winged crane

To fly wherever thou dost go

And sit beside thee; this my longing."

So she pleads on through seventy verses, some of it very pretty and pathetic. The king commends her fidelity :

정렬이다우미인아　　　잘잇거라우미인아
부대부대잘잇거라　　　맛날ᄯᅢ잇스리라

"Oh, Umiin, chaste and virtuous,

Oh, Umiin, fare thee well.

I pray, I pray, abide in peace

Surely we shall meet again."

우미인외겨동보쇼　　　셤셤옥수뎌손길노
팔척장검붓쳐잡고　　　연연ᄒᆞᆫ뎌모에다

【p.438▶】

의심업시찌르면셔　　대왕압헤업더지니
목셕인들아니울며　　일월이무광터라
대왕님이통곡ᄒᆞ고　　력발산ᄒᆞ는용밍
순식간에장례ᄒᆞ고　　오츄ᄆᆞ를놉히ᄐᆞ고
번개ᄀᆞᆺ치장ᄒᆞᆫ용밍　　괴위납출ᄒᆞ여니라

Then comes the tragical climax —

Behold the actions of Umiin.
With slender fingers, white as jade
She tightly grasps his eight-foot sword.
Into her delicate beautiful throat
Fearlessly she thrusts the blade
And falls before the mighty chief.
Men of wood and stone, who weep not!
Sun and moon both hide their light.
The mighty chieftain midst his weeping,
With strength enough to pluck a mountain,
In the space of a breath, gives her burial,
And bounding high on his raven steed
With the speed of a flash of lightning
Breaks through the ranks and southward flies.

If you should ask a Korean why the mighty chief makes no attempt to save her life he would reply with a dazed look "What! And spoil such a beautiful illustration of feminine devotion?" But this need not prevent our enjoying the beauty of the song. Notice the music in such passages as the following :

츄풍은쇼쇼ᄒᆞ고
야월은침침ᄒᆞᆫ대

Ch'up'ungeun so-so hago
Ya wuleun ch'im-ch'im handa

While the autumn wind was sighing, sighing.
And the midnight moon shone dimly, dimly.

Through it all we find a wonderful freedom of motion, a casting off of the bonds of syntax which our hymn-writers might do well to imitate.

F. S. MILLER.

「초기 한국의 찬송가」, 『코리아 미션 필드』 26권 9호

"Early Korean Hymnology", *The Korea Mission Field*, vol.26, no.9, Seoul : Christian Literature soc. of Korea, Sep. 1930, pp.189～191.

해제 1930년 8월과 9월 두 호(vol.26, no.8～9)에 걸쳐 『코리아 미션 필드』지에서는 초기의 한국 선교 활동을 되돌아보는 'Early Days' 기획을 마련하여 선교사들의 한국 적응기, 성경 번역, 찬송가 제작 등의 분야에 걸쳐 여러 인사들이 작성한 원고를 수록하였다. 이 가운데 찬송가 분야에 대한 회고는 프레더릭 밀러가 「초기 한국의 찬송가」라는 제목으로 작성하여 기고하였다.

밀러와 교인들이 한국어로 찬송가를 지어 보고자 수사법, 대구, 두운, 후렴구 등 세부적인 사항에 이르기까지 한국시가의 제반 특질을 고찰하였다는 사실이 잘 드러난다. 아울러 한국시가에 대한 밀러의 견해와 논평이 짤막하나마 행간에 제시되고 있기도 하다. 「한 편의 한국시」와 연계 지어 검토해 볼 수 있는 글이다.

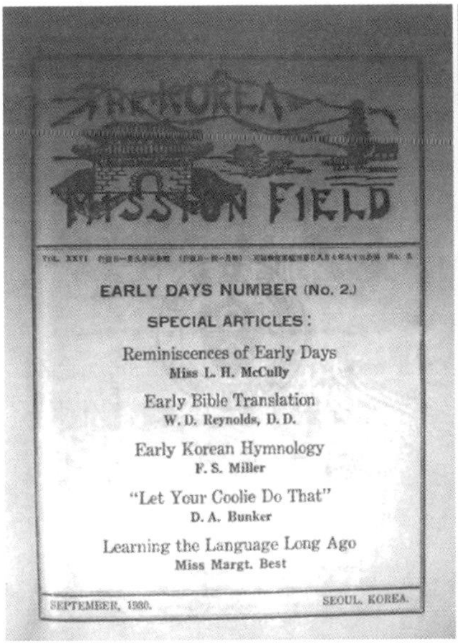

THE KOREA MISSION FIELD

EARLY DAYS NUMBER (No. 2.)

SPECIAL ARTICLES:

Reminiscences of Early Days
Miss L. H. McCully

Early Bible Translation
W. D. Reynolds, D. D.

Early Korean Hymnology
F. S. Miller

"Let Your Coolie Do That"
D. A. Bunker

Learning the Language Long Ago
Miss Margt. Best

SEPTEMBER, 1930. SEOUL, KOREA.

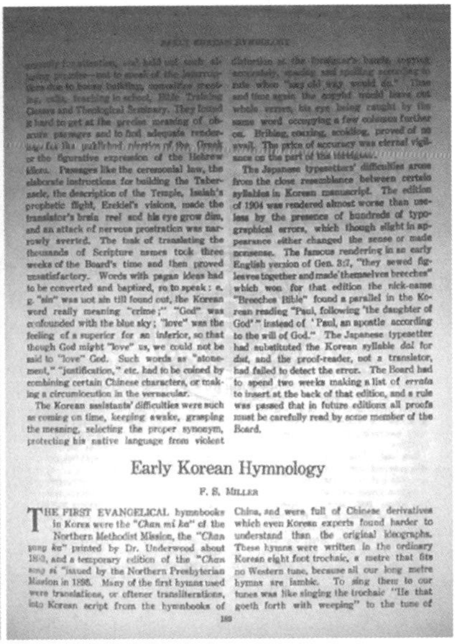

... or the figurative expression of the Hebrew idiom. Passages like the ceremonial law, the elaborate instructions for building the Tabernacle, the description of the Temple, Isaiah's prophetic flight, Ezekiel's visions, made the translator's brain reel and his eye grow dim, and an attack of nervous prostration was narrowly averted. The task of translating the thousands of Scripture names took three weeks of the Board's time and then proved unsatisfactory. Words with pagan ideas had to be converted and baptized, so to speak: e. g. "sin" was not sin till found out, the Korean word really meaning "crime;" "God" was confounded with the blue sky; "love" was the feeling of a superior for an inferior, so that though God might "love" us, we could not be said to "love" God. Such words as "atonement," "justification," etc. had to be coined by combining certain Chinese characters, or making a circumlocution in the vernacular.

The Korean assistants' difficulties were such as coming on time, keeping awake, grasping the meaning, selecting the proper synonym, protecting his native language from violent ...

... on. Bribing, coaxing, scolding, proved of no avail. The price of accuracy was eternal vigilance on the part of the translator.

The Japanese typesetters' difficulties arose from the close resemblance between certain syllables in Korean manuscript. The edition of 1904 was rendered almost worse than useless by the presence of hundreds of typographical errors, which though slight in appearance either changed the sense or made nonsense. The famous rendering in an early English version of Gen. 3:7, "they sewed figleaves together and made themselves breeches" which won for that edition the nick-name "Breeches Bible" found a parallel in the Korean reading "Paul, following 'the daughter of God'" instead of "Paul, an apostle according to the will of God." The Japanese typesetter had substituted the Korean syllable *dal* for *dut*, and the proof-reader, not a translator, had failed to detect the error. The Board had to spend two weeks making a list of *errata* to insert at the back of that edition, and a rule was passed that in future editions all proofs must be carefully read by some member of the Board.

Early Korean Hymnology

F. S. Miller

THE FIRST EVANGELICAL hymnbooks in Korea were the "*Chan mi ka*" of the Northern Methodist Mission, the "*Chan yang ka*" printed by Dr. Underwood about 1893, and a temporary edition of the "*Chan song si*" issued by the Northern Presbyterian Mission in 1895. Many of the first hymns used were translations, or oftener transliterations, into Korean script from the hymnbooks of China, and were full of Chinese derivatives which even Korean experts found harder to understand than the original ideographs. These hymns were written in the ordinary Korean eight foot trochaic, a metre that fits no Western tune, because all our long metre hymns are iambic. To sing them to our tunes was like singing the trochaic "He that goeth forth with weeping" to the tune of

189

【p.189▶】 THE FIRST EVANGELICAL hymnbooks in Korea were the "*Chan mi ka*" of the Northern Methodist Mission, the "*Chan yang ka*" printed by Dr. Underwood about 1893, and a temporary edition of the "*Chan song si*" issued by the Northern Presbyterian Mission in 1895. Many of the first hymns used were translations, or oftener transliterations, into Korean script from the hymnbooks of China, and were full of Chinese derivatives which even Korean experts found harder to understand than the original ideographs. These hymns were written in the ordinary Korean eight foot trochaic, a metre that fits no Western tune, because all our long metre hymns are iambic. To sing them to our tunes was like singing the trochaic "He that goeth forth with weeping" to the tune of 【p.190▶】 the iambic "Wake my soul, in joyful lays". Yet, strange to say, most of the musical people could not see what was wrong.

Then Mrs. Baird wrote an adaption of "Jesus, Savior, pilot me" that fitted the music unusually well and missionary singers began to ask why this hymn was so easy to sing and teach; also why it was so popular among the Koreans. It not only fitted the music but, instead of being packed with Chinese derivatives, it was in the easiest vernacular, such as even the old grandmothers could understand, and weep over, too, as they felt their need of guidance and the comfort the hymn afforded.

The success of this hymn encouraged Mrs. Baird and others to imitate its good qualities. While it may have been possible to cram all the meaning of an English line into a Chinese line it was impossible to crowd in the necessary Korean postpositions, so that one line in English usually makes two lines in Korean. For this reason the translator gave merely the spirit of the hymn in easy, singable Korean.

Some of the hymn writers took up the study of Korean poetry as a help, making note of figures of speech, and the parallelisms, alliterations and refrains that take the place of rhymes in Korean poetry, rhymes being impossible in this language. Frequently the writers preferred composing an original hymn in Korean to a translation and the results were successful, including those by Korean brethren.

New and enlarged editions of these hymnals appeared from time to time. In the second edition of the "*Chan mi si*"(1898) the eight foot hymns were all rewritten in iambic or, where that seemed impossible, were marked "to Korean music" or "Chant". The chief trouble was that the Korean language is not adapted to iambic meter, few words having the accent on the second syllable, so that the writer had to place a one syllabled word at the beginning of nearly every line and this became monotonous. It might have been better to have omitted all iambic hymns.

Another fault with the early hymns was that in such crowded lines it was impossible to use the proper honorifics to and of the Deity, and often the low or half-talk of the drinking song was addressed to Him. This was corrected as far as possible.

No small difficulty was the fact that practically none of the Korean assistants knew anything about writing in metre — at least in the iambic — and had to be taught.

When plans for the union hymnbook were being considered, Mr. Bunker asked the Methodist Missions to appoint only those who appreciated the advantage of having the accents of the words match the music, but he alone was able to serve on the committee — the active members of the Presbyterian committee being Mrs. Baird and the writer. This committee made new translations of the hymns that had not been already adapted to their tunes and prepared the "*Chan song ka*", which has been in use for the past twenty years. It would be interesting to know how many editions and of what size have been issued during that period.

All of these four hymnbooks have brought comfort to tens of thousands of souls during the past forty years. Many Christians purchased the hymnbook before they did the New Testament and frequently women learned to read in order to read the hymns. It was easier to learn to read hymns that they had committed to memory than to learn from the New Testament, so the hymnbook became their most popular classbook in reading. Noticing this some writers made metrical versions of choice portions of Scripture.

Editions with music were prepared with tedious labor by special committees and were a great convenience to the leaders and organists who previously had to carry an armful of books if they needed the notes.

These hymns were sung to western tunes, they may not have been "idiomatic Korean", and may not have been "poetical" as a recent Korean writer says, but after forty years they are still sung to western tunes and the Koreans seem to appeciate them. Nor has the new, educated generation supplied their Church 【p.191▶】 with any hymns to eastern tunes unless they be in the revised edition now in the press.

When one stands looking at a house he cannot possibly appreciate the amount of thought, labor and attention to detail that have gone into the structure. So no one can estimate the hours of labor that went into the weighing and measuring of every syllable and note of the hymn that for many years have sustained the Korean Christians in their trials and eased their deathbeds.

참고문헌

1. 자료

1) 원전

"Minutes of General Meetings", *Transactions of the Korea Branch of the Royal Asiatic Society*, vol.1, Seoul : Royal Asiatic Society Korea Branch, 1900.

"Minutes of the Annual Meetings", *Transactions of the Korea Branch of the Royal Asiatic Society*, vol.2, part II, Seoul : Royal Asiatic Society Korea Branch, 1902.

Allen, Horace Newton, *Things Korean : A Collection of Sketches and Anecdotes, Missionary and Diplomatic*, New York : F. H. Revell Company, 1908.

Anon., "Korean Games", *The Journal of American Folklore*, no.28, Boston : the American Folklore Society, Jan.~Mar. 1895.

Aston, W. G., *A History of Japanese Literature*, New York : D. Appleton & Company, 1899.

Bishop, Isabella B., *Korea and Her Neighbors*, New York : Fleming H. Revell Company, 1897.

Chamberlain, Basil H., *The Classical Poetry of the Japanese*, London : Trüber & Co., 1880.

Committee of the Presbyterian Mission, North, 『찬셩시』, Seoul : Trilingual Press, 1898.

Courant, Maurice, *Bibliographie coréenne*, vol.1, Paris : E. Leroux, 1894.

______________, "La Complainte mimée et le ballet en Corée", *Journal asiatique*, 9e sér., t.10, Paris : Société asiatique, Juil.~Août 1897.

Cranel, T. F., "Book Review : *Korean Tales : Being a Collection of Stories Translated from the Korean Folk-lore, Together with Introductory Chapters Descriptive of Korea*, New York : G.P. Putnam's Sons(1889).", *The Journal of American Folklore*, no.10, Boston : the American Folklore Society, Jul.~Sep. 1890.

Culin, Stewart, *Korean Games with Notes on the Corresponding Games of China and Japan*, Philadelphia : Univ. of Pennsylvania, 1895.

Dallet, Claude Charles, *Histoire de l'église de Corée*, vol.1, Paris : Librairie V. Palmé, 1874.

Esson Third, "Corean Literature", *The North China Herald and Supreme Court and Consular Gazette*, 11 Jun. 1902.

Gale, James S., *Korean Grammatical Forms : 辭課指南*, Seoul : Trilingual Press, 1894.

__________, "A Few Words on Literature", *The Korean Repository*, vol.2, Seoul : Trilingual Press, Nov. 1895.

__________, *Korean Sketches*, New York : F. H. Revell Company, 1898.

__________, "The Influence of China upon Korea", *Transactions of the Korea Branch of the Royal Asiatic Society*, vol.1, Seoul : Royal Asiatic Society Korea Branch, 1900.

__________, "The Introduction of Chinese into Korea : From the Introduction to Courant's *Bibliographie Coréenne*", *The Korea Review*, vol.1, Seoul : Methodist Publishing House, Apr. 1901.

__________, "The Ni-t'u : Translated from Courant's Introduction to *Bibliographie Coréenne*", *The Korea Review*, vol.1, Seoul : Methodist Publishing House, Jul. 1901.

__________, "The Korean Alphabet", *Transactions of the Korea Branch of the Royal Asiatic Society*, vol.4, part I, Seoul : Royal Asiatic Society Korea Branch, 1912.

__________, "The Korean's Intellectual World", *The Korea Mission Field*, vol.17, no.9, Seoul : Christian Literature soc. of Korea, Sep. 1921.

Gale, James S. & Geroge H. Jones, "Korean Survivals : Discussion", *Transactions of the Korea Branch of the Royal Asiatic Society*, vol.1, Seoul : Royal Asiatic Society Korea Branch, 1900.

Gale, James S. & C. C. Yi, 『演經坐談』, 京城 : 朝鮮耶蘇敎書會, 1923.

Giles, Herbert A., *A History of Chinese Literature*, New York : D. Appleton & Company, 1901.

Griffis, William E., *Corea, the Hermit Nation*, London : W. H. Allen & Co., 1882.

______________, *Corea, the Hermit Nation*, 2nd～4th ed., New York : Charles Scribner's Sons, 1885 · 1888 · 1894.

______________, *Corea, the Hermit Nation*, 6th～9th ed., New York : Charles Scribner's Sons, 1897 · 1904 · 1907 · 1911.

______________, *The Unmannerly Tiger and Other Korean Tales*, New York : Thomas Y. Crowell Company, 1911.

Hubbard, William L., Ed., *History of Foreign Music*, vol.3 : *the American History and*

Encyclopedia of Music, Toledo : Irving Squire, 1908.

Hulbert, Homer B., "Korean Vocal Music", *The Korean Repository*, vol.3, Seoul : Trilingual Press, Feb. 1896.

________________, "Korean Poetry", *The Korean Repository*, vol.3, Seoul : Trilingual Press, May 1896.

________________, "The Itu", *The Korean Repository*, vol.5, Seoul : Trilingual Press, Feb. 1898.

________________, "Korean Survivals", *Transactions of the Korea Branch of the Royal Asiatic Society*, vol.1, Seoul : Royal Asiatic Society Korea Branch, 1900.

________________, "Korean Fiction", *The Korea Review*, vol.2, Seoul : Methodist Publishing House, Jul. 1902.

________________, "Korean Folk-tales", *Transactions of the Korea Branch of the Royal Asiatic Society*, vol.2, part II, Seoul : Royal Asiatic Society Korea Branch, 1902.

________________, *The Passing of Korea*, New York : Doubleday, 1906.

Kenmure, A. H., "Bibliographie Coréenne", *The Korean Repository*, vol.4, Seoul : Trilingual Press, Jun. 1897.

______________, "Bibliographie Coréenne : Second Notice", *The Korean Repository*, vol.4, Seoul : Trilingual Press, Jul. 1897.

Landis, Eli B., "Notes on the Exorcism of Spirits in Korea", *The China Review, or Notes and Queries on the Far East*, vol.21, no.6, Hong Kong : "China Mail" Office, 1895.

____________, "Rules for Choosing a Name", *The Korean Repository*, vol.3, Seoul : Trilingual Press, Feb. 1896.

____________, "Some Korean Proverbs", *The Korean Repository*, vol.3, Seoul : Trilingual Press, Aug. 1896.

____________, "Some Korean Proverbs : Continued", *The Korean Repository*, vol.3, Seoul : Trilingual Press, Oct. 1896.

____________, "Numerical Categories of Korea", *The Korean Repository*, vol.3, Seoul : Trilingual Press, Nov. 1896.

____________, "Numerical Categories of Korea : Continued", *The Korean Repository*, vol.3, Seoul : Trilingual Press, Dec. 1896.

____________, "Notes from the Korean Pharmacopoea", *The China Review, or Notes and*

Queries on the Far East, vol.22, no.3, Hong Kong : "China Mail" Office, 1896.

____________, "Korean Folk-tales", *The Journal of American Folklore*, no.39, Boston : the American Folklore Society, Oct. 1897.

____________, "Folk Tales of Korean Children", *Journal of the Buddhist Text Society of India*, vol.4, Calcutta : the Buddhist Text Society, 1897.

____________, "Korean Folk Tales", *The China Review, or Notes and Queries on the Far East*, vol.22 no.5, Hong Kong : "China Mail" Office, 1897.

____________, "Geomancy in Korea", *The Korean Repository*, vol.5, Seoul : Trilingual Press, Feb. 1898.

____________, "Notes on the Exorcism of Spirits in Corea", *The Morning Calm*, no.75, London : Corean Mission Office, Feb. 1898.

____________, "Rhymes of Korean Children", *The Journal of American Folklore*, no.42, Boston : the American Folklore Society, Jul.~Sep. 1898.

____________, "A Pioneer of Korean Independence", *The Imperial and Asiatic Quarterly Review and Oriental and Colonial Record*, vol.6, Woking : the Oriental Institute, 1898.

____________, "Rhymes of Corean Children", *The Morning Calm*, no.81, London : Corean Mission Office, Aug. 1899.

____________, "Rhymes of Corean Children : Continued", *The Morning Calm*, no.82, London : Corean Mission Office, Nov. 1899.

____________, "Biographical Notes of Ancient Korea", *The Korea Review*, vol.6, Seoul : Methodist Publishing House, Nov. 1906.

Miller, Frederick S., "A Korean Poem", *The Korea Review*, vol.3, Seoul : Methodist Publishing House, Oct. 1903.

________________, "Notes from the Chong Ju Class Conferences", *The Korea Mission Field*, vol.4, no.2, Seoul : Christian Literature soc. of Korea, Feb. 1908.

________________, "Early Korean Hymnology", *The Korea Mission Field*, vol.26, no.9, Seoul : Christian Literature soc. of Korea, Sep. 1930.

________________, *The Gospel in Korea*, New York : Fleming H. Revell Company, 1939.

Missions étrangères de Paris, *Dictionnaire coréen-français : 한불ᄌᆞ뎐*, Yokohama : C. Lévy, 1880.

Newell, William Wells, "Book Review : *Korean Games with Notes on the Corresponding Games of*

China and Japan by Stewart Culin, Philadelphia : University of Pennsylvania(1895).", *The Journal of American Folklore*, no.31, Boston : the American Folklore Society, Oct. ~Dec. 1895.

Oppert, Ernst J., *A Forbidden Land : Voyages to the Corea*, London : Gilbert & Rivingston, 1880.

__________, *Ein Verschlossenes Land : Reisen nach Corea*, Leipzig : Brockhaus, 1880.

Rhodes, Harry A., "Rev. Frederick S. Miller : 1866~1937", *The Korea Mission Field*, vol.33, no.11, Seoul : Christian Literature soc. of Korea, Nov. 1937.

Ridel, Félix Clair, "Captivité et délivrance III", *Les Missions catholiques*, t.11, no.509, Lyon : Bureaux de l'œuvre de la propagation de la foi, 1879.

__________, "Captivité et délivrance VIII", *Les Missions catholiques*, t.11, no.514, Lyon : Bureaux de l'œuvre de la propagation de la foi, 1879.

__________, "Captivité et délivrance XIII", *Les Missions catholiques*, t.11, no.518, Lyon : Bureaux de l'œuvre de la propagation de la foi, 1879.

Rockhill, Dorothy, "The Magpie and the Fox (A Corean Tale)", *The Journal of American Folklore*, no.20, Boston : the American Folklore Society, Jan.~Mar. 1893.

Ross, John, *Corean Primer*, Shanghai : American Presbyterian Mission Press, 1877.

__________, *History of Corea*, Paisley : J. & R. Parlane, 1880.

Royds, W. Massy, "Introduction to the "Bibliographie Coreenne" by Maurice Courant", *Transactions of the Korea Branch of the Royal Asiatic Society*, vol.25, Seoul : Royal Asiatic Society Korea Branch, 1936.

Scott, James, *A Corean Manual or Phrase Book with Introductory Grammar*, Shanghai : Statistical Department of the Inspectorate General of Customs, 1887.

__________, *A Corean Manual or Phrase Book with Introductory Grammar*, 2nd ed., Seoul : English Church Mission Press, 1893.

Smith, Anna Tolman, "Some Nursery Rhymes of Korea", *The Journal of American Folklore*, no.38, Boston : the American Folklore Society, Jul.~Sep. 1897.

Smith, Anna Tolman & Waclaw Stanislaw Jesien, *Higher Technical Education in Foreign Countries : Standards and Scope*, Washington : Government Printing Office, 1917.

Underwood, Horace Grant, "Preface", *A Concise Dictionary of the Korean Language : 한영ᄌᆞ뎐*, vol.1, Ed. Horace G. Underwood, Yokohama : Kelly&Walsh, 1890.

Underwood, Horace Horton, "A Partial Bibliography of Occidental Literature on Korea, from Early Times to 1930", *Transactions of the Korea Branch of the Royal Asiatic Society*, vol.20, Seoul : Royal Asiatic Society Korea Branch, 1931.

______________________, "Forward", *Transactions of the Korea Branch of the Royal Asiatic Society*, vol.25, Seoul : Royal Asiatic Society Korea Branch, 1936.

モーリスクーラン, 淺見倫太郎 譯,『朝鮮藝文志』, 京城 : 朝鮮總督府, 1912.

モーリスクーラン, マシーロイズ女史 英譯・小倉親雄 譯註,「朝鮮書誌序論(一)」,『朝鮮』304號, 京城 : 朝鮮總督府, 1940.

____,「朝鮮書誌序論(二)~(完)」,『朝鮮』308~315號, 京城 : 朝鮮總督府, 1941.

モーリスクーラン, 小倉親雄 譯註,『朝鮮書誌序論 :『朝鮮』第三百四至三百十五號 拔刷』, 京城 : 朝鮮總督府, 1941.

2) 번역서

게일, J. S., 신복룡 역주,『전환기의 조선』, 집문당, 1999.

그리피스, W. E., 신복룡 역주,『은자의 나라 한국』, 집문당, 1999.

끌라르 보티에・이뽀리트 프랑뎅, 김상희・김성언 역,『프랑스 외교관이 본 개화기 조선』, 태학사, 2002.

다레, C., 이능식・윤지선 역,『朝鮮教會史序說』, 대성출판사, 1947.

리하르트 분쉬, 김종대 역,『고종의 독일인 의사 분쉬』, 학고재, 1999.

모리스 꾸랑, 이희재 역,『한국서지』(수정번역판), 일조각, 1994.

모리스 쿠랑, 김수경 역,『朝鮮文化史序說』, 凡章閣, 1946.

____________________,『조선문화사서설』, 범우사, 1995.

모리스 쿠랑, 박상규 역,『한국의 서지와 문화—한국서지서설』, 신구문화사, 1974.

모리스 쿠랑, 정기수 역,『조선서지학서론—서양인이 본 한국문화』, 탐구당, 1989.

모리스 쿠랑, 파스칼 그러트・조은미 역,「마당극과 무극(舞劇)」,『프랑스 문헌학자 모리스 쿠랑이 본 한국의 역사와 문화』, 살림, 2009.

묄렌도르프, 신복룡・김운경 역주,『묄렌도르프 自傳』, 집문당, 1999.

비숍, I. B., 신복룡 역주,『조선과 그 이웃 나라들』, 집문당, 2000.

샤를르 달레, 정기수 역, 『朝鮮教會史序論』, 탐구당, 1966.
샤를르 달레, 안응렬 · 최석우 역주, 『한국천주교회사』 상(6판), 한국교회사연구소, 2000.
알렌, H. N., 신복룡 역주, 『조선견문기』, 집문당, 1999.
에른스트 옵펠트, 한우근 역, 『금단의 나라 조선기행』, 한국번역도서주식회사, 1959.
에른스트 폰 헤세-바르텍, 정현규 역, 『조선, 1894년 여름—오스트리아인 헤세-바르텍의 여행기』, 책과함께, 2012.
오페르트, E. J., 신복룡 · 장우영 역주, 『금단의 나라 조선』, 집문당, 2000.
이사벨라 버드 비숍, 이인화 역, 『한국과 그 이웃나라들』, 살림, 1994.
제임스 게일, 장문평 역, 『코리언 스케치』, 현암사, 1970.
존 로스, 홍경숙 역, 『존 로스의 한국사—서양 언어로 기록된 최초의 한국 역사』, 살림, 2010.
지그프리드 겐테, 최석희 역, 『겐테의 한국기행』, 대구효성가톨릭대 출판부, 1999.
펠릭스 클레르 리델, 유소연 역, 『나의 서울 감옥 생활 1878—프랑스 선교사 리델의 19세기 조선 체험기』, 살림, 2008.
하멜, H., 신복룡 역주, 『하멜 표류기』, 집문당, 1999.
헐버트, H. B., 신복룡 역주, 『대한제국멸망사』, 집문당, 1999.
홀, B., 신복룡 · 정성자 역주, 『조선 서해 탐사기』, 집문당, 1999.

3) 사서 및 편람

한국가톨릭대사전 편찬위원회 편, 『한국가톨릭대사전』 3, 한국교회사연구소, 1996.
F. A. Brockhaus, Ed., *Brockhaus' Konversations-Lexikon*, vol.12, Leipzig : F. A. Brockhaus, 1894.
Grimal, Pierre, 최애리 외역, 『그리스 로마 신화 사전』, 열린책들, 2003.
Jackson, Bruce, Michael Taft and Harvey S. Axlerod, *Centennial Index : One Hundred Years of the Journal of American Folklore*, Washington : American Folklore Society, 1988.
Leonard, John William et al., Eds., *Woman's Who's Who of America : A Biographical Dictionary of Contemporary Women of the United States and Canada 1914～1915*, New York : American Commonwealth Co., 1914.
Mougin, Pascal et Karen Haddad-Wotling, Dir., *Dictionnaire mondial des littératures*, Paris :

Larousse, 2002.
Opie, Iona and Peter Opie, Eds., *The Oxford Dictionary of Nursery Rhymes*, 2nd ed., Oxford : Oxford UP, 1997.
Simpson, J. A. and E. S. C. Weiner, Eds., *The Oxford English Dictionary*, vol.IV, 2nd ed., Oxford : Clarendon Press, 1989.
Simpson, Jacqueline and Steve Roud, *A Dictionary of English Folklore*, New York : Oxford UP, 2000.

4) 기타 자료

「100여 년前 한국동요－자장가 채록 악보 美서 발견」, 『동아일보』, 2005.11.11.
「1896년 美서 녹음 '한민족 첫 음반' 있기까지…」, 『한국일보』, 2009.2.14.
「가장 오래된 아리랑 樂譜 발견」, 『조선일보』, 1985.10.30.
「'한민족 첫 음반' 목소리 주인공 2명 찾았다」, 『한국일보』, 2009.2.12.
김소운, 『朝鮮口傳民謠集』, 東京 : 第一書房, 1933.
김흥규 외편, 『고시조대전』, 고려대 민족문화연구원, 2012.
에드워드 피츠제럴드, 이상옥 역, 『루바이야트』, 민음사, 1975.
이정옥 편, 『영남내방가사』 1・2・4, 국학자료원, 2003.
임기중 편, 『역대가사문학전집』 15・17・26, 아세아문화사, 1999.
________, 『역대가사문학전집』 43, 아세아문화사, 1998.
『1896년 7월 24일 한민족 최초의 음원－정창관의 국악녹음집 10』(CD-ROM), 화음, 2007.

2. 논저

강등학, 「형성기 대중가요의 전개와 아리랑의 존재 양상」, 『한국음악사학보』 32집, 한국음악사학회, 2004.
강혜정, 「20세기 전반기 고시조 영역의 전개양상」, 고려대 박사논문, 2014.

고유경, 「한독관계 초기 독일인의 한국 인식에 나타난 근대의 시선」, 『호서사학』 40집, 호서사학회, 2005.
구지현, 「1711년 신묘통신사와 아라이 하쿠세키[新井白石]의 필담을 통한 상호 소통」, 『열상고전연구』 28집, 열상고전연구회, 2008.
김대행, 「押韻論」, 김대행 편, 『운율』, 문학과지성사, 1984.
김동언, 「초기 한글 속담에 대하여－속담집을 중심으로」, 『한글』 270호, 한글학회, 2005.
김동진, 『파란눈의 한국혼 헐버트－한국인보다 한국을 더 사랑한 황제의 밀사』, 참좋은친구, 2010.
김문기, 「가사」, 김학동 · 박노준 · 성기옥 외, 『한국문학개론』, 새문사, 1992.
김민수, 『국어정책론』(재판), 탑출판사, 1984.
김성철, 「19세기 후반~20세기 초반 서양인들의 한국문학 인식 과정에서 드러나는 서구 중심적 시각과 번역 태도－Allen, Aston, Hulbert의 저작물을 중심으로」, 『우리문학연구』 39집, 우리문학회, 2013.
김소정, 「근대중국의 '新文學' 형성과 정전화 과정」, 부산대HK고전번역+비교문화학연구단 편, 『고전, 고전번역, 문화번역』, 미다스북스, 2010.
김승우, 「한국시가에 대한 구한말 서양인들의 고찰과 인식－James Scarth Gale을 중심으로」, 『어문논집』 64호, 민족어문학회, 2011.
______, 「구한말 선교사 호머 헐버트(Homer B. Hulbert)의 한국시가 인식」, 『한국시가연구』 31집, 한국시가학회, 2011.
______, 「호머 헐버트(Homer B. Hulbert)의 〈아리랑〉 논의에 대한 분석적 고찰」, 『비교한국학』 20권 2호, 국제비교한국학회, 2012.
______, 「선교사 프레더릭 S. 밀러(Frederick S. Miller)의 한국시가론」, 『비교한국학』 21권 1호, 국제비교한국학회, 2013.
______, 「참요(讖謠)의 원의(原義)에 대한 고찰」, 『Journal of Korean Culture』 23권, 한국어문학국제학술포럼, 2013.
______, 「19세기 말 『미국민속학보(*The Journal of American Folklore*)』에 소개된 한국시가의 특징－애나 스미스(Anna T. Smith)의 한국 자장가(Nursery Rhymes) 고찰」, 『우리문학연구』 40집, 우리문학회, 2013.
______, 「19세기 말 의료선교사 엘리 랜디스(Eli B. Landis)의 한국민속 연구와 동요채록」, 『한국민요학』 39집, 한국민요학회, 2013.

______, 「19세기 말 프랑스인들의 한국시가 고찰」, 『온지논총』 38집, 온지학회, 2014.
김연갑, 「아리랑, 그 길고 긴 내력」, 국제문화재단 편, 『한국의 아리랑 문화』, 박이정, 2011.
______, 「아리랑의 분포와 그 양상」, 국제문화재단 편, 『한국의 아리랑 문화』, 박이정, 2011.
김영돈, 「동요」, 고려대 민족문화연구원 편, 『한국민속의 세계』 8, 고려대 민족문화연구원, 2001.
김은아, 「노래 복음서 『연경좌담』에 대한 연구」, 장로회신학대 석사논문, 2003.
김정현, 『한국의 첫 선교사－羅約翰(John Ross)』, 계명대 출판부, 1982.
김창주, 「아리랑 기원의 諸說에 대한 검토」, 『대동사학』 2집, 대동사학회, 2003.
김혜영, 「『연경좌담』에 대한 연구」, 장로회신학대 석사논문, 2002.
김흥규, 「한국시가 율격의 이론 I－이론적 기반의 모색」, 『민족문화연구』 13호, 고려대 민족문화연구소, 1978.
______, 『한국문학의 이해』, 민음사, 1986.
______, "A Perspective on Metric Typology and the Metric Type of Korean Verse", 『욕망과 형식의 시학』, 태학사, 1999.
______, 「조선 후기 예술의 환경과 소통 구조」, 『한국 고전문학과 비평의 성찰』, 고려대 출판부, 2002.
______, 『근대의 특권화를 넘어서』, 창비, 2013.
남궁원, 「선교사 기일(James Scarth Gale)의 한문 교과서 집필 배경과 교과서의 특징」, 『동양한문학연구』 25집, 동양한문학회, 2007.
루쉰[魯迅], 정범진 역, 『中國小說史略』, 학연사, 1987.
류대영, 『개화기 조선과 미국 선교사』, 한국기독교역사연구소, 2004.
______, 『초기 미국 선교사 연구 1884～1910－선교사들의 중산층적 성격을 중심으로』, 한국기독교역사연구소, 2001.
문순희, 「19세기 말 20세기 초 서구인이 본 기생－서구인의 견문록에 나타난 기생 관련 기록을 통하여」, 『열상고전연구』 29집, 열상고전연구회, 2009.
문옥배, 『한국 찬송가 100년사』, 예솔, 2002.
민경배, 『한국교회 찬송가사』, 연세대 출판부, 1997.
민용태, 『서양문학 속의 동양을 찾아서』(2판), 고려원, 1997
박대헌, 『서양인이 본 조선－조선관계 서양서지』 상, 호산방, 1996.

박찬승, 「1890년대 후반 관비유학생의 도일 유학」, 김용덕 · 미야지마 히로시 편, 『근대교류사와 상호인식』 1, 고려대 아세아문제연구소, 2001.
백주희, 「J. S. Gale의 Korean Folk Tales 연구－임방의 『천예록』 번역을 중심으로」, 성균관대 석사논문, 2008.
손대현, 「〈초한가〉와 〈우미인가〉의 『西漢演義』 수용 양상」, 『한국민요학』 31집, 한국민요학회, 2011.
______, 「〈우미인가〉의 서술 양상과 수용 의식」, 『어문학』 115집, 한국어문학회, 2012.
송민규, 「19세기 서양 선교사가 본 한국시－*The Korean Repository*의 기사 "Korean Poetry"를 중심으로」, 고려대 석사논문, 2008.
______, 「*The Korean Repository*에 소개된 ODE 연구」, 『Journal of Korean Culture』 22권, 한국어문학국제학술포럼, 2013.
______, 「*The Korean Repository*에 소개된 LOVE SONG 연구」, 『현대문학이론연구』 52집, 현대문학이론학회, 2013.
______, 「*The Korean Repository*에 소개된 SONG 연구」, 『비교한국학』 21권 1호, 국제비교한국학회, 2013.
신경숙, 「『가곡원류』 초기본 형성과정과 의미－'육당본', '프랑스본'을 중심으로」, 『한민족문화연구』 36집, 한민족문화학회, 2011.
______, 「가곡원류 불란서본」, 신경숙 외, 『고시조 문헌 해제』, 고려대 민족문화연구원, 2012.
심경호, 『참요－시대의 징후를 노래하다』, 한얼미디어, 2012.
심지연, 「개화기 프랑스 사람들의 한국어 연구에 대하여」, 『민족문화연구』 48호, 고려대 민족문화연구원, 2008.
여인석, 「한말과 일제시기 선교의사들의 전통의학 인식과 연구」, 『醫史學』 28호, 대한의사학회, 2006.
오윤선, 『한국 고소설 영역본으로의 초대』, 지문당, 2008.
______, 「단군신화 영역자의 시각 일고찰」, 『국제어문』 48집, 국제어문학회, 2010.
______, 「19C 말～20C 초 영역 작업을 통해 본 외국인의 한국 고전문학 인식」, 이형대 편, 『정전 형성의 논리』, 소명출판, 2013.
이민희, 『조선의 베스트셀러－조선 후기 세책업의 발달과 소설의 유행』, 프로네시스, 2007.
______, 「20세기 초 외국인 기록물을 통해 본 고소설 이해 및 향유의 실제－*The Korea*

Review 수록 "Korean Fiction"을 중심으로」, 『인문논총』 68집, 서울대 인문학연구원, 2012.
이보형, 「아리랑소리의 근원과 그 변천에 관한 음악적 연구」, 『한국민요학』 5집, 한국민요학회, 1997.
이복규, 『임경업전 연구』, 집문당, 1993.
______, 「개신교가사에 대하여」, 『온지논총』 28집, 온지학회, 2008.
이복규 · 박정규, 「영역본 『임경업전』에 대하여」, 서정범 외, 『국어국문학연구의 새로운 모색』, 집문당, 1993.
이상란, 「게일과 한국문학－조용한 아침의 나라, 그 문학적 의미」, 『캐나다논총』 1집, 한국캐나다학회, 1993.
이상현, 「제임스 게일(James Scarth Gale)의 『구운몽』 번역과 문화의 변용」, 성균관대 석사논문, 2005.
______, 「제임스 게일(James Scarth Gale)의 한국학 연구와 고전서사의 번역－게일 한국학 단행본 출판의 변모와 필기, 야담, 고소설의 번역」, 성균관대 박사논문, 2009.
______, 「「춘향전」 소설어의 재편과정과 번역－게일(James Scarth Gale) 「춘향전」 영역본(1917) 출현과 그 의미」, 『고소설연구』 30집, 한국고소설학회, 2010.
______, 『한국 고전번역가의 초상－게일의 고전학 담론과 고소설 번역의 지평』, 소명출판, 2013.
______, 「삼국사기에 새겨진 27년 전 서울의 추억－모리스 쿠랑(Maurice Courant)과 한국의 고전세계」, 『국제어문』 59집, 국제어문학회, 2013.
이상현 · 이은령, 「19세기 말 고소설 유통의 전환과 '민족지'로서의 고소설－모리스 쿠랑 『한국서지』 한국 고소설 관련 기술의 근대 학술사적 의미」, 『비교문학』 59집, 한국비교문학회, 2013.
이영미, 「쿠랑이 본 한국의 역사와 동아시아 속의 한국」, 『한국학연구』 28집, 인하대 한국학연구소, 2012.
이용민, 「선교사 Frederick S. Miller(閔老雅, 1866～1937) 연구－*The Korea Mission Field*를 중심으로」, 『교회사학』 5권 1호, 한국기독교회사학회, 2006.
이용재, 「한국 문헌의 세계를 탐구하고 한국을 사랑한 프랑스 학자 모리스 쿠랑」, 『도서관계』 147호, 국립중앙도서관, 2006.
이유경, 「외국인의 한국어 학습서 분석－영어권 학습서를 중심으로」, 최호철 외, 『외국인의 한국어 연구』, 경진문화사, 2005.
이은령, 「한어문전(*Grammaire Coréenne*)과 19세기 말문법서 비교 연구」, 『한국프랑스학논집』 78집, 한국프랑스학회, 2012.
이재정 편, 『대한성공회 백년사(1890~1990)』, 대한성공회출판부, 1990.
이지영, 「사전 편찬사의 관점에서 본 『韓佛字典』의 특징」, 『한국문화』 48집, 서울대 규장각 한국학연구원, 2009.
장사훈, 『(최신)국악총론』(7판), 세광음악출판사, 1990.
장효현, 「한국 고전소설 영역의 諸문제」, 『고전문학연구』 19집, 한국고전문학회, 2001.
정규복, 「『구운몽』 영역본고—Gale 박사의 *The Cloud Dream of the Nine*」, 『국어국문학』 21호, 국어국문학회, 1959.
정성화, 「W. 그리피스, 『은자의 나라 한국』—그리피스의 한국관을 중심으로」, 『해외한국학평론』 1호, 연세대 현대한국학연구소, 2000.
정창관, 「한민족 최초의 녹음—우리가 찾아와야 할 6개의 에디슨 원통형 실린더 음반」, 『한국음반학』 19호, 한국고음반연구회, 2009.
______, 「아리랑의 근원, 소리로 찾다!」, 『국악누리』 128호, 국립국악원, 2012.
정한기, 「〈초한가〉와 〈우미인가〉의 작품내적 특징과 역사적 전개」, 『배달말』 36호, 배달말학회, 2005.
조용호, 「엮은이 해설」, 조규익·조용호 편, 『아리랑 연구총서』 1, 학고방, 2010.
조윤희, 「그리피스의 문학관과 한국 민담에 대한 이해」, 『비교문학』 50집, 한국비교문학회, 2010.
최석우 외, 『한불수교100년사』, 한국사연구협의회, 1986.
최재남·정한기·성기각, 『문집소재 조선 후기 민요자료 정리와 분류』, 보고사, 2008.
하루오 시라네·스즈키 토미 편, 왕숙영 역, 『창조된 고전—일본문학의 정전 형성과 근대 그리고 젠더』, 소명출판, 2002.
허동현, 「개화기(1883~1905) 미국 유학생과 민족운동」, 『한국민족운동사연구』 38, 한국민족운동사연구회, 2004.
헐버트박사기념사업회·한말글문화협회 편, 『한국인보다 한글을 더 사랑한 미국인 헐버트—한글날 564돌 기념 헐버트박사 학술대회 자료집』, 헐버트박사기념사업회·한말글문화협회, 2010.
황호덕, 「개화기 한국의 번역물이 국어에 미친 영향—외국인 선교사들이 본 한국의 근대어」, 『새국어생활』 22권 1호, 국립국어원, 2012.

______, 「이중어사전의 얼개와 역사적 · 자료적 가치-번역가의 왼손, 이중어사전의 통국가적 생산과 유통-언어정리 사업으로 본 근대 한국(어문)학의 생성」, 황호덕 · 이상현, 『개념과 역사, 근대 한국의 이중어사전 1-연구편』, 박문사, 2012.

황호덕 · 이상현, 「번역과 정통성, 영한사전의 계보학-유비 · 등가 · 분기, 언어 간 병진 운동 혹은 제국어와 근대 한국어의 교통」, 『개념과 역사, 근대 한국의 이중어사전 1-연구편』, 박문사, 2012.

______________, 「리델, 『한불ᄌᆞ뎐(韓佛字典, *Dictionnaire Coréen-Français*)』(1880) 해제」, 황호덕 · 이상현 편, 『한국어의 근대와 이중어사전(영인편 I권)-리델, 『한불ᄌᆞ뎐(韓佛字典, *Dictionnaire Coréen-Français*)』(1880)』, 박문사, 2012.

______________, 「언더우드, 『한영ᄌᆞ뎐(韓英字典, *A Concise Dictionary of the Korean Language*)』(1890) 해제」, 황호덕 · 이상현 편, 『한국어의 근대와 이중어사전(영인편 II권)-언더우드, 『한영ᄌᆞ뎐(韓英字典, *A Concise Dictionary of the Korean Language*)』(1890)』, 박문사, 2012.

______________, 「스콧, *English-Corean Dictionary*(1891) 해제」, 황호덕 · 이상현 편, 『한국어의 근대와 이중어사전(영인편 III권)-스콧, *English-Corean Dictionary*(1891)』, 박문사, 2012.

______________, 「게일, 『韓英字典한영ᄌᆞ뎐(*A Korean-English Dictionary*)』(1897) 해제」, 황호덕 · 이상현 편, 『한국어의 근대와 이중어사전(영인편 V권)-게일, 『韓英字典한영ᄌᆞ뎐(*A Korean-English Dictionary*)』(1897)』, 박문사, 2012.

______________, 「게일, 『韓英字典』(1911, 1914) 해제」, 황호덕 · 이상현 편, 『한국어의 근대와 이중어사전(영인편 VI권)-게일, 『韓英字典(*A Korean-English Dictionary*)』(1911) · 게일, 『韓英字典(*A Korean-English Dictionary*)』(*The Chinese Character*, 1914)』, 박문사, 2012.

황호덕 · 이상현 역, 『개념과 역사, 근대 한국의 이중어사전 2-번역편』, 박문사, 2012.

Baring-Gould, Sabain, *Curious Myths of the Middle Ages*, New York : Cosimo, 2007.

Bell, Michael J., "William Wells Newell and the Foundation of American Folklore Scholarship", *Journal of the Folklore Institute*, vol.10, no.1/2, Bloomington : Indiana UP, Jun.~Aug. 1973.

Bouchez, Daniel, 전수연 역, 「한국학의 선구자 모리스 꾸랑 (상)」, 『동방학지』 51집, 연세대 국학연구원, 1986.

______________, 「한국학의 선구자 모리스 꾸랑 (하)」, 『동방학지』 52집, 연세대 국학연구원, 1986.

Cho, Jae-ryong, "Les premiers textes poétiques coréens traduits en français à l'époque de l'ouverture au monde", 『통번역학연구』 17권 4호, 한국외대 통번역연구소, 2013.

Eoyang, Eugene Chen, "The Many "Worlds" in World Literature : Pound and Waley as Translators of Chinese", *Reading World Literature : Theory, History, Practice*, Ed. Sarah Lawall, Austin : Univ. of Texas Press, 1994.

Miner, Earl, *The Japanese Tradition in British and American Literature*, Princeton : Princeton UP, 1958.

Provine, Robert C., "Alice Fletcher's Notes on the Earliest Recordings of Korean Music", 『한국음반학』 17호, 한국고음반연구회, 2007.

Rutt, Richard, "An Early Koreanologist : Eli Barr Landis 1865～1898", *Transactions of the Korea Branch of the Royal Asiatic Society*, vol.54, Seoul : Royal Asiatic Society Korea Branch, 1979.

______________, "A Biography of James Scarth Gale", *James Scarth Gale and his History of the Korean People*, 2nd ed., Ed. Richard Rutt, Seoul : the Royal Asiatic Society Korea Branch, 1983.

Stoddart, Anna M., *The Life of Isabella Bird*, London : John Murray, 1906.

Weems, Clarence N., "Editor's Profile of Hulbert", *Hulbert's History of Korea*, vol.1, Ed. Clarence N. Weems, London : Routledge & Kegan Paul, 1962.

3. 전자자원

"문학예술용어소사전", 한국문화예술위원회(http://www.arko.or.kr/zine/artspaper89_11/19891119.htm, 최종검색일 : 2014.3.8).

"About the North China Herald", the North China Herald(http://north chinaherald.com/, 최종검색일 : 2011.9.19).

"About us", Royal Asiatic Society of Great Britain and Ireland(http://royalasiaticsociety.org/site/?q=taxonomy/term/1, 최종검색일 : 2011.8.19).

"Joel Chandler Harris", *Encyclopædia Britannica*, Encyclopædia Britannica Online Academic Edition, Encyclopædia Britannica Inc., 2012(http://www.britannica.com/EBchecked/topic/255911/Joel-Chandler-Harris, 최종검색일 : 2012.6.30).

김지수, "초기 미국 유학생(1883～1905)(Early period Korean students in the US(1883～1905))", 미주한인 100년의 발자취(http://koamhistory.hoya.la/home/bbs/board.php?bo_table=000&wr_id=3#.UmosDffC4aY, 최종검색일 : 2013.9.19).

Bellanta, Melissa, "The Black Origins of 'Ta-ra-ra-boom-de-ay'", the Vapour Trail : Ideas, Reviews and Research from a Nineteenth-Century Cultural Historian(http://bellanta.wordpress.com/2010/02/17/the-black-origins-of-ta-ra-ra-boom-de-ay/, 최종검색일 : 2012.6.30).

Bibliothèque nationale de France, "Journal asiatique : ou recueil de mémoires, d'extraits et de notices relatifs à l'histoire, à la philosophie, aux sciences, à la littérature et aux langues des peuples orientaux", Bibliothèque nationale de France(http://gallica.bnf.fr/ark:/12148/cb34348774p/date1897, 최종검색일 : 2014.1.13).

초출일람

본서의 각 장에 수록된 글들은 2011년 10월부터 2014년 1월까지 발표한 저자의 다음 논문들을 바탕으로 한다.

아래의 논문들을 수정 · 보완 · 재편집한 후, 논문에서 다룬 주요 논저의 간행 연대순에 따라 다음과 같은 방식으로 배치하여 장을 구성하였다. (5장 「호머 B. 헐버트」에는 두 편의 글을 배치하였다.)

1장_ 클로드 샤를 달레

「19세기 말 프랑스인들의 한국시가 고찰」, 『온지논총』 38집, 온지학회, 2014.(앞부분)

2장_ 에르스트 J. 오페르트 & 윌리엄 E. 그리피스

「한국詩歌에 대한 구한말 서양인들의 고찰과 인식—James Scarth Gale을 중심으로」, 『어문논집』 64집, 민족어문학회, 2011a.(앞부분)

3장_ 모리스 쿠랑

「19세기 말 프랑스인들의 한국시가 고찰」, 『온지논총』 38집, 온지학회, 2014.(뒷부분)

4장_ 제임스 S. 게일

「한국詩歌에 대한 구한말 서양인들의 고찰과 인식—James Scarth Gale을 중심으로」, 『어문논집』 64집, 민족어문학회, 2011a.(뒷부분)

5장_ 호머 B. 헐버트

「구한말 선교사 호머 헐버트(Homer B. Hulbert)의 한국시가 인식」, 『한국시가연구』 31집, 한국시가학회, 2011b.

「호머 헐버트(Homer B. Hulbert)의 〈아리랑〉 논의에 대한 분석적 고찰」, 『비교한국학』 20권 2호, 국제비교한국학회, 2012.

6장_ 애나 T. 스미스

「19세기 말 『미국민속학보(*The Journal of American Folklore*)』에 소개된 한국시가의 특징 －애나 스미스(Anna T. Smith)의 한국 자장가(Nursery Rhymes) 고찰」, 『우리문학연구』 40집, 우리문학회, 2013b.

7장_ 엘리 B. 랜디스

「19세기 말 의료선교사 엘리 랜디스(Eli B. Landis)의 한국민속 연구와 동요 채록」, 『한국민요학』 39집, 한국민요학회, 2013c.

8장_ 프레더릭 S. 밀러

「선교사 프레더릭 S. 밀러(Frederick S. Miller)의 한국시가론」, 『비교한국학』 21권 1호, 국제비교한국학회, 2013a.

색인(인명 / 작품 · 문헌 · 저술명 / 일반)

인명 색인(한글 · 로마자)

/ ㅁ /

/ ㅂ /

/ ㅅ /

/ ㅇ /

작품 · 문헌 · 저술명 색인(한글 · 로마자)

/ ㅊ /

/ ㅋ /

/ ㅌ /

/ ㅍ /

/ ㅎ /

/ A /

일반 색인(한글 · 로마자)